信息资源管理

XINXI ZIYUAN GUANLI

主 编◎周 瑛
副主编◎叶凤云

图书在版编目(CIP)数据

信息资源管理/周瑛主编. —合肥:安徽大学出版社,2024. 9

ISBN 978-7-5664-2684-0

Ⅰ. ①信… Ⅱ. ①周… Ⅲ. ①信息管理 Ⅳ. ①G203

中国国家版本馆 CIP 数据核字(2023)第 199335 号

信息资源管理

周　瑛 主编

出版发行:北京师范大学出版集团
安 徽 大 学 出 版 社
(安徽省合肥市肥西路 3 号 邮编 230039)
www. bnupg. com
www. ahupress. com. cn

印　　刷:安徽利民印务有限公司
经　　销:全国新华书店
开　　本:787 mm×1092 mm　1/16
印　　张:24. 75
字　　数:469 千字
版　　次:2024 年 9 月第 1 版
印　　次:2024 年 9 月第 1 次印刷
定　　价:68. 00 元
ISBN 978-7-5664-2684-0

策划编辑:刘中飞　武溪溪　王梦凡
责任编辑:王梦凡
责任校对:武溪溪
装帧设计:李伯骥
美术编辑:李　军
责任印制:赵明炎

前　言

信息资源管理是信息管理与信息系统专业的一门核心课程，相关教材的建设对推动专业发展具有重要作用。信息资源管理作为一门涉及多学科、多专业的应用性课程，相关领域知识更新迭代的速度很快，新技术、新方法、新工具也层出不穷。安徽大学管理科学与工程专业团队抓住国家一流本科专业建设的契机，聚焦高等院校人才培养目标和经济社会发展需求，编写了《信息资源管理》教材，以期为相关课程的教学和专业发展建立基础。

本书以信息资源管理过程为主线，由绪论、信息资源管理理论基础、信息采集、信息组织、信息存储、信息检索、信息传播、信息资源开发利用、信息资源质量评估、信息资源安全管理等内容组成。每章包含导读、学习要点、引导案例、主体内容、小结和思考题，结构清晰、体系严谨、内容充实、图文并茂，重视理论基础的完整性，强调技术、方法、工具的阐述与应用。本书既可以作为高等学校信息管理与信息系统、管理科学等专业本科生的教材，也可以作为信息资源管理相关专业研究生的教材，还可以供信息资源管理研究人员和信息工作者阅读参考。

在本书编写过程中，周瑛教授负责大纲设计和统稿定稿工作，叶凤云教授协助完成大纲设计和统稿工作。各章编写的具体分工如下：第 1 章由谢笑、叶凤云撰写；第 2 章由邵艳丽撰写；第 3 章由张弘撰写；第 4 章由张守卫撰写；第 5 章由王文韬撰写；第 6 章由崔春、王文韬、王玉琢撰写；第 7 章由许一明、叶凤云撰写；第 8 章由曹芬芳撰写；第 9 章由李力撰写；第 10 章由阎劲松撰写。本书在编写过程中参考了国内外多位专家、学者的研究成果，在此向所有作者表示诚挚的感谢！

由于本书的编写时间仓促、编者水平有限，书中难免有疏漏之处，恳请各位读者批评指正，便于日后进一步修订和完善。

目　录

第1章

绪 论

◎ 本章导读

信息是事物存在和运动的状态、方式以及关于这些状态和方式的广义知识。信息在其他信息活动要素的支持下，通过一系列的采集、组织、存储和检索，使信息资源得以充分开发利用时，就可以为人类创造出更好的物质财富和精神财富。因此，信息资源是人类社会发展中所必需的资源。基于信息资源在当代社会经济发展中的重要作用，信息资源的管理和开发利用水平已成为衡量一个国家经济发展水平和信息化程度的重要标志。本章主要介绍信息的起源、概念、特性和类型，阐述信息资源的概念、特征和类型，进而分析信息资源管理的内涵、目标、层次、内容和过程。

◎ 学习要点

· 信息的概念、特性与类型
· 信息资源的内涵与特征
· 信息资源管理的内涵与目标
· 信息资源管理的内容与过程

信息的起源

1. 文字的出现

文字是人类文明得以传播的重要方式之一。有了文字,人类的经验和知识才能被记录下来,并在空间和时间上得到传播。

最早使用象形文字的是古埃及人,在约公元前27世纪,古埃及人的字库就比较可观了。后来,他们又发明了拼音字母,实现了象形文字和拼音文字并用,又经过长期的发展演变,形成了由字母、音符和词组组成的复合象形文字体系。现在,在埃及地区的金字塔、方尖碑、庙宇墙壁等一些被视为神圣或者永恒的地方,人们仍然可以清楚地看到古埃及的象形文字。后来为书写方便,又发展出了被称为"僧侣体"的简化象形文字。古埃及拼音字母的流传也对西方拼音文字的发展产生了深远影响。

2. 纸张的发明

1957年,西安灞桥出土的西汉初期麻纸,被认为是现存世界上最古老的纸张,所属年代不晚于公元前118年。早期的纸张厚实而不平整,主要用于包裹东西,太过粗糙,纸张甚至可用于制造盔甲以对抗箭头。

东汉时期,蔡伦利用树皮、破渔网、破布、麻头等作原材料,制成了适合书写的植物纤维纸,才使纸张成为普遍使用的书写材料,人们才拥有了轻便且廉价的书写纸张。

造纸术在公元751年才传到阿拉伯国家,12世纪,造纸术传到北欧。

3. 活字印刷

中国人早在隋唐时期就发明了印刷术,现存最早的印刷图书是868年印刷的《金刚经》。

1041—1048年间,毕昇发明了泥活字印刷术,但是由于汉字的复杂性,该技术推广很慢。当时的汉字约有几万个,但是模具的准备量则远不止几万个。试想,一页文字中,"的"字可能会出现30次,而"犇"这样的字可能一次都不出现。而且中文中有很多生僻字,一般的技术工人不认识,这就导致活字印刷的成本居高不下。

但是活字印刷的出现和发展还是使印刷术达到了一个新的高峰,也使信息的传播速度更快,效率更高。活字印刷使印刷更为便捷、快速,印刷的运用更加频繁,书籍的印刷样式更为多样,文化交流与传播更为频繁,在世界文明史中，中国的文献最为多样化，最具有连续性，在普通百姓中流传最为广泛，在世界范围内，中国在科技、文化、经济等方面都长期保持着领先地位，这都与活字印刷的出现与发展密不可分。

1.1 信 息

1.1.1 信息的概念

物质、能量和信息(information)是支撑人类社会发展的三种最基本的资源。从农业社会、工业社会到信息社会，这三个要素的地位和作用各有不同。在生存第一的农业社会里，物质是最重要的要素，因为物质为人类提供了吃的、穿的、住的和用的，满足了人类最基本的需要。在发展优先的工业社会里，能量是最重要的要素，因为它增强了人类的体力，使得人类能够征服自然，扩大产品的生产和销售，创造出更多的物质财富，使人的生活过得更幸福美好。在寻求人自身的完美发展和人与环境协调发展的信息社会里，信息成为最重要的要素。当然，这三种要素地位上的此消彼长并不意味着它们之间存在相互取代关系，而只是反映了随着人类社会的发展进步，它们的地位和作用正在发生变化。实际上，信息的收集、加工、传递、存储和利用活动，即所谓的信息活动或信息过程，贯穿于人类社会活动的始终，也是人类社会实践活动的最基本内容之一。

可以说，人类的进化和实践活动，都是以信息为先导的。只是在人类历史上很长一段时期，信息活动不是处于不自觉状态，就是经常与其他物质活动结合在一起并被其他活动所掩盖，因此一直没有引起人们的重视。到了工业社会后期，信息活动逐渐成为人们自觉的活动，人们才开始系统地研究和利用信息。信息科学就是在这一过程中逐步产生的一门以信息的本质、质量、计量及其运动规律等为研究对象的新兴学科。但是，由于信息科学刚刚产生，加之日前人们对其的认识水平还十分有限，而人类又时时刻刻都生活在信息的汪洋大海之中，因此对信息的认识和了解还处于“横看成岭侧成峰，远近高低各不同。不识庐山真面目，只缘身在此山中”的初级阶段。到目前为止，人们提出的有关信息的定义已超过百种，这说明，对信息这一概念人们还没有形成统一的认识。本节将从这些定义中选出若干比较典型的定义加以介绍，为以后内容的学习打下基础。

(1)从信息不是什么来定义

控制论的主要奠基人、世界著名的控制论学者诺伯特·维纳认为：“信息就是信息，既不是物质也不是能量。”这种观点将信息与物质和能量区别开来，认为信息既不同于物质，也不同于能量，它是构成客观世界的另一个要素。这种观点已经被许多人所接受,现在人们都认为信息是除物质和能量之外的第三种要素,这就是所谓的"三要素"说。但这种看法的完整含义是,有物质必有运动,有运动必有能量,有物质和能量必然有信息。

(2)从产生信息的客体来定义

①信息是由事物所发出的一切消息中所包含的用以表征事物的内容。

②信息是事物运动的状态以及状态变化的方式。

这两种定义中所说的"事物"泛指一切可能的研究对象,包括外部世界的物质客体(客体是主体以外的客观事物,是主体认识和实践的对象)和主观世界的精神现象。"运动"是指一切意义上的变化,"运动状态"是指事物运动在空间上所展示出的态势,"运动状态变化的方式"则是指事物运动在时间上所呈现出的过程和规律。由此可见,宇宙间的一切事物都在运动,都有一定的运动变化状态和运动状态变化的方式,都能够产生信息。这就是信息的绝对性和普遍性,即事事有信息、时时有信息、处处有信息。但是不同的事物有不同的运动状态和运动状态变化的方式,因此会产生不同的信息,这又显示出信息的相对性和特殊性。

任何事物都有一定的内部结构并存在于一定的外部环境之中,而事物的运动状态和运动状态变化的方式,则是由事物的内部结构及其与外部环境之间的联系这两个方面的综合作用决定的。正因如此,要获得一个事物的信息,就要了解这个事物内部结构的状态和方式以及它与外部联系的状态和方式,简单地说,就是事物运动的状态和方式。有时,事物的内部结构很难了解,只能通过它与外部联系的状态和方式来了解它的信息。

信息是事物的属性,只要有事物及其运动,就必然会有信息。可以说,任何一个事物都是一个信息的"发射"装置,而不管有没有接收者,接收者事先知道还是不知道,接收者接收后是了解还是不了解,接收者收到后是利用了还是没有利用。从某种角度来看,客观世界是"形",而信息则是反映它们的"影"。

(3)从接收信息的主体来定义

①信息具有知识的秉性,是用于消除人们认识上不确定性的东西。

②信息是人们对外部事物的某种了解,可以减少人们决策时的不确定性。

③信息作为人认识的结果,是人的大脑关于客观事物运动状态和方式的再现。

④信息作为具体观察者的认识结果,是事物在人的头脑中的反映。

⑤信息是主体所感知或由主体所表述的事物运动状态及其变化方式。

⑥某主体关于事物的认识论层次信息,是指在该主体所感知的或该主体所表述的相应事物的运动状态及其变化方式,包括状态及其变化方式的形式、含义及效用。

上述定义虽然表示方式有所不同，但都是从接收信息主体的角度来考察信息的。

(4)从主体与客体之间的信息联系来定义

①信息是人们在适应外部世界，并且使这种适应反作用于外部世界的过程中，同外部世界进行交换的内容的总称。

②信息是事物运动中反映客体作用于主体和主体反作用于客体的统一过程中的信号。

③信息是我们对外界进行调节并使调节为外界所了解时与外界交换的东西。

上述这三个定义所表述的内容基本相似，其中，定义①和定义③是控制论的创始人诺伯特·维纳提出的。他在《人有人的用处：控制论和社会》中写道："人通过感觉器官感知世界""我们支配环境的命令就是给环境的一种信息""信息就是我们在适应外部世界，并且使这种适应反作用于外部世界的过程中，同外部世界进行交换的内容的总称""接收信息和使用信息的过程，就是我们适应外界环境的偶然性的过程，也是我们在这个环境中有效地生活的过程。"在此，维纳把人与环境之间交换信息的过程看作一种广义的通信过程。

维纳在这里对信息的定义所涉及"信息"的外延比较小，只包括全部信息集合中与人类活动有关的那一部分信息。这个定义的重要性在于，它说明信息不仅是主客体之间交换的一种内容的名称，还是主体与客体之间建立联系的桥梁和媒体，客体通过信息作用于主体，主体通过信息反作用于客体，即借助于信息影响客体。没有信息，人就不能了解客体，也不能改造和利用客体。

1.1.2　信息的特性

(1)普遍性

信息的普遍性是指信息充满客观世界。人类存在于信息的汪洋大海之中，即事事有信息，时时有信息，处处有信息。信息遍布于自然界、人类社会和人体及其头脑之中。信息的普遍性是由事物及其运动的普遍性决定的，宇宙空间充满着事物及事物的运动，只要有事物及其运动，就必然会产生信息。信息存在的普遍性原理告诉我们，在我们的各项工作中，必须认真对待信息问题，了解了信息，才等于掌握了事物运动的规律，才能够更好地改造和利用事物。有些人否认信息的普遍性，认为无机界没有信息，或认为在生物界和工程控制系统之外的世界里没有信息存在，甚至认为在人的头脑之外，都没有信息存在。这些观点都无法解释"无信息的世界"怎样能够同"有信息的世界"共融相通的问题。如果土壤、岩石等无机物中没有信息，那么又如何来解释人类可以从这些无机物中获得地质结构或地下矿藏方面的信息呢？如果无机界本身没有信息，那为什么一旦将工程控制系统与它联系起来的时候，它却能够向系统提供信息呢？如果在人脑之外不存在信息，那么人的头脑中的信息又从何而来呢？

(2)客观性

信息的客观性具有两层含义：其一，是指信息存在的客观性，即信息的存在与否与人类的存在与否没有必然的联系。客体论的信息定义已经断言，即使没有人类，信息也照样存在；即使是主观信息，一经形成也就客观存在着。人头脑中的想法、观点，只要说出、写出，它就客观地存在着。这些信息往往成为受到批评、引起争议，或者受到表扬、得到赞誉的“依据”。即使是内容虚假的谣言，只要一经写出、说出，它的存在就是真实的。其二，是指即使是主观信息(决策、判断、指令、计划、目标等)，也有客观实际背景，并以客观信息为“原料”，受客观实践的检验。但是信息的客观存在性并不能保证信息的内容一定具有客观性，即不能保证信息内容一定与客观事物的运动状态及其状态变化方式相吻合。虽然人的意识、精神也是信息，是人脑对客观对象的综合反映，但是由于人的认识能力和认识手段的限制、认识目的的不同，这种反映有时候与事物的真实情况未必相符。因此，从内容上讲，这类信息不一定具有客观性。比如，由于人的认识能力和认识手段的限制，目前有关宇宙形成的大爆炸理论是否真的与宇宙形成相吻合，还有待进一步证实。历史上“地心说”与“日心说”的争论，实际上也是因为认识目的不同而造成的。

(3)无限性

信息的无限性是指信息在量上是无边无际的。无限性的产生主要有四个方面的原因。第一，物质是无限的，从大的宏观方面来看“大”是如此，从小的微观方面来看“小”也是如此；第二，物质是无限可分的，所谓“百尺竿头，日取其半，万世不竭”，就说明了这一道理；第三，人类对物质世界的认识是无限的；第四，物质及其运动是无限多样的。

随着人类认识能力的增强、实践活动的深入、信息总量的增加，人类所能发现的信息量也在不断增加。从这几个方面来看，信息作为一个集合是无限的。信息的无限性是针对整个信息集合而言的，故该性质并不适用于某条具体的信息。实际上，就某条具体的信息来说，其中包含的信息内容和信息量应是一个确定的量，是有限的。在实际生活中，有时候不同的人对同一条信息可能有不同的解释，即所谓“仁者见仁，智者见智”，但是真正正确的解释却只能有一个(或若干个)，而不可能有无限个。这也从侧面说明单条信息的内容和量不是无限的，否则，我们将会无法交流、学习、生活和工作。此外，还有实在信息与实得信息的问题，从总体上看，实在信息是无限的，但是实得信息却是有限的。

(4)寄载性

信息的寄载性是指信息必须依附在一定的物质实体上——不管它是有形的

物质，还是无形的物质。信息与其载体是不可分割的，载体消失了，在该载体上储存的信息也就不复存在了。从哲学上看，这就是形式与内容之间的统一性问题。一定的内容必须通过一定的形式才能表示出来，而一定的形式又必须表现一定的内容。但是，信息与载体之间的关系既是绝对的——任何信息都不能脱离载体而存在，也是相对的——同一内容的信息可以储存在不同的载体之中。那么我们在实际工作中，就要根据信息管理的目的和任务，精心地选择信息载体，并采用科学的、符合实际需要的方法将信息记录到载体上。

(5)动态性

信息的动态性是指信息的内容和数量是不断变化的，主要表现在两个方面。一是无论是作为整体集合的信息，还是作为个体的单条信息，其内容和信息量都会随着时间的变化而不断地得到取舍、更新、充实和累积。这是因为信息源于事物，而事物都是处于运动之中的。作为描述事物运动状态及其状态变化方式的信息，是在运动中产生、在运动中传递、在运动中发挥作用的。比如，“市场”最初是指商品交换的场所，后来又扩展到整个流通领域。“张三”原来指一个儿童，后来又指一个少年、青年人、中年人、老年人，因此，在不同的年龄段，“张三”这一条信息中包括的内容也是不同的，这些都说明某些信息的内容会随着时间的变化而变化。但是，也有些信息随着时间的变化，其内容并不发生变化或变化不大。例如，李白曾经写道：“今人不见古时月，今月曾经照古人。”就是说在古代和现代，“月亮”这一信息的内容没有发生什么变化。二是人对客观世界的认识及其在此基础上积累的经验和知识，会随着人的认识能力的不断提高而得以更新和完善。例如，“原子”的思想是古希腊哲学家德谟克利特提出来的，但是，随着人类认识的不断深入，现在“原子”这一信息中已经包含许多古代“原子”信息中不曾有过的内容，其内容比古代更加丰富了。

(6)时效性

信息总是随着时间的推移而不断发生变化。信息的时效性是指脱离了母体的信息由于不再能够反映母体的新的运动状态及其变化方式，导致效用降低，乃至完全丧失。信息脱离母体的时间长短并不能够完全反映信息的寿命，衡量信息的寿命必须同时考虑母体随时间变化的速度，一旦信息已经不再能表示母体的实际运动状态及其变化方式，那么该条信息的寿命也就结束了，这时候它只能够作为母体运动状态及其变化方式的一种历史记录。正因如此，人们必须随着时间的推移，不断地获取新的信息。时效性也告诉我们，要使信息能够充分发挥作用，必须及时加以利用。

(7)传递性

信息的传递性，也称信息的转移性，是指信息可以在空间上从一点转移到另一点，或者在时间上从某一时刻保存到另一时刻。因为信息可以在一定的条件下脱离母体而相对独立，所以可以使用一定的方法使其在空间上和时间上进行转移。信息在时间上的转移称为“存储”，在空间上的转移称为“通信”。换个角度看，信息的存储也是通信，只不过是过去和未来、今天与明天的通信。再者，信息的通信也必然伴有时间的转移，只不过在距离较近时这个数字小到可以忽略不计。存储使得人们可以积累信息，通信使得人们可以传播信息，这两者对人类来说，都是十分重要的。没有信息的积累，人们将无法通过学习来提高其智力水平，人的信息能力将永远停留在幼年时期；没有信息的传播，人类将无法进行信息交流，无法保持信息联系，也就无法团结起来通过群体的力量来同自然作战。同时，信息的传递并不是被动地依赖于物质及其运动间的相互反映，因为人类可以根据自己的需要选择特定的载体有目的地传递信息。

(8)非对称性

信息的非对称性是指信息的分布在时间上和空间上呈现出来的不均匀性。世界是物质、能量和信息的世界，能量和信息都源于物质。能量是描述物体做功本领的物理量，而信息则是事物运动的状态及其状态变化的方式。物质在空间上的分布处于不均匀状态，有的地方质量大，有的地方质量小；有的地方密度大，有的地方密度小；有的时候某处的物质的密度大，有的时候该处的物质的密度小。不仅如此，物质世界的质量和密度分布还会随着时间的推移而不断发生变化，因此，物质在空间和时间上的分布就会永远处于不均匀状态。这种现象不仅存在于无机界，也同样存在于生物界和人类社会。地球上的生物分布也不是处于均匀状态的，因此，不同国家和地区的生物资源拥有量必然存在着一定的差异。就人类来说，世界人口的分布不仅在时间上呈现出不均匀性，而且在空间上也存在着不均匀性。地球上不同时期的人口分布是不均匀的，不同地区的人口分布也同样是不均匀的。信息是事物运动的状态及其状态变化的方式，因此，物质分布的不均匀性，或者更准确地说，事物分布的不均匀性，也必然会导致信息分布的非对称性。信息的非对称性对信息管理工作者具有特别重要的意义，因为它是信息管理产生与发展的内在依据。信息在整个人类社会都呈现出非对称分布，有的人和机构掌握的信息多，有的人和机构掌握的信息少，而信息占有量，即信息的分布情况上的差异也是造成许多其他差异或者说不平等的主要根源。市场上的买主和卖主之间的信息差异，会使一方蒙受损失，另一方获得超额利润；政府与老百姓之间的信息差异，会使老百姓感到办事难，使政府无法体察民情，这种信息鸿沟又会影响经济发展和社会稳定。总之，信息的非对称性是普遍存在的，为了提高信息的对称性，促进人类和人类社会的共同发展，必须有从事信息管理的人和机构来对信息进行管理。

(9)共享性

信息的共享性是指同一内容的信息,可以在相同的时间、相同或不同的地点,不同的时间、相同或不同的地点,为多个使用者所获取、掌握、占有和使用。但是一个人占有某一条信息,并不影响另一个人或者更多的人对同一条信息的占有,或者说,同一条信息可以为多个人所占有。但是,信息占有者的增多,并不会导致信息本身的减少。在信息传递的过程中,信息的发出者并不因信息的接收者得到其发出的信息而失去该条信息。英国大文豪萧伯纳曾经说过:“假如你有一个苹果,我也有一个苹果,我们彼此交换这两个苹果,交换的结果是我们每个人仍然只有一个苹果。假如你有一种思想,我也有一种思想,我们彼此交换这两种思想,交换的结果是你有两种思想,我也有两种思想。”这句话形象地说明了信息的共享性。信息的共享性使其与物质之间具有本质性的差异,同一种物质必然是你有我就无,我有你就无,而不可能出现你有我也有的情况,比如,同一台冰箱,甲买去了,乙就不可能再买到;但若是同一条信息,甲买到了,乙也同样可以买到。信息之所以具有共享性,是因为它具有无形性、无损性和非排他性。

1.1.3 信息的类型

按照不同的划分角度,信息可分为不同的类型。

(1)从观察者角度划分

从观察者的角度看,可将信息划分为语法信息、语义信息和语用信息。语法信息是信息中最基本的层次,它具有客观的本性。语义信息既有客观的一面——状态的实际含义本身是客观的;也有主观的一面——对于含义,不同的观察者可能有不同的理解,这就是所谓的“仁者见仁,智者见智”。语用信息具有更强的主观色彩,因为事物的同一运动状态对于不同的观察者来说,可能具有很不相同的效用。例如,有三个人在同一地点,都看到了天空中乌云翻滚、电闪雷鸣,于是他们都获得了语法层次的信息,这就是信息的形式方面。之后,他们迅速作出自己的判断:甲认为肯定要下大暴雨了;乙认为肯定要刮大风了;丙则认为肯定是暴风雨来了。这表明他们根据自己的经验和判断在解释语法信息,显然他们都不同程度地获得了一些语义信息,但是不管他们得到的是什么信息,这次天气变化肯定会产生某种特定结果,如下了大暴雨,这样,乙和丙的理解就是错误的。至于语用信息,指“天空中乌云翻滚、电闪雷鸣”这个事物的运动状态及其状态变化方式对观察者所具有的价值。例如,看到了这种现象,并理解了其含义之后,甲可能会很恼火,因为他要出差去不了;乙可能会十分高兴,因为他的庄稼正缺水;丙可能会无所谓,因为他正好在家里休假。

(2)按照信息的流动方向划分

按照信息的流动方向,可将信息划分为纵向信息、横向信息和网状信息。纵向信息通常是指在不同的地位、权力、身份、级别的组织或个人之间传递交流的信息。它可以是自上而下传递的信息，也可以是自下而上传递的信息，或者是两者兼而有之，如从中央传达到地方各级政府的信息，就属于纵向信息；反之亦如此。横向信息则是指在地位、权力、身份、级别相同的组织或个人之间传递交流的信息，如同学之间、同事之间、朋友之间、亲友之间等传递交流的信息，都属于横向信息。网状信息是指以纵横交错方式流动的信息，实际上，在自然界和人类社会中，绝大多数信息都是呈网状信息的形式流动的。例如，每个人所获得的信息不仅可以来自上级领导或自己的下属，同时还有可能来自同学之间、同事之间、朋友之间、亲戚之间，还有的可能是从各种媒体上得到的。

(3)按利用对象和作用层次划分

按照利用对象和作用层次，可将信息划分为战略信息、战术信息和业务信息。战略信息是指能够对组织的长远发展方向产生深远乃至全局性影响的信息，它比较抽象，如有关企业的发展方向、目标、路线、企业的联合及市场开拓等方面的信息就属于战略信息。战术信息主要是指用于管理控制方面的信息，如选择厂址、确定新产品品种等都是战术信息。业务信息主要是用于处理日常事务方面的信息，它比较具体，如工厂里的调度计划、指标完成情况、考勤情况等都是业务信息。

(4)按信息的时间状态划分

按照信息的时间状态，可将信息划分为历史信息、现状信息和预测信息。历史意味着过去，所以历史信息是指事物过去的运动状态及其状态变化方式。客观事物在运动过程中都要留下各种各样的“轨迹”，将这些信息记录、整理并保存下来，就构成了历史信息，人类在从事各种各样的社会实践活动过程中，留下了众多的记录，如图书馆里的图书资料、博物馆里的文物、美术馆里的各种图片等，这些都属于历史信息。与此相对应的是当前事物运动状态及其状态变化方式，这些就是现状信息，如当前物价变动情况、资金运行情况、学生的到课率、教师的出勤率等。预测信息是在历史信息和现状信息的基础上，通过一定的方法推断出的有关事物未来的运动状态及其状态变化方式，如今后5年的经济形势、未来的战争形式、10年后的某单位的发展情况等。当然，过去、现在和未来是一个连续的发展变化过程，今天即将成为过去，未来肯定会变成今天，同时现在又是联系过去和未来的中间环节，因此，严格地划分过去、现在和未来之间的界限，不仅没有必要，也不可能完成。正因如此，在实际使用时要根据需要确定历史、现状和将来之间的界限，而所谓现状信息，也并不一定就是指此时此刻的信息，它可能包括一些刚刚成为过去的信息。

1.2 信息资源

1.2.1 信息资源的概念

一般意义而言,资源是指自然界和人类社会生活中可以用来创造物质财富和精神财富、具有一定量的积累和客观存在形态的物质,如土地资源、矿产资源、森林资源、海洋资源、石油资源、人力资源等。资源一般可以分为经济资源和非经济资源两大类。本书所研究的主要是经济意义上的资源,它具有使用价值,可以以经济活动的某种形式为人类开发利用。

目前,国内外对信息资源(information resources)概念的认识尚未达成共识。有的认为信息资源等价于记录型信息,有的认为信息资源等价于文献信息,还有的认为信息资源等价于数据信息。综合国内外现有研究成果,有两种观点具有代表性。

一种观点是狭义的理解,认为信息资源是指人类社会经济活动中经过加工处理有序化并积累起来的有用信息的集合,如科技信息、政策法规信息、社会发展信息、市场信息、金融信息等,都是信息资源的重要构成要素。

另一种观点是广义的理解,认为信息资源是人类社会信息活动中积累起来的信息、信息生产者、信息技术等信息活动要素的集合。也就是说,信息资源包括下述几个部分:①人类社会经济活动中经过加工处理有序化并大量积累起来的有用信息的集合;②为某种目的而生产信息的信息生产者的集合;③加工、处理和传递信息的信息技术的集合;④其他信息活动要素(如信息设备、设施、信息活动经费等)的集合。

广义信息资源的观点把信息活动的各种要素都纳入信息资源的范畴,相对来说,更有助于全面、系统地把握信息资源的内涵。其原因很简单,因为信息资源的社会价值虽然主要体现在信息要素上,但信息要素价值的实现却离不开信息生产者、信息技术等信息活动要素的综合作用。只有坚持系统论的观点,把各信息活动要素按一定的原则加以配置并组成一个信息系统,信息要素的价值才能真正得到实现,信息资源才能真正得到开发和利用。事实上,信息系统和信息网络也正是当代信息资源存在的主要方式。相比较而言,狭义的观点忽视了"系统",但却突出了信息要素这一信息资源的核心和实质。信息资源之所以是一种经济资源,主要是因为其中所蕴含的信息具有十分重要的经济功能,而信息生产者、信息技术等信息活动要素只不过是信息这种资源开发利用的必备条件。没有信息要素的存在,其他信息活动要素都没有存在的意义。

本书对信息资源持广义的理解,但又不否认信息活动中信息要素的核心地位，认为信息资源就是指人类社会信息活动中积累起来的以信息为核心的各类信息活动要素（信息技术、设备、设施、信息生产者等）的集合。这里的信息活动包括围绕信息的搜集、整理、提供和利用而开展的一系列社会经济活动。

1.2.2 信息资源的特征

信息资源作为经济资源，与物质资源和能源资源一样，具有经济资源的一般特征，这些特征包括以下几个方面。

(1)需求性

人类从事经济活动离不开必要的生产要素（即各种生产性资源）的投入。传统的物质经济活动主要依赖于物质原料、劳动工具、劳动力等物质资源和能源资源的投入，现代信息经济则主要依赖信息、信息技术、信息劳动力等信息资源的投入。人类之所以把信息当作一种生产要素来需求，主要是因为各种形式（文字、声音、图像等）的信息不仅本身就是一种重要的生产要素，可以通过生产使之增值，而且是一种重要的非信息生产要素的“促进剂”，可以通过与这些非信息生产要素的相互作用，使其价值倍增。例如，人们可以根据有关的信息使荒漠成为绿洲；不太熟练的劳动力通过接受教育，可以变成熟练的、高效率的社会劳动者；闲置的资本加上信息可以变成有用的投资等。

(2)稀缺性

稀缺性是经济资源最基本的特征。在既定的技术和资源条件下，物质资源和能源资源都是有限的、不能自由取用的，若某人利用多了，其他人就只能少利用甚至不利用。如果一种资源具有生产有用性，但不稀缺，可以取之不尽、用之不竭，则这种资源不属于经济资源讨论的范畴。以前，一些经济学家认为清新的空气是人类生产不可缺少的经济资源，因为其在大自然“储量”无限丰富，所以人类可以自由取用，不存在稀缺性。今天，这种论断已站不住脚了，随着现代工业生产的盲目发展以及由此而引起的大气污染的不断加剧，人类开始认识到，即使是清新的空气，也不是取之不尽、用之不竭的。

信息资源同样具有稀缺性，其原因主要有两方面：一方面，信息资源的开发需要相应的成本（包括各种稀缺性的经济资源）投入，经济活动的行为者要拥有信息资源，就必须付出相应的代价。因此，在既定的时间、空间及其他条件约束下，某一特定的经济活动行为者因其人力、物力、财力等方面的限制，其信息资源拥有量总是有限的。如果信息资源具有经济意义，但不稀缺，就不存在投入人力、物力、财力进行开发和利用的问题。另一方面，在既定的技术和资源条件下，任何信息资源都有固定不变的总效用（即使用价值），当它每次被投入经济活动中去时，资源使用者总可以得到总效用中的一部分（也可能是全部），并获取一定的利益，随着被使用次数的增多，总效用会逐渐衰减。当衰减到零时，该信息资源就会被“磨损”掉，不再具有经济意义。这一点，与物质资源和能源资源因资源总量随着利用次数的增多而减少所表现出来的资源稀缺性相比，虽然在表现形态上有所不同，但在本质上却是非常相似的。

(3)使用方向可选性

信息资源与经济活动相结合，使信息资源具有很强的渗透性，可以广泛地渗透到经济活动的方方面面。同时，信息资源的开发利用对使用对象有一定的选择性，同一信息资源可以作用于不同的对象上，并产生多种不同的效果。经济活动行为者可以根据作用不同的对象所产生的不同效果，对信息资源的使用方向作出选择，从而产生信息资源的有效配置问题。

(4)不可分性

首先，作为一种资源的信息在生产中是不可分的。信息生产者为一个用户生产一组信息与为许多用户生产同一组信息比起来，两者所花费的努力几乎没有什么差别。以个人计算机的应用软件包为例，当应用软件包被开发出来后，生产一个拷贝与生产多个拷贝在工作量及费用上的差别是很小的。生产的主要费用是生产组成软件包的信息时所需要的费用。正因如此，应用软件包生产者不仅在主观上有出售尽可能多的软件包拷贝以补偿其信息生产费用的强烈动机，而且在客观上有实现这种动机的可能。从这种角度上说，作为一种资源的信息生产在理论上具有潜在的、无限大的规模经济。

其次，作为一种资源的信息在使用中也是不可分的，即信息资源不能像多少吨煤或多少吨水泥那样任意地计量。例如，虽然一半数量的铝合金是一种可用的资源，但制造该合金的配方的一半却没有直接的使用价值(相对于该合金的制造这一具体目标而言)。有时，即使信息在交换中是可分的，某一组信息的一部分亦具有市场价值，但对于特定的具体目标而言，如果整个信息集合都是必需的、不能任意减少的，则只有将整个的信息集合都付诸使用，其使用价值才能得到最直接的发挥。以计算机信息检索为例，对于一个信息检索系统来说，数据库是进行计算机信息检索的先导和基础，而信息检索软件则是一种必不可少的“驱动力”。没有信息检索软件，最完善的数据库资源也是一堆“死”资源，是没有直接的价值的。但在实际交换中，数据库和信息检索软件往往又分属于不同的生产厂家，它们从各自不同的生产厂家出发，经各自不同的流通渠道传递到信息市场并进行交易，因此具有各自不同的市场价值。但就计算机信息检索而言，只有当它们汇聚于某一信息检索系统经营者手中并以完整的信息集合形式付诸使用(如发行的光盘)时，其使用价值才能得到最直接的发挥。

(5)累积性

物质资源和能源资源是可消耗的，在消费和使用中最终会消灭其独立的物体形式和使用价值,因此,物质资源和能源资源不会在使用中再生,也不会表现为任何方式的积累。信息资源是动态资源,总处在不断产生、积累的过程中,并呈现出不断丰富、不断增长的趋势。信息资源一旦产生,不仅可以满足同时期人类的需要,而且可以通过信息的保存、积累、传递达到时间上的延续,满足后人的需要。比如后人总是在继承前人成果的基础上开展自己的工作,他们的产品和前人的成果一起又构成新的生产基础和条件,这就是信息资源的累积性。

(6)再生性

与信息资源的累积性密切相关的是信息资源的再生性。信息资源在满足社会需求和利用的同时,不仅不会被消耗掉,还会生产出新的信息资源,而且信息资源利用得越多越广,其效用就发挥得越充分,创造出的新信息也越多。这说明信息资源利用的结果是再生新信息,因此,对信息资源应当鼓励消费和利用。

建立在信息资源基础之上的信息经济与物质经济完全不同,物质经济以大量消耗物质、能源为代价,所以是社会高度工业化的结果,可能使物质和能源消耗殆尽。在投入现代经济的劳动、资本、能源、物质和信息等成分中,只有信息资源是可以再生的,因此,在物质经济和物质产品中不断增加信息成分已成为当代经济发展必须考虑的因素。

1.2.3 信息资源的类型

1. 从信息资源来源的角度划分

根据信息资源的来源不同,信息资源主要包括以下两类。

(1)内部产生的信息资源

内部产生的信息资源是指政府机关、事业单位、团体、企业或公司等组织的内部人员在工作中撰写、编辑的内容,形成的文档、课件,拍摄的图片、画面,制作的表单、数据、节目片段,录制的影音作品、课程资源,形成的医疗报告数据,设计开发的软件,制定的规章制度等。

(2)外部产生的信息资源

外部产生的信息资源是指从组织外部获取的、符合组织业务和发展需要的信息资源,如各种文本的图书、期刊、报纸、参考资料、科技知识资源、科研论文资源,各种数据库、节目素材、成品节目以及互联网资源等。

2. 按信息资源的生产领域划分

根据信息资源的生产领域不同,信息资源主要包括以下四类。

(1)政府组织的信息资源

政府组织的信息资源是指政府拥有的信息资源,包括由政府部门生产的信息和政府部门收集的信息,前者主要指在政府办公业务中产生的记录、数据、文件等;后者主要指政府组织根据需要从外部采集的信息、数据等。

(2)公益机构的信息资源

公益机构的信息资源是指由公益机构管理和向公众提供的教育、科研、文化、娱乐、生活等领域的信息资源。

(3)中介团体的信息资源

中介团体的信息资源是指社会中介团体拥有的信息资源,包括由中介团体生产的信息和中介团体收集的信息,前者主要指在中介服务业务中产生的记录、数据、报告、文件等;后者主要指中介团体根据需要从外部采集的信息、数据等。

(4)企业的信息资源

企业的信息资源是指企业或公司拥有的信息资源,包括由企业或公司生产的信息和收集的信息,前者主要指企业或公司在各种业务活动中产生的记录、数据、报告、表单等;后者主要指企业或公司根据需要从外部采集的信息、数据等。

3. 按信息资源的开发程度划分

按信息资源开发的程度划分,信息资源可分为以下四类。

(1)零次信息资源

零次信息资源是指成为文献前的信息资源存在状态,通常指有关何处或何人正在进行何种研究工作的信息,即所谓的"进行中研究"。其形式一般表现为进行中研究项目的名称、主持人、资助人、预算规模、研究目标及进展情况。其价值可能比已发表的文献更高。在某些高新科技领域,常常没有现成的文献可供参考,零次信息资源就可以起到填补文献空白的作用。

(2)一次信息资源

一次信息资源是指以作者本人的研究工作或研制成果为依据撰写、制作和发布的信息,又称为原始文献或第一手资料,包括已正式出版和公开发行的图书、期刊论文、会议文献、专利说明书、技术标准,也包括未公开的实验记录、会议记录、译文,内部档案、论文草稿、设计草稿、日记、备忘录、信件等,还包括半公开的灰色文献,如研究报告、行业协会资料等。一次信息在内容上比较具体、详细、系统化,原创性强,往往可提供最新的信息和知识,有直接参考借鉴和使用的价值,是人们检索和利用的主要对象。

(3)二次信息资源

二次信息资源是信息工作者对一次信息进行整理、加工、提炼和压缩之后得到的产物,是为了便于管理和利用大量的、分散的、无序的一次信息,按照一定的方法编辑、出版或累积起来的工具性信息资源,通常也称为二手资料。一般以目录、题录、文摘、索引、手册、名录等形式出现,具有累积性、压缩性、组织化、系统化、检索性等特点。其价值在于提供一次信息的线索,是打开庞大的一次信息资源知识宝库的钥匙，可节省人们查找信息的时间。

(4)三次信息资源

三次信息资源是根据一定的目的和需求，在大量利用有关的一次信息资源、二次信息资源和其他三次信息资源的基础上，对有关信息和知识进行综合分析，提炼、重组、概括而成的产物。一般以述评、综述、领域进展性出版物以及文献指南或书目指南等形式出现。大部分三次信息资源都融入了制作者本人的知识和智慧，是对现有信息和知识的再创作或创造，可使原有的信息和知识进一步增值。三次信息资源具有综合性高、系统性好、参考价值高等特点。

信息资源从零次、一次、二次到三次逐步提升的过程，是信息资源由博返约、由分散到集中、由无序到有序系统化的增值过程，是对信息和知识进行不同层次的加工过程，也是社会分工的结果。每一环节所起的作用不同，所产生信息的质和量也不同。

4. 按信息资源的开放程度划分

按信息资源开放的程度不同划分，信息资源包括以下四类。

(1)社会公开信息资源

社会公开信息资源是向全体社会成员公开传播的信息资源，传播渠道包括报纸、期刊等纸质媒体和广播、电视、互联网、手机等电子媒体。只要支付少量的成本费用，使用者就能接收一切社会公开的信息。

(2)组织内公开信息资源

组织内公开信息资源是指在一定组织、范围和群体中公开传播的信息资源，如内联网上的部门通知、文件、规章、统计公报、日常事务管理和活动信息等。一般来说，非该机构内部成员并不必要了解此类信息。

(3)组织内非公开信息资源

组织内非公开信息资源是指在具有排外性质的、具有事关机构核心竞争力和发展命脉的战略性资源，如公司的商业秘密、饮食配方、企业的核心技术、机构的研发项目、公司的战略规划等，需要专门妥善管理。

(4)保密性信息资源

保密性信息资源是出于保密的目的而收集、生产的信息，因某种原因不能公开或在一定的时限内不予公开，如国防机密、个人隐私、保密期内的关键技术、专利成果等。

1.3 信息资源管理

1.3.1 信息资源管理的内涵

信息资源管理(information resource management,IRM)是20世纪70年代末、80年代初才出现的一个具有多种含义的新词语,它有时是指一种新的管理思想、管理方法、管理战略;有时是指一个特定的社会活动领域;有时是指一门学科的名称;有时又是指某几门学科的子学科的名称。有关信息资源管理的概念目前主要有以下几种观点。

(1)信息资源管理是对核心资源生命周期管理的集成

信息资源管理就是对核心资源的管理,也就是把信息资源管理理解成对信息流的管理,对信息收集、加工组织、存储、传递和利用的过程,但是在这一过程中又增加了信息生命周期的概念,强调组织对信息的利用有很强的时间性。

支持这种观点的人有许多,例如,C. M. 比思认为,信息资源管理是指"把合适的信息、在合适的时间提供给决策或协调工作的活动。信息资源的管理,可视为一种生命周期或价值链活动,包括识别、存取信息,保证信息的质量、时效性和相关性,为未来存储及处置信息"。C. 西瓦尔兹和 P. 赫龙认为,"信息资源管理是一种管理组织机构内部生产出的信息的生命周期的综合化、协调化方法"。

广义地说,信息资源管理包括获取、保留和利用那些为了完成组织的使命、实现组织的目标所需的各种资源。潘大连和黄巍认为"信息资源管理是从业务上对信息作为一种资源进行管理所需要考虑的问题的逻辑顺序"。他们还将信息资源的管理划分为调研、分析、综合和评价四个步骤,并进一步将其细化为六点:①调查研究,收集基本的资源情况和原始的资源清单;②制定分类准则和评价准则,将信息资源进行有序化的管理;③分析各项信息资源的成本和价格,确定为获取、处理、存储和使用这些资源所消耗的成本,以及这些资源所形成的价值和价格,特别是信息资产的价值和价格;④将各部门用户对信息资源的使用情况和效益同消耗的成本进行综合分析,找出成功的经验和失败的教训;⑤优化和改进信息资源管理的思路和做法;⑥总结已有工作和实施新的方案。

(2)信息资源管理是对信息活动所有要素进行一般职能管理的集成

信息资源管理是集成管理或者说是综合管理,它管理的是信息活动的所有要素。这种观点主要是从管理的视角来理解什么是信息资源管理,把信息资源管理看成管理中的一个子集,即信息资源管理实际上就是把一般管理的基本原理用到信息资源的管理上。例如,A. N. 史密斯和 D. B. 梅德利认为,信息资源管理是"一般管理的一个子集……是一个仍处于发展中的概念，现在还没有一个通用的信息资源管理定义，目前应把信息资源管理看作一个具有几层含义的伞状概念”。从某一层次看，信息资源管理把信息作为一种类似于资本和人力一样的组织资源来管理，即信息资源管理本质上是一种起指导作用的哲学。从另一层次看，信息资源管理合并了传统意义上的信息服务——通信、办公系统和诸如记录管理、图书馆职能和技术规划之类的信息成分。英国信息管理协会(Association for Information Management，Aslib)将信息资源管理定义为“用管理组织的人力资源、财力资源和物力资源一样的方法来管理信息(资源)”。B. B. 米勒认为，“信息资源管理就是管理数据和信息的一个伞形术语，它既包括计算机硬件、软件、通信系统、内部数据库和外部数据库的管理、规划和审计，也包括集成这些资源为管理全组织的信息提供支持”。B. 沃森认为，“信息资源管理是一个术语，它被用于描述与公司信息资源的管理和利用有关的全部活动，以及为那些有权方便地利用和控制这类信息的人提供便利的活动”。J. R. 博蒙特和 E. 萨瑟兰认为，“信息资源管理是一个伞形术语，它包括为确保在开展业务和进行决策时能得到可用信息所必需的所有管理活动”。他们还进一步指出：“信息资源管理可被广义地解释成包括商业(即怎么利用信息和通信技术来获取竞争优势)、经济学(即信息经济正在怎样改变市场)、法律(即信息和通信技术怎样影响控制人民、企业和国家行为的法律结构)、社会(即信息和通信技术正在怎样改变我们的生活方式和工作方式)和技术(即信息和通信技术的发展趋势和组织如何利用这些潜在的基础结构平台)。”

美国行政管理与预算局(Office of Management and Budget，OMB)把政府信息资源管理定义为“与政府信息相关的规划、预算、组织、指挥、培训和控制。该术语既包括信息本身，也包括诸如人员、设备、资金和技术之类的相关资源”。美国参议院提出了一种非常广泛的政府信息资源管理观点，认为“联邦信息资源管理是一种旨在提高政府信息活动效率和效益的综合性、集成性过程”。他们还指出，信息资源管理是“一个复杂的术语，它包括为完成机构的任务而确定信息需求，为了经济、有效、公平地满足已确定的信息需求而管理信息资源和综合不同信息职能机构中个体能力的过程。此外，该过程还延伸到信息收集、使用和处理中的所有阶段，包括规划、预算、组织、指挥、控制和评估信息使用的管理活动”。尽管上述两种定义在表述上存在着某些不一致，但至少有一点是一致的，即基本上都认为信息资源管理的本质就是集成或协调，其内涵都是“信息是任何组织的一种必不可少的资源”。

(3)狭义与广义信息资源管理的概念

有些学者简单地认为“信息资源管理”中的“信息资源”就是“信息”，确切地说，就是机构或组织中的信息和记录。这种仅把信息资源管理的对象限定为信息本身的观点，无论其中的“信息”范围多么广，也只是“狭义的信息资源管理”，它的重点是运用技术方法和手段确保信息资源处于可用的有序状态。但对信息本身的管理必然要耗费其他支持资源，由此又引出了“广义的信息资源管理”的概念，它所管理的对象不只是同质的信息，还包括信息活动中的所有投入要素，即异质的信息、资金、人员、技术、设备、设施等，信息资源管理就是对“构成信息系统的资源”的管理。

(4)本书的观点

本书在综合考虑信息资源管理是对核心资源生命周期管理的集成和对信息活动所有要素进行一般职能管理的集成的基础上，从广义的视角理解信息资源管理，认为其就是运用综合性的管理手段和方法，通过对与信息相关资源的合理规划、预算、组织、指挥、培训、控制、审计、评价和对其他涉及信息的生产、收集、组织、存储、检索、传播、开发利用、质量评估、安全管理等活动来实现组织的战略目标，其具体内涵如下。

①信息资源管理是信息管理发展中的一个特定阶段。在这一阶段，人们认识到信息本身已经变成了一种重要的资源。

②信息资源管理的手段与方法具有综合性。在历史上，人们采用的信息管理方法和手段远远没有今天这么丰富、先进。因此，现代信息技术和管理方法是信息资源管理产生的一个重要标志。

③信息资源管理主要限于组织层次，它要为实现组织的战略目标服务。但是，随着人类信息活动的扩展，它正在由组织内部管理逐渐扩展到组织环境管理。

④信息资源管理不仅包含信息本身的管理，还包含对信息相关活动的管理。

⑤信息资源管理非常注重效率与效益。一方面，信息资源管理本身要提高效率和效益；另一方面，信息资源管理还要为提高组织活动的效率和效益服务，即必须能够支持组织的战略目标。

1.3.2 信息资源管理的目标

信息资源管理的目标一般可分为总目标和分目标。总目标是指信息资源管理要达到的最终目的和最根本的行动纲领，也是信息资源管理的主体系统与被管理的客体系统相互作用的结果。信息资源管理体系中，子系统的独立和具体的目标是信息资源管理的分目标。分目标为保证总目标的实现服务，并受到总目标的制约。每一个信息资源管理系统既有总目标，又有分目标，总目标与分目标之间以及各分目标之间相互联系、相互制约，共同形成统一的信息资源管理目标体系。

(1)信息资源管理的总目标

关于信息资源管理的总目标，最具代表性的是狄保尔德所领导的管理咨询研究小组基于一家公司范围内的资源所列举的信息资源管理总目标。该总目标包括以下七个方面。

①建立一种只允许相关的信息进入公司的决策活动中的环境。

②实施一系列措施,使生产、搜集信息的费用能够与利用信息后应获得的效果相比较。

③改变观念和政策,使信息在企业的商业活动和管理活动中能被视为一种重要财产。

④在利用信息技术前,首先对需求进行分析。

⑤使信息管理者的地位合法化。

⑥为所有的管理者及职员提供培训、教育和升职的机会,使他们掌握有关信息资源管理的技能。

⑦吸收用户参与信息系统的设计及有关的信息决策,使之能对信息生产活动及人员、设备等资源负责。

基于上述原则,信息资源管理的总目标可以确定为在有领导、有组织的统一规划和管理下,确保信息资源的开发利用协调一致、有条不紊地进行,使各类信息资源以更高的效率、效能和更低的成本在国家社会进步、经济发展、人民物质文化生活水平的提高的环境下充分发挥应有的作用。

(2)信息资源管理的分目标

为保证上述总目标的实现,可以进一步将信息资源管理总目标分解为一系列并行不悖且相互联系的分目标,这些分目标包括以下几个方面。

①信息资源开发的分目标。主要是根据社会发展的需要来合理组织、规划信息资源的开发,确保相关潜在的信息资源能及时、经济地转化为现实的信息资源。

②信息资源利用的分目标。主要是按照社会化、专业化和产业化的原则合理组织信息资源的分配,确保信息资源能得到充分有效的利用。

③信息资源管理机制的分目标。主要是遵循客观经济规律,建立健全科学、合理的信息资源管理机制,完善信息资源开发利用的保障体系。

1.3.3 信息资源管理的层次与内容

1. 信息资源管理的层次

(1)宏观管理

宏观层次的信息资源管理是一种战略管理,一般由国家信息资源管理部门运用经济、法律和必要的行政手段加以实施,主要是在宏观层次上通过国家有关政策、法规、管理条例等来组织、协调信息资源的开发和利用活动,使信息资源按照国家宏观调控的目标,在不影响国家的信息主权和信息安全的前提下得到最合理的开发和最有效的利用。

宏观层次的信息资源管理是保证信息资源开发和利用活动顺利进行并降低资源开发成本、提高资源利用率的最有效的方式。其主要任务是从总量上和结构上组织、协调信息资源的开发和利用活动，所以，由此引发的一切管理效果都带有总量和全局性质。近年来，随着国际间信息资源开发和利用问题的日益突出，如跨国数据流引发的国家或地区间利益摩擦问题、信息传播和控制带来的国家主权和国家安全问题等，宏观层次的信息资源管理有同国际政策相协调、与国际信息流通相结合的新特点。

国家从宏观层次上对信息资源进行管理要遵循以下几个原则。

①信息资源是一种重要的经济资源，要从思想上把它提高到一个战略的认识高度。

②信息资源管理是一项复杂的社会系统工程，规模巨大、结构复杂，必须实行分级、分类管理。

③国家的信息资源管理主要是要确定目标，进行投资决策，并为各级政府业务部门中观层次的信息资源管理提供条件。

④大力推广使用现代信息技术，以提高信息资源的开发水平和利用效果。

⑤确定信息资源管理的保密和保存制度，协调与国际间的信息资源交流关系。

(2)中观管理

中观层次的信息资源管理一般由各地区、各行业的信息资源管理部门通过制定地区或行业性政策法规和管理条例，来组织、协调本地区、本行业内部的信息资源的开发和利用活动以及本地区、本行业与其他地区、其他行业间的信息资源交流关系，使本地区、本行业的信息资源开发和利用活动在总体上与宏观层次的信息资源管理活动不相冲突的同时，更好地符合本地区、本行业的客观实际，并体现本地区、本行业的利益。

中观层次的信息资源管理是介于宏观管理和微观管理之间的一种管理层次，具有承上启下的功能。因此，该层次的信息资源管理原则上既要符合宏观层次的信息资源管理的需要，又要有利于指导、规划微观层次的信息资源管理活动，两者缺一不可。中观层次的信息资源管理的主要任务是在本地区、本行业范围内组织、协调信息资源的开发和利用活动，因此，由此引发的一切管理效果都是针对本地区、本行业的信息资源开发和利用，具有明显的区域或行业性质。

当前，在中观层次的信息资源管理的研究重点主要集中在对区域信息化的信息资源规划。区域信息化建设的信息资源规划不同于区域经济与社会发展的战略规划，也不同于区域信息化建设的总体规划，它注重数据流的分析，从信息资源整合与应用系统集成的角度来制定信息资源开发和利用的具体方案，因此能落实区域信息化建设的总体规划，进而支持区域经济与社会发展战略规划。区域信息化建设的突出特点是，以中心城市（省会或自治区首府）信息化建设为重点，带动全区各地市和区县级城市，辐射全区经济与社会生活。

(3)微观管理

微观层次的信息资源管理是最基层的信息资源管理，一般由各级政府部门、信息机构和企业等基层组织负责实施。其主要任务是认清组织内各级各类人员对信息资源的真正需求，合理组织、协调信息资源的开发和利用。微观层次的信息资源管理主要包括政府信息资源管理和企业信息资源管理两种类型。

2. 信息资源管理的内容

信息资源管理不仅包含信息本身的管理，还包含对信息系统、信息技术应用、信息相关活动、信息用户等的管理。

(1)信息资源管理的一般过程

信息资源管理的一般过程是指信息资源的形成、运动与发展规律，信息资源管理过程的构成环节及其内容、方法、衔接，信息资源有序有效运行的条件、机制及障碍，以及围绕信息资源的采集、组织、存储、检索、开发利用、质量评估、安全管理等活动。如信息的序化和优化、信息组织方法与工具、信息检索方法与工具、新技术在信息组织与检索中的应用、信息存储的方法与技术、信息资源开发的原理和手段、信息资源开发需要用到的程序和技术、信息产品的类型、信息产品的结构、信息产品的功能及生产、潜在信息资源开发的新途径、信息资源的利用规律等。

(2)信息资源管理的政策法规

信息政策和法规是保证信息活动正常进行，促进信息产业发展的一系列指导文件、方针、条例、法令等的总称，也是实施信息资源管理的重要手段，强调从人文和社会的角度综合解决信息资源管理问题。

关于信息政策，卢泰宏曾提出，信息政策是指国家用“手”调控信息业的发展和信息活动的行为规范的准则，它涉及信息产品的生产、分配、交换和消费等各个环节，以及信息业的发展规划、组织和管理等综合性的问题。

关于信息法规，乌家培认为，信息法规是由信息法律和信息规章制度共同构成的。信息法规是通过法律程序确立各项信息子政策，使之规范化，具有约束力，保障信息政策得以贯彻、实施的重要法律手段。

(3)信息资源管理的行业应用

①政府信息资源管理。政府信息资源是指政府中与信息采集、信息处理、信息交流以及信息利用有关的一切资源，包括人员设备、资金、信息及技术等。换言之，政府信息资源并不仅仅指政府信息，其含义和涉及的范围比信息本身要广泛

得多。相应地,政府信息资源管理也包括对人员、设备、资金及技术的管理。政府信息资源可看作政府部门的人力资源、物质资源和财务资源的组织资源,政府信息资源管理从支持政府职能发展到政府的管理职能,同政府的其他重要职能一样重要。如今,我国倡导通过加强政府信息资源管理,建立国家统一的政府信息网络系统,以打破政府机构之间和机构内部信息流动的障碍,并从市场上广泛地收集信息,获取丰富的信息资源,以更好地管理复杂的政府事务,提高政府的决策水平、管理水平和工作效率,加强政府与广大人民群众之间的联系,改善政府的形象,使社会各界能够有效监督政府的工作并充分享用大量的政府信息资源,推动经济发展和社会进步。

②企业信息资源管理。广义的企业信息资源包括具有与信息相关知识和技能的人才、信息技术中的硬件和软件设备、提供信息处理和服务的系统和机构。狭义的企业信息资源是企业所拥有的数据和文献资料,经过加工、整理,用于生产、经营和管理方面的各种经济信息,企业拥有的知识产权,员工个人的知识和经验,商业竞争情报等。企业信息资源管理的基本目标是建立和管理一个集成的信息基础结构(将信息和信息技术集成在一起),使沟通、合作、业务和服务达到更高的水平,在整个企业中实现信息共享,使企业的信息资源的质量、可用性和价值最大化。其最终目标是通过增强企业处理动态和静态条件下内外信息需求的能力来提高管理的效益,追求"3E",即 efficient(效益)、effective(效率)和 economical(经济)的提升。

③公益性机构信息资源管理。对于国家和政府而言,公益性机构信息资源管理的主要目标是:研究、制定各级各类公益性信息资源开发利用规划,促进联合进行公益性信息资源开发利用,建立公民最低信息保障制度和普遍服务制度,使公民有权获得基本的信息需求服务。需要逐步建立全面信息服务体系,政府应制定保障公民获得基本信息服务的制度,强调普遍服务原则,即保证所有用户能够以负担得起的价格享用公益性信息资源。公益性信息机构一般都重视并擅长于信息资源的深度开发利用,如信息资源加工与组织、信息的分析研究、数据库的建设、信息的检索与过滤、咨询服务等。应充分发挥这些专业机构的优势,提高公益性信息资源的管理水平和效益。

④网络信息资源管理。目前,对网络信息资源和网络信息资源管理的本质存在多种看法,总体大致可分为两种:一是狭义的网络信息资源管理,实际上只是网络信息组织的另一种说法,研究的重点是针对网上信息的特点探索其序化和控制的理论、方式和手段;二是广义的网络信息资源管理,即把一般管理的基本原理应用于整个网络信息活动过程,强调通过信息内容和信息技术的全面集成来提高网络信息活动的效率和效益,并使这种活动能够更好地为实现特定组织目标甚至经

济和科技发展等极其广泛的目标服务。网络信息资源的组织是一种分布模式，其信息对象可能并不存储在同一个地方，而是分布在不同的服务器上。网络信息资源组织目前还有许多难点尚未解决，如信息资源种类繁多，节点多媒体化，新陈代谢快，信息不稳定，资源分散、无序，随机变化大，累积与保存困难，以及标准化、规范化不足等问题。

⑤信息技术和信息系统管理。信息技术和信息系统管理主要研究信息系统的分析、设计、运行、检测、维护与更新过程，包括对现有信息系统的评价与改造，网络环境下信息系统的运行与发展，网络信息资源的共享与开发，数据库的建设，信息技术的应用与发展，网络管理体制的比较与优化，不同行业或领域信息系统与信息网络的特色，互联网的联通、操作与利用等。现代信息技术和信息系统使信息资源管理的手段发生了质的变化，信息技术的进步使信息资源管理从手工方式向自动化、网络化、数字化的方向发展，实现了对信息的全方位搜集、高速度处理、高密度存储和远距离传输，使人们能全面、快速而准确地查找所需要的信息，从而更有效地开发和利用信息资源。随着信息技术的广泛应用，信息系统在信息资源管理过程中占有越来越重要的地位。一方面，信息系统为信息资源管理提供了创新手段，深刻地改变着信息资源管理的理念和工作方法；另一方面，信息系统管理已成为信息资源管理的重要组成部分，信息系统管理的质量决定了信息资源管理的成败。信息技术与信息系统是现代信息资源管理思想的物化形式，丰富了信息资源管理的内涵，拓宽了信息资源管理的领域，可提高信息资源管理的效率，促进信息资源管理的科学化和规范化以及促进信息资源管理向更高层次发展等。

⑥信息资源用户。信息资源用户主要研究信息用户的分类，分析用户信息需求的决定因素、表现形式和满足方式，用户利用信息资源的行为与心理，用户潜在信息资源的开发等。信息资源管理建立在对信息系统和服务的用户的信息需求研究基础上。计算机信息系统的设计者也需要了解客户对系统的需求。在识别信息需求时，要注意信息需求是可变的，信息需求的变化会产生新的需求，信息的相关性只能由用户来评估，因此，信息资源管理者必须使信息需求识别成为组织中一种不断更新的活动，重视对所提供的信息的反馈，监控组织中变化着的任务，持续地理解用户在组织中的职能和作用。

⑦信息资源产业与成本收益。信息资源产业与成本收益主要包括信息的价值、价格、商品化、产业化与社会化，信息经济的一般理论，信息产业的形成、分类、发展、测度、管理，信息市场的培育、构成、运行、管理、发展走向，以及信息企业的内涵、类型、经营机制、市场竞争等。信息资源与成本相关，成本从一开始就是信息资源管理的固有组成部分。比成本更基础的要素是信息价值，其多年来一直吸引着情报学家和经济学家的关注，因为衡量价值的方式有许多，故该问题解决起

来很难。除此之外,还有成本效益问题和信息增值问题,信息的效益可以体现在许多方面,如提高生产率、提高决策质量、提高任务的完成质量、改善学习曲线等;信息增值过程是一个长长的链条,信息的组织、分析、判断和决策过程的每一个阶段都可能使信息增值,且信息增值不是一种内生的东西,而是由系统用户所共同创造的。

1.3.4 信息资源管理的过程

信息资源管理就是基于信息生命周期的一种人类管理活动,一般包括五个阶段:信息采集、信息组织、信息存储与检索、信息传递或传播、信息资源开发利用,如图1-1所示。

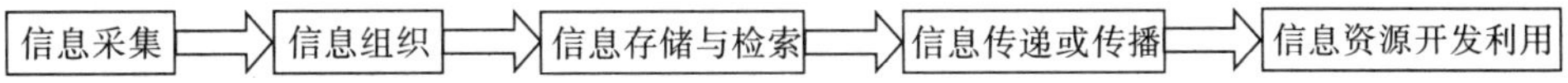

信息采集 ⟹ 信息组织 ⟹ 信息存储与检索 ⟹ 信息传递或传播 ⟹ 信息资源开发利用

图1-1 信息资源管理过程

(1)信息采集

信息采集作为信息资源管理的第一个阶段,是信息资源管理后续活动的基础,采集信息数量的多少,采集内容的全面程度,采集方法的科学与否,直接影响到信息采集的质量和效果,最终影响到信息开发利用的经济效益和社会效益。信息采集是人们认识问题、深入了解问题症结的第一步,也是人们认识、分析和研究事物的第一步。通过科学、合理的信息采集活动来获取丰富的、准确的信息,是充分开发、利用信息资源的前提。而如何科学合理地采集信息,则是在开展信息采集活动之前就值得深入思考的问题。

本书第3章将在介绍信息采集的概念、功能、原则与途径等基础上,详细介绍和讨论信息采集的工作流程、信息采集的方法以及网络信息资源采集技术。

(2)信息组织

信息组织是信息存储与检索的前提,更是信息资源得以有效开发利用的基础,指按照一定的规则来描述信息资源,把有价值的信息按照一定的编排方式进行存储,使信息有序化和系统化,以便被需要它们的人使用。当今时代,各类信息资源数量大、种类多、来源广,计算机的广泛使用、网络的普及、人工智能与大数据的蓬勃发展,都使得信息资源数量成指数级倍增。但信息资源数量的倍增并不一定意味着有用信息资源的增长。相反,无序信息资源的增长不仅无助于信息资源的利用,反而会加剧信息资源数量增长与有效利用的矛盾。因此,对信息进行有效组织尤为重要。

本书第4章将在介绍信息资源组织的内涵、目的、原则与类型等基础上,详细介绍信息组织的过程,阐述信息组织的工具及方法。

(3)信息存储与检索

信息存储与检索是人力信息活动的重要过程,包括存和取两个环节,但又不是简单、机械的存和取。其中,存是指一种面向来自各种渠道的大量信息而进行的高度组织化的存储;而取就是面向随机出现的信息需求而进行的高度选择性的检索,且尤其强调快速、全面、准确的检索。信息存储于各种检索工具中意味着信息组织过程的终结,也意味着信息检索的开始。

本书第5章在梳理信息存储的概念、类型、核心部件、方式等基础上,将详细介绍信息存储的过程、工具和技术,并阐述信息存储系统的删冗与备份问题;第6章在介绍信息检索的概念、意义、类型和途径等基础上,将详细介绍信息检索的过程、工具、方法和技术,阐述信息检索效果评价的指标,并介绍应用信息检索的具体案例。

(4)信息传递或传播

信息传递或传播早期隶属于传播学研究范畴,主要是运用社会学、心理学、新闻学等学科的理论观点和研究方法来研究信息的产生与获得、加工与传递以及信息与对象的相互作用,研究各种传播媒体的功能与地位、传播方式、结构与社会关系等一系列问题。伴随着互联网技术的迅猛发展与各类在线社交网络的流行,信息传播的含义、方式、渠道、模式等都发生了质的变化。这些变化为科学研究提供了更多的机遇和挑战,使信息传播问题不断焕发出新的活力。

本书第7章在介绍信息传播的概念、特性、要素和类型等基础上,将阐述信息流的类型和信息传播技术,并分析信息传播过程中的主要动力和障碍。

(5)信息资源开发利用

信息资源开发利用作为当今国家信息资源建设的重要一环,是国家科技创新体系中的支撑体系,是人们通过信息获取有效收益的关键一环。信息被采集和处理后,才可提供给用户或决策者使用,这就是所谓的信息资源开发利用。近年来,世界各国纷纷加大信息资源投资开发与利用力度,启动各种类型的数字图书馆、虚拟数据库和信息系统开发工程,深入开发大型联机系统和网络信息资源。

本书第8章在介绍信息资源开发利用的内涵、目的、原则和类型等基础上,将详细介绍信息资源开发利用的过程、方法和工具,并从科技信息资源、专利信息资源、档案信息资源、医学信息资源、公共信息资源等五个领域分析信息资源开发利用。

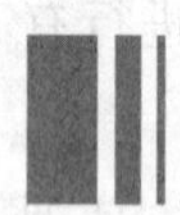

本章小结

物质、能量和信息是支撑人类社会发展的三种最基本的资源,我们可以从不同的视角理解信息的概念。信息资源是指人类社会信息活动中积累起来的以信息为核心的各类信息活动要素(信息技术、设备、设施、信息生产者等)的集合,它既具有一般经济资源的特征,又具有特殊性,因此具有不同的管理目标、层次、内容和过程。对信息资源进行管理,既是对信息活动的生命周期进行管控,也是对信息活动所需要素进行规划,具体而言,需要运用综合性的管理手段和方法,通过信息采集、信息组织、信息存储与检索、信息传递或传播、信息资源开发利用五个重要流程,对信息相关资源的合理规划、预算、组织、指挥、培训、控制、审计、评价和对其他涉及信息的生产、收集、组织、存储、检索、传播、开发利用、质量评估、安全管理等活动进行管理,进而实现组织的战略目标。

在信息社会,信息资源已成为人类社会发展与进步必不可缺的资源。对信息资源进行合理使用与管理,在有领导、有组织的统一规划和管理下,确保信息资源的开发利用协调一致、有条不紊地进行,可以使各类信息资源以更高的效率、效能和更低的成本,在国家社会进步、经济发展、人民物质文化生活水平的提高中充分发挥应有的作用,进而帮助各行各业有效地组织和利用信息资源,支持决策制定,推动组织学习,促进科技发展与创新。

思考题

1. 信息的概念和特征是什么?
2. 信息资源的概念和特征是什么?信息资源有哪些类型?
3. 信息资源管理包含哪些过程?

第2章

信息资源管理理论基础

◎ 本章导读

信息资源管理理论作为新兴学科领域课程，是多学科融合交叉的产物，广泛受到管理学、信息科学、传播学、计算机科学、数学、社会学等多个学科的影响。管理学理论为以信息资源为对象的管理活动提供了坚实的理论基础，在信息资源管理实践中发挥着重要的指导作用，而利用信息资源优化管理的思想也在管理科学学派、决策理论学派、系统管理学派等管理理论流派和战略管理理论中得到充分的体现，并进一步强化了信息资源管理的重要性。包含信息论、控制论、系统论等当代信息科学的发展，更是为信息资源管理理论的建立和发展奠定了概念和方法基础，其研究对象和研究内容也与信息资源管理有天然的联系，只是侧重点有所不同。而在作为信息资源管理重要环节的信息传播活动相关理论和实践的发展过程中，来自传播学领域的诸多理论更是对其产生了直接的影响，并交叉出新的信息传播理论。计算机科学、数学、社会学等学科也为信息资源管理提供了方法、工具和技术方面的重要支撑。信息资源管理正是在融汇吸收以上学科理论的基础上发展壮大的，并与其进一步交叉衍生出新的理论和方法，进而反哺赋能，协同缔造现代科学体系。本章重点介绍管理学、信息科学和传播学的经典理论及其对信息资源管理的启发和影响。

◎ 学习要点

- 管理科学学派、决策理论学派、系统管理学派
- 战略管理理论
- 狭义信息论
- 控制论
- 系统论
- 系统分析思想、系统工程方法论
- 拉斯韦尔5W理论
- 创新扩散理论
- 知识沟理论
- 社会网络分析

信息论的提出

信息是表示物质及其运动客观存在的一种消息，是表示事物特征的一种普遍形式。人类从远古时起就已开始了解和利用信息，当时，人们除使用语言外，还广泛用火光和漂流瓶传递信息，用结绳、刻石等来记录信息。文字的出现和造纸、印刷术的发明，为记录、储存和传递信息提供了有效手段，揭开了人类历史发展崭新的一页。

19 世纪，电的广泛使用加速了科学技术的发展，信息传递进入了新的历史时期。1837 年，美国人摩尔斯发明高效率电码编法，并在此后制成了实用电报机。1844 年，摩尔斯在华盛顿和巴尔的摩之间架了第一条有线电报的线路。此后，通信技术发生了一系列飞跃。1876 年，贝尔发明电话机；1877 年，爱迪生发明留声机；1898 年，波尔森发明磁带录音机。

20 世纪 20 年代，研究者们开始了对信息论的早期研究工作。1922 年，卡松提出边带理论问题，阐明了信号在编码过程中频谱展宽的法则。1924 年，美国的奈奎斯特和德国的开夫曼尔得出同卡松相同的结论，指出为了以一定的速度传送电报信号，电磁波应有一定的频带宽度。1928 年，哈特利在《信息传输》一文中，首先提出消息是代码、符号而不是信息内容本身，使信息与消息区分开来，并使用了“信息量”这一概念，指出传递一定量的信息需要频带宽度与时间的乘积达到一定的值。这一切都为信息论的建立创造了有利的条件。

美国数学家香农是信息论的创始人。他从 20 世纪 30 年代便开始研究布尔代数在逻辑开关理论中的应用，并以此题目完成硕士论文。1948 年，他在《贝尔系统技术杂志》上发表论文《通信的数学理论》，从理论上阐释了通信系统模型的基本理论问题，奠定了信息论的基础。香农论文的发表标志着信息论的诞生，他不仅第一次提出通信系统的模型，还同时提出度量信息量的数学公式，初步解决了如何从信息接收端提取由信息源发来的消息这一技术性问题，同时，他还阐述了如何充分利用信道的容量以最大的速率传递最大的信息量的问题。

继香农之后，美国数学家维纳从控制论角度提出了更为广义的信息概念。他说，信息这个名称的内容，就是我们对外界进行调节并使我们的调节为外界所了解时与外界交换来的东西。20 世纪 50 年代以后，信息论在心理学、神经生理学、解剖学、数学、电子学、物理学、神经精神学、经济学、人类学、哲学、语言学、政治理论和现代统计学等学科得到广泛应用。这表明，信息论由只研究通信领域里信息规律的狭义信息论已过渡到研究所有与信息有关的领域的广义信息论。信息论的提出与发展，促进了控制论、系统论的发展，逐步壮大为体系更丰富的信息科学，与管理学理论、传播学理论等共同构成了信息资源管理领域的重要理论基础。

2.1 管理学理论

2.1.1 管理科学学派

管理科学学派正式成立于1939年，代表人物有埃尔伍德·伯法、霍勒斯·卡文森和希尔。该学派将数学引入管理学领域，用计算机作为工具，把科学的原理、方法和工具应用于管理的各种活动，使管理学问题的研究由定性分析转变为定量分析，制定出用于管理决策的数学统计模型，并进行求解，以降低管理学的不确定性，使投入的资源发挥最大的作用，得到最大的经济效果。

1. 主要观点

①关于对组织的基本看法。他们认为组织是由“经济人”组成的追求经济利益的系统，同时又是由物质技术和决策网络组成的系统。

②关于科学管理的目的、应用范围、解决问题的步骤。科学管理的目的是将科学原理、方法和工具应用于管理的各种活动之中；应用范围着重于管理程序中的计划和控制这两项职能；解决问题的步骤为提出问题、建立数学模型、得出解决方案、对方案进行验证、建立对解决方案的控制、实施方案。

③关于科学管理的方法。应用比较广泛、有效的方法有决策理论模型、盈亏平衡模型、库存模型、资源配置模型(线性规划)、网络模型、排队论、投入产出模型等。这些方法既有描述性的，也有规范性的，有的模型含有确定性变量，有的含有随机变量。

④以计算机作为实施科学管理的先进工具。

2. 优点与局限

该学派所持观点的优点在于：①可以将复杂的、大型的问题分解为较小的部分，方便进行诊断、处理。②决策分析模式必须重视细节并遵循逻辑程序，把决策置于系统研究的基础上，增进决策的科学性。③有助于管理人员评估不同的可能方案，如果明确各种方案包含的风险与机会，便更有可能作出正确的选择。

该学派理论也具有一定的局限性：①把管理中与决策有关的各种复杂因素全

部数量化，因此适用范围有限，因为不是所有管理问题都能定量化。②过分依赖于物质工具，而忽视管理中人的决定性作用。③管理问题的研究与实践，不可能也不应该完全只依靠定量分析，而忽视定性分析。④采用此种方法需要相当数量的费用和时间，往往只用于大规模复杂项目。

3. 对信息资源管理的启示

伯法曾提出，在一定的生产系统中，成功的管理依赖于计划、满足实际需求的信息系统，以及管理者在需求、库存状况、进度、质量水平、产品和设备革新等方面发生变化时所作出的决定，而这些计划和决策工作无一例外，均离不开对组织中各方面信息的收集和利用。管理科学学派对定量方法的强调，也促使现代信息资源管理从定性向定量演化，并为量化分析提供了很多实用的模型和工具。

2.1.2　决策理论学派

决策理论学派是在第二次世界大战之后发展起来的理论，该理论是以社会系统论为基础，吸收了行为科学和系统论的观点，运用电子计算机技术和运筹学的方法形成的一门新兴管理学派。主要代表人物有赫伯特·西蒙、詹姆斯·马奇，核心理论是赫伯特·西蒙提出的决策理论。

1. 主要观点

①管理就是决策。组织中管理人员的重要职责就是决策，计划、组织、领导和控制都离不开决策。

②系统地阐述了决策原理。决策过程包括四个阶段：搜集情况阶段、拟定计划阶段、选定计划阶段和评价计划阶段。这四个阶段中的每一个阶段本身就是一个复杂的决策过程。

③在决策标准上，用“令人满意”的准则代替“最优化”准则。以往的管理学家往往把人看成是以“绝对的理性”为指导，按最优化准则行动的理性人。该学派用“管理人”假设代替“理性人”假设，“管理人”不考虑一切可能的复杂情况，只考虑与问题有关的情况，采用“令人满意”的决策准则，从而作出令人满意的决策。

④一个组织的决策可根据其活动是否反复出现分为程序化决策和非程序化决策。常规活动的决策应程序化，以降低决策过程的成本，只有非经常性的活动才需要进行非程序化的决策。

2. 优点及局限

决策理论学派的主要优点有：①提出了一条新的管理职能，即决策。西蒙提出，决策是管理的职能，决策贯穿于组织活动全部过程，进而提出“管理的核心是决策”这一命题，而在此之前的传统管理学派是把决策职能纳入计划职能当中的。如今，“决策是管理的职能”已得到管理学家普遍的认可。②首次强调了管理行为执行前分析的必要性和重要性。此前,管理学家的研究重点集中在对管理行为本身的研究中,而忽略了对管理行为的分析,西蒙把管理行为分为"决策制定过程"和"决策执行过程",并把对管理的研究重点集中在"决策制定过程"的分析中。

该学派的理论缺陷主要表现在:①管理是一种复杂的社会现象,仅靠决策也无法给管理者有效的指导。②没有把管理决策和人们的其他决策行为区别开来。决策并非只存在于管理行为中,人们的日常活动中也普遍存在决策,人们日常生活做事需要决策,组织中非管理人员的活动也需要决策,但这些决策行为都不是管理行为。决策学派没有把管理决策和人们的其他决策行为区别开来,其根本原因是没有认识到管理的本质。

3. 对信息资源管理的启示

西蒙认为,在决策的第一阶段,主要活动是搜集和分析组织所处环境中的有关经济、社会、技术、文化等方面的情报以及组织内部的情报,提出需要决策的问题和目标,找到制定决策的依据。西蒙认为管理人员尤其会在第一阶段花费大部分的时间。后来人们提出的从政治、经济、社会、技术等方面分析宏观战略环境的PEST分析(political;economical;social;technological analysis,PEST)模型,都可看作在西蒙这一观点的基础上发展出来的定性分析工具。

西蒙和马奇按照人性假设把管理理论分为不同的类型,并认为"经济人"决策模式中要求的那种全知全能的人在现实生活中并不存在,人们无法掌握拟定所有备选方案和预测其结果的全部知识和信息。因此,他们提出了"决策人"模式,用以克服信息和知识的不足。具体的做法是通过分工,使组织的各个部门仅掌握与本部门有关的知识和信息,决策时只需考虑与本部门决策关系密切的可变因素及其结果,同时,通过设立专门的职能部门来搜集和协调处理来自各方面的有关信息,以保证从最高层到操作层有充分的信息沟通和传达。

该学派将决策分为程序化决策和非程序化决策两种类型。对于事务性常规决策,认为组织应建立明确规定的信息通道,采用运筹学和计算机数据处理结合的方式,实现这类程序化决策的自动化。对于非程序化决策,可通过对管理者的遴选和培训,编制探索式计算机程序来逐步实现自动化。这些观点均为组织的信息资源管理工作实践提供了可操作的指导意见。

2.1.3 系统管理学派

以往的管理理论通常都只侧重于管理的某一个方面,或侧重于生产技术过程的管理,或侧重于人际关系,抑或侧重于一般的组织结构问题。为了解决组织整体的效率问题,系统管理学派应运而生,发展到20世纪60年代,得到了广泛认可。当时,"系统科学""系统理论""系统工程""系统分析""系统方法"等术语充斥于管理文献之中。追根溯源可以发现,系统管理理论的发展同一般系统理论有密切的关系。一般系统理论建立以后,西方有些学者把它应用于工商企业的管理,形成了系统管理学派。

理查德·约翰逊、弗里蒙特·卡斯特和詹姆斯·罗森茨韦克于 1963 年共同撰写了《系统理论与管理》一书,较为全面地阐述了管理的系统理论。1970 年,卡斯特和罗森茨韦克又合作出版了《组织与管理:系统方法与权变方法》一书,进一步充实了这一理论。

1. 主要观点

①组织作为一个开放的社会技术系统,是由五个不同的分系统构成的整体。这五个子系统包括:目标与价值子系统、技术子系统、社会心理子系统、组织结构子系统以及管理子系统。这五个子系统之间既相互独立,又相互作用、不可分割,从而构成一个整体。这些系统还可以继续分为更小的子系统。

②企业是由人、物资、机器和其他资源在一定的目标下组成的一体化系统,它的成长和发展同时受到这些组成要素的影响,在这些要素的相互关系中,人是主动要素,其他要素则是被动的。管理人员需力求保持各部分之间的动态平衡、相对稳定性以及连续性,以便适应情况的变化,达到预期目标。同时,企业还是社会这个大系统中的一个子系统,企业预定目标的实现,不仅取决于企业内部条件,还取决于企业外部条件,如资源、市场、社会技术水平、法律制度等,它只有在与外部条件的相互影响中才能达到动态平衡。

③如果运用系统观点来考察管理的基本职能,可以把企业看成一个投入产出系统,投入的是物资、劳动力和各种信息,产出的是各种产品或服务。运用系统的观点可使管理人员不至于只重视某些与自己有关的特殊职能而忽视了大目标,也不至于忽视自己在组织中的地位与作用,从而提高了组织的整体效率。

2. 优点及局限

系统管理学派的最大优点在于寻求解决组织整体的效率问题,强调把握全局,以便更好地控制组织。

该学派理论也具有一定局限性。系统理论是通过对组织的研究来分析管理行为的,虽然在理论上是正确的,但系统理论对组织的构成因素的分析存在一定问题,导致其理论并未能提出具体的管理行为和管理职能的方法,只是笼统地提出一些原理和观点,初学者在实践中会无所适从。因此,与其他管理理论相比较,它在解决具体管理问题上的研究显得不足,许多人只是把它看作解决管理学问题的一种崭新的方法,而不是一种新的管理学理论。

3. 对信息资源管理的启示

系统管理学派除提出系统观点之外,也提出了系统分析的思想,即在拟定方案以前，先要确定方案的目的、实现的场所、人员和方法等；然后搜集信息资料，拟定对比方案；最后对建立的各种分析模型进行分析比较，选出可实施的方案。在进行系统分析时，首先应建立紧密围绕系统的目标；其次，应从系统的整体利益出发，使局部利益服从整体利益，既要考虑当前利益，又要考虑长远利益；最后，还要做到抓住关键问题，采用定量分析和定性分析相结合的方法。

该学派不仅强调了信息作为组织管理的资源特性，其系统观思想对指导组织信息资源管理工作也在两个层面上具有重要意义。其一是信息资源管理活动本身层面，需要关注各项活动内容的统合；其二是信息资源管理作为组织管理系统的子系统，更需要与组织目标子系统、组织结构子系统等相契合，只有协调得当，才能最大程度发挥信息资源管理活动在整个组织发展中的价值。

2.1.4 战略管理理论

1. 发展阶段及主要代表性观点

(1)早期战略管理理论阶段

20 世纪 60 年代初，美国著名管理学家钱德勒《战略与结构：工业企业史的考证》一书的出版，开创了企业战略问题研究。钱德勒在书中分析了环境、战略和组织之间的相互关系，提出“结构追随战略”的论点。他认为，企业经营战略应当适应环境，满足市场需求，而组织结构又必须适应企业战略，随着战略的变化而变化。

在此基础上，关于战略构造问题的研究，形成了两个相近的学派，即设计学派和计划学派。

设计学派以哈佛商学院安德鲁斯教授为代表。设计学派认为，首先，在制定战略的过程中要分析企业的优势与劣势、环境所带来的机会与造成的威胁；其次，高层经理人应是战略制定的设计师，且必须督导战略的实施；最后，战略构造模式应是简单而又非正式的，关键在于指导原则，优良的战略应该具有创造性和灵活性。在组织微观层面战略分析中广泛使用的态势分析法(SWOT 分析法)就源于此学派观点，该模型也成为信息资源管理领域的常用的定性分析工具。

计划学派以安索夫为杰出代表。计划学派主张战略构造应是一个有控制、有意识的正式计划过程，企业的高层管理者负责计划的全过程，而具体制定和实施计划的人员必须对高层负责，通过目标、项目和预算的分解来实施所制定的战略计划等。

(2)竞争战略理论阶段

①波特竞争战略理论。20 世纪 80 年代初，以哈佛大学商学院的迈克尔·波特为代表的竞争战略理论取得了战略管理理论的主流地位。波特认为，企业战略

的核心是获取竞争优势，而影响竞争优势的因素有两个：一是企业所处产业的盈利能力，即产业的吸引力；二是企业在产业中的相对竞争地位。

波特竞争战略理论的基本逻辑是产业结构是决定企业盈利能力的关键因素，企业可以通过选择和执行一种基本战略影响产业中的五种作用力量（即产业结构），改善和加强企业的相对竞争地位，获取市场竞争优势（即低成本或差异化）。价值链活动是竞争优势的来源，企业可以通过价值链活动和价值链关系（包括一条价值链内的活动之间及两条或多条价值链之间的关系）的调整来实施其基本战略。波特价值链模型如图 2-1 所示。

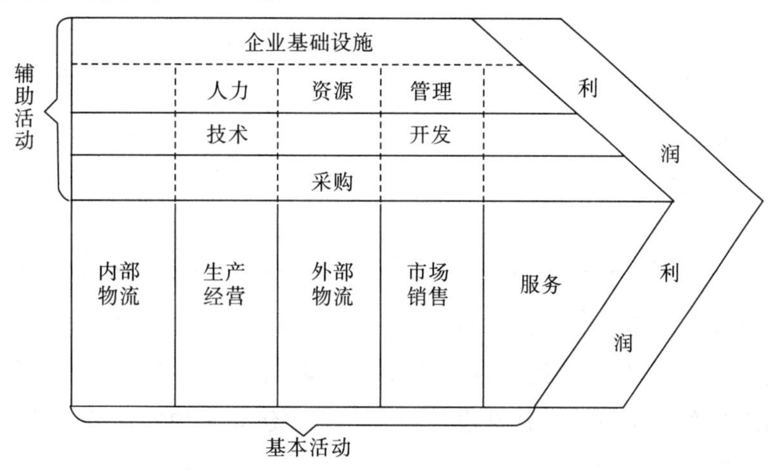

图 2-1　波特价值链模型

波特创造性地建立了五种竞争力分析模型，如图 2-2 所示。他认为，一个行业的竞争状态和盈利能力取决于五种基本竞争力量之间的相互作用，即新进入者的威胁、替代品的威胁、买方议价能力、供方议价能力和现有竞争对手的竞争，而其中每种竞争力量又受到诸多经济技术因素的影响。

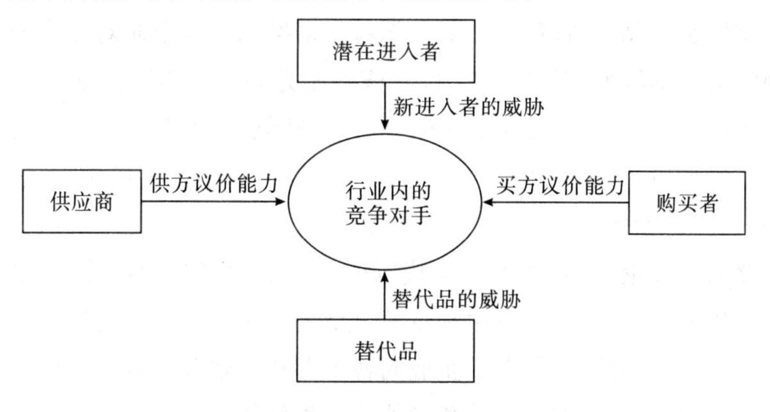

图 2-2　波特五力模型

在这种指导思想下，波特提出了赢得竞争优势的三种竞争战略：总成本领先战略、差异化战略和专一化战略。波特的行业竞争结构分析理论受到企业战略管理学界的普遍认同,波特五力模型也成为进行外部环境分析和激发战略选择最为重要和广泛使用的分析工具。

②核心能力学派。1990 年,普拉哈拉德和哈默在《哈佛商业评论》上发表了《企业核心能力》一文。从此,关于核心能力的研究热潮开始兴起,并且形成了战略理论中的核心能力学派。该理论的假设企业具有不同的资源(包括知识、技术等),形成了独特的能力,资源不能在企业间自由流动,对于某企业独有的资源,其他企业无法得到或复制,企业利用这些资源的独特方式是企业形成竞争优势的基础。该理论强调企业内部条件对于保持竞争优势以及获取超额利润的决定性作用。表现在战略管理实践上,就要求企业从自身资源和能力出发,在自己拥有一定优势的产业及其相关产业进行经营活动,从而避免受产业吸引力诱导而盲目进入不相关产业进行多元化经营。核心能力学派认为,企业的经营能否成功,已经不再取决于企业的产品、市场的结构,而取决于其反应能力,即对市场趋势的预测和对变化中的顾客需求的快速反应,因此,企业战略的目标就在于识别和开发竞争对手难以模仿的核心能力。另外,企业要获得和保持持续的竞争优势,就必须在核心能力、核心产品和最终产品三个层面上参与竞争。在核心能力层面上,企业的目标应是在产品性能的特殊设计与开发方面建立起领导地位,以保证企业在产品制造和销售方面的独特优势。

③战略资源学派。该学派认为,企业战略的主要内容是培育企业独特的战略资源,以及最大限度地优化配置这种战略资源的能力。在企业竞争实践中,每个企业的资源和能力是各不相同的,同一行业中的企业也不一定拥有相同的资源和能力。这样,企业战略资源和运用这种战略资源的能力方面的差异,就成为企业竞争优势的源泉。因此,企业竞争战略的选择必须最大限度地有利于培植和发展企业的战略资源,而战略管理的主要工作就是培植和发展企业对自身拥有的战略资源的独特的运用能力,即核心能力,而核心能力的形成需要企业不断地积累战略制定所需的各种资源,需要企业不断学习、不断创新、不断超越。只有在核心能力达到一定水平后,企业才能整合形成自己独特的,不易被人模仿、替代和占有的战略资源,以获得和保持持续的竞争优势。

④战略联盟理论。20 世纪 90 年代以前的企业战略管理理论,大多建立在对抗竞争的基础上,侧重于讨论竞争和竞争优势。20 世纪 90 年代战略联盟理论的出现,使人们将关注的焦点转向了企业间各种形式的联合。这一理论强调竞争合作,认为竞争优势是构建在自身优势与他人竞争优势结合的基础上的。美国学者穆尔 1996 年出版的《竞争的衰亡:商业生态系统时代的领导与战略》标志着战略理论的指导思想发生了重大突破。穆尔提出“商业生态系统”这一全新的概念,打

破了传统的以行业划分为前提的战略理论的限制，力求“共同进化”。穆尔站在企业生态系统均衡演化的层面上，把商业活动分为开拓、扩展、领导和更新四个阶段。

(3)动态竞争战略理论阶段

进入21世纪，众多企业面临的竞争环境发生变化且难以预测，产业全球化竞争加剧，竞争者富于侵略性的竞争行为以及对一系列竞争行为进行反应所带来的挑战，使传统战略管理的理论方法无法满足现代商业活动中企业战略管理决策的需要。于是，一些管理学者提出了新的战略理论，以动态能力论和竞争动力学方法最具有代表性。

①动态能力论。该理论主要是针对基于创新的竞争、价格/行为竞争、增加回报以及打破现有竞争格局等领域的竞争行为进行研究。它强调在过去的战略理论中未能受到重视的两个方面：第一，“动态”的概念是指企业重塑竞争力以使其与变化的经营环境保持一致的能力，当市场的时间效应和速度成为关键、技术变化的速度加快、未来竞争和市场的实质难以确定时，就需要企业有特定的对创新的反应。第二，“能力”这一概念强调战略管理应适当地使用、整合和再造企业内外部的资源和能力，以满足环境变化需要。

②竞争动力学方法。在竞争力模式理论、企业能力理论和企业资源理论的基础上，通过对企业内外部影响企业经营绩效的主要因素（企业之间的相互作用、参与竞争的企业质量、企业的竞争速度）的灵活性分析来回答在动态的竞争环境条件下，企业应怎样制定和实施战略管理决策，以获得超过平均水平的收益并维持竞争优势这一问题。第一，该理论主张研究处于竞争状态的企业之间的竞争作用、这种竞争作用产生的原因以及竞争作用发生的可能性；第二，研究和分析影响企业竞争或对竞争进行反应的能力要素；第三，对不同条件下的竞争结果进行分析和对比。

2. 优点及局限

以上各阶段战略管理理论都是特定时间和环境下的产物，对当时的战略管理理论研究和企业的发展发挥了重要的作用，但随着时间的流逝和环境的变化，每种理论都会显示出局限性，从而为新的理论流派的诞生提供契机。

战略管理理论的优点：①在研究内容上，涵盖了社会责任、企业伦理、非营利组织、动态环境、全球竞争等领域，形成了设计、计划、定位等多个理论流派，极大丰富了管理学理论。②在研究视角上，涉及管理、政治、经济、人类、生态、社会、历史、心理等众多学科，出现了从过程、产业、资源、能力、博弈、风险、环境、生态等角度考察企业的多种理论，理论基础广泛，关注视角多样。③从研究范式来看，战略管理的局部、静态、均衡与可预测范式逐渐被系统、动态、非均衡与不确定性范式所取代,战略分析方法越来越全面、系统、深入。④从研究成果来看,先后提出了多个重要且实用的战略分析工具,如 SWOT 模型、波特五力模型、价值链分析等,也提出了多个通用战略模式,为指导企业战略管理实践作出了重要贡献。

战略管理理论的局限性:①战略是自上而下的,组织结构只能被动追随战略。②过分单一强调外部环境或内部能力,致使企业内部资源与外部环境之间的匹配是被动的。各阶段理论要么强调外部环境的稳定,企业调整自身以适应环境;要么强调企业核心资源和能力,以应对外部环境的不确定性。但这些核心资源与能力经常被认为是固定不变的,忽略了企业自身潜力和能动性,忽视了竞争优势也可以源自抓住未被预见的机遇。③通用战略的适用范围狭窄,程式化战略过于僵化。在环境出现剧烈和快速动荡时,通用战略模式会变得不现实,同时也限制了企业的战略视野,限制了从更广泛的外部环境来看待企业战略的可能性。④侧重于单体企业战略管理研究,较少关注企业集团战略管控研究。少数理论关注到了战略联盟,但认为组织之间的合作关系是短暂的,忽略了存在关系契约的企业。

3. 对信息资源管理的启示

从上述战略管理理论的发展历程可以看出,以整体的、发展的、关联的视角对组织战略进行规划和提升组织竞争力的思想和做法,为信息资源管理工作提供了重要的参考,特别是在国家层面、组织层面的信息资源建设布局和发展规划方面。该类理论中产生的分析模型,特别是波特五力模型,丰富了信息资源管理的工具和手段。战略管理理论与信息资源管理理论的融合碰撞,还产生了战略信息管理的新领域。

不管是将战略管理思想应用于信息资源管理工作,还是将信息资源管理思想应用于战略管理工作,或是将两类理论结合在一起用于组织的管理,都体现出战略管理与信息资源管理工作在内容上的高度关联和相互影响。

2.2 信息科学理论

信息科学是以信息为主要研究对象,以信息的运动规律和应用方法为主要研究内容,以计算机等技术为主要研究工具,以扩展人类的信息功能为主要目标的一门新兴的综合性学科,是由信息论、控制论、计算机理论、人工智能理论和系统论相互渗透、相互结合而形成的一门新兴综合性科学,其基础为信息论、控制论和系统论等。

2.2.1 信息论

信息论的创始人是数学家香农,他为解决通信技术中的信息编码问题,把发射信息和接收信息作为一个整体的通信过程来研究，提出通信系统的一般模型，同时建立信息量的统计公式，奠定了信息论的理论基础。1948 年，香农发表的《通信的数学理论》一文，成为信息论诞生的标志。

1. 一般通信系统模型

香农的一般通信系统模型揭示了信息传递的基本过程。如图 2-3 所示，信源是发送信息的主体，信宿是接收者，信道是信息传送的通道，编码器泛指将信源信息转换成适合通过信道传送的信号的设备，译码器是编码器的相反的设备。信道可以分为两大类：有线信道和无线信道。有线信道包括光纤、电缆等沿导线的电磁波传递介质；无线信道则是依赖于自由空间来传递电磁波。信号在通过信道时会有延时，还伴有固定或时变的损耗，在通信系统中这部分信道被称为干扰，干扰的来源可能是人、自然或设备内部。

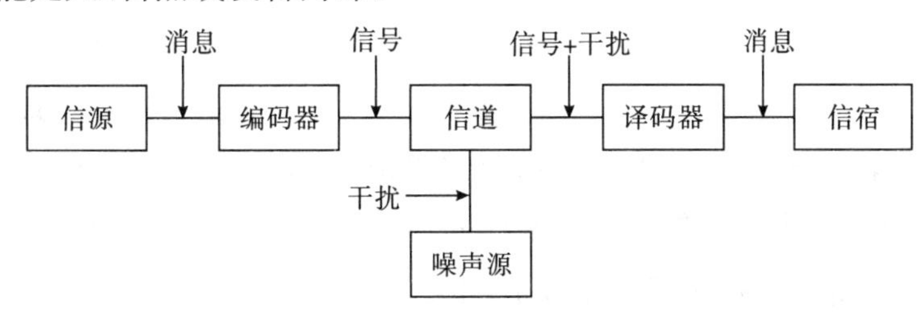

图 2-3　香农的一般通信系统模型

2. 信息熵及信息度量

香农指出，信息的意义不是在语义上衡量的，而是在数学上衡量的。简单来说，即一些信息出现的可能性大或者一些信息更重要，这样的说法是建立在概率基础上的。香农又通过数学方法定义了信息熵、信道容量等概念。到 20 世纪 60 年代，信息论发展成为关于信息、信息传输和信息处理的新学科。概括来说，信息论主要研究信息的度量，以及信息是如何有效地、可靠地、安全地从信源传输到信宿的。其中信息的度量是最核心的问题。

香农首先将事件的不确定性作为信息的度量，提出了信息熵的概念，又由于信息的无序程度和不确定性，其背后都带有随机分布的特点，因此，熵的计算被定义为

$$H(X)=-\sum_{x\in\chi}p(x)\log_2 p(x)$$

式中，X 代表一个离散型随机变量；$p(x)$ 为其概率分布函数。当对数函数以 2 为底时，熵的单位是 bit。熵的大小不取决于 X 的实际值，而仅取决于其概率的分布。熵是自信息的统计平均值，随事件不确定性的增大而增大。当有多个随机变量表示多个关联的事件时，事件之间是相互影响的。香农使用互信息来衡量两个事件集合之间的相关性。

熵可以用来度量信息的不确定程度,熵增定律说明,一个孤立系统有朝着熵增的方向发展的趋势,进而呈现出一种最无序的、最不确定的状态。最大熵就是使系统处于熵最大的状态,满足已有事件,无偏地对待不确定事件,即对未确定的事件认为是等概率出现的,而此时不确定性最高。最大熵原理认为,学习概率模型时,所有模型中熵最大的模型是最好的模型。最大熵原理的实质就是在已知部分知识的前提下,关于未知分布最合理的推断就是符合已知知识最不确定或最随机的推断,这时,我们可以作出不偏不倚的选择,任何其他的选择都意味着我们增加了其他的约束和假设,这些约束和假设根据我们掌握的信息无法得出。最大熵原理对目前机器学习的优化算法而言是十分重要的,是训练人工神经网络的指导思想。

3. 狭义信息论与信息资源管理

香农信息论是研究在含噪信道中,信息传输的有效性、可靠性和安全性的问题。表现为三大编码定理:无失真信源编码定理,又称为第一极限定理;信道编码定理,又称为第二极限定理;限失真信源编码定理,又称为第三极限定理。因此,香农信息论又常称为狭义信息论。现代的快速通信、多媒体与网络技术、大数据处理、人工智能等都受益于信息论及其相关学科的发展。其中,信息编码技术在快速通信领域得到深层次应用,极大地提高了信息传输的速度;数据压缩理论在当前计算机数据与文件的存储中得到广泛应用,为多媒体信息如音视频信息提供了更优的编码方法。

2.2.2 控制论

1. 维纳的一般控制论

信息论诞生的同一年,美国著名的数学家诺伯特·维纳出版了《控制论》一书,自此,控制论学说逐步建立起来。控制论的建立是 20 世纪的伟大科学成就之一,现代社会的许多新概念和新技术几乎都与控制论有着密切关系。控制论的应用范围覆盖了工程、生物、经济、社会、人口等领域,成为研究各类系统中共同的控制规律的一门科学。

维纳认为,一切通信和控制系统都是包含信息传输和信息处理的过程。信息和反馈是控制的基础,一个通信系统总能根据人们的需要传输各种不同思想内容的信息,一个自动控制系统必须根据周围环境的变化自行调整自己的运动。控制论研究存在统计属性,通信和控制系统接收的信息带有某种随机性质并满足一定统计分布,通信和控制系统本身的结构也必须适应这种统计性质。

控制论从一般意义上说是研究信息提取、信息传播、信息处理、信息存储和信息利用等问题的理论,与信息论有着基本区别。控制论用抽象的方式揭示包括生命系统、工程系统、经济系统和社会系统等在内的一切控制系统的信息传输以及信息处理的特性和规律，研究用不同的控制方式达到不同控制目的的可能性和途径，而不涉及具体信号的传输和处理。信息论则偏向于研究信息的测度理论和方法，并在此基础上研究与实际系统中信息的有效传输和有效处理相关的方法和技术，如编码、译码、滤波、信道容量和传输速率等。控制论的核心问题涉及五个基本方面。

(1)通信与控制之间的关系

一切系统为了达到预定的目的必须经过有效的控制。有效的控制一定要有信息反馈，无论是人控制机器，还是计算机控制机器，都是一种双向信息流的过程，都包括信息提取、信息传输和信息处理。

(2)适应性与信息和反馈的关系

适应性是系统在环境变化下能保持原有性能或功能的特性，人的适应性就是通过获取信息和利用信息并对外界环境中的偶然性进行调节而有效地生活的过程。

(3)学习与信息和反馈的关系

反馈具有用过去行为来调节未来行为的功能。反馈可以是简单反馈，也可以是复杂反馈。在复杂反馈中，过去的经验不仅可以用来调节特定的动作，还可以使系统具备学习功能。

(4)进化与信息和反馈的关系

生命体在进化过程中一方面表现出多向发展的自发趋势，另一方面又有保持祖先模式的趋势。这两种效应基于信息和反馈的结合，通过自然选择淘汰掉那些不适应周围环境的有机体，留下能适应周围环境的生命形式。

(5)自组织与信息和反馈的关系

人根据神经细胞的新陈代谢现象和神经细胞之间形成突触的随机性来认识信息与系统结构的关系。可以认为，记忆的生理条件甚至学习的生理条件就是组织性的某种连续，即通过控制可把来自外界的信息变成结构或机能方面比较持久的变化。控制论是从信息和控制两个方面来研究系统的。控制论的方法涉及四个方面。

①确定输入输出变量。控制系统为达到一定的目的，需要以某种方式从外界提取必要的信息(称为输入)，再按一定法则进行处理，产生新的信息(称为输出)反作用于外界。输入输出变量不仅可以表示行为，也可以表示信息。

②黑箱方法。黑箱方法是一种通过对系统外部行为的分析，研究系统内部结构的方法。根据系统的输入输出变量，找出它们之间存在的函数关系(即输入输出模型)，以此控制某些系统的输入要素，达到某种目标。黑箱方法可用来研究复杂的大系统和巨系统，这些类型的系统内部结构往往很难观察或者获知成本过高。

③模型化方法。模型化方法是指通过引入仅与系统有关的状态变量而用两

组方程来描述系统，即建立系统模型。一组称为转移方程，又称状态方程，用以描述系统的演变规律；另一组称为作用方程，又称输出方程，用以描述系统与外界的作用。抽象后的系统模型可用于一般性研究并确定系统的类别和特性。控制系统数学模型的形式不是唯一的。系统的特性是通过系统的结构产生的，同类系统通常具有同类结构。控制论的模型化方法和推理式属性使控制论适用于一切领域的控制系统，有助于对控制系统一般特性的研究。在研究大系统和巨系统时，还需要使用同态和同构以及分解和协调等概念。

④统计方法。控制论方法属于统计方法的范畴，需要引入无偏性、最小方差、输入输出函数的自相关函数和相关分析等概念。采用广义调和分析和遍历定理，可从个别样本函数中获取所需的信息。维纳采用这种方法建立了时间序列的预测和滤波理论（即维纳滤波）。非线性随机理论不但是控制论的数学基础，也是处理一切大规模复杂系统的重要工具。

2. 控制论的发展与信息资源管理

中国科学家钱学森创立了工程控制论，他在 1954 年出版的《工程控制论》中，提出工程控制论的对象是控制论中能够直接应用于工程设计的部分。工程控制论的目的是把工程实践中所经常运用的设计原则和试验方法加以整理和总结，取其共性，形成科学理论，使科学技术人员获得更广阔的眼界，用更系统的方法去观察技术问题，去指导千差万别的工程实践。该理论认为，系统辨识和信息处理是实现对工程系统精确控制的决定性步骤，这需要建立在定量研究的基础之上。而为了精细地描述受控客体的静态和动态特性，常使用建立数学模型的方法。要使工程系统按希望的方式运行，完成预定的任务，应该正确地选择控制方式，由此，最优控制理论和最优化技术的建立成为工程控制论中最突出的成就。为促进工程系统的自我进化和自适应，若把专家们在某一专门领域中的知识和经验存储起来，工程系统就获得了处理复杂问题的能力，这种系统称为专家系统。仿真技术便是在工程控制论中发展起来的强有力的实验技术。

计算机大量进入各实践领域之后，工程控制论的概念、理论和方法开始从纯技术领域溢出，涌进许多非技术部门，派生出社会控制论、经济控制论、管理控制论、生物控制论、军事控制论、人口控制论等新的专门学科。人们对属于社会科学范畴的问题使用工程控制方法去处理，对社会对象进行状态分析、政策评价、态势预测和决策优化时，这类新方法便慢慢展示出比纯管理方法更好的效果，且所依靠的技术手段也大不相同。例如，信息的采集更多依靠统计方法，状态分析和仿真则依赖以计算机为中心的信息系统，而在模型抽象和政策优化分析中，还要经常用到运筹学、对策论、规划论、排队论、库存论等其他理论，以及有关的经济学和社会学理论。

2.2.3　系统论

1. 贝塔朗菲的一般系统论

在控制论出现之后，美国经济学家肯尼思·博尔丁尝试把控制论与信息论结合起来，并于 1956 年发表题为《一般系统论：一种科学的框架》的文章。1968 年，美籍奥地利理论生物学家路德维格·贝塔朗菲出版《一般系统理论的基础、发展和应用》一书，书中指出，生命的本质在于它是一种由多个部分相互作用而形成的有机的整体。该书全面地阐述了动态开放系统的理论，被公认为一般系统论的经典著作。

贝塔朗菲试图把一般系统论扩展到系统科学的范畴，把系统科学的三个层次，即系统思想、系统技术和系统工程都包括进去。而系统工程作为专门研究复杂系统的组织管理的技术，成为一门独立的学科领域，并不包括在一般系统论的研究范围内。因此，一般系统论的主要研究内容尚局限于系统思想、系统同构、开放系统和系统哲学等方面。

①系统思想。系统思想是一般系统论的认识基础，是对系统的本质属性的根本认识，其中包括系统的整体性、关联性、层次性和统一性等属性。系统思想的核心问题是如何提高系统的本质属性，使系统最优化。

②系统同构。系统同构是一般系统论的重要理论依据和方法论基础，一般是指不同系统的数学模型之间存在着数学同构，借助于数学同构的研究可在现实世界中各种不同的系统运动中找出共同规律。经常用于系统结构建模的解释结构建模(interpretive structure modeling，ISM)正是基于数学模型的同构转化。

③开放系统。开放系统是一般系统论中最重要的基本概念，其特点是系统与外界环境之间有物质、能量或信息的交换，具有一定的自动调节能力，但其稳定性也有一定限度，可以利用开放系统的等终极性(从不同初始条件出发和通过不同途径可以达到相同的最终状态)对各种社会系统进行分析和问题求解。

④系统哲学。系统哲学贝塔朗菲认为，系统作为新的科学范畴所引起的世界观方面的变化，就是系统哲学所要探讨的问题，它主要研究系统本体论和系统认识论等问题。

2. 系统分析

在一般系统论的基础上，相关的理论和方法不断丰富，形成了庞大的系统科学体系。而在实践应用层面涌现出了大量方法，其中，以系统分析思想和系统工程方法论最具有代表性。前文所述系统管理学派的观点中也包含系统分析思想。

美国兰德公司倡导的"系统分析方法"认为，系统分析是一种研究方略，它能在不确定的情况下，确定问题的本质和起因，明确咨询目标，找出各种可行方案，并可通过一定标准对这些方案进行比较，帮助决策者在复杂的问题和环境中作出科学的抉择。

系统分析思想和方法来源于系统科学。系统科学是 20 世纪 40 年代以后迅速发展起来的一个横跨各个学科的新科学,它以系统为着眼点去考察和研究整个客观世界,为人类认识和改造世界提供了科学的理论和方法。它的产生和发展标志着人类的科学思维由主要以“实物为中心”逐渐过渡到以“系统为中心”,是科学思维的一个划时代突破。

系统分析是现代管理研究的最基本方法,它将复杂项目看成系统,通过系统目标分析、系统要素分析、系统环境分析、系统资源分析和系统管理分析,准确地诊断问题,深刻地揭示问题起因,有效地提出解决问题的方案并满足用户需求。

系统分析的具体步骤包括限定问题、确定目标、调查研究、收集数据、提出备选方案和评价标准、备选方案评估和提出最可行方案。

3. 系统工程方法论

美国贝尔电话公司在进行电话网络的设计中使用了一种方法,即把每一项工程的进程划分为规划、研究、发展、发展期间的研究以及通用工程五个阶段,他们把这种方法称为系统工程。

1957 年,美国密歇根大学的古德和麦克霍尔合作出版了第一本完整的系统工程教科书——《系统工程学》,麦克霍尔又于 1965 年出版了《系统工程手册》,这两本书以丰富的素材论述了系统工程的原理和方法。

1962 年,霍尔撰写了《系统工程方法论》,把系统工程看作一个过程,一种解决问题的程序,并于 1969 年提出了著名的霍尔三维结构模型,如图 2-4 所示。该模型从时间维、逻辑维、知识维三个维度将系统的整个管理过程分为前后紧密相连的六个阶段和七个步骤,并同时考虑到为完成这些阶段和步骤的工作所需的各种专业管理知识。在技术和工程领域方面,系统工程快速地向社会实践领域深入。在系统工程的基本方法方面,出现了适用于不同情境的系统工程方法论、系统动力学、灰色系统理论和泛系统理论等一般系统工程方法。

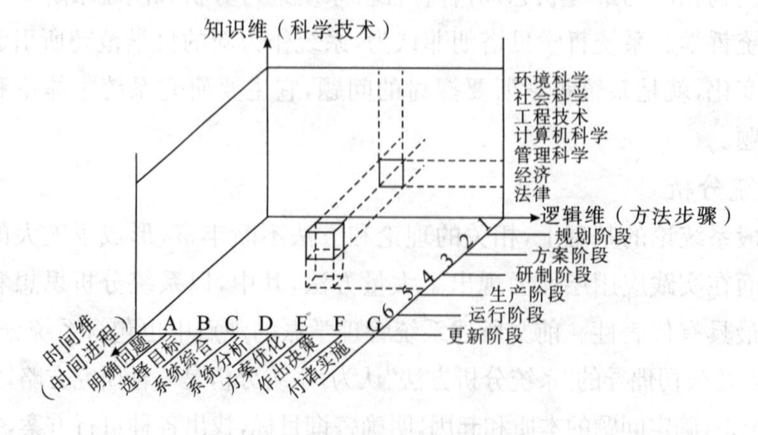

图 2-4 霍尔三维结构模型

钱学森为系统工程在中国的发展作出了巨大贡献。钱学森的系统工程思想起源于对中国航天事业的管理实践，他在总结经验的基础上对系统工程实践进行理论阐释和升华。1978 年 9 月，钱学森发表了《组织管理的技术——系统工程》，对系统工程的概念、内涵、应用前景等进行分析，首次在实践与理论层面对系统工程进行了清晰的梳理。1979 年，钱学森在《经济管理》期刊上发表《组织管理社会主义建设的技术——社会工程》，标志着系统工程由具体的工程管理应用开始转向社会管理应用，系统工程从工程系统工程上升为社会系统工程。20 世纪 80 年代中期，钱学森提出开放的复杂巨系统理论及综合集成方法，进一步丰富了系统分类的层次理论体系，为系统工程的研究和应用提供了重要的理论指导。钱学森认为，所有的系统都包含人、物资、设备、财（物）、任务指标和信息六大要素，都受到经济规律和技术条件两大制约。在实际运用的过程中，钱学森的系统论方法采用了还原论与整体论相结合的“总-分-总”方法，即从系统整体的价值出发将系统进行分解，在分解研究的基础上，再把分系统集成到系统整体中去，实现“1＋1＞2”的整体效应，最后从整体考量的角度研究和解决问题。

作为一种组织管理的技术和方法，系统工程是保障组织有序、高效运转的一种管理机制。系统工程是组织管理系统全过程的科学方法，注重系统内部不同构件之间的相互作用和相互影响，不仅强调系统组件或者子系统的价值和功能，更注重系统的整体效用和整体功能；不仅强调科学拆分和精细化分析的重要性，更注重从整体观、大局观的角度进行统筹和整合；不仅强调定量研究的重要性和价值，也注重定性分析的不可或缺性，注重定量与定性的综合集成。系统工程的方法强调局部服从整体的重要性，强调统筹、协同的方法，不拘泥于个别的、具体的功能边界，强调总体效应，注重整体利益最大化。

系统工程论实现了科学技术创新、组织管理创新与体制机制创新的有机结合，也实现了综合集成的自主创新。

4. 系统论与信息资源管理

相较于系统管理学派对组织信息资源管理工作的启发而言，贝塔朗菲一般系统论及后续发展出的系统分析思想、系统工程方法论更是从思想、方法和操作层面全面地为信息资源管理奠定了坚实的基础，甚至融合产生了信息系统工程的概念。

狭义的信息系统工程是以计算机、网络、数据库、软件等信息技术与产品为基本构件的系统工程。因此，适用于系统工程的规范、方法、经验和管理都可以有选择地用于信息系统工程中，大型信息系统开发设计、信息系统集成实践中已广泛采纳系统工程方法论。广义的信息系统工程包括信息化工程建设中的信息网络系统、信息资源系统、信息应用系统的新建、升级、改造工程，其中系统分析思想和系统工程方法的应用也日益普遍。

信息论、控制论和系统论的基本思想、基本方法有许多相似之处，都具有浓厚的方法论特征，都为当代信息资源管理提供了强大的方法论基础。

2.2.4 协同论与信息自组织

在信息论、控制论和系统论发展的基础上，出现了协同论、突变论和耗散结构理论，它们被人们称为“新三论”。其中，协同论由于在揭示不同学科的共同本质方面取得了惊人的成果，引起了世界各领域学者的重视。协同论的创立者是德国斯图加特大学教授、著名物理学家哈肯。协同论的主要研究内容可概括为三个方面：协同效应、伺服原理、自组织理论。其中的自组织理论为信息资源管理领域带来了不少启发且影响深远。

1. 自组织理论

自组织理论是一种关于在没有外部指令条件下，系统内部各子系统之间能自行按照某种规则形成一定的结构或功能的自组织现象的理论。该理论主要研究系统怎样从混沌无序的初态向稳定有序的终态演化的过程和规律，认为无序向有序演化必须具备以下几个基本条件。

①产生自组织的系统必须是一个开放系统，系统只有通过与外界进行物质、能量和信息的交换，才有产生和维持稳定有序结构的可能。

②系统从无序向有序发展，必须处于远离热平衡的状态，非平衡是有序之源，开放系统必然处于非平衡状态。

③系统内部各子系统间存在着非线性的相互作用。这种相互作用使得各子系统之间能够产生协同作用，从而可以使系统由杂乱无章变得井然有序。

除以上条件外，自组织理论还认为系统必须经历涨落，即离开原来状态或轨道，才能使有序成为现实，进而完成有序新结构的自组织过程。

2. 网络信息自组织

网络信息自组织是指网络中的信息由于用户与用户之间、用户与网络其他要素之间的交互性、相关性、协同性或默契性而形成特定结构和功能的过程，即信息网络无需外界指令而能自行组织信息，自我走向有序化的过程。网络信息自组织的产生原因有以下几点。

(1)网络的开放性和非线性

开放的网络信息系统与外界环境进行物质、能量与信息交换，引入足够的负熵，使系统的总熵增量为负值，从而减少了系统总熵，使系统进入相对有序的状态。此外，互联网技术使信息交流速度加快，信息系统复杂程度也大为增加，还大大拓展了信息存储和利用的空间，实现信息的非线性组织管理。互联网上的信息通过这些复杂的相互作用，产生相干效应和协调作用，并由此趋向于结构和功能的有序化，使得互联网信息具有自组织的条件。

(2)信息本身具有多个特征

信息本身具有在时间运动中的单向性(信息的扩散和分布在本质上不可逆)、空间分布上的绝对不均匀性、信息运动的动态性、信息运动中有序无序的辩证性，这些特征使得网络信息系统远离平衡态，而按照自组织理论，只有远离平衡的系统才有可能从杂乱无章的初态跃迁到新的有序状态，非平衡态是有序之源。

(3)网络信息系统的涨落和突变

由于系统内外随机因素的干扰，系统的状态、属性在其平均值附近波动，对于平衡态系统而言，这种波动会被自动收敛，但在临界点附近，涨落可能被放大，从而促使系统发生突变，导致有序。网络信息系统也是通过涨落和突变使看似杂乱无章的信息变得有序。如公告板系统在形成之初多是散乱无序的内容，但随着用户的参与与互动，一些分散的内容被聚集和强化讨论，最终形成某个特定话题。

信息自组织现象广泛存在于各种网络信息系统中，研究人员对该类现象的关注和讨论起初聚焦于网络百科类平台，随后延伸至社会化问答平台，进而又涉及社交媒体平台中的信息自组织现象。在这一过程中，人们发现网络信息系统在平衡-非平衡-平衡的自组织演化过程中不断拓展，最终形成更为复杂的信息生态系统。

2.3　传播学理论

2.3.1　大众传播理论

1. 施拉姆的传播学理论

威尔伯·施拉姆把新闻学与社会学、心理学、政治学等其他学科综合起来进行研究，在前人传播研究的基础上，归纳、总结、修正并使之系统化、结构化，从而创立了传播学，其创立的标志是 1949 年由他编撰的第一本权威性的传播学著作《大众媒体》的出版。施拉姆一生贡献了多个经典的传播学理论，其中包括功能学说、媒体规范理论、传播过程模式、大众信息交流过程模式、施拉姆公式等。

(1)功能学说

施拉姆从政治功能、经济功能和一般社会功能三个方面对大众传播的社会功能进行了总结。大众传播的政治功能主要包括环境监视、社会联系与协调、社会遗产传承等；经济功能包括搜集信息、解释信息、制定经济政策、活跃和管理市场、开创经济行为等；一般社会功能包括社会规范的传达、协调公众的知情和意愿、行使社会控制、娱乐等。施拉姆功能学说的重要贡献在于它明确提出传播的经济功能，指出大众传播通过信息的收集、提供和解释，能够开创经济行为。其中，大众传播的经济功能并不仅仅限于为其他产业提供信息服务，它本身就是知识产业的重要组成部分，在整个社会经济中占有重要的地位。

(2)媒体规范理论

1956 年，施拉姆与弗雷德·西伯特、西奥多·彼得森发表《报刊的四种理论》，该文章中使用的“报刊”一词泛指一切大众传播媒体。他们认为，世界各国的新闻传播制度与其社会政治制度是一脉相承的，基本上可以分为四种，即集权主义理论、自由主义理论、社会责任理论和苏联共产主义理论。

(3)传播过程模式

传播过程模式又称为奥斯古德与施拉姆循环模式，如图 2-5 所示，是施拉姆受心理学家奥斯古德的观点启发在《传播是怎样运行的》一文中提出的。其核心内容是：①认为在传播过程的循环中，传播者和受传播者没有主客之分；②强调传受双方对信息的编码、释码及译码处理，突出传播的互动性。

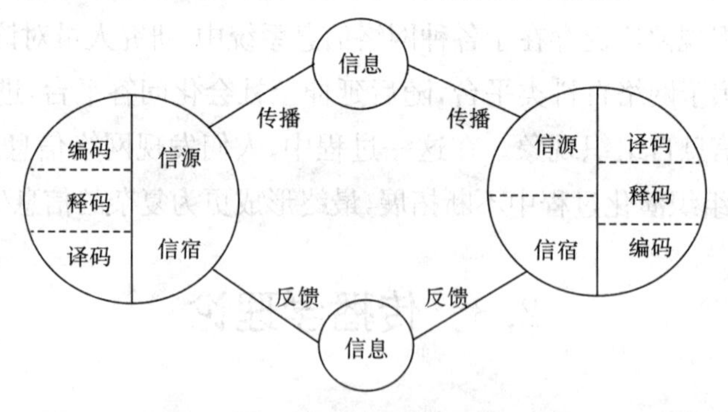

图 2-5 传播过程模式

意义：①双向性和互动性突出了信息传播过程的循环性；②是对以前单向直线模式的另一种突破，打破了传统的直线单向模式一统天下的局面。

缺陷：①传受双方完全对等的关系在现实社会中极少见；②体现人际传播面对面的特点，却不能反映大众传播的过程。

(4)大众信息交流过程模式

大众信息交流过程模式是施拉姆在《传播是怎样运行的》一文中提出的。该模式的传受双方分别为大众媒体和受众，大众媒体与一定的信源相连接，又通过大量复制的信息与受众相连接，受众是个人的集合体，又分属于各自的社会群体，个人与个人、个人与群体之间都保持着特定的传播关系，其基本模式如图 2-6 所示。

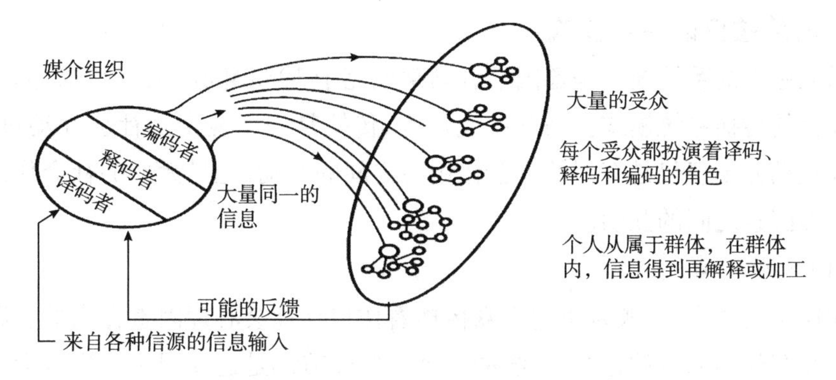

图 2-6　施拉姆的大众信息交流过程模式

意义：这一模式充分体现了大众传播的特点，弥补了循环模式的不足，同时在一定程度上解释了社会传播过程的相互连接性和交织性，初具系统模式的特点。

(5)施拉姆公式

经济学中的"最省力原则"揭示了在人类行为中普遍存在的用最小付出获得最大收益的基本行为准则。施拉姆认为，受众在选择从哪种媒体获取信息时同样遵循这一原则。他举例说："人们在看电视时总是选择最容易收到的娱乐节目，他们甚至连换频道这样简单易行的事情也不情愿做，而是往往盯住一个电视台直到出现了实在不爱看的节目或者该去睡觉的时候才罢休。在某些情况下，某类信息会突然间变得对我们如此重要，以至于值得我们几乎不惜一切努力去获得它，即使在这个时候，我们也总是选择最容易获得的渠道。"

施拉姆公式是以经济学"最省力原则"为基础提出的计算受众选择传播媒体的概率公式，用于表示某种媒体被受众选择的可能性的大小。受众对某一媒体的选择概率，与受众可能获得的收益与报偿成正比，与受众获得媒体服务的成本或者费力的程度成反比，即

$$媒体选择概率(P) = 媒体产生的功效(V) / 需付出的代价(C)$$

这个公式看似简单，却包含着许多大众媒体所面临问题的解决方案，即要想提高媒体被受众选择的概率，通常有两种途径：一是增加受众可能得到的收益；二是减少受众需要付出的成本。显然，受众可能得到的收益与媒体提供的内容有关，即信息的重要性、有用性和贴近性。而受众付出的成本则与获得信息的难易程度有关，即价格高低、渠道通畅与否、信息编排是否易于理解等。

施拉姆的理论放在当下依然发挥着重要的作用。从博客到短文本内容为主的微博，从文本内容为主的网页信息源到近年兴起的短视频应用平台，人们获取信息似乎越来越受到最省力原则的左右，碎片化的视频内容成了大多数人在互联网上最喜好的信息类型，传统纸媒由此显现衰落迹象，大众媒体的内涵和外延被一再更新。

2. 马莱兹克的系统模式

马莱兹克的系统模式是德国学者马莱兹克于1963年在《大众传播心理学》一书中提出的传播系统模式。马莱兹克认为，传播是一个复杂的社会互动过程，然而这种互动并不仅仅是有形的社会作用力之间的互动，也是无形的社会作用力即社会心理因素之间的互动。

（1）主要观点

在这个模式中，马莱兹克把大众传播看作包括社会心理因素在内的各种社会影响力交互作用的"场"，这个系统的每个主要环节都是这些因素或影响力的集结点，如图2-7所示。

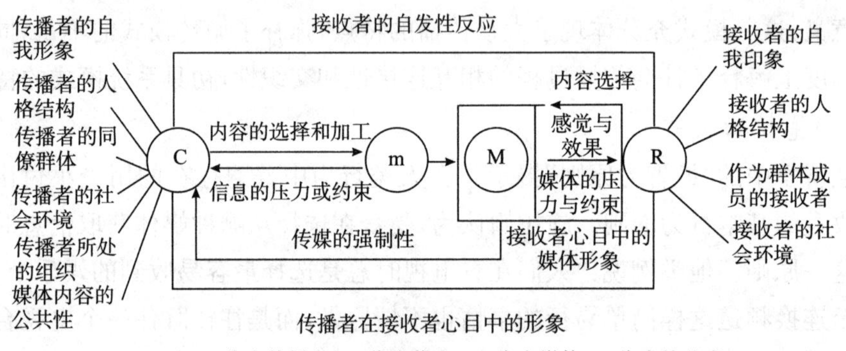

图2-7 马莱兹克的系统模式

①影响和制约传播者的因素。影响和制约传播者的因素有传播者的自我形象、传播者的人格结构、传播者的同僚群体、传播者的社会环境、传播者所处的组织、媒体内容的公共性对传播者所产生的约束力、接收者的自发反馈对传播者所产生的约束力，以及来自信息内容本身以及媒体性质对传播者的压力或约束力等。

②影响和制约接收者的因素。影响和制约接收者的因素有接收者的自我印象、接收者的人格结构、作为群体成员的其他接收者（受众群体对个人的影响）、接收者的社会环境、信息内容的效果或影响、来自媒体的约束力等。

③影响和制约媒体与信息的因素。该类影响主要来自两个方面：一方面是传播者对信息内容的选择和加工，这种选择和加工也可以说是传播者背后的许多因素起作用的结果；另一方面是接收者对媒体内容的接触选择，这种选择也是基于接收者本身的社会背景和社会需求作出的。此外，制约媒体的一个重要因素是接收者对媒体的印象，而这种印象是基于平时的媒体接触经验形成的。

（2）局限性及在网络信息传播领域的意义

马莱兹克的系统模式说明，社会传播是一个极其复杂的过程，评价任何一种传播活动，解释任何一个传播过程，即便是单一过程的结果，都不能简单地下结论，而必须对涉及该活动或过程的各种因素或影响力进行全面、系统的分析。该模式虽然列举了各种各样的影响因素，但并没有对这些因素的作用强度或影响力的大小差异进行分析，若不对这些情况加以区别，我们在考察大众传播过程时就很难抓住主要矛盾。

马莱兹克的系统模式理论的核心框架与香农的通信系统模型比较接近，可以说是香农的通信系统模型在传播学领域的适用性延伸，前者更强调从信息的发送者、接收者和信息、媒体的角度重视影响其的主要因素（社会学方面的思考），以对某个传播过程进行系统的解释分析，而后者更关注编码、译码、传输和噪声等技术方面的问题。

在当今自媒体发达的时代，很多热点事件的传播可引发意想不到的结果，政府若要扭转大众传播上的被动局面，可以借助于马莱兹克理论，通过大量分析网民的行为数据和事件传播过程、传播效果，更全面地梳理事件，找出某些舆情事件演化发展的关键节点上推动传播的具体因素，即找到主要矛盾、主要症结，而不是仅对媒体本身进行监管。

3. 拉斯韦尔的 5W 理论

美国政治学家哈罗德·拉斯韦尔于 1948 年在《传播在社会中的结构与功能》一文中首次提出构成传播过程的五种基本要素，并按照一定结构顺序将它们排列，即“5W 模式”或“拉斯韦尔程式”。如图 2-8 所示，这五个 W 分别是英语中五个疑问代词的首字母，即：Who（谁）、Says what（说了什么）、In which channel（通过什么渠道）、To whom（向谁说）、What effect（有什么效果）。

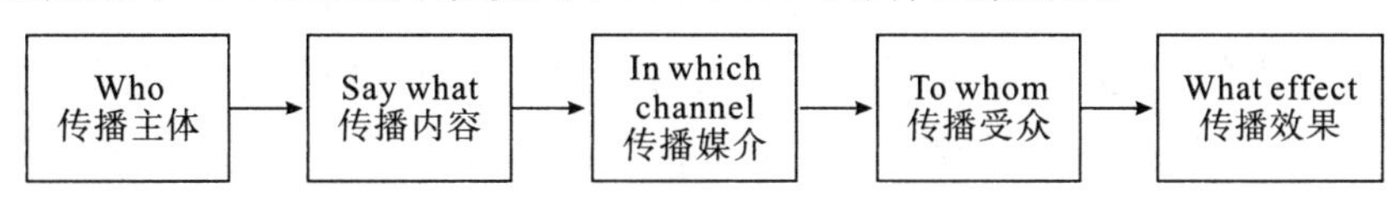

图 2-8　拉斯韦尔程式

5W 模式表明传播过程是一个目的性行为过程，具有企图影响受众的目的。因此，传播过程是一种说服过程，其中的五个环节正是传播活动得以发生的精髓。

（1）传播者——控制分析

在传播过程中负责搜集、整理、选择、处理、加工与传播信息的传播者，被称为“把关人”，传播者的上述行为被称为“把关”。“把关人”这一概念是由传播学奠基人之一库尔特·卢因在 1947 年发表的《群体生活的渠道》一书中提出的。卢因认为，信息的传播网络中布满了把关人，这些把关人负责把关、过滤信息的进出、流通。把关人的把关并非个体行为，它要受政治、法律、经济、社会、文化、信息、组织、受众、技术以及个人因素的影响。这种观点强调了传播者在早期社会大众传播中的主导地位，传播者在制作、传播信息的过程中，控制着传播内容，传播者是社会大系统中的一个子系统，受到所在社会的基本控制，而他们本身也是社会控制的手段之一，因此，对传播者的研究又称控制分析。

(2)信息——内容分析

传播内容是传播活动的中心，它包括特定内容和传播方式两部分。传播内容是指所有通过大众传播媒体传播给受众的信息，大众传播的内容具有综合性、公开性、大众性等特点，因此，要实现有效的信息传播，就要掌握传播内容的生产、流动与分析和研究，即相应的内容分析的环节。

(3)媒介——媒介分析

大众传播媒介包括报纸、期刊、广播、电视、电影、书籍等。与此相对应的研究环节即媒介分析一直以来都是传播研究领域的重点。其研究主要可以从微观和宏观两个角度进行：通过分析微观媒介个体的本体特征，可以更好地驾驭和使用这种媒介；通过分析宏观的媒介整体生存环境，可以从中发现传播媒介是如何满足社会政治、经济、文化等的需要，并实现其价值的。常见的研究主题包括媒介的传播手段、媒介的时效性、媒介的持久性、受众参与媒介的程度等。

(4)接收者——受众分析

接收者又称受众，是信息的主动接收者、信息的再加工传播者和传播活动的反馈源，是传播活动产生的动因和中心环节之一，在传播活动中占有重要的地位。在人际传播和组织传播中，传播者和受传者是相对存在的，在一定条件下，二者的位置可以互换，且二者主要在面对面的环境下完成传播行为，可以及时反馈并调整传播内容和方式；而在大众传播过程中，受众即受传者或阅听者，是对社会总媒体信息接收者的总称，具体可以包括报刊书籍的读者、广播的听众、电影戏剧的观众等。受众能够决定一个传播内容、一个传播媒体，甚至传播者本身的生存前景。对受众问题的研究分析，主要围绕受众的特点、受众的行为动机、受众的价值及其社会意义这几个方面。其中，有关传播与接收关系的研究也颇为关键，围绕这一问题，传播模式中各环节的相互关系也在不断调整。

(5)传播效果——效果分析

所谓“传播效果”，是指传播者发出的信息经媒体传至受众而引起受众思想观念、行为方式等的变化。效果分析一般集中在分析大众传播在改变受众固有立场、观点上的影响，有些研究也会涉及大众传播对社会及文化所造成的影响。效果分析一直都是传播研究领域中历史最长、争议最大、最有现实意义的环节。

5W 模式的局限性在于该模式只是单向流动的线性模式，忽略了传播是循环往复的双向流动过程，也忽略了反馈的作用，过高估计了传播的效果。5W 模式对于传统媒体来说，基本上已经非常全面地给出了分析框架，但在当今新媒体环境下，很多传播要素发生了变化，需要在 5W 模式的基础上进行相应调整。5W 模式理论中对于“效果分析”的重视，在当今媒体环境下则更为迫切。

4. 创新扩散理论

创新扩散理论（innovation diffusion theory，IDT）是传播效果研究的经典理论之一，由美国学者埃弗雷特·罗杰斯于 20 世纪 60 年代提出，该理论对创新的产生过程进行分析，解释了创新被扩散的过程。该理论侧重研究大众传播对社会和文化的影响，描述技术创新在一个社会系统中扩散的基本规律和过程，是研究社会进程中的创新成果在社会系统中如何被他人知晓并得到推广的理论。

（1）主要观点

罗杰斯认为，创新是指被个人或其他采用单位视为新颖的观念、实践或事物，创新扩散是指创新传播的基本社会过程，是一项创新通过特定渠道在某段时间里向社会系统成员传播的过程。创新扩散过程由创新、传播渠道、时间和社会系统四个要素组成，如表 2-1 所示。

表 2-1　创新扩散过程的要素

要素名称	要素定义	要素含义
创新	被个人或组织视为新颖的观念、实践或事物	各种新兴事物、技术、产品或服务
传播渠道	信息在个体或组织之间传播的方式	大众媒体、人际关系渠道
时间	创新扩散所需时间	①个体或组织获取、采纳创新的相关知识并使用该创新所需要的时间；②采纳创新的相对早晚
社会系统	为了某共同目标结合在一起的相互关联的因素	如果采纳主体是组织，社会系统指组织的外部环境；如果采纳主体是个体，社会系统则指组织的内部环境

创新扩散理论由个人创新采纳模型和组织创新过程模型两个模型组成。在个人创新采纳模型中，采纳过程分为知晓、说服、决策、使用和确认五个阶段，如图 2-9 所示，各阶段具体含义如下：①知晓：接触创新并了解其如何运作；②说服：对创新形成相应的看法和态度；③决策：确定采纳或拒绝某项创新活动；④使用：投入实际的创新运用；⑤确认：根据使用情况，强化或撤回关于先前创新的决定。

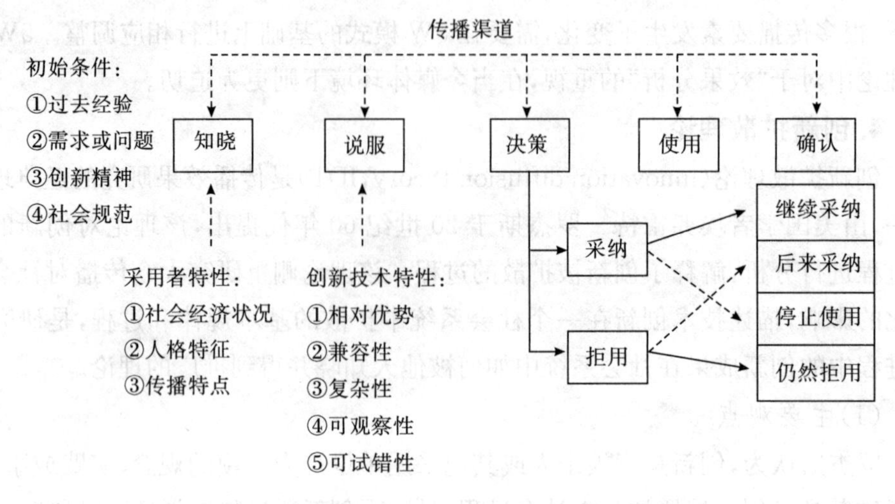

图 2-9　个人创新采纳模型

在如图 2-10 所示的组织创新过程模型中，将组织创新过程划分为五个阶段：问题设定、问题匹配、组织/流程再造、阐明问题和日常化，在每个阶段强调不同的创新活动。

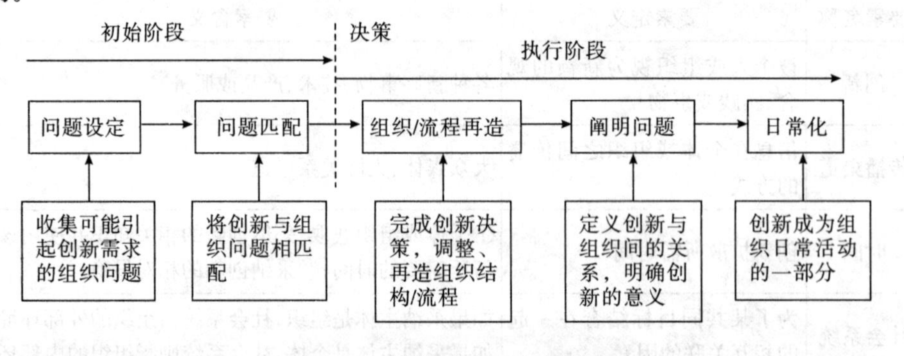

图 2-10　组织创新过程模型

创新扩散模型是对采用创新的各类人群进行研究归类的一种模型，该模型理论认为在创新面前，部分人会比另一部分人思想更开放，更愿意采纳创新。罗杰斯还把创新的采用者分为革新者、早期采用者、早期追随者、晚期追随者和落后者。

(2)在信息资源管理领域的发展与应用

社会的快速发展使得创新扩散问题引起人们的重视和关注。目前，创新扩散理论已经被广泛应用于研究农业工具、信息技术等各种类型的创新。在新兴技术频出的网络时代，考察技术的创新扩散现象，比较新兴技术的扩散过程与传统的创新扩散过程的异同成为研究热点。

创新扩散理论是多级传播模式在创新领域的具体运用。罗杰斯认为，创新扩散总是借助于一定的社会网络进行的，在创新向社会推广和扩散的过程中，信息技术和大众传播能够有效地提供相关的知识和信息，但在说服人们接受和使用创新方面，人际交流则显得更为直接、有效，可以理解为口碑传播更容易让其他人接受、模仿。当前，不少移动应用平台在推广自身或进行某种营销行为时，都会普遍采取各种奖励措施，让已有用户通过其个人人际网络将促销活动链接分享出去，通过人际交流方式吸纳更多新用户。罗杰斯认为，推广创新的最佳途径是“双管齐下”，即将大众传播和人际传播结合起来加以应用，这一观点已得到大部分人的认可。近年来，还有一些学者针对特定的研究对象，将创新扩散理论模型与其他理论模型相融合，得到新的理论模型，用于对信息技术的采纳进行深入研究。

2.3.2 其他传播学理论

1.“知识沟”及其相关理论

美国传播学者蒂奇纳、多诺霍和奥里恩在 1970 年发表的《大众传播流动和知识差别的增长》一文中提出“知识沟”假说，认为随着大众媒体向社会传播的信息日益增多，处于不同社会经济地位的人获得媒体知识的速度是不同的，社会经济地位较高的人将比社会经济地位较低的人以更快的速度获取这类信息。因此，这两类人之间的知识差距将呈扩大而非缩小趋势。

对该假说持相反观点的艾蒂玛等人于 1977 年提出了“上限效果”假说，认为大众传播带来的是“知识沟”的缩小。1974 年，卡兹曼着眼于新传播技术的发展，提出了“信息沟”理论。

(1)“知识沟”理论的主要观点

“知识沟”理论是关于大众传播与信息社会中的阶层分化的一种理论，以下因素会造成“知识沟”的扩大。

①接触媒体和学习知识的经济条件的差异。

②传播技能上的差异。受教育程度高的人具有较强的理解能力和较大的阅读量，这有助于他们对公共事务或科学知识的获取。

③知识信息储备上的差异。从大众媒体和正规教育渠道得来的知识越多的人，对新事物、新知识的理解与掌握也就越快。

④社会交往方面的差异。教育通常意味着日常行动圈子较大，参与更多的社会团体，人际交往更多，由此扩大了与他人讨论公共事务话题的机会。社交活动越活跃，交往的范围越广，获得知识信息就越快、越多。

⑤对信息的选择性接触、接受、理解和记忆方面的差异。对信息的选择性接受和记忆，可能是态度与受教育程度综合作用的结果。大众媒体的研究发现，人们往往以符号(既有信仰又有价值观)的方式解释记忆信息。也就是说，个人生活的水准、层次与大众媒体的内容越接近，对媒体的接触和利用程度就越高。

⑥发布信息的大众媒体系统性质上的差异。科学知识、公共事务和新闻一般重复较少，而重复有利于社会地位低的人群对话题的学习与熟悉。

⑦上述因素的叠加效应。“知识沟”理论认为，当上述②～⑥因素中的一个或多个因素起作用时，社会经济地位高的阶层都处在有利的地位，这是造成“知识沟”不断扩大的根本原因。因此，当大众媒体的流量继续增加时，传播技能、知识储备、社会交往、态度性选择都在一定程度上发挥作用，“知识沟”也随之加深。

(2)“上限效果”理论的主要观点

该理论的中心内容是个人对大众媒体的信息传达的需求并不是无止境的，存在着一定的上限。虽然由于个体的社会经济地位不同，达到某一上限的速度也不同，但随着时间的推移，地位高者与地位低者都会先后获得饱和，最终结果是两者之间的“知识沟”会不断变窄。

“上限效果”假说的三条论据：①信息源的性质决定上限；②受众本身具有上限；③现有知识已达上限。有学者认为，这个“上限”在个人对特定知识的追求过程中是存在的，但在人一生追求知识的总过程中则未必存在。知识是会不断更新、逐渐老化的，因此，社会经济地位低的人即使在某个“上限”赶上社会地位高者，这种知识的实际价值也可能早已大打折扣。所以，通过大众媒体的“知识平均化”效果不可能消除“知识沟”、实现普遍社会平等。

(3)“信息沟”理论的主要观点

①新传播技术的发展将带来整个社会信息流通量和信息接触量的增大，对每个社会成员来说都是如此。

②新技术的采用所带来的利益并非对所有社会成员都是均等的，现有信息水准较高或信息能力较强的人能获得更多的信息。

③既有的信息富裕阶层可通过使用电脑等先进机器，获得信息优势。

④新技术层出不穷，换代周期越来越短，其趋势可能是“老沟”未平，“新沟”又现。

卡兹曼的“信息沟”理论广泛应用于新媒体的普及过程研究、地区开发与社会发展研究(信息社会的规划与建设)、媒体素养研究等领域。

(4)数字鸿沟概念的提出

网络时代“知识沟”的新表现被学者称为“数字鸿沟”。数字鸿沟最早提出时是指不同的社会群体在个人计算机占有率上的差异。1995年，美国商业部电信与信息局发布的《被互联网遗忘的角落：一项有关美国城乡信息穷人的调查报告》中，将数字鸿沟的概念扩展到社会不同阶层人群采纳和使用互联网的差别。随后，广义的数字鸿沟还包括人们使用电话、有线电视、电脑、传真机、手机等各种信息设备的差异。近年来，对数字鸿沟的研究集中在不同地域或群体之间的差距，包括富国和穷国之间的宏观比较;社会中不同职业人群之间的比较;社会中不同受教育程度、性别、年龄群体之间的比较;根据传播技能的不同而划分的不同群体间的比较。

互联网数字鸿沟研究成为主流。此类鸿沟表现在四个方面,简称“数字鸿沟ABCD”。

A(access)指互联网接入与使用渠道。互联网不仅需要信息基础设施,而且对终端用户来说,互联网接入价格由硬件/软件费用、提供接入费用及电话服务费三者组成,因此,社会经济差异是产生数字鸿沟的一大主导因素。

B(basic skills)指数字化时代需要掌握的“信息技能”。群体间信息技能的差异往往造成互联网利用能力方面的鸿沟。

C(content)指互联网上的内容。在四通八达的网络世界里,谁主导着多媒体、多语言的信息内容和网络信息产品,这些内容与产品又以哪些群体的利益、爱好为取向,最终决定了这些群体与其他群体之间的鸿沟。

D(desire)指个人上网的动机、兴趣。不同的“使用与满足”类型,决定了互联网用户在获取信息和利用信息方面的鸿沟。

上述四个方面所带来的种种信息落差、知识分隔和贫富分化,是互联网发展必须应对的难题。在当今的知识经济时代,数字鸿沟的存在可谓牵一发而动全身,影响着国家、社会、群体发展的方方面面。在此背景下,网络的使用者与非使用者之间的区隔已成为社会分层的新维度,对传统的社会结构正形成势不可挡的冲击。

2. 把关理论

美国社会心理学家卢因在《生态心理学》和《群体生活的渠道》中首先提出“把关”的概念。卢因认为,把关可以减少信息冗余或信息丢失。把关是指传播者对信息的筛选与过滤,把关人是指对信息进行过滤和加工的人或组织,把关人控制了信息的流量和流向,产生受众的拟态环境。

(1)主要理论及其观点

1950 年,怀特明确提出了新闻传播过程中的“把关”机制,通过输入信息与输出信息的对比,考察在具体的把关环节上信息是怎样被过滤的,其公式为:输入信息－输出信息＝把关过滤信息。怀特认为,新闻把关是高度主观的东西,依赖于把关人的实际经验、态度、价值判断等,新闻媒体的报道活动不是“有闻必录”,而是对众多新闻素材进行取舍和加工的过程。此后,多个把关理论陆续提出,主要代表性理论如下。

①麦克内利的新闻流动模式。它是对怀特单一把关模式的修正与发展,展示了信息流通网络中一系列的把关环节。麦克内利的把关模式在理论上纠正了怀

特把关模式单一化的缺陷,揭示了在整个信息流通过程中存在着一条由许多关口组成的把关链。但该模式把每个把关人及其作用都平等化,不分主次,忽视各把关环节重要性的不同,且没有注意到媒体组织受到的社会制约。

②盖尔顿与鲁奇的选择性把关模式。1965年,盖尔顿和鲁奇在《国外新闻的结构》一文中提出,原始新闻事件的某些特点影响了它们是否会通过把关进入传播渠道,其影响因素包括时间跨度、强度或阈限价值、明晰性、文化相近性、一致性、出乎意料性、连续性、组合性以及社会文化价值观念。

③巴斯的双重行动模式。该模式是对麦克内利模式的修正和完善,认为把关者的地位有主次之分,新闻从业者居于主要地位,新闻采集和加工阶段为把关的重点阶段。巴斯指出,传播媒体的把关活动分为前后相连的两个阶段。第一阶段是新闻采集,把关人主要是记者,记者不是有闻必录的,他会进行取舍和加工;第二阶段是新闻加工,主要把关人是编辑,这一阶段相比前者更具决定意义。

④20世纪90年代初,休梅克等人提出了著名的五层把关模式,即从个人层面、行业规则层面、组织层面、社会体制层面以及文化层面进行把关。

(2)意义及局限

卢因等人关于"把关人"的定义和解释在传统媒体时代具有非常重要的现实意义,因为有类似书刊编辑、传播机构等专业把关人的存在,被传播的信息是经过加工的,能有效过滤掉大量虚假、冗余信息,以较小的数量传播较高质量的信息内容,但是也存在把关人有意识地控制信息内容、左右信息传播的情况。而在当今的新媒体环境下,人人可发布信息,把关存在于信息传播的各个方面,把关人的地位受到巨大冲击,在保障言论自由的前提下却也使低质量信息爆炸式增长,受众无法凭借个人能力鉴别这些信息内容,信息传播的控制力也大为削弱。在当今媒体环境下,把关理论的应用局限性体现在以下几点。

①把关的作用弱化,难度增大。传统的把关人具有绝对的权威性,而互联网的特点却让把关人力不从心,把关环节也缺乏"组织性"。

②形式多样化。不仅有记者、编辑、政府进行把关,还有各大网站,不管是职业媒体网站还是商业网站,都有权利和义务对信息的传播进行把关,最重要的是增加了网民的自我把关。

③标准市场化。把关的内容更倾向于民众的需求和媒体的收益,不再仅仅局限于充当政府的耳目喉舌,也更注重媒体自身的发展。

④事前把关转变为更多的事后把关。网民自由度的不断扩大,使得事前把关的难度大幅度地加大,采取事后把关,将那些正在传播的不良信息删除,阻止其继续传播。

因此,重新定义和发挥把关人的角色作用是信息传播控制领域的一大重要议题。

3.“沉默的螺旋”理论

“沉默的螺旋”理论由德国社会学家诺依曼于1974年首次提出，1980年，诺依曼在《沉默的螺旋：舆论——我们的社会皮肤》中对该理论进行全面概括。

(1)主要观点及理论发展

该理论认为，大众传播媒体在影响公众意见方面有强大的作用，是舆论生成中起重要作用的因素。

“沉默的螺旋”的概念基本描述了这样一个现象：人们在表达自己想法和观点的时候，如果看到自己赞同的观点，并且受到广泛欢迎，就会积极参与进来，这类观点会得到越发大胆的发表和扩散；而发觉某一观点无人或很少有人理会(甚至有时会有群起而攻之的遭遇)，即使自己赞同它，也会保持沉默。一方意见的沉默造成另一方意见的增势，如此循环往复，便形成一方的声音越来越强大，另一方越来越沉默下去的螺旋发展过程，这个过程不断地把一种意见确立为主要意见。

该理论强调社会心理机制的作用，为传播学提供了新的研究视角。同时，强调大众媒体对舆论的强大影响，并正确指出这种影响来自大众媒体营造意见环境的巨大能力。但其过分强调害怕孤独的社会心理因素，忽略了其他因素的影响。

关于“沉默的螺旋”的五个假定分别是：①社会使背离社会的个人产生孤独感；②个人经常恐惧孤独；③对孤独的恐惧使得个人不断地估计社会接受的观点是什么；④估计的结果影响个人在公开场合的行为，特别是公开表达观点还是隐藏起自己的观点；⑤综合起来考虑，上述四个假定形成、巩固和改变公众观念。

我国传媒学者郭庆光将“沉默的螺旋”理论概括为三个命题。

第一，个人意见的表明是一个社会心理过程。人们在表达观点或做某件事时，总试图从所处的群体和周围的环境中寻求支持者，以避免处于孤立无援的境地，这是人的社会特性。被社会所排斥会使人感到孤独，人们对被孤立有一种与生俱来的恐惧。因此，为了避免被孤立，人们努力评估“意见气候”，而对“意见气候”的评估会影响人们在公开场合的意见表达。

第二，意见的表明和“沉默”的扩散是一个螺旋式的社会传播过程。持少数意见的人的沉默会使“优势”意见在信息传播的过程中变得更为强势，从而带来一种舆论压力，迫使持少数意见的人变得更加沉默或出现支持“优势”意见的趋同行为。因此，舆论的形成呈现出一个螺旋式的发展过程。

第三，大众传播通过营造“意见环境”来影响和制约舆论。诺依曼强调大众传播在“意见气候”形成过程中的强大作用。传播媒体的“共鸣效果”“累积效果”和“遍在效果”对“意见气候”的形成产生重要的影响。“沉默的螺旋”理论强调媒体在信息传播过程中的主导权，个体只能被动接收信息。在这种情况下，尽管有时经由媒体传递的观点可能并非社会上的主流意见，但也会被人们误认为主流观点进行传播，从而触发了“沉默的螺旋”机制并形成某种舆论环境。换言之，媒体在一定程度上创造着社会现实，引导着舆论走向。

(2)意义及局限

“沉默的螺旋”理论提出于20世纪70年代，必然有一定的历史局限性。

①其理论前提“个人对社会孤立的恐惧”以及由这种“恐惧”所产生的对多数或者优势意见的趋同行为，仍有待推敲。

②对社会孤立恐惧、对优势意见趋同行为的动机不应该是一个绝对的常量，而应该是一个受条件制约的变量。

③“多数意见”的压力强弱受社会传统、文化以及社会发展阶段等因素的制约，对于不同性质、类型的问题，“多数意见”的压力不同。

④过于强调“多数”或者“优势”意见的压力，忽略了舆论的变化过程和少数派的作用。实际上，少数派的“中坚分子”往往可以对多数派产生影响。

但该理论作为传播学的经典理论，在新媒体环境下依然有巨大的价值，不但可以分析舆论形成机制，还可以为未来如何引导舆论提供思路。同时，由于网络空间逐渐复杂化，且新媒体时代催生出一大批意见领袖，出现了“反沉默螺旋”现象，使“沉默的螺旋”逐步走向弱化。该类现象是指在网络虚拟空间中，少数派不再因为孤立恐惧选择沉默，而是敢于公开发表言论，和他人进行深入、细致的交流，使得他们的观点得到多数人的认同，以此来消解“沉默的螺旋”。但从多个维度来看，“沉默的螺旋”消解是有限度的，它有继续存在的价值，不会消失。

4. 小世界现象及其相关理论

小世界现象(small world phenomenon)，又称六度空间理论、六度分隔理论、小世界理论等。

(1)主要观点及理论发展

该理论指出，一个人和任何一个陌生人之间所间隔的人不会超过6个，即一个人最多通过6个中间人就能够认识任何一个陌生人。小世界现象是指世界上所有互不相识的人只需要很少中间人就能建立起联系。

1967年，哈佛大学的心理学教授米尔格拉姆根据这一概念做过一次连锁信件实验，尝试证明平均只需要5个中间人就可以联系任何两个互不相识的美国人。他将一套连锁信件随机发送给居住在内布拉斯加州奥马哈的160个人，信中放了一个波士顿股票经纪人的名字，信中要求每个收信人将这套信寄给自己认为是比较接近那个股票经纪人的朋友，朋友收信后照此办理。最终，大部分信在经过五六个步骤后都抵达了该股票经纪人，经过中间人的中位数是5.2。所以，米尔格拉姆就发出了那个著名的感叹：“世界真小啊!”这就是“小世界现象”。《自然》

杂志的一篇文章中，社会学家瓦茨和他的合作者提出了一个计算平均距离的公式，按照这个公式，假设全美国的人口是 3 亿人，每个人认识 30 个熟人，那么这个 3 亿人的网络平均距离是 5.7；假设全世界的人口是 60 亿人，每个人有 30 个熟人，这时候的平均距离是 6.6，六度分隔的小世界现象被进一步验证。

在信息资源管理领域来理解，小世界现象揭示了信息在社会网络中的人际传播规律。这种传播方式打破了经典的信息传播模式，信息不再是按照组织架构中的层级关系一层层向下或者向上传递，而是以身处社会网络中的一个个节点个体以自身所能达到的边往外传递，然后接收到信息的个体节点又以相同的方式往外传递，以至于信息传播变成像病毒扩散式的增长模式，其传播速度和范围大大超过传统传播方式，如谣言的传播，特别是与这些个体节点利益相关的信息内容，更容易借助于小世界网络传播。

多个体社会交往的小世界形成了社会网络。社会网络可理解为作为节点的社会行动者及其间的关系的集合。社会网络中的个体都可以用节点表示，如果两个个体之间有联系，就用边把他们连起来，这样社会网络就形成了图论的模型。1998 年，美国社会学家瓦茨联手数学家斯特罗加兹构思出了一个简单实用的图论模型，该模型被称为 Watts-Strogatz 模型。他们指出之所以会出现小世界现象，是由于某一类复杂网络的特性。他们注意到复杂网络可以按两个独立的结构特性分类，即集聚系数和节点间的平均路径长度，如果把六度分离现象用图论的语言表述，那么就是小世界图的平均最短路径不超过 6。

此后，又涌现出了许多其他类似六度空间理论的模型，如考虑了自相似效益的 Barabási-Albert 模型。巴拉巴西将复杂网络看作无尺度网络，认为万维网是一个复杂网络，这类网络节点的连接没有明显的特征长度。无尺度网络的特性是当节点意外失效或改变时，对网络的影响一般很小，只有很小的概率会发生大的影响，但当集散节点受到影响时，网络受到的影响会比随机网络大得多。此外，网络规模每天都在不断扩大，新的节点更倾向于与那些具有较高连接度的"大"节点相连接，产生马太效应。Barabási-Albert 模型证明复杂网络的连接度普遍符合幂律分布。

上述的小世界网络和此处的无尺度网络构成了两个最经典的复杂网络模型。前者的特性是短特征路径长度与高集聚系数，后者的特性则是度分布的幂律递减。

与此同时，以康奈尔大学的克莱因伯格教授为代表的计算机科学研究者则主要针对社交网络数据的特点，运用与修改各种数据挖掘算法，提出了针对社交网络数据的基本算法，如著名的 PageRank 算法。它基于来自受欢迎的网页的跳转应该重于不太受欢迎的网页的跳转这一基本假设，构建了 PageRank 指标，以衡量有向网络中节点的重要性。

(2)社会网络分析及在信息资源管理领域的应用

在社会科学中,以对社会行动者之间的互动研究为基础的结构性方法被称作社会网络分析。这些行动者可能是个体的人,也可能是机器、群体、组织或者国家等。社会网络分析关注行动者之间的关系,认为这些关系的模式会影响它们的行动。因此,揭示不同类别的关系模式,并确定这些模式在何种条件下会出现以及会导致什么样的后果就成为社会网络分析的核心目标之一。

社会网络分析按照研究群体的不同可分为两种基本的类型:自我中心网络分析和整体网络分析。自我中心网络是从个体的角度来界定社会网络,以特定行动者为研究中心,主要考虑与该行动者相关的联系,以此来研究个体行为如何受到其人际网络关系的影响。而整体网络关注的焦点则是网络整体中角色关系的综合结构或群体中不同角色的关系结构。这两种类型的分析因其侧重点不同,主要使用的测量指标也不尽相同,但并非毫无联系。

一般来说,进行社会网络分析要遵循一定的程序,这些程序包括以下几个方面:界定分析层次、界定网络中的关系、收集网络数据、对关系进行测量、数据分析和提供分析结果。

社会网络分析法可以从多个不同角度对社会网络进行分析,包括中心性分析、凝聚子群分析、核心-边缘结构分析以及结构对等性分析等。

①中心性分析。“中心性”是社会网络分析的重点之一。个人或组织在其社会网络中具有怎样的权力,或者说居于怎样的中心地位,是社会网络分析者最早探讨的内容之一。个体中心度是测量个体处于网络中心的程度,反映了该点在网络中的重要性程度。因此,一个网络中有多少个行动者/节点,就有多少个个体中心度。除计算网络中个体中心度外,还可以计算整个网络的集中趋势(简称中心势),与个体中心度刻画的个体特性不同,网络中心势刻画的是整个网络中各个点的差异性程度,因此,一个网络只有一个中心势。根据计算方法的不同,中心度和中心势分别可以分为三种:点度中心度/点度中心势、中间中心度/中间中心势、接近中心度/接近中心势。

②凝聚子群分析。当网络中某些行动者之间的关系特别紧密,以至于结合成一个次级团体时,这样的团体在社会网络分析中被称为凝聚子群。分析网络中存在多少个这样的子群、子群内部成员之间关系的特点、子群之间关系特点、一个子群的成员与另一个子群的成员之间的关系特点等就是凝聚子群分析。由于凝聚子群成员之间的关系十分紧密,因此,有的学者也将凝聚子群分析形象地称为“小团体分析”。

③核心-边缘结构分析。核心-边缘结构分析的目的是研究社会网络中哪些

节点处于核心地位，哪些节点处于边缘地位。核心-边缘结构分析具有较广的适用性，可用于分析精英网络、科学引文关系网络以及组织关系网络等多种社会现象中的核心-边缘结构。

社会网络分析法已成为信息资源管理领域的常用方法之一，也被广泛应用在社会学、管理学、传播学、人类学、心理学等多个学科研究和行业应用领域。例如，管理学领域，对组织内部沟通网络、知识共享网络的研究；情报学领域，通过分析引用关系、合作关系、文本共现关系对科学社会的各种结构及其变迁的研究；传播学领域，对人际传播问题、发现舆论领袖、舆情与传播扩散的研究；教育领域，对学习者网络及其改进策略的研究；商业领域，对口碑营销的研究、对人际竞争情报网络的研究、基于关联网络的销量预测；公共安全领域，对犯罪团伙人际网络进行的分析、关键人物识别、串并案挖掘，等等。

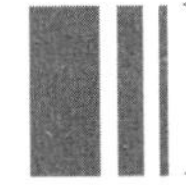

本章小结

本章从管理学、信息科学和传播学三个方面详细介绍信息资源管理的理论基础。在介绍管理科学学派、决策理论学派、系统管理学派理论的主要内容和优缺点的基础上，特别指出其中组织内部信息资源利用的相关观点，这些理论对信息资源管理具有重要的启发。同时，还梳理了战略管理理论的发展历程和核心观点，以及战略管理理论与信息资源管理理论之间的关系。在信息科学理论方面，重点介绍信息论、控制论和系统论中与信息资源管理关联密切的研究内容、主要理论和模型，介绍新三论中的协同论与信息自组织理论的关联，并对当代信息科学的研究内容、研究方法、信息运动模式等进行简要介绍，读者可从中比较狭义信息论等与当代信息科学在研究内容上的异同，也可结合本书其他章节内容比较信息科学与信息资源管理学科研究内容上的异同。在传播学理论方面，本章详细介绍施拉姆大众传播理论、马莱兹克的系统模式、拉斯韦尔的5W理论、罗杰斯的创新扩散理论、“知识沟”理论、把关理论、“沉默的螺旋”理论、小世界现象等多个传播学经典理论，讨论了其对当代新媒体环境下信息传播理论的影响和启发。

思考题

1. 管理科学学派、决策理论学派、系统管理学派的理论观点中，有哪些体现出对组织内部信息资源利用的重视？

2. 简述战略管理理论各阶段的侧重点。

3. 讨论战略信息管理的研究内容以及与战略管理的差别。

4. 简述香农狭义信息论的主要内容及其对信息资源管理工作的影响。

5. 简述维纳控制论的主要内容及其对信息资源管理工作的影响。

6. 简述贝塔朗菲一般系统论的主要内容。

7. 系统科学对当前信息资源管理工作的影响体现在哪些方面?

8. 简述信息自组织现象的产生原因,并举例说明网络空间的信息自组织现象。

9. 论述当代信息科学的研究内容和研究方法。

10. 比较施拉姆循环模式和香农通信系统模型的区别。

11. 比较施拉姆大众信息交流模式和马莱兹克系统模式的区别。

12. 简述拉斯韦尔 5W 理论的主要内容。

13. 简述创新扩散理论的主要内容。

14. 讨论数字鸿沟的内涵及其影响。

15. 讨论把关理论在当代媒体环境下的局限性。

16. 简述"沉默的螺旋"理论的主要内容及其在新媒体环境下受到的影响。

17. 简述社会网络分析的主要内容和流程。

18. 简述小世界现象的主要内容,并讨论其对网络信息传播的影响。

第3章

信息采集

◎ 本章导读

信息采集是利用信息的基础，采集信息的具体数量、采集内容的全面程度、采集方法的科学与否都直接影响信息采集的质量和效果，影响信息利用的社会效益和经济效益。信息采集是人们认识问题、深入了解问题症结所在的第一步,也是人们认识、分析和研究事物的第一步。通过科学、合理的信息采集活动来获取丰富的、准确的信息，是充分开发、利用信息资源的保障。而如何科学合理地采集信息，则是在开展信息采集活动之前就值得深入思考的问题。本章在介绍信息采集的概念、功能、原则、途径与策略等的基础上，将分别讨论信息采集的工作流程、信息采集的方法与工具以及网络信息资源采集的相关技术。

◎ 学习要点

· 信息采集的概念与原则
· 信息采集的途径与策略
· 信息需求分析
· 信息源的选择
· 信息采集方案的制定
· 信息采集效果评价
· 信息采集的方法与技术

引导案例

ARCOMEM(Archive Community Memories)项目是由欧盟委员会提供赞助与支持，由涵盖学术界、工业领域和公共部门等 12 家跨国组织联盟携手合作的一个面向社交媒体信息采集与保存的实践项目。该项目于 2012 年发布了第一个集成版的网络在线平台，并正式对公众开放，旨在社交网络时代利用群众智慧，建立一个基于社会感知和社会驱动的社区记忆系统，守护记忆、保护过去、创造历史数字遗产。

微博、Twitter、Facebook 等社交媒体发布的信息和上下文语境密切关联且转瞬即逝，不利于信息的选择、采集与保存，这已成为制约社交媒体信息采集的关键问题。针对该问题，ARCOMEM 项目建立了跨国多组织机构参与的信息采集机制，依赖学术界的合作、工业部门的技术攻关、基金会的资金支持，并依赖规范的信息采集标准解决了社交媒体信息采集技术的瓶颈问题。ARCOMEM 项目还利用群体智慧有选择性地采集 Blogs、Wikis、Twitter、Facebook 等主流社交媒体上可以被社会感知的重要信息，构建能够反映集体记忆的社交网络数字档案馆。

社交媒体信息与常规的网站信息不同，多是用户生成内容，包含大量的文本、图像、音频、视频等异质的网络信息。二者在数据冗余、时效性、抓取技术等方面的差异，致使目前大部分网站网页保存项目采用的网络爬虫等信息采集方法对社交媒体信息采集不具有适用性。ARCOMEM 项目研究人员在现有的网络爬虫工具 Heritrix 的基础上，综合应用最佳信息新鲜度优化抓取、宽度与深度优先搜索、社会网络分析、智能自适应决策支持、“语义保护”方法等技术设计和实现了智能的社交媒体信息抓取工具 ARCOMEM Crawler，并利用它实现对社交媒体信息的线上采集、线下采集和交叉采集。

ARCOMEM 项目采用基于群众智慧开展归档信息资源征集与评价的选择性采集与专题采集混合的信息采集策略，其采集流程为：明确信息采集主题→利用社交平台宣传→社交媒体用户自发参与相关主题信息资源的征集与内容评价→负责机构以主题、事件、实体为中心有选择地优先采集重要信息→将采集的社交网络情境与信息以专题形式归档保存→建立反映集体记忆、社会感知的社交网络数字档案馆。与传统的网络信息采集策略相比，ARCOMEM 项目所采用的信息采集策略强调“全民参与共享记忆”，基于公众、团体的智慧通过社交网络信息的历史、文化、经济、研究价值等进行内容评估，确定应当优先采集的信息，并利用社会网络语义标注与抽取等技术，保证采集的社交媒体事件、主题、实体等信息具有语义性，实现社会网络主题信息的语义挖掘与基于语义过程还原事件的语境，使其情景化再现，从而将网络信息资源采集与保存转变为基于社会意识和社会驱动的存储模式。这种采集策略借助群众力量，凭借社交媒体自身受众广泛、互动性强等优势，在一定程度上解决了传统的选择性采集在信息甄别、筛选方面面临的困难，减轻了信息采集的工作量，扩大了信息采集范围，降低了信息采集成本，提高了信息采集质量，进一步推动了社交媒体信息采集与保存工作在数字时代的良性发展，为面向 Web Archive 的社交媒体信息采集提供了新机制、新标准、新策略与新方法。

3.1　信息采集概述

3.1.1　信息采集的概念与实质

1. 信息采集的概念

信息具有普遍性，世界上的事物每时每刻都在发送和传递着信息，人类也在不停地接收着外界传递来的各类信息。维纳指出："接收信息和使用信息的过程，就是我们适应外部世界环境偶然性变化的过程，也是我们在这个环境中有效地生活的过程。"接收信息是人类有意识或无意识的活动，而如何有意识、高效地获取有价值的信息就是信息采集研究的内容。

那些未经整理的信息零散、广泛地分布在现实世界的各个角落，要使它具有可用性，第一步就是对其进行有效的采集。信息采集是指根据信息用户的需要，有计划地寻找、选择相关信息并加以聚合和集中的过程。它是信息管理的首要环节，是开展信息服务的物质基础和保证，它决定了后续信息工作的质量。

2. 信息采集的实质

(1)信息采集是人类有意识、有目的的活动

人类获取信息不是盲目的，而是为了满足自己或他人的各种信息需求。世界上的信息斑驳陆离，无所不在，无所不有。我们在采集信息时，并不是漫无目的地随意获取，也不是将所见信息不分青红皂白地都收入囊中，而是根据自身或他人的信息需求，有意识、有目的地采集。人与人之间，由于生活和成长的环境不同、受教育的程度不同、知识体系和经验积累不同、工作性质不同、意识形态不同、国家与民族不同等，信息需求存在很大差异，因此，信息采集活动也存在着巨大差异。在信息采集活动中，有的是个人为了特定课题的需要在图书馆馆藏文献或数据库中搜集信息；有的是信息机构为了向用户提供信息而进行的信息资源采集；

有的是个人短时间内突击性的信息采集行为;有的则可能是信息机构长期的、日积月累式的信息采集活动。但是无论其差异有多大,信息采集都是以满足采集者自身或他人的信息需求为前提进行的,是人类有意识、有目的的活动。尽管有时候信息采集者的目的与意图表现并不明显,我们仍可以从其采集信息的内容、类型中看出其主观意识的端倪。

(2)信息采集具有选择性

信息是由信息源产生的,外界的信息源数量多、范围广,所产生的信息也是种类繁多、内容芜杂。有用信息、无用信息、垃圾信息、虚假信息、有害信息鱼龙混杂,有时甚至“你中有我、我中有你”,有用信息中包含无用信息,无用信息中包含有用信息。因此,采集信息必须进行认真选择、严格甄别。信息选择是以采集的信息与用户的信息需求是否匹配为准则的。人们在采集信息时,要根据自身或他人的信息需求,在众多的信息中有针对性、有选择地进行寻觅。那些无用的信息一般不会予以关注。而那些至关重要的信息,信息采集者会采取各种手段、想尽各种方法采集到。同时,面对众多相关信息的选择,信息采集者也会遵循一定的标准,一般以信息价值大小作为评判的依据,从众多相关信息中选取最具有使用价值的信息。因此,无论是从单一的信息源采集信息,还是从多种信息源采集信息,都需要信息采集者认真选择、仔细甄别,都需要信息采集者根据自身活动的条件,根据各种社会的、政治的环境,根据信息价值的大小,灵活、有目的、有选择地采集信息。

(3)采集信息往往需要借助于一定的工具或利用一定的手段

凭借自身的眼、耳、鼻、舌、口等器官,即通过视觉、听觉、嗅觉、味觉、触觉等来获取信息,是人类获取信息的主要途径。这种信息获取能力是人类天生所具备的本能,是人类认识世界、改造世界的能力。但社会越发展,人类对自然社会和人类社会的探索就越多,对微观问题和宏观问题的认识就越深入。人类深深感受到信息的海洋是多么的广阔、深邃,信息的种类是多么的丰富,但仅凭借自身的器官,许多信息根本无法认识和发现,更不用说去采集和获取了。于是,人们发明了各种工具用于信息的采集获取活动中。例如,利用显微镜获取生物细胞方面的信息,利用望远镜获取远距离空间的信息等。而照相机、录音机和复印机等设备更是人们常用的采集一般信息的工具。在高度信息化的现代社会,科技的发展特别是信息技术的发展,使计算机和网络等在帮助人们快捷、高效地采集信息方面发挥着越来越重要的作用。计算机、手机和电视等已成为当前人们主要的信息采集工具。借助于高新技术开发的计算机、手机与数字电视等工具,使信息采集的对象可以不受地域的制约,信息采集的时间可以自由支配,信息采集的范围也可以自由选择,信息采集的种种限制降低或消除了,信息获取能力就得到了很大的提高。

3.1.2 信息采集的功能

信息采集工作是整个信息活动的前提和基础，在科学研究、科学决策、经营管理和社会生活等人类社会实践活动中发挥着重要作用。

1. 信息采集使信息资源“脱胎”于信息

信息采集是一项要求具备较高智商，有时甚至要求具备一定的学科知识素养才能从事的脑力劳动。信息采集的过程和信息采集的成果凝聚了信息采集者的聪明才智，是信息采集者的见识和判断力的体现。当信息资源“隐身”、混杂于信息的汪洋大海之时，人们也许并不会发现它们的存在，或没有认识到它们的价值。正是经过信息采集者的“慧眼识珠”，才将这些有用信息即信息资源从信息海洋中分辨和萃取出来，使它们彰显于世，得到充分利用，造福于人类。如果没有信息采集的发生，或许信息资源就会在鱼龙混杂的信息海洋中自生自灭，根本就无法发挥其应有的社会作用，更谈不上利用其创造社会价值，产生社会效益和经济效益了。

2. 信息采集为科学研究提供参考资料

科学研究的任务就是要将自然状态的信息加工成知识，在已有的信息或知识中提炼创造出新知识。科学研究所需要的科研原料来源于自然界和人类社会中普遍存在的信息，它们是人类知识发展和创新的源泉。而信息采集是从自然界和人类社会中存在的各种信息中甄别和选择信息资源的行动，是科学研究的重要组成部分。在科学研究中，无论是知识的创新，还是知识的利用，都必须有信息采集工作为其提供参考资料，否则，科学研究将无法正常进行。信息采集提供科学研究参考资料的功能主要体现在以下两个方面。

(1)开拓科学研究的视野

科学研究是从旧事物中发现新事物的过程，这也就包含了对新事物的认识过程。在从事某项科学研究工作之前，了解和掌握新事物某些方面的信息，阅读相关研究领域的文献，分析相关研究领域的进展，是研究成功至关重要的因素，而这些信息主要来源于信息采集。由于缺乏信息采集者提供的信息资源，科学研究者可能对新事物方面的信息一无所知，或仅了解其表面现象，或由于局限于自己的研究领域，对相邻或相近领域的研究成果缺乏了解。信息采集汇聚的信息资源则可以拓展科学研究者的视野，帮助其了解和掌握相关研究进展，避免闭门造车、重复前人劳动的风险。信息资源汇聚的前人研究成果是智慧的结晶，其研究方法、研究思路和论证方式等都可供后来的研究者参考和借鉴。

(2)加快科学研究进程

信息采集本身就隶属于科学研究,是科学研究的重要组成部分。在进行信息采集时、信息甄别、信息选择等研究活动时,没有学术知识的背景,没有学术研究的眼光,是无法胜任的。正是由于专门的信息采集工作,使得科学研究一开始就站在直接利用信息的高起点上,免除了信息采集之劳,收"坐拥书城"之效,节省了大量的科研时间。经过专门的信息采集汇聚的信息资源参考资料,往往不是单一方面的信息资源成果,而是将相关、相邻的信息资源汇编在一起,有助于科学研究者启迪思想,拓展思路,触发灵感,促使科学研究成果早日问世的重要信息资源成果。

3. 信息采集为科学决策提供支撑

决策的思想和方法渗透于一切管理职能的执行过程之中,换句话说,决策是科学管理的首要任务。恰当、正确的决策是建立在科学决策方案基础之上的。科学决策方案的形成必须以丰富的信息资源作为基础,而信息资源的获取离不开信息采集工作,所以信息采集在科学决策中有着至关重要的作用。

科学决策必须有丰富的信息资源作为理论支撑。在决策过程中,无论是目标的制定,还是方案的拟定、优选,或是决策的贯彻执行过程,都要以信息采集活动为其提供的相关信息作为参考。如决策的可行性、决策的科学性、决策方案的优劣比较、决策执行的影响因素、决策执行的可能后果等,在决策形成之前,都要深入分析论证。既要正面分析其有利因素,又要从反面分析其不利因素,还要考虑多种可能性,考虑多种决策方案。这些分析论证如果没有通过信息采集积聚的丰富信息资源为基础,是根本不可能完成的。撇开信息资源采集这个重要环节,没有信息资源作理论支撑,拍脑袋想当然地决策,在科学发展一日千里、信息传输无所不至的现代社会,是注定要失败的。而且,一旦决策形成,进入实施阶段时,也必须依靠采集外界的反馈信息,了解其执行情况以及决策的科学与正确程度,以便适当作出调整修正,做到决策执行的最优化。因此,广泛采集与决策相关的系统而全面的信息,进行归纳、整理、分析、组织和加工,是科学决策不可或缺的工作环节,也是科学决策的重要支撑和可靠保障。

4. 信息采集为企业经营管理提供依据

当前,我们已经进入信息社会。人们对信息的需求越来越多,对信息的依赖性也越来越强,社会产生了信息领域的马太效应。作为重要的社会细胞,企业对信息的敏感度更为突出、更加强烈,企业经营管理对信息的需求超过了以往任何时代,许多大中型企业更是设置了专门的信息机构,配备了专门的信息人员,甚至安排了专门的高端信息主管职位,主管和从事信息采集、信息分析研究和信息利用方面的工作。

企业的经营管理涉及企业的各个部门，管理者要对企业做到经营有方，使整个企业运转有序，除熟知企业内部各个部门及员工的具体情况外，还必须了解当前形势下科学技术和经济的发展水平、动向和趋势，市场需求、供应与消费的变化，企业竞争对手等相关信息。这些信息的获取都离不开信息采集，只有信息采集工作做得好、做到位，企业管理者才能及时了解和把握有关情况，正常、顺利地进行经营管理，也才能使企业在激烈的市场竞争中立于不败之地。就企业的信息需求来说，信息采集涉及的内容十分广泛。如对于外向型企业，其应采集的信息领域就包括以下几点。

①政治环境信息：如国家和地区政权稳定的程度，领导人的政治倾向、性格特征、对发展经济的影响等。

②经济环境信息：如经济发展现状、趋势、速度，经济结构、经济政策、人民生活水平、自然资源及其开发利用情况等。

③消费者需求信息：如人口总数、年龄、性别、受教育情况、收入情况、消费习惯、商品需求与承受能力等。

④企业竞争对手信息：如竞争对手的实力，包括人力、财力、技术、设备、管理方面的实力，市场占有情况，发展动向，原材料的供应情况，与当地政府管理部门的关系等。

这些信息，无论是对企业的海外投资决策，还是对企业的商品出口决策，都是必不可少的参考依据，进一步地分析论证这些信息则更是企业海外决策经营不可或缺的工作，是企业海外实践运作的源动力。

5. 信息采集为社会生活提供便利

现代社会，每个人每天都自觉或不自觉地在进行信息采集活动。在人们的日常学习、工作、生活和社会交往活动中，时刻都能看到和听到大量的信息，会有意识或无意识地采集和利用这些信息。但是，这种自由自在的“感受型”的信息采集是远远不能满足需要的。因为人们受生活圈子的制约，受工作和居住条件的限制，亲身感受到的信息是非常有限的，与实际社会生活中的信息需求是无法完全匹配的。人们对远离自己日常生活和工作圈子的人、事、物方面的信息无法直接地了解和接受。例如，要事先了解旅游目的地的有关风俗、风情和物产等方面的信息，就必须依靠信息采集者专门采集提供的信息。即使是对于自己所居住的城市，也不可能对其所有信息都了如指掌，也必须通过热心的信息采集者专门采集和提供的信息来获取。网络的出现和发展为社会生活信息的热心采集者提供了一展身手的平台，也给千千万万的民众提供了参考使用的便利。虽然网络服务平台对信息内容的分类并不一定科学恰当，但还是为人们解决社会生活中遇到的棘手问题提供了实用的帮助。信息采集者的信息采集和信息服务活动，使处于快捷生活节奏的人们在无须付费的情况下，以轻松便捷的方式获取所需的信息和知识，为人们的日常生活、工作和学习提供了便利。

3.1.3 信息采集的原则

信息采集的原则是信息采集的总体指导思想，由信息本身的特征决定，主要遵循以下七个原则。

(1)主动性原则

信息是有时效性的，采集到的信息应该能及时反映事物的最新状态，因此，信息采集者要熟悉信息采集渠道和途径，利用先进的信息采集技术和方法，针对需要，积极主动地发现和获取最新信息。执行主动性原则，就要求信息资源采集者在充分了解用户的实际信息需求的基础上，熟悉信息源，建立起系统完善的信息资源采集网络，能够依据不同的对象和条件，主动追踪，采集有价值的信息。

(2)针对性原则

信息采集的目的是让用户更好地获取和利用信息。但是网络信息海量存在，任何用户和信息机构都不可能也没有必要对所有信息进行开发利用。只需针对信息服务机构本身的特征、服务对象及信息采集的范围，有目的、有重点、有选择地组织利用价值大、适合主要用户群的信息，有计划、有步骤地采集信息，做到有的放矢，以最小的代价最大限度地满足用户的信息需求即可。为此，在信息采集过程中，首先要分层次理解用户需求，抓住用户的主要需求，并根据实际情况，通过反馈信息，了解用户需求的变化，随时改变信息采集的重点，不断修订与完善采集策略与方法，采集那些有针对性的、有价值的和有效用的信息。

(3)连续性原则

信息采集是一个连续性的工作。首先，从信息采集的初始阶段开始，就需要不断补充新的信息，不仅要采集过去的信息，还要采集现在的信息，并尽可能采集反映未来趋势的信息，保持信息的连续性；其次，由于信息资源尤其是网络信息资源具有更新快、时效性强的特点，在信息的传递、增值过程中，可能呈现新的态势，需要不断剔除老化的信息，甚至对信息进行重新采集。

(4)经济性原则

信息采集是一项耗费人力、物力和财力的工作，为了提高信息采集的效率，必然要注意经济性原则，要实现“投入最少、效益最大”的目标。为此，要特别注意以下两个问题：一是避免信息资源的交叉重复采集，尤其是考虑到大量电子信息资源的内容相同，只是存在载体、形式上的差异情况，必须选择合适的信息源和信息采集方法与技术；二是要充分考虑信息服务机构的实际经济水平，量力而行，避免盲目采集造成资源与资金上的浪费，在谋求信息真实性的基础上，要处理好社会效益与经济效益、整体效益与局部效益的关系。

(5)科学性原则

信息资源数量庞大、形式多样、内容重复分散、品种复杂，给信息的选择和搜集带来极大困难。因此，需要经常采用科学方法研究信息资源的分布规律，选择和确定信息密度大、信息含量多的信息源。例如，图书馆在学术网站选择上，就可以利用布拉德福定律等方法，确定一定数量的、有学术价值的网站作为信息源进行信息采集工作。

(6)可靠性原则

可靠性原则是指信息采集者进行信息资源采集时，要根据用户的需求，以采集真实、可靠的信息为准则采集信息。首先，要保证信息源的可靠性，注意避免道听途说；其次，要保证信息本身的可靠性，应该随时保持对于原始资料的记录，避免事后追忆、估计等行为，对于二次、三次信息，应该了解其性质、加工程度，判断其是否可靠；最后，要避免采集虚假信息，造成信息采集过程中的人力、物力、财力的浪费，甚至决策的错误。

(7)系统性原则

用户需求的系统性决定了信息采集的系统性。信息使用对象是由不同年龄结构、文化结构、知识结构组成的用户群系统，他们对资源的需求和使用，在类别和类型上、时间和水平上、范围和深度上，都有一定的专指性和系统性。要满足各种用户的系统需求，就要求在信息采集过程中多方位、全面采集信息，并始终保持各类信息的合理比例，做好总体规划。

3.1.4 信息采集的途径

信息采集的途径主要分为内部途径和外部途径。

1. 内部途径

内部途径一般是指政府机关、科研机构、工厂企业内部形成的各种信息通道，它主要用于采集部门的内部信息，有时也能获取一些外部信息。内部途径还可以进一步细分。

(1)管理部门

管理部门是获取内部信息的主要途径。一般来说，管理部门包括经营业务管理、行政管理、人事管理、物资管理、财务管理和生产管理的部门。信息来源主要涵盖统计资料、财务报告及各种业务文件，这些信息不但是部门内部决策、控制、监督的前提，而且要以适当方式向上级机关报告，为上级计划部门和管理部门制订计划提供充足的参考依据。因此，通过内部途径获得的信息不仅实用而且可靠。另外，管理部门的工作人员熟悉政策法规、部门规章和领导意向，熟悉生产经营、管理等环节的情况及其发展变化，因此，和他们接触也能够获得有价值的内部信息。

(2)咨询与政策研究部门

咨询与政策研究部门主要为领导决策服务，是制订战略方案的参谋，是内外信息流通的枢纽和关键。该部门既采集、存储信息，又加工、生产信息，为部门的预测、决策和计划提供可靠的科学依据，是采集未来发展方向、战略决策、领导意向等信息的主要部门。如住房和城乡建设部政策研究中心(中国城乡建设经济研究所)是住房和城乡建设部直属的软科学研究机构，其主要职能是为住房和城乡建设部领导提供决策咨询和政策建议；接受地方政府和企业委托，提供政策咨询及市场调研服务；承担研究生的培养和建设领域人才的培训工作。该中心掌握我国建设领域的大量数据资料，各城市房地产的最新信息，与各社会领域、各研究机构的优秀专家保持有密切的合作关系，拥有接受社会委托、提供政策及市场咨询服务的资质和能力，在区域规划、城市战略、企业市场调研、市场信息分析等方面形成了大量研究成果，是采集建设工程信息的重要通道。

(3)内部信息部门

内部信息部门主要包括组织机构内部建立的档案室、资料室、图书室、信息中心等部门。这些部门掌握着大量的内部资料，承担着采集、整理、管理各种信息(如会议记录、内部刊物、部门创业史、设计图、调查报告、获奖记录等)的任务，是获得内部信息的重要通道。

(4)研究开发部门

研究开发部门能够提供技术水平、开发项目、研发力量与投入、专利、技术诀窍、新产品、市场细分、科技专家等信息，是获取科研技术信息的主要途径。国外几乎所有的大公司均有正规的市场和研究部门，负责对产品的调查、预测、咨询等工作，其在产品进入每一个市场前都要进行周密的研究。

2. 外部途径

外部途径是指本部门以外的各种信息通道，用于采集各种信息。外部途径主要包括以下几类。

(1)文献部门

文献部门是传统的信息采集外部途径，通过它主要可以获得公开出版物(专业期刊、图书、年鉴、综述、文摘、目录、政府出版物索引、统计资料、专利说明书、政府法律法规等)、限制性公开资料(企事业机构名录、产品目录、设计图、地区刊物、企业人才招聘广告等)和部分企业内部资料(内部刊物、市场调查报告、研究报告、国外考察报告、产品宣传册等)。

(2)大众传媒

大众传媒主要包括广播、电视、报纸、杂志等,从大众传媒中可以及时采集到多种信息,尤其是新闻类、娱乐类、生活类等的信息。其中,广播和电视的信息覆盖面广、时效性强,是获取外部信息的重要通道。报纸的发行量较大,信息较为详细,且具有可保留性,成本低廉,可快速获取各种新闻、政策、常识等信息。杂志一般收录的主题范围较明确,对某一类问题报道的信息量大,讨论的问题视角多,也可以作为信息采集的外部途径。

(3)社会团体

社会团体主要包括学会、协会、联合会、同学会等。通过社会团体可以采集到本系统、本行业的内部信息、专业简报、学会论文集等非公开出版物,是获得最新技术和了解同行情况的重要途径。

(4)各种会议

各种会议主要包括科技研讨会、学术讨论会、商品展销会、展览会、交易会、现场会、发布会等,它是获得外部信息的重要途径,各种会议资料通常很难通过其他途径来获得,因而要关注与本行业、本机构相关的会议信息。国外企业十分注重展会信息的采集,如美国电路城百货公司每年都会派遣信息采集小组参加美国国际消费类电子产品展览会,每个小组成员都有特别的竞争信息采集任务。

(5)政府机关

政府机关这里主要指政府机关的各部委,如商务部、财政部、住房和城乡建设部、文化和旅游部、教育部等主管部门。政府机关常常拥有较权威的信息源,如政府各管理机构发布的政策文件、对外公开档案(工商企业注册登记通告、上市公司业绩报告、专利、标准等)、政府出版物(研究报告、统计资料、各类白皮书)等。因此,采集政府机关信息有利于及时了解各方面的政策法规、宏观形势等,指导本部门的决策与行动。

(6)合作伙伴/用户

合作伙伴/用户或服务对象也是重要的外部信息途径。通过合作伙伴/用户采集信息时,首先要明确需要找谁、用什么样的方式了解什么信息,且要注意识别事实信息和虚假传闻。对于企业而言,其合作伙伴主要为供应商、销售商、运输部门、广告公司等。除非供应商已经签署了保密协议,否则他们就有可能为竞争对手企业提供原材料信息,有的供应商为了推销其产品,有时候还会向企业提供其主要的客户名单;销售商则可能提供竞争对手产品的销售状况信息,由于销售商往往经销多种品牌的同类产品,因此,他们还可能掌握不同产品的特色、价格、质量、维修保养能力等信息,甚至包括竞争对手企业的促销方案;通过运输部门可以了解竞争对手企业产品的调运情况;通过广告公司可以深入了解竞争对手企业的市场策划意图；通过银行等金融机构能了解到竞争对手的资信、资金筹措以及运转情况等信息；通过用户或服务对象，主要可采集到用户的消费偏好、可接受价格区间、需求的产品性能、产品缺陷及用户对服务反馈意见、竞争对手企业的产品优劣势、产品改进建议等信息。

(7)外部信息网络

外部信息网络是目前较受欢迎的外部信息途径，主要包括门户网站、数据库、论坛、搜索引擎等信息源，用户可通过检索、浏览、下载等方式采集各类信息。

3.2 信息采集的工作流程

信息采集，尤其是规模较大的信息采集，如国家级、部委级的信息资源建设所从事的信息采集工作，大型网络信息资源建设所从事的信息采集工作，在实施之前，必须制订科学、详细的信息采集计划，明确信息采集的工作流程，以便信息采集工作有条不紊地进行。信息采集计划因项目的不同而有所差异，其工作流程如图 3-1 所示。

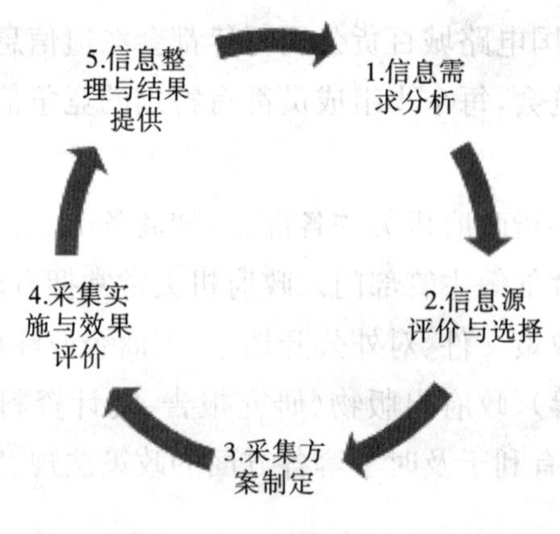

图 3-1 信息采集的工作流程

3.2.1 信息需求分析

所谓“信息需求”，就是目标用户为了何种目的需要什么样的信息，是信息资源采集的动力。信息需求分析在信息采集工作中具有重要的意义，因为只有准确把握用户的信息需求，才能合理选择信息源和采集工具，确定科学的采集方式，进而保障信息采集的质量和效率。

对信息需求进行分析，首先要明确信息需求的背景，把握信息需求的目的，注重信息需求的细节，分析信息需求的主题及外部特征。简单来说，信息需求是人们为解决生产、生活、科研等实践活动中的各种实际问题而产生的对信息的必要感和不满足感，是人们对信息的需要和要求。具体来说，信息需求分析就是分析人们对信息源以及所需信息内容、形式、数量、质量等方面的要求。

1. 信息需求分析的内容

进行信息需求分析时，主要分析以下内容。

(1)信息需求的背景和目的

信息需求的背景是指信息用户的社会背景和信息需求产生的影响因素等，它们常是促成信息需求的主导因素，并会直接影响用户具体需要的信息源类型及需求程度。信息需求的目的是建立在用户需求背景上的信息活动的动力和信息目标，是决定信息选择的最主要因素。

(2)信息需求的具体内容

对用户的信息需求分析是一个系统、复杂的过程，仅仅明确信息需求的背景、掌握信息需求的目的还远远不够，还要深入了解信息需求各方面的具体要求，才能有针对性地优化信息源选择策略，更好地满足用户的信息需求。信息采集者可通过交谈或调查等形式，从用户的信息需求背景、信息类型偏好、已掌握的信息情况等进一步把握用户对信息源、信息内容、信息形式、信息数量和质量、信息的时间范围等方面的具体要求。对于大型的信息采集项目，还要形成规范的信息需求表，并对信息需求的重要性和紧急性进行排序。信息需求分析的具体内容包括以下几点。

①对信息源的要求：主要是对信息源范围和载体形式的要求，这个要求可能比较具体，也可能比较笼统，必要时需要与用户沟通，进一步细化。

②对信息内容的要求：主要包括对信息所属的学科领域、主题内容、发展动向、主要结论、重要事实与数据等的要求。

③对信息形式的要求：主要是指对信息的加工程度、外部特征等的要求，如要求提供的是一手资料还是书目、文摘、综述等信息，对所提供信息的分类号、专利号、标准号、责任者、出版机构、语种等方面是否有具体要求。

④对信息数量与质量的要求：主要是指对采集信息的数量、可靠性、先进性、完整性等方面的要求。当用户对信息的占有与存储感到不足或对信息产品支付等感到有困难时，常常反映为对原始信息的数量需求；而当用户信息意识增强，有一定的信息积累和较强的支付能力时，通常会对信息质量提出较高的要求，如要求提供调研报告、可行性论证报告、综述等高质量的信息采集结果。

⑤其他要求：主要是指用户可能还会对信息采集方式、途径、响应时间等提出具体要求。如要求通过信息检索、阅读正式出版物、利用专门的信息系统等方式采集公开信息，要求利用社会交往、私人通信或参加会议等方式采集非公开信息。

2. 信息需求分析的方法

分析确定用户信息需求的常用方法主要有以下几种。

(1)过程分析法

过程分析法是通过对业务过程的系统考察和分析,并将反映在过程中的常规信息需求加以提取和确认的方法。该方法较为灵活,适用于确定用户个体、组织或独立部门的多种信息需求。如根据课题申报的过程,可以分析某研究人员的课题申报阶段的信息需求。

(2)规范分析法

规范分析法以用户的职业工作目标为基础,从实际工作任务和环境分析出发,经过对任务目标和信息价值等的研究,明确用户所需的信息范围、类型、提供方式等的规范标准,然后按规范标准确定用户的实际信息需求。如根据教师的教学任务目标,结合其所承担的具体课程和所在学校的制度要求,分析其课程教学中的信息需求。

(3)关键因素分析法

关键因素分析法是根据目标与影响因素的相互作用,通过访谈或调查等方式,确定主要的关键成功因素,进而推导用户信息需求的方法,该方法通常适用于管理者或机构的信息需求分析。应用关键因素分析方法确定信息需求大致可分为确定目标、识别关键成功因素、确定关键信息需求三个步骤。

(4)其他方法

除了上述常用的三种方法外,还可以使用目标-手段分析法、决策分析法和输入-处理-输出分析法等来分析信息需求。各种信息需求分析方法均有其优缺点和适用范围,可根据具体的分析情况来选择最适当的方法。

3.2.2 信息源评价与选择

信息源是指获取信息的来源,根据出版形式可以分为图书信息源、期刊信息源、特种文献信息源和非文献信息源等;按照载体形式可以分为印刷型信息源、缩微型信息源、机读型信息源和视听信息源等;根据信息源的加工级次与加工方法可划分为一次信息源、二次信息源和三次信息源;根据信息源的组织形式可分为正式信息源和非正式信息源;根据信息源的范围可分为内部信息源和外部信息源;根据信息源的保密性可分为公开信息源和秘密信息源。信息源还可从形态上划分为静态信息源和动态信息源;从用途上划分为单一信息源和综合信息源;从信息源与时间的关系上划分为连续性信息源和离散性信息源等。

对各种信息源的性能、质量进行评价是有效地选择和利用信息源的前提。信息源评价的标准主要包括两个方面:一是看信息源本身所能提供的信息价值如何；二是从信息收集的角度观察这种信息源收集信息是否快捷、方便、经济。具体有以下几个指标。

(1)信息量

信息量包含两方面的内容：①该信息源所含信息量的多少，如信息源容量大小、信息记录的条数等；②相对其他信息源，该信息源为用户提供的有用信息有多少。同一用户对同一信息的需求可以反映信息源的重要性；不同用户对同一信息的需求，其判断结果可能因用户自身素质的不同而有所不同。

(2)可靠性

信息源的可靠性是评价信息源的首要标准。不可靠的信息源提供的信息，可能对用户决策带来干扰。可靠性不仅要考察信息源本身，还要考察所提供的信息内容，判断指标主要有信息源的公开性和合法性、信息源及其信息内容责任者的权威性、信息源的关联性(被推荐、被引用等)、信息内容的真实可靠性和信息内容是否能真实有效传递等。

(3)新颖性

需从以下两个方面对信息源的新颖性进行考察：①考察信息源中是否包含新观点、新理论、新技术、新假设、新设计和新工艺等新的内容；②考察信息源是否能经常更新。对于没有更新的信息源，在一定时间后，对用户来说会失去其新颖性，可以通过信息源的更新频率等指标来实现。

(4)及时性

及时性要求信息必须在尽可能短的时间内被发布、报道和传递，突出的是“快”，通过从信息的产生、传播到信息被接收的时间差来衡量及时性。

(5)系统性

系统性是指信息源中收集的信息是否系统、完整，是否连续出版，能否通过信息的累积反映一定时期内事物的变化。

(6)全面性

全面性是指信息源所含信息的广度和深度，它主要涉及信息源所收录信息的主题范围是否覆盖了更广泛的领域，是否包括相关的主题，是否包括多语种、多版本信息等。

(7)易获取性

易获取性是指信息源中提供的信息是否能够被用户获取，以何种方式和途径获取，有无技术要求，提供的信息是否有阅读设备的要求，是否有获取权限的要求，以及是否能稳定获取等。

(8)经济性

经济性主要指从信息源中发现信息、提取信息、传递和使用信息过程中的经济耗费，一般要求以较低的消耗和较小的损失、较快地获取信息，这样经济效益较高。此外，它还包括获得的信息是否符合用户需求，一般可通过查准率、查全率、用户满意度等指标来反映。

除此以外，针对网络信息源，还要考虑网站的导航设计、检索功能、用户界面是否友好等因素。

3.2.3 信息采集方案制定

信息采集方案是整个信息采集活动的行动计划和纲领，对信息采集的顺利完成具有重要的指导作用。信息采集方案制定就是根据信息采集的目标，对信息采集任务的各个方面和各个阶段进行通盘考虑和安排，制定合理的工作程序，提出相应的实施方案。信息采集方案制定得是否合理，决定着整个信息采集活动的成败。通常，一个完善的信息采集方案包括以下几方面内容。

(1)信息采集的目的和要求

信息采集方案应明确信息采集的具体目的和要求。其主要任务是通过明确用户需要利用信息解决什么问题，对采集信息的类型、语种、新颖性、相关性、完整性等有何要求，从而确定整个信息采集的目的与要求。

(2)信息采集的范围

信息采集方案应清楚地界定信息采集的范围，主要包括采集目标、采集的主要内容和采集范围。信息采集的目标应具体、重点突出、主次分明，信息采集的内容范围要合理，避免面面俱到、过于烦琐。

(3)主要信息源

信息采集方案应明确采集活动主要涉及的信息源，即要明确从什么地方去采集所需要的信息。各种类型的信息源均有其优势与弱点，选择信息源的准则是尽量选择权威、可靠、准确、全面、易用的信息源。在信息源可靠的前提下，哪种最经济、最省力，就到哪种信息源中去采集。

(4)信息采集的方法

信息采集方案应重点设计采集活动中运用的主要采集方法。采集方法的选择，要依据采集的目的与要求、内容与范围、可用信息源、采集人员、采集经费与设备等客观情况来决定。信息采集的方法多种多样，选择恰当的采集方法可以提高采集效率和采集信息的质量。

(5)信息采集的人员分工

信息采集方案应确定信息采集的人员及其分工状况。采集人员是实施采集计划的主体，其素质的高低直接影响着信息采集的质量。因此，要对信息采集人员进行合理分配，尽量采取新老搭配、强弱搭配、老中青结合的方式，并实行岗位责任制，做到人适其岗、责任到人、检查到位，以便于采集工作的顺利开展。

(6)信息采集的进度安排

信息采集方案应明确划分信息采集的阶段任务及时间界限，以利于采集人员依据采集任务和时间界限合理安排工作日程，确保采集信息的时效性。通常，一个完整的信息采集过程包括信息采集准备、采集方案实施、采集信息加工整理三个阶段。其中，采集准备阶段的主要任务是准备信息采集工具(如调查表、采集设备)、组织采集人员、购置与配备信息源等，该阶段的负责人员应具备一定的组织和规划能力。而采集方案实施和采集信息加工整理阶段占用的时间较多，安排的人员也需要有较强的信息采集技能，通常该环节安排的人员需要经过一定的培训或具备较丰富的信息采集经验。

(7)信息采集的费用计划

信息采集方案还应合理规划采集费用的来源和用途。在制定采集方案时，要做到有计划地开支，要保障必要项目的经费开支，切不可随意支取造成浪费。

(8)信息采集的绩效考核办法

信息采集方案中，还可以依据信息采集人员的职责与任务，制定出具体、可操作的考核条例，引进竞争机制，奖惩分明，激励采集人员的工作积极性。考核时，可采用自我评价、同行评价、考核小组评价、领导评价等方式。有的信息采集活动较为简单，可能仅包括上述方案中的某几项内容，具体情况要根据用户的信息需求和采集机构的实际情况决定。通常，信息采集方案制定后要反馈给委托人审定，提出修改意见，反复几次才能最终完成。

3.2.4 信息采集实施与效果评价

信息采集方案制定后，就要根据该方案，围绕一定的范围，按照既定的内容，采用科学的方法，广泛地搜集信息。采集工作是一项长期的、连续不断的工作，整个过程包括组织性工作和事务处理工作。由于采集财力的调配离不开外部的广泛联络，因此，要求采集人员必须具备很强的公共关系能力以及细致的事务处理和财务处理能力。在采集的过程中，有时候会遇到事先未预计到的新情况和新问题，即使事先预计到了，由于客观事物和政治、经济、文化、科技等环境的不断变化发展，也会有新情况、新问题出现，一旦发现了新情况和新问题，就要分析原因，追踪搜集过程，及时调整计划，以便获得新的、有价值的信息。

信息采集效果评价主要从信息采集的效率和质量方面进行评价。用户的信息需求是否得到满足是信息采集评价的主要依据。对于大型的信息采集项目，采集人员应在用户反馈的基础上，总结分析信息采集的经验和教训，并根据用户的要求，及时补充完善采集结果，提高用户的满意度。

1. 信息采集的效率评价

信息采集的效率可以采用采全率、采准率、费用率和劳动耗费率等指标来进行评价。

(1)采全率

采全率是指采集到的相关信息占全部相关信息的比例,常用其来衡量信息采集的完整程度。若用 P 表示采全率,r 表示采集到的与信息需求相关的信息,R 表示与信息需求相关的全部信息(即采集到的相关信息与未采集到的潜在相关信息之和),则信息采全率可表示为

$$P=\frac{r}{R}$$

采全率的高低主要取决于相关信息源的分布、用户信息需求、信息流的特征以及对切题信息总体的预测数据等。当采集信息来自某一具体范围或具体信息源时,采全率较高;当采集信息来源广泛且来自多种载体类型时,则采全率较低,且采集内容容易交叉重复。因此,在开展信息采集前,要根据用户的信息需求、信息源的分布状况、采集经费、人力及物力情况,初步确定采全率,以确定信息采集的范围和主要目标,使信息采集过程有的放矢。另外,采集人员的采集技能及方法,选取的信息源所用的采集工具,采集人员所属机构的经济实力、物质条件及信息管理水平等都会影响到采全率。

(2)采准率

采准率是指采集到的切题信息占采集到的所有信息的比例,常用其来衡量信息采集的针对性。若用 E 表示采准率,r 表示采集到的切题信息,Q 表示采集到的所有信息,则信息采准率可表示为

$$E=\frac{r}{Q}$$

采准率的高低主要取决于采集人员的采集技能、采集信息源的质量等。其中,采集人员的采集技能主要指采集人员掌握采集工具的种类和熟练程度、采用合理的采集方法及渠道的能力、信息筛选和评价能力等;采集信息源的信息质量主要是指所利用信息源的信息数量、可靠性、新颖性等状况。通常,采集人员的采集技能越高、采集信息源的质量越高,信息采准率也就越高。

(3)费用率

费用率是指单位信息采集所使用的资金数量,常用其来衡量信息采集的资金效率。它取决于采集过程的组织、各环节的技术装备及其他因素。通常,用可采用信息的条数或件数来大致表示信息的单位。若 C 表示单位信息的费用率,F 表示某次采集信息的总花费,G 表示本次搜集到的信息量(总条数或件数),则费用率可表示为

$$C=\frac{F}{G}$$

有时单位信息很难确定,不同性质的信息其价格也不一样,如二次信息和一次信息的价格就有较大差别。因此,在进行费用率计算时,首先要对单位信息的计算方法进行界定。在单位信息确实难以界定时,可以对同类信息的费用进行比较,衡量信息采集的费用水平,如将采集结果报告与类似的调研报告平均价格相比较来衡量信息采集费用的高低。

(4)劳动耗费率

劳动耗费率是指信息采集过程中所有环节的劳动消耗总量。若用 L 表示搜集信息的总劳动耗费量,$L_i(i=1,\cdots,n)$ 表示单位信息在第 i 个环节的劳动耗费量,n 表示总环节数,则劳动耗费率可表示为

$$L=\sum_{i=1}^{n}L_i$$

劳动耗费率取决于信息采集过程的难度、采集人员的业务水平、信息源分布及获取的难易程度、采集工具的性能等多方面因素。

(5)其他指标

在信息采集评价过程中,还可以使用及时率、误采率、响应时间等指标来衡量信息采集的效率。对于一次具体的信息采集过程而言,其及时率越高、误采率越低、响应时间越短,则信息采集效率越高。总之,进行信息采集效率评价时,要结合用户的信息需求,采用定性或定量评估方法,尽可能客观、科学地对采集效率进行评价。

2. 信息采集的质量评价

高质量、高水平的信息采集,必须有相应的信息采集质量评价标准。信息采集的质量评价一直是国内外学者关注的焦点,但至今尚未取得一致性的意见。大部分学者认为,信息采集质量评价的宗旨是“使用户感到满意”,对信息采集质量的评价应该结合行业和应用领域的特点,从多个角度进行,但主要应从用户的视角出发。因此,可以从内容、表达和效用三个方面对信息采集的质量进行评价。

(1)内容质量评价

内容质量评价是指对采集到的信息集合的内在质量进行判断和估算,是最根本、适用性最广的评价方式,主要包括可靠性、先进性、客观性、完整性等指标。

可靠性是评价信息采集内容质量的首要指标,它是指采集到的信息真实、准确的程度。要保障采集信息的可靠性,就要求信息采集人员采集信息时尽可能采集观点明确、推理严密、来源可靠、公开发表、事实和结论符合客观实际的信息。在进行信息采集质量评价时,要分析可靠性信息和非可靠性信息各自所占的比例,通常采集到的可靠性信息比例越高,信息采集质量越高;反之,则越低。

先进性是指采集信息的新颖性及领先程度。在时间上，主要表现为信息内容新颖，如比原先已掌握的信息更优良的信息，或者以前未掌握的信息；在空间上，主要表现为信息在一定范围内（如某一地区、国家甚至国际范围）领先/超前于同类其他信息的程度。

客观性是指采集的信息反映事物本身属性的一致性程度。信息反映的是某客观事物某一方面或多方面的属性，其本身具有客观性。要保障采集信息的客观性，一方面，要求采集人员按照事物的本来面目去采集信息，而不将个人感情、偏好等主观因素掺杂其中；另一方面，要求采集人员尽量采集不带强烈感情色彩的信息。在进行信息采集质量评价时，要分析非客观性信息占总采集信息的比例，通常，采集到的非客观性信息的比例越高，信息采集质量越低；反之，则越高。

完整性是指采集信息的要素或结构的完整程度。通常，采集到的信息是一个或多个信息集合。良好的信息集合应能完整地表述某一思想、事实或描述某一事物。如采集某一教职工的基本信息，其中姓名、性别、出生年月、民族、职称、职务、学历、所在院系、主要工作及受教育经历、讲授课程、研究方向、研究课题及成果、联系方式等信息必须具备，它们组成了一个完整的信息集合。如果缺少了其中的某一项或几项，则其信息结构不完整，不能够完整地反映该教职工的基本信息。值得注意的是，完整性是相对于信息使用目的而言的。由于不同用户的信息需求和使用目的不同，同样的信息集合提供给不同的用户，可能会出现不同的完整性评价结果。因此，评价信息采集的完整程度时，还应以信息用户的意见为主。另外，还可以从信息内容的深度（反映主题的详细程度）和广度（反映主题的地域、时间范围）两个方面来度量其完整性。在进行信息采集质量评价时，既要关注主要信息的完整性，也要注重整个信息采集结果的完整性。当采集信息的完整性较低时，还应尽快与信息提供者或信息用户进行积极沟通，以便及时调整采集策略，提高信息采集质量。

（2）表达质量评价

表达质量评价是指从信息采集结果表达方式的合理性和科学性角度对信息采集质量进行评价。由于信息的内容需要靠信息符号来表达和传递，用户只能借助于数字、文字、图表、代码、缩略语、简称等信息符号来理解和利用采集来的信息。因此，信息采集结果的表达形式是评价信息采集质量的重要方面。主要从准确度、一致性、易用性等方面进行评价。

准确度是指信息符号所表达的信息的准确程度，即要审核采集到的数据或事实是否前后矛盾；是否经得起推敲和验证；是否符合采集数字的位数和格式要求；通过信息符号表达的信息与真实信息值是否相一致或相近等。若信息符号值与真实信息值相同或误差在要求的范围内，则可以认为该信息符号符合准确性要求。

一致性是指信息表达符号格式和表达意义的一致程度,要保障信息采集质量,必须选用一套规范、完整、具有较强表达能力的符号体系来表达采集结果,而不能选用意义含糊、有多重语义的符号。

易用性是指信息表达符号易于理解和便于使用的程度。信息用户是通过信息符号来理解和使用信息的,因此,信息表达符号必须能够理解且易于理解,并要尽可能地简单明了。另外,由于不同用户群的理解力和知识背景不同,不同用户对同样的信息的理解程度也不同,因此,要保障信息采集结果的易用性,应对用户的理解力和知识背景有所了解,必要时可对信息符号的含义、编码格式进行说明。

(3)效用质量评价

效用质量评价是指从用户的信息需求出发,通过评价信息采集结果的适用性、性价比等指标来确定信息采集的质量。对用户而言,有用的信息才是高质量的信息。效用质量评价主要从适用性、及时性、相关性、适量性等几个方面进行评价。

适用性是指采集的信息对信息需求主体的可利用程度。判断信息的适用性,主要可从以下两方面进行:①内容适用性:主要是看信息采集结果中介绍的理论、方法、事实或技术是否适合我国国情;是否适合用户的信息需求;是适合近期需求,还是适合远期需求;是主要需求,还是次要需求等。凡是能适合信息用户需求的资料,就具有一定的适用性。②适用范围:主要是看信息采集结果适用的学科领域,是仅适用于某一方面,还是适用于多个方面;是适用于局部,还是适用于整体;是适用于少数人员,还是适用于组织机构全体人员;是适用于一般水平,还是适用于较高水平;是适用于科技发展较先进的地区,还是适用于比较落后的地区。总之,要从信息采集的目的、要求、范围等多个角度,对信息采集结果的适用性具体分析。信息采集结果的适用性越高,信息采集的质量越高。值得注意的是,信息是否适用在很大程度上还取决于信息用户自身的条件和外部环境,其所具备的外语水平、专业知识水平、信息接收和转化应用能力、经济能力、时间保障、社会环境等都是影响信息适用性的重要因素。

及时性是指采集的信息从信息源(A)到信息用户(B)之间传递时间的差异度,常用其来衡量用户采集利用信息的时间充裕程度。信息是有时效性的,过时的信息将失去利用价值。A点到B点的时间差异越趋向于零,则表示信息传递的速度越快、越及时,信息采集质量越高。在进行信息采集质量评价时,可分析信息采集结果中过时信息和及时信息各自所占的比例。通常,及时信息比率越高,信息采集质量越高,而过时信息比率越高,信息采集质量越低。

相关性是指采集的信息与用户信息需求相匹配的程度,主要用于从用户角度衡量信息的有用性。信息的相关性不仅取决于信息内容，还取决于用户某一阶段内的主要任务目标和主次信息需求状况。在进行信息采集质量评价时，可以分析信息采集结果中不相关信息所占的比例。通常，不相关信息的比率越低，信息采集质量越高；反之，则越低。

适量性是指信息采集的数量的合理程度。信息采集要花费人力、物力和时间，适量的信息采集将会产生较高的性价比。信息采集的数量不足，会使用户得不到所需的详细信息；而信息过量，不仅会产生大量的信息冗余，还会造成用户难以筛选有用信息，降低信息采集的质量和效率。信息采集的适量性，要求信息采集人员针对用户的信息需求，采用科学合理的采集方法，提供数量适当、相关度强的信息。在信息采集质量评价时，可定性分析采集信息的数量是否符合用户需求，当信息量过多时，要进行一定的筛选和精简；当信息量过少时，要适当扩大信息源，通过多种途径和方法充实采集的信息。

信息资源采集实施完成后，要对采集到的信息集合进行及时评价与解释。若对信息资源采集效果评价不满意，则要依据相关反馈意见进行调整，调整可能涉及信息资源采集过程的各个环节。

3.2.5 信息整理与结果提供

对采集到的信息进行整理，提供满足需求的信息，是信息采集的最后步骤。

1. 信息整理

信息采集工作不是将所采集的信息杂乱无章地传递给信息用户，而是要呈现给用户令其满意的信息。因此，将采集到的杂乱无章的信息进行整理仍然是信息采集工作的职责范畴。最常见的信息整理方式有三种。

(1)分类加主题方式

这种方式适宜于整理大型信息资源。在整理信息时，先将所采集的信息分类区别开来，在每类信息中，再按主题将有关信息聚集在一起。根据信息量的多少，还可以采用大类下再设置小类、大主题下再设置小主题的方式。

(2)主题方式

将采集到的信息按不同的主题区分，相同主题的信息归纳到一起。可以在大主题下设置小主题，使信息的归属更加科学合理，更便于利用。这种方式适宜于中小型信息资源的整理。

(3)调查报告方式

这种方式通常是应信息用户的要求而进行的。信息用户在委托从事信息采集的同时，要求信息采集者根据信息采集结果撰写出相关的信息调研报告。有时还要求就信息用户所关心的问题，利用所采集信息，有针对性地进行论证分析，并提出相应的对策或建议。这种信息整理方式实质上已经上升到情报研究的高度，是最高级别的信息整理方式。它要求信息采集者不仅具备信息采集方面的知识和专长，还要具有从事信息研究的能力，具有驾驭信息资料的能力以及语言文字的组织表达能力等。

2. 结果提供

经过信息筛选、鉴别分类等一系列的信息加工整理后，可将价值大、真实可靠、及时新颖的信息，以调研报告、资料汇编、统计图表等形式提供给用户，以初步满足用户的需求。通常，调研报告是将对某一情况、某一事件或问题的调查结果以书面形式陈述出来的形式，是最常见的信息采集结果形式，其写实性强，有针对性，图文并茂，主要适用于调查类信息采集结果汇报。资料汇编是一种将散见于各种信息源中有关某一问题或学科内容的原始记录，按专题编排而成的资料集，它具有内容集中、便于利用和真实可靠的特点，主要适用于检索类信息采集结果汇报。统计图表是以统计图、统计表的形式来反映总体信息状况的工具，具有直观性强、数据准确、客观等特点，适用于数据类信息采集结果汇报，也可以融汇在调研报告、资料汇编等信息采集结果形式中。

将信息提供给用户后，并不意味着信息采集过程的结束，还应将用户使用后的意见、建议与评价反馈回来，以调整与控制信息采集的过程与质量。

总之，信息采集过程只有在分析用户信息需求的基础上，明确采集目标，设计科学的采集方案，有计划有重点地开展采集工作，才能使整个采集工作顺利进行。采集来的信息只有经过筛选、分类、汇总等加工之后，以用户需要的形式提供给用户，才能提高信息采集的效率。

3.3　信息采集方法

做任何事情，如果缺少正确的方法就难以取得成功，信息采集也是如此，采用正确的方法是获取准确信息的保证，也可以使信息采集过程变得更容易。所谓“采集方法”，是指根据信息采集计划，广泛开辟信息来源，及时将信息采集到手的基本方法。信息采集方法的运用是信息采集过程中必不可少的重要环节。

3.3.1　按信息采集的方式划分

如果按信息采集方式划分，则可将信息采集方法进一步细分为以下几种。

(1)定向采集法

定向采集法是指在采集计划范围内，对某一学科、某一国别、某一特定信息尽可能全面、系统地进行采集。例如，很多国家设置的电视信号监视、电台信号监听都属于定向采集。

(2)定题采集法

定题采集法是根据用户指定的范围或需求有针对性地采集信息。这种方法能使用户及时掌握有关信息,针对性强,但较为被动,而且由于采集题目具体,涉及面既深又专,难度较大,科研活动中大多采用这种方法。

(3)定点采集法

定点采集法是指聘请专门的信息采集人员定点采集相关信息。该方法具有节省费用、采集全面等优点。

(4)主动采集法

主动采集法是指针对特定需求或根据采集人员的预测,事先发挥主观能动性,赶在用户提出要求之前便着手采集的方法。

(5)跟踪采集法

跟踪采集法是指根据需要对有关信息(某一课题、某一产品或某一机构的有关信息)在一段时间内进行动态监视和跟踪,及时采集出现的一切新情况、新信息。用这种方法采集的信息连续而且及时,有利于掌握发生发展的过程,及时了解关心的问题,对于需要深入研究跟踪对象意义重大。

(6)社交采集法

社交采集法的形式多种多样,如参加各种会议、旅游活动、娱乐活动、舞会、聚会及走亲访友、网络交流等。通过社交活动获取的信息一般都是最新的,是其他途径得不到的。

(7)现场采集法

参加展览会、展销会、订货会、科技成果展示会、交易会、现场会及参观访问等,都会接触到一些实际的信息,这些信息多有详细的介绍或资料。该方法是采集信息的好方法。

(8)积累采集法

平时读书看报时,可随时通过做卡片、剪报等积累信息,时间长了,这些零星的片段信息就会成为系统的信息财富。

(9)委托采集法

如果时间、精力有限,或不熟悉信息来源,可以委托某一信息机构或信息人员采集信息,根据采集的信息质量支付一定费用,这种方法称为委托采集法。这种方法花费较多。

3.3.2 按信息采集的渠道划分

信息采集渠道是指获取信息的渠道。如果按信息采集的渠道划分,则可将信息采集方法进一步细分为单向采集法和多向采集法两种。单向采集法是指对特定用户需求，只通过一条渠道采集相关信息，针对性很强；多向采集法是指对特殊用户的特殊要求，多渠道地采集相关信息，这种方法成功率极高，但容易获取重复信息。根据所采集的信息类型不同，所采用的信息渠道也有所不同。

(1)记录型信息的采集渠道

记录型信息的采集渠道主要包括以下几种。

①购买。购买是获取记录型信息最常见、最主要的途径，包括订购、现购、委托代购等方式。

②交换。交换是指信息管理机构之间以及信息管理机构与其他机构之间进行信息的互相交换。

③接收。接收是档案、期刊、图书等信息的主要来源渠道，具体方式有国家规定的呈缴本制度和移交制度等。

④征集。征集是指对地方、民间有关单位或个人征集历史档案、书籍、手稿等。

⑤复制。复制包括静电复印、缩微胶片等。

⑥其他方式。其他方式包括租借、接受捐赠、现场采集、索取等。

如果想掌握好以上采集渠道并达到运用自如的程度，就需要做大量深入、细致的调查研究工作，熟悉各类信息的情况及其特点，并学会查找和利用各种检索刊物和工具书(如国内外出版的大量新书通报、报刊征订目录、学术专业会议预报目录等)。

(2)实物型信息的采集渠道

实物型信息的采集渠道主要包括以下几种。

①展览。展览又可细分为实物展览、订货会、展销会、交易会等。

②观摩。观摩主要是指现场观摩。

③观看。观看主要包括观看电影、电视或录像等。

④参观。参观主要是指参观同行的实验室、试验站等。

(3)思维型信息的采集渠道

思维型信息的采集渠道目前已引起人们的高度注意。随着信息社会的到来，人们对传递信息的时间性要求越来越高，思维型信息将会越来越受重视。思维型信息存在于人们的头脑中，其采集渠道主要包括以下几种。

①交谈。交谈包括工作人员之间就他们从事的工作和活动，直接进行对话、交谈、讨论、辩论等。

②采访。采访是指针对某些感兴趣的问题主动提问，以获取信息的方式。

③报告。报告包括参加各类报告会或演讲会等。

④培训。培训包括参加各类培训班等。

⑤录音。录音是指在交谈、采访、讨论、参观、交流等活动中，采用现场录音方式来获取信息。

⑥其他方式。其他方式包括参加各种社交活动，以及进行现场调查、实地考察、技术交流等。

3.3.3 按信息采集的实现方式划分

如果按信息采集的实现方式划分，则可将信息采集方法分为两种类型，即基于人工系统的信息采集法和基于计算机系统的信息采集法。

1.基于人工系统的信息采集法

基于人工系统的信息采集法又可以进一步细分成直接观察法、社会调查法、文献检索法、实验法等类型。

(1)直接观察法

直接观察法是通过开会、深入现场、参加生产和经营、实地采样等，现场观察并准确记录(包括测绘、录音、录像、拍照、笔录等)调研情况的方法。它主要观察的内容有两个方面：一是对人的行为的观察；二是对客观事物的观察。直接观察法应用较为广泛，常和询问法、搜集实物法结合使用，以提高所收集信息的可靠性。

(2)社会调查法

社会调查法包括普遍调查法、典型调查法、抽样调查法等。对于个体的调查，若是涉及人，则主要采用访问调查法和问卷调查法。其中，普遍调查法是指在一定范围内对全部被调查对象进行调查，它调查的是有限总体中每个个体的有关指标值；典型调查法是指在一定范围内选择有代表性的重要典型对象进行调查；抽样调查法是指在一定范围内，从调查对象中抽取部分样本进行调查，用所得到的调查数据推断总体的方法；访问调查法又称为采访法，是通过访问信息采集对象，与之直接交谈而获得有关信息，其还可进一步细分为座谈采访、会议采访、电话采访、信函采访等多种形式；问卷调查法是一种包含统计调查和定量分析的信息采集方法，这种方法主要考虑的重点是所收集信息的内容范围和数量、所选定调查对象的代表性和数量、问卷的设计、问卷的回收率控制等。

(3)文献检索法

文献检索法是指从浩繁文献中检索出所需信息的过程。文献检索一般可分为手工检索和计算机检索两种类型。其中，手工检索主要是通过信息服务部门收集和建立的文献目录、索引、文摘、参考指南和文献综述等来查找相关文献信息。计算机检索是指文献检索的计算机实现，其特点是检索速度快、信息量大，是当前收集文献信息的主要方法。

(4)实验法

实验法是指通过实验过程来获取其他手段难以获得的信息或者结论的方法。实验者通过主动控制实验条件(包括对参与者类型、信息产生条件、信息产生过程等的恰当限定或者合理设计),可以获得在真实状况下采用社会调查法或者直接观察法所无法获得的有效信息,还可以在一定程度上直接观察研究某些参量之间的相互关系,有利于研究事物的本质。实验法也有多种形式,包括实验室实验、现场实验、计算机模拟实验、计算机网络环境下人机结合实验等。

2. 基于计算机系统的信息采集法

基于计算机系统的信息采集法中的一项重要工作就是模拟信号的处理。数字化是计算机处理模拟信号的前提,模拟信号的数字化需要采样、量化、编码三个步骤。

①采样。采样是指用每隔一定时间的信号样值序列来代替原来在时间上连续的信号,即在时间上将模拟信号离散化。

②量化。量化是指将模拟信号的连续振幅变为有限数量并且有一定间隔的离散值。

③编码。编码是指按照一定的规律,将量化后的值采用二进制数字来表示。

对图像信息来说,可以先利用各种输入设备(扫描仪、数码照相机等)将图像输入计算机中,经过采样和量化,将图像转变成计算机能够接受的某种存储格式,该过程称为图像数字化过程。视频信息对人类来说非常重要,通过视觉获得的视频信息往往比通过其他感觉器官所获取的信息量更大。在多媒体计算机系统中,视频采集卡可以将模拟信号转换成数字信号,它主要由视频信号采集模块、音频信号采集模块、总线接口模块等功能模块组成。其中,视频信号采集模块的任务是将模拟视频信号转换成数字视频信号,并将其送入计算机中进行处理。

3.4 网络信息采集技术——网络爬虫

网络数据采集在各行各业发挥着至关重要的作用,使个人、企业、事业单位能够实现宏观的大数据处理,并对其进行研究和分析,获取规律性的资料,作出准确的判断和决策。网络爬虫可以从网络上采集网页信息,通过网页链接实现从一个网页到另一个网页的信息采集。

3.4.1 网络爬虫的设计原理

网络爬虫的基本设计原理是:利用给定的一个或多个网址来获得更多的统一

资源定位器(uniform resource locator,URL),通过这些URL下载网络资源,再对其进行链接分析,找到其中包含的其他URL,以此类推,直到满足设定的条件为止。

网络爬虫程序有四个队列:等待处理队列、正在处理队列、无效链接队列和完成队列。等待处理队列中存放的是等待被网络爬虫程序处理的URL;正在处理队列中存放的是正被爬虫程序处理的URL;无效链接队列中存放的是在爬虫程序访问过程中无效的URL;完成队列中存放的是被爬虫程序处理过的URL。网络爬虫采集信息的过程是:网络爬虫得到一个给定的URL放入等待处理队列,从等待处理队列中提出一个URL放入正在处理队列,建立超文件传送协议(hypertext transfer protocol,HTTP)通信;连接、发送HTTP请求,得到响应后保存该页面。然后,将该请求获得的页面利用分词技术进行链接分析,提取该页面所包含的URL,并检查是否被处理过,若没有,则将该URL放入等待处理队列。处理完毕的URL放入完成队列,处理过程中若发现无法访问的URL,则放入无效链接队列。再从等待处理队列中提出一个新的URL,重复该过程,直至满足一定的停止条件,结束爬虫工作。

网络爬虫有两种爬行策略:广度优先与深度优先。广度优先是指网络爬虫会先对一个页面上所有的链接进行处理,然后才继续处理这个页面所指的下一层页面,直到形成回路或者遍历完成时终止,这是最常用的爬行方式,其优点是收敛速度快,能够抓取较多的网页,但是这种策略对于大型网站不能深入抓取。深度优先是指网络爬虫会从页面的一个链接开始一层一层地跟踪下去,处理完这条线路之后再转入该页面的其他链接继续跟踪,这种策略的优点是能够更深入地采集到网站的信息,其缺点是容易使爬虫陷入"信息泥沼"。

3.4.2 常用的网络爬虫工具

目前,常用的网络爬虫工具有集搜客、火车头、八爪鱼、后羿采集等。

1. 集搜客

集搜客(GooSeeker)是一款网页数据采集/信息挖掘处理软件。它可以抓取网页上的文字、图片、表格、超链接等网页元素,得到标准化的数据。通过采集,可以使整个网页成为自己的数据库,有效降低数据采集成本,获得全面、灵活的多维度行业数据。

集搜客软件可以在其官网直接下载安装,其操作页面简洁,功能区域划分简单易懂,在官网上可直接观看相关操作的视频教程。集搜客针对不同的网站(网页)提供了多种快捷采集工具,可通过自行添加链接或者关键词采集数据,不用编写采集规则,非常简单快捷。

2. 火车头

火车头是一款互联网数据抓取、处理、分析和挖掘的软件，它可以抓取网页上零散的数据信息，并通过一系列的分析和处理，准确地挖掘出所需的数据。其用户定位主要是有一定代码基础的人，该软件的编写规则比较复杂，软件的定位比较专业、准确。

软件可以在其官网直接下载安装，火车头采集数据主要有两个步骤，一是数据采集，包括采集网址、采集内容，数据采集是获得数据的过程，抓取数据主要取决于规则，程序按规则抓取列表页面，分析其中的 URL，然后按规则获取网页内容；二是数据发布，即将数据发布到自己的网站上，该过程也是实现数据自有的过程，可通过网页在线发布、数据库入库或存为本地文件。数据采集与数据发布这两个步骤是可以分开进行的。

3. 八爪鱼

八爪鱼是一个通用的网页数据采集器，可以收集网络上 99%的公开数据。它具有清新简洁的操作界面和可视化的操作过程，启动简单，操作快捷，不需要具有编程基础。如果不想编写采集规则，可以直接应用内置的简单采集操作模式，找到自己需要的模板，根据实例简单的参数设置就可以得到采集的数据。

4. 后羿采集

后羿采集工具是由前谷歌技术团队打造，基于人工智能技术，输入网址就可以自动识别采集内容的爬虫工具。基于人工智能算法，可以通过进入网页智能识别列表数据、表格数据和分页按钮，无须主动配置任何采集规则，即可以自动识别列表、表格、链接、图片、价格等。

后羿采集工具在官网可以免费下载，并附有具体使用操作指南。针对不同基础的用户，它支持两种不同的采集模式，可以采集 99%的网页。一种是智能采集模式，该模式操作极其简单，只需要输入网址就能智能识别网页中的内容，无须配置任何采集规则就能够完成数据的采集。第二种是流程图采集模式，该模式完全符合人类浏览网页的思维方式，用户只需要打开被采集的网站，根据软件给出的提示，用鼠标操作就能自动生成复杂的数据采集规则。

本章小结

信息采集是根据用户的特定需求，通过各种途径对相关信息源进行科学的收集、检索、调查、采访、获取、鉴别、整理和分析，并最终形成所需有效信息的过程。信息采集是信息管理的首要环节，是开展信息服务的物质基础和保证，决定了后续信息工作的质量，具有重要的意义。

信息采集需遵循主动性、针对性、连续性、经济性、科学性、可靠性以及系统性等原则，其具体步骤包括信息需求分析、信息源评价与选择、采集方案制定、采集活动实施、采集效果评价、信息整理与结果提供等一系列环节。采集者需要在明确信息需求背景、把握信息需求目的的前提下，充分考虑信息需求的细节，基于信息需求的主题及外部特征，设计合理的信息采集方案。在信息采集方案的指导下，可采用人工系统、计算机系统等不同的采集方法，结合定向采集、定题采集、定点采集、主动采集、跟踪采集、社交采集、现场采集、积累采集、委托采集等采集策略，借助于管理部门、内部信息部门等内部途径或文献部门、大众传播媒体、外部信息网络等外部途径，实现信息的多渠道采集。

信息采集工作是整个信息资源管理工作的前提，它为信息资源管理提供了可靠的初始资源，为后续的信息处理、分析和应用奠定了坚实的基础。在信息时代，学会明确信息需求、确定可靠的信息来源、选择合适的信息采集方法、制定翔实的信息采集方案、甄别信息的水平质量，成为信息资源管理领域从业者需要具备的重要技能，其对个人和组织的发展，都有着极其重要的影响。

思考题

1. 信息采集的概念是什么？有哪些功能？
2. 信息采集的原则有哪些？
3. 信息采集的策略具体指的是什么？
4. 信息采集的工作流程包括哪些环节？
5. 如何进行信息需求分析？
6. 按照信息采集的实现方式划分，信息采集的方法有哪些？
7. 本章中介绍的几种爬虫软件的优缺点各是什么？

第 4 章

信息组织

◎ 本章导读

当今各类信息资源数量大、种类多、来源广，特别是随着计算机的广泛使用和网络的普及，数字型信息资源因数字文本易于发表、复制及传输而数量剧增。但社会信息量的增长并不意味着用户有用信息的增长。相反，这些无序信息资源的增长不仅无助于信息资源的利用，反而加剧了信息增长与使用的矛盾。解决这一矛盾的前提就是对信息进行有效组织。信息组织是使信息资源有序化、系统化的过程，目的是方便人们管理信息、检索信息和利用信息。图书馆、档案馆、文献信息中心等是人们长期进行信息组织和提供信息的场所，数据库和网络是新的信息组织空间。本章在介绍信息组织的内涵、目的、原则和类型的基础上，分析信息组织的过程，阐述信息组织的工具和方法。

◎ 学习要点

- 信息组织的内涵与目的
- 信息组织的原则与类型
- 信息的分析与归类
- 网络信息资源组织工具
- 分类组织法的应用
- 主题组织法的应用

引导案例

图书馆中的信息组织

早期传统图书馆的信息资源以纸质印刷体为主，信息组织模式以手工操作为主，根据分类法和主题词表对文献信息进行标引、描述和排序，以卡片式形成馆藏目录。信息组织的价值是通过信息的采集、加工、存储并向信息传播、共享、创新这样环环相扣的价值链来实现的。随着20世纪60年代计算机技术应用于图书馆，产生了以机读目录(machine-readable catalog，MARC)为标志的图书馆信息组织自动化阶段，自此，信息环境、信息需求和信息利用模式都发生了改变，图书馆信息组织的对象经历了从文献信息向情报信息再向网络信息的迭代演化，从而引发了信息组织价值链各个环节的改变，为信息组织变革做好了准备。

从20世纪40年代"Memex"概念的提出，到80年代虚拟图书馆的构想，再到90年代国际图书馆协会联合会(International Federation of Library Associations and Institutions，IFLA)提出"数字图书馆"理念，数字图书馆经历了里程碑式的发展。2000年，中国数字图书馆工程实施。经过20多年的建设和发展，我国已建成以国家数字图书馆为龙头的数字图书馆体系，截至2017年，数字图书馆推广工程覆盖全国41家省级图书馆、486家地市级图书馆，服务辐射2900多个县级图书馆，覆盖全国公共图书馆的数字图书馆网络体系全面连通。

数字图书馆的信息组织范式更为复杂，它不仅对纸质书刊、光盘、磁带、胶片、胶卷等原始文献进行数字化存储和网络化组织，在资源描述方式上还利用元数据、XML语言等使之成为数字图书馆可使用的数据。此外，依托公共数字文化工程，近年来全国各省级公共图书馆大力开展资源库建设，已建成一大批诸如地方特色文化专题资源、地方革命文化专题资源、图书馆公开课、地方文献数字化资源、地方特色音视频资源等数字文化专题资源库。

当网络信息组织时代蓬勃兴盛的同时，大数据分析、云计算、物联网、区块链、人工智能等新的信息技术也不断融入，推动着新一轮的信息革命发展，这些新技术正在给图书馆赋能，孵化出智慧图书馆的未来图景。目前，深圳、佛山、东莞、广州等地的公共图书馆已将智慧图书馆纳入"十四五"规划。智慧图书馆信息组织模式不再停留在信息加工和服务层面，而是以知识组织为核心，受"知识组织价值链"所驱动，将数字图书馆的服务上升到知识服务和智慧服务层面。知识组织系统在知识的发掘、揭示、关联,以及价值评估、智能创造等环节发挥着特别作用。总体来说,未来智慧图书馆的信息组织将会更进一步向语义化、数据化、一体化、交互性等方面发展,信息知识组织系统的智能化重构将大大增强图书馆的应用功能和服务水平。

4.1　信息组织概述

信息组织是对信息资源进行有序化、系统化的过程,目的是方便人们管理、检索和利用信息。图书馆、档案馆、文献信息中心等是人们长期进行信息组织和提供信息的场所,数据库和网络是新的信息组织空间。

4.1.1　信息组织的内涵

信息组织是指对信息资源(包括文献信息资源和网络信息资源)进行有序化或系统化的过程,它依据一定的科学规则和方法,通过对信息外在特征和内容特征的描述和序化,实现无序信息向有序信息的流转,从而保证用户对信息的有效获取、利用以及信息的有效流通和组合。

信息组织的内容有广义和狭义之分,广义的信息组织包括信息搜集与选择、信息分析与标引、信息描述与加工、信息整理与存储。狭义的信息组织包括信息标引、信息描述和信息排序。

1. 信息标引

信息标引是依据一定的标引规则,在对信息资源内容属性进行分析的基础上,给出信息资源属性的检索标识过程。

(1)信息标引过程

信息标引过程主要包括主题分析与转换标识两个环节。主题分析是在了解和确定信息的内容特征和某些外部特征的基础上,提炼出主题概念;转换标识是用专门的检索语言(标引语言)中的标识表达主题概念,构成检索标识。

目前所用的信息标引语言主要是分类语言和主题语言,标引所赋予的检索标识主要是分类标识和主题标识。

(2)信息标引类型

按信息标引所用的检索语言,信息标引可分为分类标引和主题标引两种。

分类标引是依据一定的分类法和分类规则,按照信息资源内容的学科属性以及其他显著性特征赋予分类检索标识,揭示和组织信息资源的方法。分类标引工作内容包括编制分类表、进行分类标引、建立分类检索体系和检索工具。

主题标引是指对信息进行主题分析,依据特定的主题法和主题标引规则,直接用主题语言表达分析出的主题，赋予信息主题检索标识的过程。具体来说，主题标引是在主题分析的基础上，以一定的词表或标引规则作为依据，将信息资源中具有检索意义的内容特征转换成相应的主题词，并将其组织成表达信息资源内容特征的标识的过程。主题标引工作内容包括编制主题词表、进行主题标引、通过参照系统等方法揭示词间关系、建立主题检索体系和检索工具。

按信息标引所使用的标引设备，信息标引还可分为手工标引、自动标引和机助标引。

2. 信息描述

信息描述是指依据一定的规则和技术标准，对信息资源的外部特征和部分内容特征进行全面描述并给予记录的过程。

3. 信息排序

信息排序内容主要包括信息资源描述款目（记录）的排序和信息资源的排序（组织）两方面。

信息资源描述款目（记录）的排序是依据一定的规则和方法，把所有信息资源描述款目组织排列成一个有序的系统，包括文献目录中款目的组织方法和数据库中信息资源记录的组织方法。

信息资源的排序（组织）包括传统文献信息机构收藏的文献整序与排架，以及数据空间中，数字化的信息对象在数据库和网站中的整序与存储，如数据库中按相关度、时间、篇名、作者、主题、关键词、被引频次、下载频次等多种排序手段排序。信息资源的排序（组织）可提高资源的选择能力和检索途径。

4.1.2 信息组织的目的

信息组织的目的是实现无序信息向有序信息的转换，方便用户检索、开发和利用信息，提高信息的流通率和利用率，实现信息的价值。具体来说，信息组织的目的包括以下几点。

（1）信息检索

信息组织是信息检索和利用的基础，信息检索和利用是信息组织的目的和归宿。在信息系统中，信息组织是依据信息资源的内容特征和外部特征将无序信息转化为有序信息的过程，即建立检索信息系统的过程；信息检索是根据用户的需要，从检索系统中检出相应信息的过程。二者相对独立，但相互渗透，相互依存。只有对信息进行有序化，才能有效地获取和利用信息，离开信息组织的检索系统很难取得理想的检索效果。

（2）信息资源开发

当今各类信息资源数量大、种类多、来源广，又由于计算机的广泛应用、网络的普及，以及数字型信息资源的数字文本具有易于发表、复制及传输的优点，导致信息资源数量剧增。但社会信息量的增长并不意味着用户有用信息的增长。相反，这些无序信息资源的增长不仅无助于信息资源的利用，反而加剧了信息增长与使用的矛盾。解决这一矛盾的根本方法就是发展信息产业、开发信息资源。信息资源开发的基本环节和内容包括信息组织、检索与利用。原始信息本身不能产生价值，只有将其加以有效组织，按特定的需要加以集中和展示，才能产生价值。

(3)信息分析和利用

如今，信息的分析和利用已成为重要的产业。在这个领域中，许多信息咨询机构发挥着重要作用，如美国的兰德公司、日本的野村综合研究所、英国的伦敦国际战略研究所等。各个国家和地区的信息咨询机构在技术、经济、金融情报上的信息分析利用尤其引人注目，企业间更有"竞争情报"的分析活动。信息组织是信息分析和利用的基础，良好的信息组织对于得到有效的信息分析结果至关重要。

(4)文献排架

信息组织在文献分类和排架方面发挥着重要作用，通过排架、开架方式，可使用户按照文献知识内容之间的关系由此及彼地浏览文献，便于用户直观、方便地查找使用文献。因此，各国的文献管理单位一般都将分类排架作为组织文献的主要方法。

4.1.3　信息组织的原则

为了保证信息组织内容的客观真实、系统全面、规范统一，方便用户检索利用，信息组织工作应坚持以下四项原则。

(1)客观性原则

信息组织中描述和揭示的信息外在特征和内容特征必须客观真实，要根据信息本身所反映的各种特征加以科学化的反映和序化。信息描述和揭示的数据必须是客观存在的信息本身，在信息组织中要完整、准确、全面地反映信息的客观特征，不能损害信息的本来面目，歪曲信息，损害信息，毫无根据地、人为地添加一些不准确的思想和观点。

(2)系统性原则

信息组织是一项系统性工作，它涉及信息组织覆盖范围与各部门、各环节、各方法之间的内在联系。为了实现信息组织的系统性，在信息组织中必须要把握好以下四个关系。

①宏观信息组织与微观信息组织的关系。在信息组织工作中，要将微观信息组织工作与宏观信息组织工作相协调，以便形成一个完善的信息组织工作体系。

②信息组织部门与其他部门的关系。注意协调信息组织内部各机构之间的关系，以及信息组织部门与信息搜集、信息传播、行政管理各部门之间的关系，保障信息采集、信息组织、信息检索、信息传播工作的畅通。

③信息组织工作各个环节之间的关系。保持各环节之间的正常联系，一环紧扣一环，特别要注意信息分析与信息描述的基础性地位，这是信息揭示与存储的必要准备。

④不同信息处理方法之间的关系。在进行某类信息的组织时，既要考虑该类信息的特殊性，又要全面把握各种信息处理方法的相似性，尽可能采用统一而规范的处理方法。用系统的观点和方法来进行信息组织工作的协调管理，有助于发挥信息组织的整体优势，实现信息组织的整体功能。

(3)目的性原则

信息组织具有鲜明的目的性，必须围绕用户的信息需求开展工作，注意信息机构的目标市场的需求状态及其变化特征，满足成本收益对称的原则。信息组织是信息检索和利用的基础，信息检索和利用是信息组织的目的和归宿。因此，信息组织工作必须研究用户需求，了解用户需求，改进组织方法以满足用户信息检索与利用需求，降低用户检索和利用信息的时间成本。

(4)标准化原则

信息组织的标准化主要体现在信息组织工作的一致性、信息组织方法的规范性、信息组织系统的兼容性以及信息组织成果的通用性等方面。它是整个信息交流和信息管理标准化的重要组成部分，主要包括基本术语标准、信息组织技术标准和有关信息技术标准以及其他相关标准。其中，信息领域里的若干国际性和国家性标准，为促进信息组织的整体化、科学化、规范化创造了条件。

4.1.4 信息组织的类型

信息组织按不同的标准可以划分为不同的类型。

(1)按信息组织的对象划分

按信息组织的对象划分，信息组织可分为文献实体组织与文献内容组织。文献实体组织是把文献及其著录与标记记录一起组织成一个有序的系统，如图书分类排架系统、分类目录、主题目录等；文献内容组织是提示性描述信息资源的内容特征。

(2)按信息组织的层次划分

按信息组织的层次划分，信息组织可分为语法信息组织、语义信息组织和语用信息组织。语法信息组织是以信息的形式特征为依据组织信息的方法，如字顺组织法、代码组织法、地序组织法、时序组织法等；语义信息组织是以信息内容或本质特征为依据组织信息的方法，如分类组织法、主题组织法等；语用信息组织是以信息的效用特征为依据组织信息的方法，如根据信息权值、概率等组织信息的方法。

4.2　信息组织过程

信息组织是包含多个流程、多种内容的信息管理活动，其内容十分丰富。本书认为信息组织过程由以下四个步骤组成：信息鉴别与选择、信息分析与归类、信息描述与揭示、信息重组与存储。

4.2.1　信息鉴别与选择

信息组织是信息活动的必然要求，其起源于信息本身的自然无序状态。收集的信息是没有经过加工的原始信息，其中难免有不需要的信息或伪劣、虚假的信息，这就需要对收集来的信息进行鉴别和选择，"清源"方可"正本"。信息鉴别与选择的目的就是从采集到的、处于无序状态的信息流中甄别出有用的信息，剔除无用的信息。信息鉴别与选择是整个信息组织过程的第一步。

4.2.2　信息分析与归类

信息组织的第二步是信息分析与归类，即按照一定的逻辑关系从语法、语义和语用上对选择过的信息内容和外在特征进行细化、挖掘、加工整理并归类。它是信息描述与揭示的前提和基础，直接影响着信息组织的质量。

信息分析是指对信息主题进行分析，是分析文献内容和提取主题概念的环节。具体来说，信息分析是通过审读文献了解其内容及其表现形式，通过选择内容单元确定文献主题数量，通过概括单元内容形成主题概念，分析主题的结构和类型，并在必要时判断主题的学科专业属性的一种智力劳动。信息组织必须对信息的内容进行分析从而对其进行描述，以揭示信息的学科和主题内容，只有这样，才能方便地获取信息和利用信息。

信息归类是根据选定的分类表，对杂乱无章的原始信息进行分类，并在此基础上按照一定的规律将信息前后排列成序，以将混乱无序的信息组织成有条理的序化信息体系。信息归类利用标识码(如类目、类号、主题词、关键词、题名、责任者、出版者、时间、位置等)代替信息载体，通过对标识码的编排(如分类、主题词、年代、地区、字顺编排法)将信息组织成为信息系统，把无序信息变成有序信息，方便用户以标识码查找利用，同时，序化还可以控制信息流向。

信息分析不仅是信息归类的基础，也是信息描述与揭示的基础。准确的信息描述与揭示必须以正确的信息分析为前提。信息分析的意义主要表现为以下四个方面。

①信息分析是信息描述与揭示不可缺少的环节。许多文献的主题并不是显而易见的，只有通过对文献内容进行仔细了解和分析，才能明确文献中究竟包含哪些具有参考价值的内容，应该用什么样的概念予以概括，最后才能用相应的语言将其准确、简明、适度地表达出来。

②从文献中分析出的主题和主题因素的多少决定着文献信息描述与揭示的深度。信息描述与揭示的深度是指用标引语言揭示文献主题的详尽程度，可具体分解为标引网罗度（标引主题的多少）和标引专指度（各主题所用标识的多少或确切性），最终以文献所用标识数量为衡量指标。当标引语言选定之后，信息描述与揭示的深度取决于主题分析所形成的主题概念和主题因素的多少。信息描述与揭示深度的大小对检索系统的检索效率和文献利用率有着决定性影响，因此，主题分析所提炼主题概念和主题因素的多少在很大程度上影响着检索效率和文献利用率。

③从文献中分析出的主题概念和主题因素的准确性是决定信息描述与揭示结果是否准确的首要环节。如果主题分析不准确，信息揭示所赋予文献的标识就不可能与文献的实际内容相符合，在检索时便易造成漏检和误检，导致检索效率显著降低。

④从文献中分析出的主题概念是否符合用户的需要，还会影响信息描述与揭示的有效性和文献的利用率。

4.2.3 信息描述与揭示

信息组织的第三步是信息描述与揭示，对信息进行描述与揭示是信息组织的中心内容，在信息组织中起着至关重要的作用。

1. 信息描述与揭示的内涵

信息资源由信息的外部特征和信息的内容特征两部分属性组成。信息的外部特征是指信息的物理载体直接反映的信息的外在特征，包括信息载体的类型、题名、作者、出版社或发表载体、发表时间等形式的特征；信息的内容特征就是信息包含的知识内容，主要包括学科门类及其分支，学科的研究对象，学科的基本理论、原理、数据，研究内容的成分、材料、种类、成因、方法、过程、条件、状态、性质与相互之间的联系等。信息描述与揭示的基本对象正是信息的外部特征和内容特征。

狭义的信息描述与揭示是指对信息的外部特征的描述，即不包括对信息内容的揭示性标引。广义的信息描述与揭示是指对信息的外部特征的描述以及对信息的主题内容进行内容揭示的活动，能够满足信息组织及检索的需要。不管从广义还是狭义来说，信息描述都是信息组织的前提和重要环节。信息描述与揭示运用各种方法（著录、分类、索引、文摘、评论、注释、综述等）将载体上的外部信息与内部信息挖掘出来，呈现给用户，以便用户能迅速地获取载体上的信息，从而为准确地选择所需信息载体提供条件。

信息描述与揭示是多层次的。信息外部特征的描述是信息的初级组织活动，因简单易行而得到普遍应用，单个信息的分类、描述和单个外部特征的索引都属于这个层次。信息的内容特征的揭示是信息的中级组织活动，由于揭示的是内容体系本身，因此在信息组织中具有特别重要的意义。

信息描述与揭示也是多重信息符号的编码活动。一次信息的描述是使用语言文字符号或图表动画符号，运用逻辑顺序方法进行编码性组织，描述信息并记录成文件、文本、文档、数据库、报告、论文、著作等；二次信息的描述是对信息载体的外部特征和内容特征加以描述记录，运用著录索引的方式进行编码性组织，使其成为各种目录、索引导航菜单等。

2. 信息描述

由于传统文献资源和网络信息分属两种截然不同的信息资源类型，信息的特征描述呈现出明显的不同。

针对传统文献资源，信息描述是文献的描述性编目，或称著录，主要描述文献信息的形式特征。信息的著录是按照一定的标准和格式，对原始信息的外表特征（名称、来源、加工者等）和物质特征（载体形式等）加以描述并记录下来的活动，可以说它是一条有关该信息资源的书目数据记录，由若干信息描述项组成。任何信息资源实体都有各种特征信息，而不管其载体如何，如题名、责任者、出版者、时间等。对实体信息资源来说，对题名与责任者项、版本项、文献特殊细节项、出版发行项、载体形态项、丛编项、附注项、标准编号与获得方式项的著录就是对信息特征的完整描述，机读日录中各字段也是对信息资源的特征描述。

针对网络信息资源，信息的特征描述多指信息记录，也称元数据的创建。元数据的创建工作、信息资源的编目是依据描述规则，对信息资源的特征进行分析、选择、记录的操作过程。元数据是检索系统的基本构成单元，是信息资源的代表，能帮助识别、描述和定位网络化的电子资源，揭示各类电子文献的内容和其他特征，以方便检索，从而提高信息的利用价值，其典型的操作环境是网络环境。网络搜索引擎就是通过搜索网页内嵌的元数据元素来描述该页面的。元数据描述了网络站点的资源类型及 Web 页面的标题、作者、主题、关键词、内容摘要等信息。元数据现已扩展到各种电子资源的描述数据，被广泛运用于一般的信息组织的信息描述。它将众多元数据按照一定的次序组织就可以构成检索系统。检索系统要充分发挥检索功能，必须依赖元数据对信息资源特征准确和完备的揭示，任何忽略元数据质量的处理都会影响检索系统功能的发挥。元数据的质量直接关系到信息组织的质量，因此，做好元数据的创建工作十分关键。

为了保证元数据的质量，信息描述操作必须客观反映信息资源的特征，严格遵循元数据的规范进行操作，一般应做到准确、规范和完备。

(1)准确

对信息资源的描述应真实反映其内容特征，通常应根据描述信息资源最权威部分的数据加以记录，如书名应来自题名页。必要时，也可以参考其他来源对有关数据加以纠正，使用户可以通过描述对信息资源的特征有准确的了解。

(2)规范

对信息资源的描述应严格遵守相应的描述规范，并在可能的情况下采用相关的规范文档或控制词表。不仅应对传统文献资源类型的描述按照系统的要求加以记录，对网络资源的描述也应在可能的情况下采用推荐的描述标准或规范化词表作为依据，使描述结果一致，以达到较好的信息资源共享效果。

(3)完备

基本的描述项目应比较完备，可以从信息资源的各种特征出发进行检索操作。文献单位对传统文献的描述一般应按照系统规定的描述级别进行，对各种电子资源特别是网络资源的描述，也应利用各种条件对各种特征进行充分记录，以尽可能保证基本数据的完备。当然，完备是相对的，一些不具有明显检索意义的项目并非是非揭示不可，要以各单位、系统的要求来定。因此，基本项目的选择可以是不同的，基本原则是这些所选择的基本项目要足以将信息对象彼此区分开来。

3. 信息揭示

任何一个单元的信息都表示特定的内容，即信息的内部特征，它通常是某一学科或主题的内容。信息揭示主要是揭示文献信息的内容特征，也称为信息标引，是对信息的内容进行分析，并运用一定的语言和方法，根据信息内容的学科属性等特征给予标识(如主题词、分类号)，并以此作为信息组织、存储和检索依据的过程。信息揭示的内容是检索信息、利用信息的前提。

信息揭示有两种类型：从学科属性揭示信息内容的是分类标引；从主题特征揭示信息内容的是主题标引。信息通过内容揭示后，获得了表示信息的标识，分类标引获得的信息标识是分类符号，而主题标引获得的信息标识则是语词符号。分类符号根据主题分析结果给信息对象以分类标识，按照主题内容的学科属性将其归入分类法中最适当的类目；语词符号则根据主题分析结果给信息对象以主题标识，把自然语言提炼的主题转换成叙词表中的正式叙词所表达的主题。

在进行信息揭示时，工作人员要特别注意概念的综合分析，以免造成标引误差，降低检索效率。信息揭示后，要将分类标引或主题标引的结果和标引中所处理的一些重要问题记录在载体上，并进行试标引，标引结果达到一定标准后便可以形成分类表或主题表，作为信息组织和检索的依据。

4.2.4 信息重组与存储

信息组织的目的是信息的序化。信息通过特征描述和内容揭示，获得了表示信息的标识，但这只是针对某一文献和信息单元而言的，只有把这些信息有序地组织起来才能完成信息组织的过程。

1. 信息重组

信息重组是在信息序化的过程中，对有关的信息进行系统性和综合性的加工处理，形成更有价值的信息产品或知识产品的过程。如果说信息描述与揭示是信息组织的基础，是信息组织工作的初级形式，那么信息重组则是信息组织工作的中级形式，它对实现信息的增值有十分重要的作用。

信息重组是以一批相关信息为基础，利用分析、鉴别、浓缩、提炼、综合归纳和评价手段，对信息对象中的相关信息或知识点进行重组的过程，它通常按照逻辑序列整序，以形成更加系统的信息或知识产品。或者可以认为，信息重组是指采用一定的方式，按一定的属性，将已有的某一方面的大量分散、杂乱的信息经过整序、优化，形成一个便于有效利用的信息系统的过程。戴维民认为，信息重组是在根据源信息所含知识内容对其进行分析解构的基础上，运用一定的科学方法将源信息或解构所得信息片段进行重新组合，从而得到新的信息产品，实现信息增值的过程。重组后的信息产品较之源信息有更高的价值，信息重组是信息获得价值增值的重要途径之一。

(1)信息重组的方法

信息重组是一种知识再创造型的劳动，是信息工作者对零散的、无序的、优劣混杂的大量信息进行筛选、解构、组合、整序，使之有序化的过程。从信息时空的角度，可以进行以下四个方面的信息重组。

①对时空相近的信息进行重组。这种重组可以实现信息归类，降低用户使用信息的成本，提高信息的使用效率。可以通过了解某一阶段某一学科或部门的发展情况、对某一学科的研究成果进行对比研究等方式进行重组。

②对时间序列上相近、信息空间跨度较大的信息进行重组。通过这一途径，可以实现某阶段不同知识成果间的交叉、渗透，有利于新知识、新信息的产生。信息空间的跨度越大，其知识单元之间的差异就越大，重组后产生的信息产品所包含的信息空间越大，各知识单元间的优势互补越明显，其价值越高。

③对时间序列上跨度较大、信息空间上相近的信息进行重组。通过这种重组

可以看出某一学科、某一行业的发展脉络，预测其发展趋势，从而找出某一事物发展的主导因素和其中的关键性问题等。

④对时间序列和信息空间上差异都较大的信息进行重组。通过这种重组可以极大限度地发挥各知识单元间的"杂交"优势，使一些老的学科重新焕发生机，也有利于各学科的交叉融合，促进新学科的产生，开辟新的研究领域，为知识创新的规划和决策提供有力支持。

(2)信息重组的原则

一般而言，信息重组应遵循下列原则。

①针对性：宏观上要适应社会和时代的需求，微观上要适应用户的具体需求。

②完整性：信息内容应完整，信息组合应有严密的逻辑性。

③时效性：信息内容应新颖、不过时。

④客观真实：要消除信息中的"噪声"和虚假成分。

⑤易于接受：信息内容应简明易懂，便于用户消化吸收。

2. 信息存储

信息存储是将经过加工、整理、序化后的信息按照一定的格式与顺序存储在特定的载体中的一种信息活动。信息存储的目的是便于信息管理者和信息使用者快速、准确地识别、定位和检索信息。各种文献信息检索工具书、光盘检索系统、联机检索系统、网络信息检索系统等都是信息存储的方式。信息存储于各种检索工具中意味着信息组织过程的终结，也即意味着信息检索的开始。

将序化的信息存储在一定的载体上，载体的不同对信息组织有着显著的影响。因此，不同的信息载体往往要求有一定的信息组织方式与之对应。

4.3 信息组织工具

在进行信息组织时，必须依据一定的信息组织工具。按照结构原理，信息组织工具主要分为分类组织工具、主题组织工具、网络信息资源组织工具等类型。

4.3.1 分类组织工具

分类组织工具是指采用分类法来对各类事物进行组织。按分类对象的不同，分类组织工具包括事物分类法、学科分类法、专业(课程)分类法、网络信息分类法、文献信息分类法等。其中，文献信息分类法和网络信息分类法是信息资源的主要分类组织工具。

1. 文献信息分类法

文献信息分类法的分类对象是文献，这里的文献是指一切记录知识的载体，文献的本质是知识,是人类文明的记忆。文献信息分类法,又称分类检索语言,是根据概念逻辑与知识分类原理,将知识领域表达学科及其研究问题的各种概念按学科性质分门别类地系统排列,并用数字、字母符号等构成的分类号来表达这些概念的信息组织工具。

文献信息分类法是分类组织工具中最重要的类型,也是各种分类法中最复杂、最庞大的一类。依据其原理与结构,文献信息分类法可划分为以下三种类型。

(1)体系分类法

体系分类法直接体现知识分类的等级制概念标识系统,主要依据概念的划分与概括原理,把文献信息内容的概括及外表特征的概念进行逻辑分类和系统排列,并赋予类号,是一种将类目层层划分、使其等级分明的标记系统,亦被称为列举式分类法和枚举式分类法。它适合于从学科、专业角度系统检索和利用文献。《杜威十进分类法》(Dewey Decimal Classification,DDC)、《美国国会图书馆图书分类法》(Library of Congress Classification,LCC)、《中国图书馆分类法》(原名《中国图书馆图书分类法》)、《中国科学院图书馆图书分类法》等都属于此种类型的信息组织工具。

(2)组配分类法

组配分类法也称分面分类法、组面分类法、分析-综合分类法,是依据概念的分析与综合原理,将概括文献、信息、事物的主题概念组成"知识大纲—分面—亚面—类目"的结构,并按照一定的组配规则,通过各分面内类目之间的组配来表达文献主题的一种分类法。

这类工具与体系分类法的共同点在于力图详尽无遗地列出已知的主题,并将每个主题配以固定的类号,但这类工具的缺陷在于不可能将现有的主题详尽分类。印度阮冈纳赞的《冒号分类法》(Colon Classification,CC)、英国的《布利斯书目分类法》(Bliss Bibliographic Classification,BC)都属于此种类型。

(3)体系-组配分类法

体系-组配分类法也称半分面分类法,是介于体系分类法与组配分类法之间的一种分类法。体系-组配分类法大量使用通用复分表、专用复分表、类目仿分以及组配符号等,可使分类号尽量保持分段的组配形式,是在详细列举类目结构的基础上,广泛采用各种组配方式编制的分类法。欧洲的《国际十进分类法》(Universal Decimal Classification,UDC)就属于这种类型。

2. 网络信息分类法

网络信息分类法分类的对象是网络信息,不仅包括一般的文献信息,还包括商品信息、贸易信息、金融信息、组织机构信息、新闻、软件信息、娱乐信息、多媒体信息、各类动态信息等。网络信息分类法与文献信息分类法一样,分类的是抽象的知识，但其类目体系比其他分类法的动态性高，对新事物反应迅速，类目体系更立体，广泛使用多重列类和交叉列类，常使用辅助分类体系集中揭示某类信息，列类的主要依据不再是知识本身的重要程度，而是信息出现的次数和用户利用程度，注重实用性、易用性，类名高度简短。因此，该分类法形式多样，既可以是分类导航的形式，也可以是分类法-检索系统和界面-信息数据库的形式。表 4-1 中展示了四个网站的网络信息分类法比较，类名非常简洁，简洁到无法直接明确类名的含义。一级类目按信息的热门程度来进行排列，类目的逻辑性较差，如"文学"类目与"社会科学"类目存在一定的重复性。同时，通过对比四个网站也可以看出，不同网站按网络信息分类法分类时存在不少相似的类目。

表 4-1　四个网站的网络信息分类法比较

搜狐	新浪	网易	中华网
娱乐与休闲	娱乐休闲	娱乐休闲	娱乐休闲
工商与经济	商业经济	经济金融	工商与经济
公司与企业	—	公司企业	公司企业
文学	文学	文学	文学
体育与健身	体育健身	体育竞技	体育运动
卫生与健康	医疗健康	医疗健康	医疗健康
生活与服务	生活服务	生活资讯	生活服务
社会与文化	社会文化	社会文化	社会文化
社会科学	社会科学	—	社会科学
国家与地区	国家与地区	—	国家与地区
电脑与网络	计算机与互联网	电脑网络	电脑与网络
教育与培训	教育就业	教育学习	教育就业
艺术	艺术	艺术	艺术
新闻与媒体	新闻媒体	新闻出版	新闻媒体
科学与技术	科学技术	科学技术	科学技术
旅游与交通	—	旅游自然	旅游与交通
政治法律军事	政法军事	政法军事	政治法律军事
个人主页	个人主页	—	—
—	参考资料	综合参考	—
—	少儿搜索	少儿乐园	—
—	—	感情绿洲	—
—	—	行业分类	—

4.3.2 主题组织工具

主题组织工具用语词来表达概念,将各种概念按字顺排列。具体而言,它就是一种直接用规范化语词作为概念标识,按字顺序列组织,并用参照系统等方法间接显示概念之间相关关系的、揭示文献主题内容的信息组织工具。依据主题的构成原理,主题组织工具可划分为标题表、叙词表、分类主题一体化词表三种类型。

1. 标题表

标题表是一种标题词典,它通过规范化的自然语言的语词,用一个或几个相互限定的概念构成一个先组标题,以此作为文献主题的标识,然后按照这些标题的字顺进行排列,并对标题建立词间关系参照系统。

标题表是出现最早的一种主题信息组织工具,以 1876 年克特的《字典式目录规则》出版为标志。标题表在国外的应用较为广泛,影响也较大,例如,《美国国会图书馆标题表》(Library of Congress Subject Headings,LCSH)已成为美国和世界范围内使用最为广泛的标题表,还有美国国家医学图书馆的《医学主题词表》(Medical Subject Headings,MeSH)等。目前,我国还有不少的文献信息机构使用 LCSH 标引西文文献,许多医学专业的信息机构也在使用 MeSH 标引医学及其相关学科的文献。

2. 叙词表

叙词表(thesaurus)产生于 20 世纪 50 年代末、60 年代初,它吸收了后组式单元词表的灵活性、组配分类法的概念组配功能、标题表表达复杂概念的先组功能等,集百家之长,代表了主题组织工具发展的主流。

叙词表在我国又称为主题词表,它是通过概括某一学科或若干学科领域,由从自然语言中优选出来的语义相关、族性相关的,能够表达文献主题专指概念的科学术语所组成的一种规范化词典。它以特定的结构集合,展示规范化处理后的正式叙词与非正式叙词,显示它们之间的语义关系,将叙词作为文献的主题标识,通过叙词的概念组配表达文献主题概念。叙词表一方面通过词间关系建立概念的知识语义网,另一方面也通过范畴表、词族索引来为每一个概念在语义体系中系统定位。比较著名的国外叙词表有《美国国家航空航天局叙词表》和《工程与科学主题词表》(Thesaurus of Engineering and Scientific Terms,TEST)。

在我国,叙词表的数量也十分可观,如《中国中医药学主题词表》《中国档案主题词表》《中国分类主题词表》《汉语主题词表》等。其中,《汉语主题词表》是我国第一部大型综合性叙词表,由中国科学技术情报研究所和北京图书馆负责主持,1975 年开始编制,1980 年由科学技术文献出版社正式出版。《汉语主题词表》分 3

卷10册:第一卷(2册)为社会科学部分,第二卷(7册)为自然科学部分,两部分均包括字顺主表、范畴索引、词族索引和英汉对照索引,第三卷为附表。全表收录主题词108568个,其中正式主题词91158个,非正式主题词17410个,词族数3707个,一级范畴数58个,二级范畴数674个,三级范畴数1080个。《汉语主题词表》涵盖多个学科专业,收词量大,编制体例规范,对推动中国主题标引工作的开展和促进专业叙词表的编制起到了重要作用。

叙词表采用概念组配的方式表达文献主题概念。概念组配不同于字面组配,它是建立在概念逻辑关系的基础上,以概念的分析与综合为手段,以揭示概念的本质为目标,利用检索语言中已有的若干概念,组合起来表达一个新的专指概念的组配方法。字面组配则是根据构词法,按字面拆分为两个或两个以上单词,标引时进行拼接的组配方法。字面组配与概念组配的结果有时候相同,但更多时候是不同的。例如,在表4-2中,"草莓牛奶"这一概念,字面组配的结果是"草莓+牛奶",是"草莓"和"牛奶"两种食品的组合;概念组配的结果是"草莓味的食品+牛奶",表示的是牛奶口味中的一种,更加符合逻辑,也更加符合实际情况。对于词表中没有的概念,也可以使用概念组配的方式来进行检索,例如,"热带眼科学"就可以用"热带医学"和"眼科学"这两个概念进行组配。

表4-2 字面组配与概念组配

	字面组配	概念组配
草莓牛奶	草莓+牛奶	草莓味的食品+牛奶
热带眼科学	热带+眼科学	热带医学+眼科学

3. 分类主题一体化词表

分类和主题都是信息组织的常用方法,能满足用户不同层面的需求。对于一种信息资源,用户既需要通过分类途径进行检索,也需要通过主题途径进行检索,这就需要该信息资源同时采用分类与主题进行信息组织,分类主题一体化词表由此产生。分类主题一体化词表作为兼顾分类与主题的信息组织工具,对分类表和主题词表都起到补充的作用,也使得分类表与主题词表实现优势互补,最大限度地发挥分类组织工具和主题组织工具的优势功能。

20世纪80—90年代,国内外编制了大量分类主题一体化词表,如《联合国教科文组织叙词表》《基础叙词表》,以及我国的《社会科学检索词表》《中国分类主题词表》等。

所谓"分类主题一体化词表",是指分类表和主题词表在术语、参照系统、标识、索引系统等方面完全实现兼容,从而构成的一体化词表。

(1) 分类主题一体化词表的原理

分类主题一体化词表集中了分类组织工具与主题组织工具的优点,充分利用了分类组织工具与主题组织工具构成原理上的趋同性。分类主题一体化词表的原理主要包括以下几点。

①应用概念逻辑原理。分类组织工具和主题组织工具都要遵循概念逻辑原理,分类主题一体化词表也要采用概念逻辑原理。在分类主题一体化词表中,分类表要以概念逻辑为基础,将事物概念按学科性质进行归类与排序,给各种概念赋予分类号,使用分类号来表达各种概念;主题词表以表达文献主题概念的语词作为标识,用参照系统揭示词间关系。由此可见,分类主题一体化词表中的分类表与主题词表的编制及使用都应用到概念逻辑原理,如概念的划分与概括、概念的分析与综合等。

②使用分类法。分类组织工具本身即是按照一定的知识体系分门别类地揭示与组织信息,主题组织工具在建立主题词之间的各种关系时也要用到分类法,通过参照符号来展示词间关系,分类主题一体化词表自然也需要使用分类法。

③标识主题概念。在分类主题一体化词表中,分类表中的分类号和主题词表中的主题词都是主题概念的标识。分类号和主题词尽管形式不同,但都代表一组相同主题文献的类集,都是在对信息的外部形式特征和内部内容特征揭示的基础上,通过一定的方式转换而来的。

④实现分类表与主题词表的优势互补。分类主题一体化词表是分类表和主题词表两者有机结合之后的产物,相较于单独的分类表和主题词表,分类主题一体化词表既可以进行分类标引,又能进行主题标引,能在一个检索系统中同时实现分类检索与主题检索,也便于对分类表与主题词表的集中管理。例如,与《中国图书馆分类法》相比,《中国分类主题词表》作为分类主题一体化词表,其分类表部分既能从学科分类角度揭示主题概念的等级关系与并列关系,也能借助于与其相应的主题词部分,揭示概念间的多重关系与相关关系,其功能比单一分类法的功能更强大。

(2)分类主题一体化词表的类型

①分面叙词表。分面叙词表是世界上编制的第一部分类主题一体化词表,其名称源自于英国学者艾奇逊等人编制的《分面叙词表》,也是最典型的一体化检索语言。分面叙词表包括分面分类表与字顺叙词表两部分,对分类表与叙词表的词汇都进行了词形、词义与词间关系的控制,使得两者能够一一等值对应。

②分类号主题词对应表。分类号主题词对应表由一种现成的分类表(往往是体系分类表)与一种现成的叙词表(主题词表)通过词汇对应相互结合而成。它分别以分类号和叙词为序,保留原分类表和叙词表中相应类目的基本或全部项目,在叙词后列出对应的分类号,在分类类目后列出对应的叙词或叙词串。

相较于分面叙词表中分类表与叙词表的等值对应,这类表的分类表与叙词表并不完全等值对应，而是仅有部分等值对应，即一部分内容在不同程度上可实现兼容，但还有一小部分内容无法兼容互换。由此可见，分类号主题词对应表寻求的是将分类表与叙词表的功能集于一身，而不对原词表与分类表进行大的改动，仅是在分类表与叙词表之间寻求兼容。

4.3.3 网络信息资源组织工具

网络信息资源与文献信息资源的特征有许多不同，其信息组织工具也与文献信息资源的组织工具有所区别。网络信息资源常用的信息组织工具包括文件目录、数据库、搜索引擎、网站、超链接、超媒体、主题指南、本体、知识图谱等。

1. 文件目录

文件目录适用于对文件资源的组织，通常有以下两种方法：一是将文件分级存放，这样在寻找某一特定文件时可以减少搜索时间；二是按文件所属的栏目进行存放，如可以将一级网页存放在一级子目录下，二级网页存放在二级子目录下，以此类推。

文件资源组织的结果是形成文件目录。文件的目录结构是网页在服务器上的存放状况，影响管理者对网站的日常维护。文件目录结构合理与否，将直接影响到文件的增加、删除、修改、更新、上传等。

文件目录式的网络信息资源组织工具操作简单、方便，但随着网络信息资源的海量增加，这种信息组织方式会使网络负载越来越大，而且文件目录难以实现对复杂网络信息结构的有效控制和管理。因此，文件目录只能是网络信息组织的辅助工具。

2. 数据库

数据库是目前普遍使用的网络信息资源组织工具之一，包括内容数据库和指引数据库。

内容数据库就是将数字资源按照固定的记录格式存储在数据库中进行有序组织的方式。数据库的最小存取单位是字段，可依据用户需求灵活地改变查询结果集的大小，降低网络数据传输的负载。

指引数据库与内容数据库不同，它并不在物理层面上存储数字资源，而是仅存放相关主题的数据库或服务器的地址等信息，用户可根据网络地址信息指引到相关主题信息资源。以安徽大学图书馆网站为例，如图4-1所示，设置有“首页”“我的图书馆”“资源”“服务”“互动”“数据中心”“本馆概况”“邵逸夫奖”等栏目，每个栏目下面又含有若干子目。以“互动”为例，其包括“咨询答疑”“信息素养培训”“学术与交流”“比赛与展览”“读者荐购”“新书通报”“阅读推荐”“图书漂流”“迎新与毕业”“社会捐赠”等模块，用户可按需进行浏览，检索所需资源，其原理就是指引数据库。

图 4-1　安徽大学图书馆网站

3. 搜索引擎

网络搜索引擎类似于指引数据库，其将互联网上与某主题相关的站点进行集中，根据用户的搜索请求指令，将与用户搜索主题相关的站点，按点击率、发布时间、用户推荐度等推送给网络用户，指导用户查找。搜索引擎主要包括以下四大类。

①目录式分类搜索引擎。目录式分类搜索引擎将网络信息资源加以系统归类，利用文献信息分类方式组织信息，用户可按类查找。

②全文搜索引擎。全文搜索引擎将网站的每个主页上的所有文字进行组织，建立索引数据库，索引信息包括文档的网址、每个文档中单字出现的频率及位置等。

③分类全文搜索引擎。分类全文搜索引擎综合目录式分类搜索引擎和全文搜索引擎的优点，将这两种搜索引擎组织信息的方法结合起来，在分类的基础上进一步进行全文检索，检全率与检准率较高。现在大多数的搜索引擎都是分类全文搜索引擎。

④智能搜索引擎。智能搜索引擎是根据已有的知识库来理解检索词的意义并由此产生联想，运用人工智能推理的方法来组织信息的搜索引擎。

4. 网站、超链接与超媒体

网站是多个网页的集合，即根据一定的规则，将用于展示特定内容的相关网页通过超链接构成一个整体。常见门户网站如新浪、搜狐、腾讯、凤凰网等都是采用相关技术由众多的网页组织而成的。

超链接主要是指各网页间的链接形式,反映的是网页彼此间的关联状况,网站中各网页的链接形式决定了用户在访问该网站时的浏览次序和效率。在实际的网页制作中,网页结构的设计直接影响到网页的版面布局。超链接通常可以分为两种基本形式:树状结构和网状结构。树状结构也叫层级结构,类似于目录结构,网页按内部逻辑分为不同层次,一个上级网页指向一个或多个下级网页,层层进入,层层退出。网状结构也叫平级结构,网状结构是一种具有很少或者根本不具有总体结构的文档结构,网页之间只要有相互关系,任何两个网页之间都可以建立超链接。

超媒体由超文本与多媒体技术融合而成,是一种非线性的信息组织方式。它将文字、表格、声音、图像、视频等多媒体信息以超文本方式组织起来,形成 Web 页面,人们通过浏览器可以访问各种不同结构的信息仓库,找到所需要的媒体信息。超媒体在本质上和超文本是一样的,只不过超文本技术在诞生的初期管理对象是纯文本,所以叫作超文本。随着多媒体技术的兴起和发展,超文本技术的管理对象从纯文本扩展到多媒体,为强调管理对象的变化,就产生了"超媒体"这个词。

超媒体通过节点和链来实现其对信息的组织,节点是某一信息的片段,存储的是信息本身以及被链接对象的地址;链用来连接节点,以描述信息之间的关系。用户可根据信息之间的联系,顺着链路查看信息。超媒体的组织方式符合人们思维联想和跳跃的习惯,具有良好的包容性和可扩充性,超越了媒体类型对信息组织与检索的限制,加上通过浏览的方式搜寻所需信息,避免了检索语言的复杂性。

5. 主题指南

主题指南,又称主题目录、专题指南、网络资源目录,是一种利用人工或机器搜索信息,对搜集的信息进行甄别、加工、整理、分类,以超文本链接的方式将不同学科、不同类型的信息按照字母、地区、时间、主题的顺序进行排列组织,提供检索和查询的结构化等级主题目录。目前,许多网站将所收集的网络信息资源地址编制成目录,提供给用户浏览或检索,使用的就是主题指南的形式。

主题指南又被称为网络资源目录,是因为它是传统分类法在网络环境下的新发展,因此也依然遵循知识分类的原则。它是从事物主题概念出发,以主题或主题与学科相结合来组织网络信息资源的一种分类体系,可以通过上下位类的限定来扩大或缩小检索范围,提高查准率。

主题指南面向的是网络用户。类目体系的设置在考虑科学性的同时,更加注重以网络用户的需求和习惯为原则,列举用户所关注的热门话题,类目设置贴近社会和日常生活。另外,由于网络用户大多没有相关专业背景,因此,主题指南要以实用为根本出发点,类名要更加简洁易懂,类目体系也要更加易学易用。

主题指南不需要考虑分类排架，它旨在为用户提供网上信息的指引，并与相关资源建立快速有效的链接。与一般搜索引擎不同，分类浏览的上下位类的限制使检索结果更加准确，信息相关度高，适合网络新手或者检索目的不明确的用户，方便其快速准确地检索到所需信息。

6. 本体

本体是概念体系的规范，是领域知识规范的抽象和描述，是概念及概念之间关系的规范化描述，也是一种表达、共享、重用知识的方法。构建好的本体不仅能够揭示概念间及概念的属性间的显性关系，同时能够反映隐含在信息间的属性及关系，利用本体的网络框架能较方便地组织信息，具有一定的效率，并且满足一定的准确性。但同分类法一样，在构建本体时需要大量专业人员的参与。其优于分类法的地方在于本体可以根据一定的规则自动进化，适用于泛在网络信息多变的环境。

7. 知识图谱

知识图谱(knowledge graph)在图书情报界称为知识域可视化或知识领域映射地图，是显示知识发展进程与结构关系的一系列图形，它利用可视化技术描述知识资源及其载体，挖掘、分析、构建、绘制和显示知识及它们之间的相互联系。知识图谱有多种类型，本节仅介绍以下几种。

(1)概念地图

概念地图(concept map)是一种用于描述信息资源的知识结构的元数据格式，具有良好的网络特性，代表特定主题概念体系，也是一定资源集合主题内容的结构化表现。它可以定位某一知识概念所在的资源位置，也可以表示知识概念间的相互联系。用概念地图组织网页信息，能够从不同的信息源中整合信息，揭示信息源描述的对象与对象、对象与信息源之间的关联，实现内容的知识揭示和组织。

(2)科学计量知识图谱

科学计量知识图谱是可视化展示科技论文产出的特征、研究主题和重要文献等计量结果的工具，通过数学、统计学等量化分析方法，展示特定科学研究的整体态势。科学计量知识图谱需要借助于相关软件来实现，如 CiteSpace、VOSviewer 等。

(3)社交网络分析图谱

社交网络分析图谱是人类各种社交关系的形成、社交行为特点及其信息传播的计量结果的可视化展示。社交网络分析图谱融合数学、信息学、管理学、社会学、心理学等多种学科的方法，为理解社交关系网络提供了一种分析方法。

4.3.4 《中国分类主题词表》的应用

1.《中国分类主题词表》(第3版)简介

《中国分类主题词表》(以下简称《中分表》)是在《中国图书馆分类法》(以下简称《中图法》)编委会的主持下,从1987年开始由全国40个图书情报单位共同参加编制,1994年出版的一部大型文献标引工具书。《中分表》第1版是在《中图法》第3版(包括《资料法》第3版)和《汉语主题词表》的基础上编制而成的分类检索语言和主题检索语言兼容互换的工具。2000年,《中图法》第六届编委会成立,开始修订《中国分类主题词表》。2001年,国家社会科学基金委员会批准立项"数字信息资源组织工具的研发与应用",该项目的主要成果就是《中分表》第2版和电子版。《中分表》第3版是在《中图法》第5版的基础上修订的。

《中分表》第3版是我国规模最大的分类主题一体化标引工具,共收录分类法类目51873条,优选主题词120818条、非优选主题词46434条、主题概念短语66373条。2010年,其网页版正式发布。其体系结构主要由以下两部分组成。

(1)《分类号-主题词对应表》

《中分表》第一卷为《分类号-主题词对应表》,共2册,分左右两栏编排,左栏是《中图法》的类表(来源于《中图法》第5版),右栏是相对应的主题词和主题词串构成的先组式标题(来源于《汉语主题词表》,包含许多新增词)。分类号对应的主题词分为两段,第一段是黑体字部分,是类名对应的主题词及主题词串,按类名顺序排列;第二段是类目注释对应的主题词、主题词串以及归属该类目的其他主题词,按主题词或主题词串的汉语拼音字母顺序排列。

《分类号-主题词对应表》有以下功能。

①实现分类主题一体化标引。因为分类号后有对应的主题词及主题词的组配形式,所以,在分类标引的同时,还提供了可选作标引用的主题标识。

②用于分类标引,起到《中图法》的作用。《分类号-主题词对应表》在《中图法》与《汉语主题词表》之间建立了相应的对应关系,类目后对应主题词及主题词串,有明确辨识类目的确切含义,其性能比《中图法》更为优越。

③可作为《汉语主题词表》的范畴索引。通过《中图法》较为严密的学科与主题分类体系,可了解某一学科、专业与领域主题词的全貌,其效果优于一般的范畴索引。

(2)《主题词-分类号对应表》

《中分表》第二卷为《主题词-分类号对应表》,共6册。该表的基本要素有主题词(含汉语拼音及英文译名)、对应的分类号、主题词的含义注释及语义参照。

《主题词-分类号对应表》是分类与主题、先组式检索语言与后组式检索语言相结合而成的一体化检索语言体系。使用该表不仅可以使分类标引、主题标引在经过同一主题分析、采用同一标引工具标引的过程中一次完成，而且能够降低主题标引的难度，提高标引的一致性。同时，分类号与主题词之间建立了对应联系，有利于在检索系统中实现分类号与主题词之间的相互转换，从而提高检索效率。

《主题词-分类号对应表》是《汉语主题词表》的修订更新版，用《汉语主题词表》字顺表取代了《中图法》的类目索引。《中分表》第 3 版删除了第 2 版中错误或无文献保障的主题词 80 条，新增主题词 10061 条，新增入口词 10744 条，增补入口短语 66373 条。可见，《中分表》实现了分类法与主题法、先组式检索语言与后组式检索语言的兼容互换，其整体功能超过了《中图法》与《汉语主题词表》。

2.《中国分类主题词表》在标引中的作用

《中分表》目前仍然是我国规模最大的分类主题一体化标引工具，其应用范围广泛，可适用于图书馆、档案馆、情报所、书店、电子网站等进行各种类型、各种载体文献数字信息资源的分类主题一体化标引和检索，它不仅考虑到综合性文献标引和检索的需要，也照顾到专业文献信息资源标引和检索的需要。同时，《中分表》的电子版、网页版为实现机助标引提供了知识库和应用接口。其主要作用有以下几点。

①便于在分类标引的同时进行主题标引，降低主题标引的难度。

②便于对已经分类的文献补充标引主题词。

③建立了分类法与主题法之间的联系，实现了分类法的族性检索与主题法的特性检索的相互补充。

④《中分表》的电子版、网页版为文献信息标引系统和检索系统提供了公共应用接口和易用的用户检索界面，使其成为检索系统的知识检索与文献主题内容检索平台的组成部分。

3.《中国分类主题词表》在检索中的应用

(1)在分类标引中的应用

①从《分类号-主题词对应表》入手。从《分类号-主题词对应表》入手进行分类标引，相当于使用《中图法》。主要是利用该表的左栏部分，标引时，可参考右栏类名所对应的主题词及其下所列举的次要对应词，准确地理解类目的含义。例如，《中分表》的《分类号-主题词对应表》中“B3-0 美学理论”，其类名对应的主题词为“美学理论”，其下列举了次要对应词，可起到注释作用，便于用户更为准确地辨别类目的含义。

②从《主题词-分类号对应表》入手。当不清楚某个主题概念属于哪一学科或专业领域，难以从分类体系查找类目时，可从《主题词-分类号对应表》入手，先查其对应的分类号，再利用《分类号-主题词对应表》进行核对。一般不能使用该表

中的类号直接进行标引,只作为辅助分类标引工具,为标引人员从主题词字顺入手查找有关类号,以及从相关主题比较中选择分类号提供帮助。

(2)在主题标引中的应用

①从《主题词-分类号对应表》入手。从《主题词-分类号对应表》入手,相当于使用《汉语主题词表》,主要是利用其参照系统提供的语言环境进行选词,必要时也可根据主题词所列出的对应分类号转查《分类号-主题词对应表》,进一步确定标引用词。

②从《分类号-主题词对应表》入手。当利用《中分表》进行一体化标引或对已采用《中图法》标引的文献补标主题词时,适合从《分类号-主题词对应表》入手进行主题标引。

(3)在检索中的应用

《中分表》在检索中的作用可通过检索联机公共检索目录(online public access catalog,OPAC)来体现。OPAC 是一种通过互联网对图书馆馆藏资源进行检索的工具。通过分类标引和主题标引,可对图书、论文等文献进行内容检索,从而提高检索的查全率和查准率。用户只要事先在《中分表》中设置好要检索的图书馆 OPAC 检索式(通过"个人管理"进行设置),使用时将鼠标放在分类或主题款目框的分类号或主题词上,点击右键,选择所设置的 OPAC 检索,系统便会自动将分类号或主题词加到该 OPAC 检索式,对选定的 OPAC 数据库实施检索,并显示检索结果。

4.4 信息组织方法

目前,常用的信息组织方法有分类组织法、主题组织法、描述组织法、集成组织法等。这里主要介绍分类组织法和主题组织法。

4.4.1 分类组织法

1. 分类组织法的内涵

(1)类的含义

要了解分类法的含义,首先要了解什么是类。类是指具有某种共同属性的个别事物的集合。表明某些个别事物共有的一种概念。类可以是具体的事物对象,如图书、图书馆等;也可以是抽象的现象、概念,如信息资源、市场经济等。类在文献分类体系中称为类目,是构成文献分类体系的基本单元。表示类目概念的名称叫类名,类目的代号称为分类号。如《中国图书馆分类法》中的一组类目,"K20 通史"这条类目的类名叫"通史",类号是"K20",而"通史"又可以分为"K201 革命史”“K202 文化史”“K203 古代史籍”“K204 古代事件”等类目。

(2)分类的含义

分类是人类思维的基本形式,是认识与区分事物的最基本的方法。所谓“分类”,是指以事物的本质属性或其他显著特征作为根据,把各种事物集合成类的过程。

(3)分类法的含义

分类法在信息资源组织领域里的应用称为信息资源分类。所谓“信息资源分类”,是指依据信息资源的内容属性和其他特征,将各种类型的信息资源分门别类地、系统地予以组织和揭示的方法,在情报检索领域一般指文献分类标引,它是依据一定的分类体系(文献分类法),根据文献的内容属性和其他特征对文献分门别类地、系统地予以组织和揭示的方法。

(4)分类组织法的含义

分类组织法是指根据某一特定的分类体系和逻辑结构组织信息的方法。分类组织法建立了信息的层次和关联体系,便于浏览检索,是应用广泛的信息组织方法。

2. 文献分类

(1)文献分类的目的

文献分类的目的是通过对杂乱无章、纷繁无序的文献分门别类地组织和揭示,使之系统化、有序化,从而为用户从学科角度查找文献提供途径,也为文献信息机构进行分类排架提供依据。文献分类具有族性检索、触类旁通的优势,能够将相同学科的文献集中在一起,使相近学科门类的文献联系起来,使不同学科的文献区别开来。这样就可以将知识按学科门类加以集中,便于用户浏览、检索。

(2)文献分类的作用

①文献组织。最常见的是用于文献资源的分类排架,这一形式的优点是,可将文献按照其内容之间的关系组织成一个有机的系统。通过开架的方式,让读者按照知识之间的关系由此及彼地浏览、检索文献。因此,各国文献收藏机构一般都将分类排架作为文献排架的基本形式。此外,分类法也可以用于其他形式的资源组织,如直接用来组织数字资源和在网络检索时作为分类收藏的依据等。

②文献检索。建立分类检索体系便于从学科角度集约文献,便于进行族性检索,从而可以系统地利用一个学科或专业的文献资料;也便于建立分类检索工具,如分类目录、索引等。与分类排架相比,分类检索工具不受资源形式、具体文献单位收藏的限制,可以从多个角度对文献内容进行揭示。

③分类统计。使用分类统计可以按类了解各门类资源的配置和流通情况,弄清各知识门类资源的现状和存在的问题,在逐类分析的基础上有针对性地开展工

作，是有效进行资源管理和利用的手段。

④兼容工具。有影响的大型综合性文献分类法往往为多个检索系统使用，是理想的跨库检索工具。作为系统揭示的工具，分类法具有依据一定的知识结构组织资源的作用，可以利用它对网上数据库的相关文献进行整合，或作为媒体语言实现不同检索工具之间的转换。

(3)文献分类的工具

要进行分类标引，必须依据一定的文献分类法与分类标引规则，保证分类的准确性与一致性，实现资源共享。文献分类工具主要指文献分类法，又称分类检索语言，是将表示各种知识领域的类目按照知识分类的原理进行系统排列，并以代表类目的数字、字母符号组成的类号作为文献主题标识的一类情报检索语言。主要表现为由众多类目组成，并通过隶属、并列等方式展示为类目之间关系的一览表，即文献分类表，它是编制各种文献分类检索工具、分类排列文献、进行文献分类统计的重要依据。

我国现行的分类法主要有《中国图书馆分类法》《中国科学院图书馆图书分类法》《中国人民大学图书馆图书分类法》，国外应用比较广泛的分类法主要有《杜威十进分类法》《美国国会图书馆图书分类法》《国际十进分类法》等。

(4)文献分类标准的选择与运用次序

文献分类标准，又称文献分类依据，是指划分某类文献所依据的某种属性特征。一般来讲，文献分类要以文献内容的学科或专业属性为主要标准，以其他特征为辅助标准，标引文献时，首先应按学科内容区分，然后再依据其他特征如空间、时间、民族、形式等辅助特征区分。只有在不适于按学科内容分类时，才能采用文献的其他标准分类。选用何种分类标准及分类标准的运用次序直接影响分类体系的结构与分类的质量。

作为记录知识的载体的文献，其核心就是承载的各种知识内容，以其学科知识内容属性作为分类的主要标准，能够将各种文献从本质上区分开来，便于用户从学科知识内容的角度检索文献。而将揭示文献的其他属性作为辅助标准，也是为了方便读者检索利用文献，只有这样才能全面揭示文献的各种属性特征，将文献分门别类地区分开来。

分类标准的运用次序是指当某类文献需要采用几种分类标准时，对于这几种分类标准运用的先后次序。在建立分类体系或进行分类标引时，对于有些文献需采用多种分类标准，才能全面揭示文献的各种特征，满足用户检索的需要。此时，就会产生在这些分类标准中先采用哪种标准和后采用哪种标准的问题。分类标准运用的次序不同，分类体系也不同。如将小说的“国别”“篇幅”“时代”等属性特征均作为分类标准，按其运用次序的不同，可分别形成 6 种分类体系。如标引《平凡的世界》一书，按国别-时代-篇幅的运用次序，要归入中国，再归入当代，之后归入长篇小说，即中国-当代-长篇小说；若按篇幅-时代-国别的运用次序，则先要归入长篇小说，再归入当代，之后归入中国，即长篇小说-当代-中国；若按时代-国别-篇幅的运用次序，则要先归入当代，再归入中国，之后归入长篇小说，即当代-中国-长篇小说；若按篇幅-国别-时代的运用次序，则先要归入长篇小说，再归入中国，之后归入当代，即长篇小说-中国-当代；还可以按照时代-篇幅-国别、国别-篇幅-时代的运用次序进行标引。

分类标准及其运用次序的确定有以下几个原则。

①要符合不同用户的要求。选择分类标准及运用次序不仅要适应不同职业、不同文化水平的用户检索的需求与特点，还要能够按照用户的不同需求集中相关文献。如教学科研人员往往从学科性较强的学术专著、专业期刊及科研报告中获取专门的学科知识，而管理人员重视动态信息，如综述、进展等三次文献，工程技术人员则侧重于从产品的原理、性能、结构、工艺设计等角度检索文献，重视专利、产品样本、标准等文献中的信息。确定分类标准和运用次序必须考虑不同用户的文献检索要求。

②要遵守学科、专业分类的一般规定。每门学科、专业在发展过程中，都会按照各自分类标准建立特定的分类体系，如生物学对生物的划分，首先将生物分为种、属、科、目、纲、门、界的类别，再划分为若干层次。

③基本遵守概念的划分规则。概念的划分必须遵守以下四条规则：a. 划分后的子项外延之和等于其母项；b. 划分后的子项必须是互斥的；c. 每次划分都必须按照同一标准；d. 划分必须逐级进行。但在实际分类标引中，很难严格遵守概念的划分规则。如研究中国史的文献，会涉及时代、民族和地域，需要分别按照以上标准建立几组平行的子目，才能揭示文献的不同属性特征，从而满足用户的各种需求。当需要重点突出某类文献时，也可以不遵守“划分必须逐级进行”的规则。如要突出中国的政治、经济、文化、教育与历史等方面的文献，就可以越级建立类目体系，以教育类为例，为突出中国教育类文献，单独为中国教育立类，而不是放在“各国教育事业”类下。

3. 分类标引

(1)分类标引的方式

分类标引方式是指根据文献特点和具体需要确定的标引和揭示文献主题的形式。目前，分类标引方式主要有以下几种。

①整体标引。整体标引又称浅标引，是一种概括揭示文献基本主题内容的标引，只揭示文献中有检索意义的整体性主题。一般只赋予 1～2 个分类号。如对《环境工程中的功能材料》一书进行整体标引，只需标引“环境工程的功能材料”这

个整体主题,不必标引具体的功能材料。

②全面标引。全面标引又称深标引,是一种对文献论及的所有主题概念,依据其各自所属的学科逐一进行标引的方式,主要用于计算机检索系统。

③重点标引。重点标引是对具有多个主题或多个主题因素的文献,只选择对本单位或本系统用户有检索和参考价值的部分予以标引的方式。如生态环境局,只需对生态环保产业进行标引。

④综合标引。综合标引是针对丛书、多卷书、论文集、会议录及连续出版物等类型的文献,以其整套(部)文献的主题为单位进行的一种整体标引方式。一般以整套(部)文献的主题为依据,而不能仅以一卷或一册为依据。如《中国社会生活丛书》,共有4本,分别为《中国社会生活丛书 旅游篇 万水千山总关情》《中国社会生活丛书 科考篇 风云际会考场路》《中国社会生活丛书 节庆篇 回首故国同庆日》《中国社会生活丛书 舞蹈篇 舞低杨柳楼心月》,其分类号为K203-51,即为综合标引。需要时可分别对其子目进行标引,如旅游、科举、风俗、艺术等。

⑤分散标引。分散标引是以丛书、多卷书等整套(部)的每一种书或每一卷书为单元所进行的标引方式。如《新时期文艺学建设丛书》,共包含29种子书,下列是其中的几种,可分别按其内容进行标引,如《审美价值结构与情感逻辑》(I0)、《探寻综合创造之路》(I0－I53)、《诗学深思录》(I206.7)、《美的艺术显形》(J01)、《本体反思与文化批评》(B016)。

⑥互见标引。当一本书的内容涉及几门学科时,对其作整体标引后,再对其所涉及的其他学科门类作重复整体标引,称为互见标引,标出的类号为互见分类号。如A大类为马克思、恩格斯、列宁、斯大林、毛泽东、邓小平的科学专著,需按具体学科内容在有关类下作互见。如《列宁论图书馆》,类号为A267,互见类号为G25。

⑦分析标引。分析标引是在整体标引的基础上,进一步将文献中的部分内容析出,并对其所属的学科内容进行标引的方式,又称补充标引,所标出的类号为分析分类号。如《知识经济与技术》,在对其整体主题"知识经济学"进行整体标引外,可将其中的知识产权析出标引,分类号为F062.3和F062.4。

(2)分类标引的程序

为了保证分类标引的质量,标引工作必须遵守一定的操作程序,一般来说,标引工作包括以下几个步骤。

①分类查重。查重是标引工作的第一步,目的在于避免同书异号,使同一种文献的分类标引前后一致。查重要解决的问题主要有:利用公务书名目录(纸质卡片目录)或书目数据库,查明待标引文献是否为已入藏文献的复本,即题名、作者、版本等是否完全相同;是否为已入藏文献的不同版本(包括不同译本、不同版

次);是否为多卷书的不同卷次或续编;是否为已入藏文献的不同载体形式等。对于不同的问题要视不同情况分别处理,如是复本,可直接将原书的目录分类号及索书号抄在书名页上,在中国机读目录(China machine readable catalogue, CNMARC)馆藏信息字段录入该书的条形码、藏址及价格等项目。

②文献主题分析。进行分类标引时,首先要查明待分类文献的研究对象、学科或专业性质、写作目的、用途等,才能正确归类。文献主题分析法主要有:分析文献的题名,了解文献的中心内容与写作要旨,但不能以题名作为主题分析和分类标引的唯一依据;阅读简介或文摘,查明文献的内容重点;检查目次、文内标题、图表、数据、实例、参考文献等,了解文献的具体内容、范围及参考价值;阅读序跋、结论,了解写作主旨、写作过程与主要用途。若通过上述方法仍不能确定确切内容和类别,可采用浏览正文的方法,并借助于工具书或请教专家,弄清其内容和类别。

③确定文献主题。经过主题分析后,再确定文献的研究对象、研究角度,选定应标引的主题。

④归类。根据文献主要主题的学科属性及其他特征,查阅分类法,找到与其相符的类目,赋予文献分类号,作为分类检索标识。

⑤编制分类索书号。对于采用分类排架的文献机构,还必须进一步区分同类书,因为每一类目下都会聚集数量不等的同类书籍,为了实现同类书排架有序,必须对同类书籍进行区分,实现同类书的个别化,即编制书次号(同类书的排列次序号码)。排架分类号和书次号构成分类索书号,若一书有几个分类号,必须选择其一作为排架用的分类号,其余为目录分类号。

⑥分类号、索书号字段的录入。建立书目数据库,分类标引程序还应录入分类号及索书号。在 CNMARC 690 字段录入分类号,于 905 字段录入索书号等信息。

⑦分类审核。审核的内容包括主题分析是否充分;主题概念的提炼是否正确;归入类目是否准确;检索标识是否符合要求。审核是保证文献分类标引质量、减少标引误差的重要步骤,不能省略。

(3)分类标引基本规则

基本分类规则是指整个分类标引过程中必须遵循的准则。为保证分类标引质量,实现归类正确、一致,达到充分揭示和方便检索的目的,人们对分类标引的基本规律进行总结,概括成为共同遵守的若干规则,即文献分类的基本规则,具体包括以下几点。

①文献分类必须以文献内容的学科或专业属性为主要标准,以其他特征为辅助标准。标引文献时,首先应按学科内容区分,然后再依据其他(空间、时间、民

族、形式)辅助特征区分。只有在不适于按学科内容分类时,才能采用文献的其他标准分类。如《图书馆学百科全书》,先按其学科属性归入"G25 图书馆学",再按形式特征加总论复分表百科全书的复分号-61,其号码为 G25-61。

②文献分类必须体现分类法的系统性与逻辑性。分类法有其特定的系统性与逻辑性,文献分类时必须体现分类法的系统性与逻辑性。分类法上下位类的从属属性、同位类的并列属性、受类目逻辑关系体系限定的类目内涵、总论与专论的处理原则等都应体现在分类标引中,不能脱离类目之间的逻辑关系和类目注释的限定孤立地理解类名的含义,要根据其上下位类限定关系来理解其类目的含义。标引文献时,一定要详审上下位类的从属关系,凡能归入下位类的文献,必然带有其上位类的属性。如章回小说和教学理论、教学法,应分别根据其上位类和类目注释的含义归入相应的类目。

③文献分类必须符合专指性要求,归入最切合其内容的类。应将文献分入最专指的类目,不能分入范围大于或小于文献实际内容的类,这是准确、专指地揭示文献主题的需要。只有当分类表中没有确切类目时,才能分入范围较大的类目(上位类)或与文献内容密切的相关类目。例如,《亚麻的育种、栽培和田间管理》只能分入"S563.2 亚麻类",而"S563 麻类作物""S563.203 亚麻育种"都是外延过宽或过窄的非恰当类目。

④文献分类必须符合实用性要求。分类标引时,应根据文献的具体内容和实际用途,结合图书馆的性质、任务,在检索系统中提供必要数量的检索途径。对于兼顾分类排架和分类检索功能,且涉及多个类目的文献,在分类标引时,应利用互见标引、分析标引等方法尽可能做全面反映。若一个文献主题在分类表中设有两个可供选择的类目(交替类目),专业单位可选择其中一个对本单位更有用的类目,一般图书馆或联合编目机构应选用分类表推荐的类目。

⑤文献分类必须遵守分类的一致性原则。文献分类的一致性原则不仅要求相同主题文献前后归类一致,而且要求同类型或同性质文献的主题分析、标引方式等方面也保持一致。可通过提高标引人员素质、建立健全规章制度等措施,保证文献分类标引的准确和一致。

⑥文献分类必须遵守客观性原则。分类标引应以文献实际论述的主题为依据,不得掺杂标引人员的主观意向,凡属于不同学术观点、不同宗教信仰、不同道德观念的阐述,一般不予区分。

⑦文献分类必须遵守深度控制原则。文献分类要根据文献的学科属性、实际内容、用途和检索途径的类型,结合本单位的性质、任务、用户需求等,提供必要数量的检索途径。对于多主题和内容涉及多个类目的文献,应分不同的情况进行分类标引深度控制。具体来说,联合编目机构、大中型综合性图书情报机构,应充分

利用互见分类、分析分类等方式对文献主题作全面标引;小型图书情报机构,一般可只选择一个主要的类目进行概括标引;专业性图书情报机构,可选择其中对本单位读者有用的文献主题予以标引。还可以对交替类目进行调整,将文献归入该文献单位最适用的类目。各类图书情报机构编制机读检索工具时,可采用全面标引方式,一般可使用 2～5 个分类号;编制手工检索工具时,可采用概括标引方式,一般使用 1～2 个分类号。

4.4.2　主题组织法

1. 主题组织法的特征

主题组织法是指通过揭示信息主题特征并有序组织,通过建立主题概念的范畴、族系和关联关系,揭示信息的结构体系的方法。它是以受控的自然语言词汇作标识,以标识的概念组配来表达主题概念的一种后组式主题语言,并以字顺为主要检索途径,通过参照系统等方法揭示词间关系的标引和检索信息资源。主题组织法在信息资源组织中,主要用来处理信息资源、编制各种检索工具及检索系统。它是借助于主题词表这类工具,对文献信息进行标引,检索标识按字顺进行排列,建立从语词入手的检索系统的方法,用于建立主题检索系统。

主题组织法包含主题标引和主题标引语言两种含义:一是指主题整序方法,是用语词标识标引信息和组织检索系统的方法,即主题标引的方法;二是指主题标引语言,是用来表达主题概念的自然语言语词或受控的自然语言语词。主题组织法一般都具有以下特征。

①直接以语词为检索标识,以经过规范化处理的自然语言的语词形式表达检索需求,不同于分类法用抽象的人工号码作检索标识,以语词为检索标识,直观性强。

②以字顺为主要检索途径,易于查找主题词。

③以特定的事物、问题、现象为中心集中信息资源,特性检索功能强,适合于从事物、问题、现象出发按主题进行特定文献的检索。

④通过详尽的参照系统等方式揭示主题词之间的关系。

⑤由于是按文献的主题集中文献的,因此,对于文献的学科专业属性和范畴的揭示不如分类法,系统性差。

2. 主题组织法的类型

按照选词方式,主题组织法的类型可分为标题法、元词法、叙词法和关键词法。

(1)标题法

标题法是最早出现的主题组织法类型,标题词是主题标目(subject heading)

的简称，它直接表达文献主题。这些标题词通常是对文献内容所论及事物名称和特征的规范表达，众多标题词集合而成的主题标识系统就是标题语言，标题语言或用标题语言进行标引的方法叫标题法。

标题表是最早出现的标题法之一，它的出现以1876年克特的《字典式目录规则》出现为标志，目前使用最广泛的标题表是美国的《美国国会图书馆标题表》。

标题法一般是将标题词列举出来，供标引和检索选用。标题词除采用单词和词组形式的单词标题、词组标题外，还有倒置标题、带限定词的标题以及大量在标题表中预先组配好的多级标题形式。以《美国国会图书馆标题表》为例，单词标题有 economics、cataloging 等；词组标题有 teenage automobile drivers、television and children、library science 等；倒置词组标题有 maps statistical、insurance aeronautical 等。

标题法开创了主题组织法的最初形式，它具有主题组织法以事物为中心集中信息的优点，便于从事物出发检索信息，特性检索功能较强，标识直观。此外，它还有标识含义明确、易于使用等优点。它的缺点是由于采用标题的列举方式和先组方式，概念表达能力受限，概念难以多向成族，检索途径少；由于采用自然语词，标识的通用性较差。

(2)元词法

所谓“元词”，是指用来标引文献主题的、最基本的、在概念上不能再分解的词。如“信息”与“组织”就属于元词，因为它们不能再分解。而“信息组织”则不属于元词，因为它可以分解为“信息”和“组织”。

元词法，又称单元词法，是为克服标题法的不足而发展起来的一种主题组织法类型。它是以取自自然语言、经过规范化处理的元词为标识，通过元词的字面组配来表达主题概念的一种主题组织法。

元词法是在文献信息量剧增，文献主题日益复杂，需要建立机械化主题检索系统，标题法却不适应机械检索系统的情况下，为克服标题法的不足而发展起来的。元词法对标题法的改进主要在于，它以元词后组方式组配表达标题语言中的各种标题。例如，“儿童图书馆读者服务”这一主题，可以通过“儿童”“图书馆”“读者”“服务”这些元词来组配表达。

元词法的主要原理有以下几点。

①用元词作文献主题标识，按元词的字顺进行排列和检索。

②以标识单元方式(反记法)组织检索系统，即为每一个元词制作一张卡片，以元词标识为中心，记录标引该词的文献号，标引时，直接将标引该元词文献的文献号记录在相应的元词卡上。以上面提到的以“儿童图书馆读者服务”为主题的文献为例，应同时在“儿童”“图书馆”“读者”“服务”四张元词卡上记录该文献的文

献号，将所有的元词卡按元词标识的字顺排列起来，组成检索系统，以备检索。

③采用后组方式检索，即用若干元词表达检索主题，可通过分别查找相应的若干元词卡，找出相应元词卡片上的相同文献号来查找文献。

与标题法相比，元词法具有以下优点：词表体积小，没有先组词；标引专指度高，可以通过灵活组配形式表达主题；便于从不同主题角度进行检索，每个元词都是排检词，从而提供更多检索途径；检索灵活性大，可进行多因素组配检索，利用元词的增减自由地扩大、缩小或改变检索范围，实现灵活检索。但元词法还存在以下缺点：采用字面组配的方法，在字面分解与语义分解不一致时，容易造成误检；元词之间较少存在词间关系，缺乏完善的参照系统，难以满足族性检索的需要。如按字面组配，“雪崩二极管”应分解为“雪崩”和“二极管”，而“雪崩”一词实际上与“雪崩二极管”主题毫不相关。

元词法在主题组织法的发展过程中起到了承前启后的作用。它率先探索了后组式检索方法，是后组式检索语言的先驱；它使用的反记法，开创机械检索系统中倒排档的先例，后来也被叙词法等主题组织法所采用；它还探索了后组式检索中的规律和问题等。虽然元词法后来被叙词法所取代，但它为叙词法的产生做了充足的准备，为叙词法的发展和应用开辟了道路。

(3)叙词法

叙词法，国内亦称为主题词法，是以从自然语言中精选出来的、经过严格处理的语词作为文献主题标识，通过组配方式表达文献主题的主题组织法类型。叙词，也叫叙词语言，我国多称为主题词，是指通过规范化处理的，以基本概念为基础表达文献主题的词或词组。它是对单元词语言的直接继承，但克服了单元词语言的不足，吸收并综合了多种标引语言的原理和方法，是能结合计算机使用的后组式语言，是目前主要的受控语言。

叙词法集中了多种检索语言的功能，是一种具备优越性能的现代检索语言，其优点是：结构完备，词汇控制严格，可以根据检索需要对词汇进行有效控制；组配准确，标引能力强，能够准确、专指地标引和揭示各种主题内容；检索效率高，可以通过灵活组配方式进行多途径检索，达到更好的检索效果；检索系统适应能力强，可以同时适应于标识单元和文献单元检索方式，既能较好地适应计算机检索系统要求，又能适应于手工检索要求。其不足之处在于：由于词汇控制严格，词表编制和管理要求高，需要花费较多人力、物力；文献标引必须在概念分析的基础上进行，标引难度大，要求高。

叙词法的基本原理是概念组配，要求每个参与组配的叙词所表达的概念与组配表达的概念之间存在合理的逻辑联系，它以概念的分析与综合为手段，以揭示概念的本质为目标，利用检索语言中已有的若干概念，组合起来表达一个专指概念。其本质是在概念分析的基础上进行概念的综合。其组配的结果所表达的概念与参与组配的概念在逻辑上有联系，而叙词的字面组配只是语词的简单字面组合。如"图书情报教育"这个主题概念，如果用"图书""情报""教育"三个叙词组配标引，就是字面组配，但其含义是图书馆学、情报学教育，只有用"图书馆学""情报学""教育"进行组配，才符合概念逻辑。概念组配的类型主要有以下几种。

①交叉组配。交叉组配是指使用两个或多个具有交叉关系的叙词进行组配，组配所表达的概念就是交叉的部分，是参与组配概念的种概念。如用"心理学"和"教育学"两个叙词组配，表达"教育心理学"这个新的种概念，它既是"心理学"这个属概念的种概念，又是"教育学"这个属概念的种概念。交叉组配的必要条件是概念之间应具有交叉关系，其组配的结果是其交叉部分。

②方面组配。方面组配又称限定组配，是指将表示某事物的叙词与表示事物某方面的叙词进行组配。参与方面组配的叙词不是同性质的词，它们所表达的概念在外延上并不相交，但是，它们所代表的文献内容或文献集合却有交叉部分。比如"汽车"和"发动机"组配表达"汽车发动机"，"汽车"和"操纵稳定性"组配表达"汽车操纵稳定性"等。方面组配产生的新概念是一个下位概念，但是，它只是参与组配中的一个概念的种概念，与另一个概念的关系是整体与部分的关系、方面与事物的关系或过程与主体关系中的一种。

③特称组配。特称组配是指用一个代表事物类称的属概念叙词与另一个有该属概念所不具备的特征的叙词进行组配以表达更为具体的种概念。如"平面磨床"和"卧式"组配表达"卧式平面磨床"，"齿轮"和"不锈钢"组配表达"不锈钢齿轮"。

主题组织法对信息资源的标引和检索是在词汇控制的基础上，依据一定的主题词表进行的。叙词语言的词汇控制一般是根据标引和检索的需要进行的，包括词类控制、词组控制、词形控制、同义词控制、词义控制、词间关系控制等基本方面。

①词类控制。叙词表选词以名词为主，必要时也收入少量形容词。按照反映事物概念数量的不同，收入词表的语词可以分为普通名词和专有名词两种。

a. 普通名词。普通名词是叙词表的基本构成成分，其选词范围包括：表示具体事物的名词术语，如"商品""信息资源""汽车""车床""电子计算机""图书馆"等；表示事物材料的名词术语，如"塑料""橡胶""人造纤维""感光材料"等；表示事物性质、现象、状态、过程等方面的名词术语，如"导电性""耐用性""失真""老化""土壤熟化""日冕""船舶过载""腐蚀"等；表示研究方法、工艺、加工技术、操作等方面的名词术语，如"调查""总结""铸铁""热处理""爆炸成型""抽样调查""质量管理""经济核算"等；表示学科门类、技术部门、理论、定理等的名词术语，如"哲学""伦理学""生物学""图书馆学""经济学""遥感技术""水利工程""对立统一规律”“万有引力定律”等；表示文献类型的名词术语，如“词典”“年鉴”“百科全书”“期刊”“索引”等；某些具有构词功能的词，如“台式”“小型”“多用途”等。

b. 专有名词。表示特定事物的专有名词包括：地名，如“广东省”“中国”“亚洲”“泰山”等；民族名和语言名，如“汉族”“壮族”“英语”“俄语”等；时代或年代名，如“明代(1368 年—1644 年)”“二十一世纪”“1997 年”等；人名，如“孙中山”“李时珍”等；机构、会议等名称，如“北京大学”“中央电视台”“联合国”“奥林匹克运动会”等；产品名称，如“F-16 战斗机”“南京长江大桥”等；历史事件名称，如“辛亥革命”“海湾战争”“第二次世界大战”等；法规、条约名称，如“中华人民共和国教育法”“中日和平友好条约(1978 年)”等；文献名称，如“《资本论》”“《红楼梦》”等。

②词组控制。叙词既包括单词又包括词组，在叙词语言中，单词又称后组词，即以单元概念的语词形式收入词表的词。词组又称先组词，指直接以复合概念的语词形式收入词表的词。选择一定的词组作叙词可以提高标引的一致性，保证较高的查准率。但是，收入过多的词组或采用先组程度过高的词，一方面会增加叙词数量，使词表体积过于庞大，另一方面也会造成检索入口减少，影响检全率。因此，必须根据检索系统的特点和需要，确定词组选择标准，对词组进行适当控制。

选用词组(先组词)作叙词的规则有以下几条。

a. 词表涉及领域中使用频率较高的常用词组，一般直接收入词表，如“化学工业”“高等教育”“国际贸易政策”“情报检索语言”“数据处理”等，均直接选入。

b. 一组词分解后其单词的含义会发生变化，产生二义性时，直接选用词组，如“燃料电池”“全面战争”两个词分解后，“燃料”“全面”两个词的含义发生变化，应直接选入。

c. 凡有词组分解后其中的一方失去意义，没有实际检索价值，应直接选用词组。如“回溯检索”“台面二极管”两个词分解后，“回溯”“台面”两个词没有实际检索意义，应直接选入。

d. 对一词组以组配表达产生二义性时，可适当选用词组，如“工业橡胶”一词以“工业”与“橡胶”组配，可有“工业橡胶”和“橡胶工业”两种意义，一般直接选用。

e. 专有名词一般可直接选用，不予分解，例如“广州图书馆”“北京大学”等。

不选用词组作叙词的规则有以下几条。

a. 可分解为两个或多个交叉关系的语词的复合词，如“生物遗传学”可分解为“生物学”和“遗传学”两个表示交叉关系的语词，“喷气式垂直起落飞机”可分解为“喷气式飞机”和“垂直起落飞机”两个表示交叉关系的语词，不应直接选用。

b. 由事物与包括材料、属性、操作等的概念构成的复合词，一般应予以分解，如“水电站设计”用“水电站＋设计”；“水稻生长习性”用“水稻＋生长习性”。

c. 由事物与其部分构成的复合词，一般用表示事物整体的词与表示部分的词表示。如“车床润滑系统”用“车床+润滑系统”;“飞机座舱”用“飞机+座舱”。

d. 由专有名词如国家名、地区名、时代名、人名与其他主题概念组成的复合词,如“中国石油工业”“李白诗歌创作”。但是由专有名词与其他词组成的专门名词除外,如“弗洛伊德误差”“阿贝尔扩张”等应直接选入。

e. 由科学术语与文献类型名称组成的复合词,如“计算机词典”“固体物理书目”等。

③词形控制。自然语言中存在大量含义相同或大致相同,但字面形式不同的语词。在叙词语言中,要通过词形控制消除这种现象。这种现象的存在会降低叙词检索系统的检全率,也会给叙词的字顺排检带来不便。所以,叙词语言对叙词形式必须进行严格控制。《汉词主题词表》的词形控制主要有以下几种规律。

a. 规定语词形体。当一个汉字存在几种形体,如繁简体、异体或未正式公布的简体时,一律以通行的字体为标准,如“储液池”(正式叙词)与“贮液池”(非正式叙词)、“碾盘”(正式叙词)与“辗盘”(非正式叙词)等。

b. 规定外来语和数字的用法。外来名词术语一般应选用规范的汉译名,但在外文名词术语更为通行时,也可直接选用。如“FORTRAN 语言”“BASIC 语言”“α 射线”“BCS 理论”等。数字在《汉语主题词表》中视具体情况有两种形式,一是汉字形式,二是阿拉伯数字形式,但同一概念只能选用一种形式表达,如“四氧化三铁”“铀 235”“135 照相机”等。

c. 规定标点符号的用法。一般只在必要时使用括号、连线、小圆点等符号,其他标点符号除特殊情况外,概不使用。如“静态分析”“发射管”“九一八事变”“气体-固体界面”等均为正式主题词。

d. 规定词序。收入词表的复合词一般均采用自然语序,不使用倒置形式。如用“院校图书馆”不用“图书馆院校”;用“控制计算机”不用“计算机控制”。倒置形式在必要时可作为非叙词收入词表,用于指向相应叙词。

e. 规定外文的词形。主要规定一个外语词有几种拼写形式时,选用比较通行的一种形式作正式叙词,如“catalogue”和“catalog”之间的选择。单复数形式要依据所用语种的习惯用法予以选择,在英语中,一般可数名词多用复数,专有名词及表示学科领域、工艺过程、事物属性的词多用单数形式,如“detectors”“chemical lasers”“chemistry”“viscosity”等。如果某名词的单复数分别表示不同的概念,则两者都要作为正式叙词,如“painting”“paintings”。

f. 规定词长。为了使入选的语词适合排检和计算机检索的需要,一般应对词长作出规定,如《汉语主题词表》规定词长不得超过 14 个汉字,过长的语词可用简称或缩写等方法处理,使其保持在规定的长度以内。

④同义词控制。在语义相同而词形不同的语词之间及语义相近或有联系的

语词之间，可以根据需要相互代替，但只能优选其中的一个作为正式叙词，其余的则作为非正式叙词，即入口词，收入叙词表。同义词控制主要解决两个问题：一是一词一义，二是揭示同义词汇之间的关系。同义词控制包括同义词之间的控制和准同义词之间的控制两种情况。

a. 语义同义词之间，一般选较通用的词作叙词；学名与俗名之间，一般选学名为叙词；不同角度的名词之间，一般以较常用的词为叙词；新称与旧称之间，一般选新称为叙词；全称与简称之间，一般选全称作叙词，但是，当简称更为通行或有时全称过长时，也可使用简称；不同译名之间，一般选用规范译名为叙词；产品型号与代号之间，一般选用产品的型号加通称作叙词；词组与对应的组配形式之间，通常用于指向对应的组配形式。同义词控制示例如表 4-3 所示。

叙词	入口词	叙词	入口词	叙词	入口词
国际贸易	世界贸易	废物综合利用	变废为宝	胡志明市	西贡
水污染	水体污染	乙醇	酒精	中国人民政治协商会议	政协
玉米	苞谷	发动机	引擎	大使	特命全权大使
AIM-7 导弹	“海麻雀”导弹	上海公报	中美联合公报	国际经济＋经济援助	对外经济援助

b. 准同义词是指含义相近或虽然含义不同，但考虑到这些词在内容上相互之间有一定联系，因此，从控制词量和标引检索的实际需要出发，把它们作为同义词处理的词。准词义词控制是检索系统控制词量和专指度的一种方法，主要包括三种情况：部分近义词之间优选，一般选择其中比较概括、通用的词作叙词，其他词作入口词；部分反义词之间的优选，一般选择其中表示正面含义的词作叙词，其他作入口词；部分上位词和下位词之间，一般选择含义宽泛的上位词代替一个或若干个专指的下位词，也称为上位词替代。准同义词控制示例如表 4-4 所示。

表 4-4　叙词法的准同义词控制示例

叙词	入口词	叙词	入口词	叙词	入口词
诗人	词人	共振频率	不共振频率	实验学校	实验小学、实验中学
失业人数	失业率	光滑度	粗糙度	激光武器	激光炮
数据处理	数据处理系统	本质属性	非本质属性	自动增稳系统	横向阻尼器等

⑤词义控制。叙词的词义控制主要是对多义词（同一词形表达的多个词义有相关性）、同形异义词（同一词形表示的多个词义之间不相关）和词义含糊而导致理解不一的词进行处理，使其作为叙词时词义具有单一性和明确性，以防止误检和漏检。

叙词的词义控制主要采用两种措施，一是加限定词，二是用注释。除此之外，词义控制还可以采用其他措施：尽量采用同词义的其他词形作叙词，如军事上的“防御”和体育运动的“防守”；采用参照系统、索引等方法，通过确定一词与相关语词的联系或其所属学科范畴等，揭示其含义。

⑥词间关系控制。在叙词语言中，显示正式叙词和入口词、叙词和有关叙词之间的语义关系，进行词间关系控制时，通常通过建立参照系统和编制索引的方法予以揭示。其中，参照系统是叙词语言显示词间关系的主要方法，它用规定的参照符号，将叙词语言中语词之间的等同关系、等级关系和相关关系予以显示，形成完整的语义网络，将字顺排列所分割的词间联系揭示出来，以提高查词、标引、检索效率。《汉语叙词表编制规则》《单语种叙词表编制规则》《文献　多语种叙词表编制规则》规定了汉语及几种常用外语叙词表使用的参照符号。

(4)关键词法

关键词法是将文献中能够表达文献主题并具有检索意义的语词抽取出来作为主题标识，并按字顺组织成索引，提供检索途径的方法。所谓“关键词”，是指从文献题名、摘要和正文中抽取的，能够表达文献主题并具有检索意义的语词，是为适应索引编制自动化的需求而产生的一种主题语言，它直接用自然语言中未加控制或只作少量控制的语言表达主题概念。其优点是选词简单，语词基本不做控制，标引速度快，易于自动标引，表达主题直观、专指，查准率高。但因关键词直接采用文献中的自然语词，对自然语言中大量存在的等同关系词未加以规范统一，也不显示等同关系和相关关系，既难以进行族性检索，特性检索的查全率也不高。

3. 主题标引的方式与规则

(1)主题标引的方式

主题标引方式是根据信息资源的特点和使用需要确定的标引和揭示其主题内容的形式，其主要方式有以下六种。

①整体标引。整体标引又称浅标引，是一种概括揭示文献基本主题内容的标引，只揭示文献中有检索意义的整体性主题，不揭示从属性主题。如《板栗、桃、枣、山楂、杏的栽培与病虫害的防治》，只标引为“果树-栽培”“果树-病虫害防治”即可，不需要对板栗、桃、枣、山楂、杏等从属性主题对象的栽培和病虫害防治一一标引。

②全面标引。全面标引又称深标引，是一种对文献论及的符合检索系统要求的所有主题内容都逐一进行标引的方式，主要用于计算机检索系统。如上述整体标引举例中的文献，如要进行全面标引，不仅要标引“果树-栽培”和“果树-病虫害防治”，还要对板栗、桃、枣、山楂、杏等多个主题对象的栽培和病虫害防治一一予以标引。

③重点标引。重点标引即对具有多个主题或多个主题因素的文献，只选择对本单位或本系统用户有检索和参考价值的部分予以标引的方式。如某果树病虫害防治研究所对上述整体标引举例中文献进行标引时，可只标引“病虫害防治”方面的主题内容，忽略对果树栽培方面的主题内容。

④综合标引。综合标引是针对丛书、多卷书、论文集、会议录及连续出版物等类型的文献，以其整套(部)文献的主题为单位进行的一种整体标引方式。综合标引除标引信息资源的主题内容外，还要对文献资源的类型予以揭示。如《环境监测丛书》在以整套书为单位进行标引时，除对“环境监测”进行标引外，还应对“丛书”这一资源类型进行揭示。

⑤分散标引。分散标引是一种以整套(整部)丛书、多卷书、论文集、会议录等文献中的一种、一册、一篇文献为单位，揭示其内容的标引方式。如对《环境科学与工程系列丛书》中的《空气污染控制》《环境毒理学》等子目书，可按各自主题进行分散标引。

⑥分析标引。分析标引是在整体标引的基础上，进一步将文献中的部分片段或合集型资源中的构成单元进行标引的方式。如《网络营销学》一书，除对整体主题“网络营销学”进行标引外，还可将其中的“网上顾客行为”内容析出，作分析标引。

(2)主题标引方法

①主题分析。主题分析是指根据标引和检索的需要，对信息内容、特征进行分析，提炼主题概念的过程。主题标引中的主题分析不受分类法等级列举式形式的束缚，对主题成分的揭示比较充分，可以在深入分析主题构成的基础上，对主题概念作出取舍，通常在分析主题类型、主题结构的基础上，根据主题标引的需要进行。按照信息资源中主题的情况及待标引处理的需要，信息资源的主题可以划分为不同的类型。

a. 单主题与多主题。根据信息资源的主题数量，可以分为单主题和多主题。单主题是指文献只论述或研究一个对象，即只有一个主题内容。主题的概念因素类型主要有主体因素、通用因素、位置因素、时间因素、民族因素及文献类型因素等。多主题是指文献论述或研究两个或两个以上对象，即多个主题内容。根据各主题之间的关系，可划分为并列关系主题、从属关系主题、应用关系主题、影响关系主题、因果关系主题、比较关系主题等。

b. 单元主题与复合主题。根据构成主题概念因素的多寡，可分为单元主题和复合主题。单元主题是指文献只包含一个概念因素；复合主题则是指由两个或两个以上概念因素组合而成的单主题，概念之间是限定与被限定关系。

②主题结构分析。主题结构是指信息资源主题的构成因素以及它们之间的

相互关系。分析主题结构，是为了在了解主题类型的基础上，进一步分析资源中复合主题的成分，以便在查明主题构成因素及其相互关系的同时，对主题概念进行提炼。

常见的分析主题结构的方法是根据主题领域的特点建立基本主题因素一览表，供主题分析参考。国家标准《文献主题标引规则》(GB/T 3860—2009)中规定，将全部主题概念归纳为五个基本面，分别为主体因素(研究对象等中心主题概念)、方面因素或限定因素(成分、材料、状态、尺度、性质等对主体因素研究方面或角度的说明或限定因素)、空间因素、时间因素、文献类型等。标引时，首先要分析复合主题概念因素的类型，按照上述标引顺序标引。按照此方法，就可以对信息资源主题构成进行一致而有效的分析，以此作为提炼主题概念的依据。

(3)主题标引程序

①查重。查重是标引工作的第一步，目的在于确保同一种文献的主题标引前后一致。查重要解决的问题主要有利用原有记录，查明待标引文献是否为已入藏文献的复本，如果是复本，如属于文献的不同版本、卷次或续编，主题标识一般不变，取原文献的主题标识即可；如果属于入藏新书，则按标引程序进行操作。

②选择标引方式。一般来说，标引方式在检索系统设计时已经确定，标引时，根据具体文献内容和类型特点选择标引方式。

③进行主题分析。通过审读文献进行主题分析，确定文献的主题内容、主题类型、主题结构及构成要素。

④将主题概念转换为主题词。把确定表达的文献主题内容的概念转换为主题词表中的主题词或主题词的组配形式。

⑤做好业务记录。对标引过程中遇到的一些问题及处理结果加以记录，以备查考。

⑥审核。由标引主管人员对标引过程进行审核把关，以减少标引误差，确保标引质量。

(4)主题标引规则

①选用标引词的基本规则。

a. 采用正式叙词标引。用来标引主题概念的叙词必须是控制词表中的正式叙词，而且其书写形式必须与词表中的词形完全一致。非正式叙词只能用来作为查找正式叙词的入口词，不能直接用来进行标引。如“普及教育”是正式叙词，而与其对应的非正式叙词是“义务教育”，对“义务教育”主题概念进行标引时，只能采用“普及教育”，而不能采用非正式叙词“义务教育”。

b. 采用最专指的叙词标引。在词表收有多个相关叙词的情况下，应选用词表中与文献的主题概念相对应的最专指的叙词进行标引，不得以该词的上位词或下位词进行标引，以免出现标引过宽或过窄的误差。例如，有关国际公法的文献，既不能用上位的“国际法”标引，也不能用下位的“国际习惯法”标引，而应该用正好专指的“国际公法”标引。当最后确认叙词表中确实没有专指叙词时，才可以用其他标引方案，而且无论用何种标引方案，仍然要选用相对专指的叙词标引，即尽可能选用与被标引概念最接近的叙词。

c. 组配标引。当词表中没有相应专指词时，可选用词表中最接近、最直接关联的两个或两个以上的叙词进行组配标引。例如，在标引“商业企业管理”时，词表中没有相对应的专指叙词，必须采用两个或两个以上的叙词进行组配标引。词表中与这一主题相关的叙词包括“商业”“企业”“管理”“商业管理”“企业管理”等，应选用其中最接近、关系最密切的叙词（相对专指）“商业管理” 和“企业管理”进行组配标引，而不能用“商业企业”“管理”或“商业”“企业管理”。遵循这一原则，有助于保持标引的一致性。

d. 上位叙词标引。当词表中没有最专指的叙词，也无法用词表中最接近、最直接关联的叙词进行组配标引时，可选用一个最接近的上位叙词标引。例如，在标引“国有商业银行”时，只能用“商业银行”这个最接近的上位词标引，但不能用“银行”标引。

e. 靠词标引。当词表中没有相应的专指叙词，也无法用适合的叙词进行组配标引或选用适当上位词标引时，应选用表达概念与被标引概念相关的近义叙词标引。如“害虫天敌的保护”这一主题概念，可用“天敌利用”这个近义词来标引。

f. 增词标引和自由词标引。当无法进行上述某种标引时，应考虑增补叙词标引或采用自由词标引。对一个特定的主题概念来说，一般只选择增词标引和自由词标引中的一种；对特定检索系统而言，可能同时允许增词标引和自由词标引。但是一般来说，允许自由词标引的系统，增词的必要性就会减小，可先用自由词标引，如元宇宙、数字人文、大数据等，确定后再统一修改记录。至于叙词表中未列举的专有名词，可作新增词处理。

②组配标引的基本规则。为了保证叙词组配标引的正确和一致，叙词组配标引必须遵循一定的组配规则。

a. 概念组配规则。这是要求叙词组配必须是概念组配，而不是简单地进行字面组配。叙词的概念组配要求每个参加组配的叙词所表达的概念与组配表达的概念之间存在合理的逻辑联系，而叙词的字面组配只是语词的简单字面组合。例如，“图书情报教育”这个主题概念，如果用“图书”“情报”“教育”三个叙词组配标引，就是字面组配；正确的组配应该是用“图书馆学”“情报学”“教育”进行组配。

b. 交叉组配优先规则。叙词的组配应该优先采用交叉组配，只有在无法采用交叉组配时，才用方面组配或特称组配。例如，“文献计量学”这一主题概念，应根据词表的收词情况优先采用“文献学”和“应用计量学”进行交叉组配，而不应该只用“文献”和“应用计量学”进行方面组配，或者用“文献”和“计量学”进行简单的字面组配。有些主题概念不存在交叉组配的可能，所以不是所有主题概念的组配标引都存在优先采用交叉组配的问题，例如，“电脑的稳定性”，就用“电子计算机”和“稳定性”进行方面组配。

c. 参组叙词相对专指规则。参加组配的每一个叙词，被标引的主题概念都应该是最专指的，不应该越级使用上位词或下位词。例如，“工程结构设计”这一主题概念应用“工程结构”和“结构设计”进行组配，如果用“工程”而不用“工程结构”，或者用“设计”而不用“结构设计”，就是以粗代细，没有遵守组配标引的相对专指规则。

d. 合理组配规则。这是指选用叙词参加组配时，要保证组配的合理性。首先，必须选用组配结果能够最确切表达被标引主题概念的叙词参与组配，防止组配结果表达的概念并不是所要表达的概念。例如，“淡水养殖鱼类”应该用“淡水鱼类”和“养殖鱼类”进行组配，而不应该用“淡水养殖”和“养殖鱼类”进行组配。其次，必须选用科学上或逻辑上允许组配在一起的叙词进行组配，防止出现违反科学或逻辑的不合理组配。例如，具有矛盾关系的叙词不能组配在一起，像“天然纤维”与“合成纤维”的组配就是不合理的组配。

e. 适度组配规则。用叙词组配表达自然语言表述的主题概念时，必须考察每个参组叙词的有效性或整个组配的完整性，也就是要保证组配是适度的。所以，一方面要防止冗余组配，例如，为标引“北京工人食管癌的中医疗法”这一主题时，用“食管肿瘤”和“治疗(中医)”组配即可，如果增加“北京”“工人”参与组配，就属于冗余组配。另一方面，在必要时可以增加适当的过渡词参与组配，例如，标引“飞机侧滑飞行”时，除用“飞机”和“侧滑(飞行)”之外，可增加“飞行术”参与组配。除此之外，还有地名因素的间接标引法，就是增加表示大地名的上位叙词作为过渡词，例如，“济南教育”用“教育”“山东”“济南”进行组配标引。

f. 明确组配语义规则。叙词组配所表达的语义必须明确和单一。为此，可根据需要通过确定词序、采用组配符号、配置职能符号、增补新词等方法予以保证。职能符号是表达标引词在组配表达主题时的职能作用的符号，它的作用是指明同一主题的标引词中某一些词的职能或角色，揭示词与词之间的关系，明确它们所表达的概念，提高检准率。例如，为标引“文化对经济的影响”，当用“文化”“影响”“经济”三个叙词，以后组方式用于机检时，它们可以表达“经济对文化的影响”这一概念，会造成误检。如果规定A为影响因素的职号，B为受影响对象的职号，那么“文化对经济的影响”应该标引为：文化(A)；影响；经济(B)。“经济对文化的影响”应该标引为：经济(A)；影响；文化(B)，这样两个不同的概念就不会混淆。大多数机检系统并不采用职能符号，因为职能符号虽然能提高检准率，但对检全率的降低影响更多，会增加标引、检索人员的负担，增加检索系统的成本，很难保证标引和检索之间的准确性和一致性，所以使用职能符号的时候不多，可以通过增加专指词来减少职能符号的必要性。当其他的方法不能消除组配结果的歧义时，可考虑增加新的叙词。例如，“计算机辅助实验”这一主题概念，如果用“计算技术辅助设计”和“实验”两个叙词进行组配，就会出现歧义，可直接增补“计算机辅助实验”作叙词。

g. 分组标引规则。指标引同一文献中的多个主题时，为防止表达不同主题的叙词之间发生虚假组配，产生文献中没有相关内容的概念，应将表达各主题的叙词进行相应的分组，予以区别。例如，对“长江流域洪水和华北平原干旱”这一并列主题进行标引时，可分组标引为“洪水-长江流域”“干旱-华北平原”。这样处理可以避免出现“洪水-华北平原”“干旱-长江流域”等虚假组配。

h. 叙词的组配次序规则。当一个标题中的叙词同时涉及不同主题因素时，叙词的组配次序一般按照主体因素、方面因素或限定因素、位置因素、时间因素、文献类型因素的次序确定。

本章小结

信息组织是指对信息资源（包括文献信息资源和网络信息资源）进行有序化或系统化的过程，即依据一定的科学规则和方法，通过对信息外在特征和内容特征的描述和序化，实现无序信息向有序信息的流转，从而保证用户对信息的有效获取、利用以及信息的有效流通和组合，提高信息的流通率和利用率，实现信息的价值。

信息组织的内容有广义和狭义之分，广义的信息组织包括信息搜集与选择、信息分析与标引、信息描述与加工、信息整理与存储；狭义的信息组织包括信息标引、信息描述和信息排序。在进行信息组织时，需要遵循客观性、系统性、目的性、标准化四项原则，选择合适的信息组织工具，对信息进行鉴别与选择、分析与归类、描述与揭示、重组与存储。在这一过程中，可供选择的方法包括分类组织法、主题组织法、描述组织法、集成组织法等。

作为信息资源管理工作中的重要环节之一，信息组织工作化解了信息增长与使用的矛盾，提高了信息资源利用的效率，在未来可考虑使用深度学习等相关技术对信息资源进行自动化分类、标注和信息提取，以实现大规模信息资源的高效组织和利用。

思考题

1. 简述信息组织的目的。
2. 简述信息组织的原则。
3. 列举信息组织常用的方法。
4. 分析信息组织的过程。
5. 简述分类组织法的主要类型。
6. 简述主题组织法的主要类型。
7. 分析分类主题一体化词表的编制原理。
8. 简述网络信息资源组织的类型。
9. 简述确定分类标准及其运用次序的依据。
10. 文献分类的基本原则是什么?
11. 主题标引的规则有哪些?
12. 如何应用《中国分类主题词表》?

第 5 章

信息存储

◎ 本章导读

信息必须经过载体存储才能实现共享并得以传递，信息存储是各种科学技术得以存在和发展的基础。第五次信息革命实现了计算机和现代通信技术在信息工作中的广泛应用，二者的有机结合使得信息的处理速度、传播速度和存储效率得到了惊人的提高，人类处理信息、利用信息的能力达到空前的高度。本章在梳理信息存储的概念、类型、系统部件、方式的基础上，介绍信息存储的过程和工具，讨论信息存储技术和信息存储系统的相关问题。

◎ 学习要点

· 信息存储的概念、类型与方式
· 信息存储的过程
· 信息存储的工具
· 信息存储的技术
· 信息存储系统的核心部件、删冗与备份

引导案例

中国科学家创新DNA存储算法，让敦煌壁画再“活”两万年

科幻大片《侏罗纪公园》里讲述了这样一个故事：科学家们找到一块保存有史前蚊子的琥珀，从蚊子血中获得了恐龙的基因，从而让已灭绝了6000多万年的恐龙复活。恐龙的生物信息存储在DNA中，若干年后被提取并还原出来。这听上去似乎有些道理。最近，天津大学一项研究成果让人们离想象又近了一些。该校合成生物学团队将10幅精选的敦煌壁画存入DNA中，并通过加速老化等实验，发现这些壁画信息在常温下可保存千年之久，在9.4 ℃下可保存两万年。“如果在合适的温度等条件下，保存千万年也是可以的。”中国科学院院士、天津大学副校长元英进说。

人类文明进化史，也是一部信息存储技术发展史。从结绳记事、仓颉造字到磁带、硬盘等现代磁光电存储技术，数据存储帮助人类延续了思想，记录下灿烂文明。造纸与印刷术的发明，让人类能够存储的数据量在几百年内获得了大约5个数量级的提升。到了计算机时代，人类产生的数据呈爆发式增长。全世界都在建数据中心，而数据中心的能耗是惊人的，人们一直在不断寻找更海量、更稳定、更安全的存储方式。大自然鬼斧神工的绝妙之处就在于此——最好的存储器或许就藏身于生命体之中。自地球上出现生命以来，一直用DNA来存储信息，至今已有30多亿年。人类的五官在脸上如何摆放，体内的蛋白质怎样合成，眼睛是什么颜色……诸如此类纷繁复杂的人类基因组信息，都记录在比细胞还小得多的DNA上，一代代沿用至今。不同于各种人造存储设备，DNA极其精巧又经久耐用，它存储了亿万年来无数生物的遗传信息，造就了生命繁衍、进化演化及生物多样性。那么，假如把海量的信息，像存入U盘、硬盘一样，“写”到小小的DNA上，岂不是一举多得？事实上，当人类发现DNA的双螺旋结构后，美、俄科学家就先后提出了用DNA存储数字信息的概念。元英进解释说，DNA存储相较于磁、光、电等常规的信息存储介质有三个最显著的优势，其中最大的优势就在于存储密度高。目前，天津大学研究团队将部分经典视频片段存储在DNA中，已实现了体积存储密度比普通硬盘高出6个数量级。与此同时，存储的信息可用时间非常长。此次研究者将10幅敦煌壁画信息存储在DNA中，结合创新的算法，可以实现DNA分子在室温下保存超过千年，在9.4 ℃条件下保存两万年，这样的长期保存需要的能耗却很低。元英进认为，DNA存储被视为一种极具潜力的存储技术，已经成为应对数据存储增长挑战的新机遇。

5.1　信息存储概述

5.1.1　信息存储的概念

信息存储是将经过加工、整理、序化后的信息按照一定的格式和顺序存储在特定的载体中的一种信息活动。其目的是便于信息管理者和信息用户快速而准确地识别、定位和检索信息。

信息存储是信息在时间域内传输的基础,也是信息得以进一步综合、加工、积累和再生的基础,在人类和社会发展中具有重要意义。造纸、印刷、摄影、录音、录像以及磁盘、磁带、光盘等都是由信息存储驱动而产生的技术和产品。这些人造的信息存储技术与设备不仅有可能在存储容量、存取速度方面扩张人脑的存储能力,而且还具有以下两种优势:一是把人主观认识世界的信息迁移到客观世界的存储介质中,可以不受人死亡的限制而一代一代传下去;二是信息脱离了个人大脑的局限成为人类社会共享的知识,成为人与人之间进行信息交流的重要媒体。

信息储存是信息系统的重要方面,方便充分利用已收集、加工所得信息,保证信息的随用随取,为单位信息的多功能利用创造条件。

5.1.2　信息存储的类型

(1)块存储

块存储(block storage)通常是以磁盘的方式提供的,信息在块存储中表示为同等大小的块(扇区),每个块存储的比特位没有实际含义,记录的只是0和1,必须和上层存储系统结合才能表示一个实体。举例来说,文件在文件系统中是独立的实体,但如果保存到块存储上面,会通过算法拆分成多个块保存,有的还会被加密保存,所以单独看每个块的信息是没有意义的。这种存储采用直接操作磁盘的方法,所以它最大的优点是读写速度快、延迟低,通常用作信息库系统,或对输入输出(input/output,I/O)有一定要求的系统,也可以用作其他系统的底层系统。

(2)分布式块存储

分布式块存储就是将不同类型底层信息盘抽象合并,提供统一的信息接入,如图5-1所示。分布式块存储挂载到目标机器后,在目标机器上面显示的是一个磁盘,由于都遵循小型计算机系统接口(small computer system interface,SCSI)协议,操作系统并没有感知到这是一个虚拟盘,可以格式化文件系统,并挂载到指定目录,像本地文件系统一样读写。这样不仅扩展了存储容量,而且可以提高读写速度。

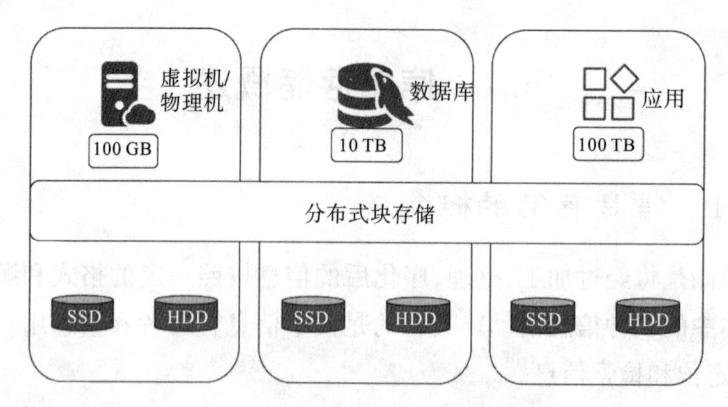

图 5-1 分布式块存储

分布式块存储主要考量的性能指标有以下几种:每秒能处理的 I/O 个数(input/output operations per second,IOPS),用于表示块存储处理读写的能力;吞吐量,用于表示单位时间内可以成功传输的信息数量;访问延迟,用于表示块存储处理一个 I/O 需要的时间。由于块大小和块存储的容量不同,性能也会不同。块越大,IOPS 越低,则吞吐量越高。通常的分布式块存储的 IOPS 大约为 10000 个,吞吐量大概为 200 Mb/s。

(3)文件存储

文件存储(file storage)是以文件目录的方式提供的,直接将文件系统呈现给用户的存储方式。我们每天应用的桌面系统,使用的就是文件系统。我们可以在目录下面创建和删除文件,每个操作对象都是一个独立的实体。文件系统可以以支持网络传输的方式共享,网络文件系统(network file system,NFS)就是最常用的网络文件存储系统。在服务端创建一个共享目录,通过 NFS 的方式,可以在多个客户端挂载这个目录,从而完成信息的读写和共享。

文件存储最大的优点是方便快捷,但其缺点也很明显:首先,由于通过网络协议传输文件,文件系统操作会导致性能及一致性的问题,无法应用在高并发场景中;其次,存储的容量受限于单个文件系统,不适用于大信息场景,文件存储一般用于中小容量的文件共享服务。

(4)对象存储

对象存储(object storage)是以二进制对象的方式提供服务,它既不像块存储那样提供块的读取,也不像文件存储那样读写文件,而是以超文本传输协议(hypertext transfer protocol, HTTP)的应用程序接口(application program interface,API)方式上传或者下载二进制对象。网盘服务就是一种对象存储,当然,最著名的对象还是亚马逊网络服务(Amazon Web service,AWS)的简单存储服务(simple storage service,S3)。

非结构化信息就是结构不固定的信息,很难通过结构化定义一个网页的信息,不同的串联样式表(cascading style sheet,CSS)风格页面布局、嵌入的图片和视频、日志信息等,结构复杂多变、不统一,这些信息的存储很难通过关系型数据库服务(relational database service,RDS)完成。对象存储的引入就是为了解决非结构化信息的低成本存储问题。

对象存储的另一个重要作用是存储大文件,如视频、图片等。相比文件存储和块存储,对象存储的容量更大,价格更便宜,并且消除了文件存储索引节点(inode)个数的限制,处理大量文件遍历的场景也比文件存储要快。但对象存储也不是万能的,它必须通过 HTTP 接口的方式传输信息,这导致其读写性能不会太好,并且无法组织复杂的目录结构。

对象存储通常分为桶(bucket)和对象(object)两级,可以将 bucket 当作一个大的目录,而 object 则是这个目录下的文件。为了安全访问,还可以分别针对 bucket 和 object 设置读写权限,如针对 bucket 的读权限包括查询 bucket 下所有对象的权限,而 bucket 的写权限主要包括更新或者删除 bucket 对象的权限,object 的读权限则包括对象下载的权限。

5.1.3　信息存储系统的核心部件

1. 存储系统的逻辑构成

存储系统是用来保存信息,并按照用户请求提供相应信息的一组部件。它不但负责信息的读/写请求,而且负责信息的传输。如图 5-2 所示,存储系统由主机系统、互联部件和存储设备三部分组成。

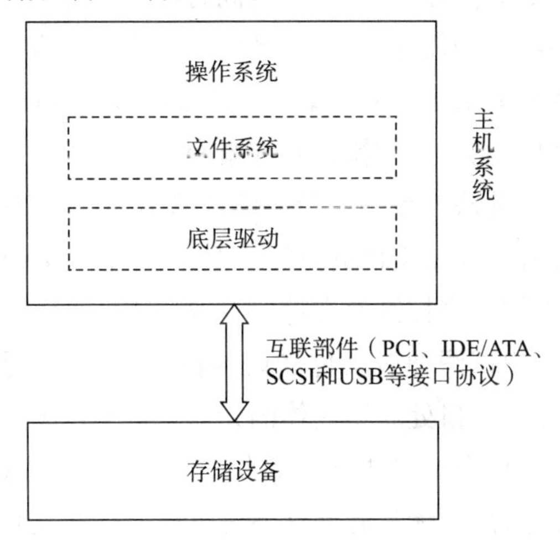

图 5-2　存储系统组成

2. 主机系统

主机系统负责完成操作系统和需要信息应用之间的交互,并完成信息的读/写请求。从结构上看,主机系统可分为物理部件和逻辑部件。

主机的物理部件由中央处理器(central processing unit,CPU)、存储设备和输入输出设备组成,如图 5-3 所示,三者通过总线或者通信线路连接起来。中央处理器包括算术逻辑单元、寄存器组和 1 级高速缓冲存储器(cache);存储设备由半导体存储器或者光盘、磁盘等存储器组成,负责信息的存储;输入输出设备主要负责主机与外部发送和接收信息,包括键盘、鼠标、通用串行总线(universal serial bus,USB)和主机总线适配器(host bus adapter,HBA)等。

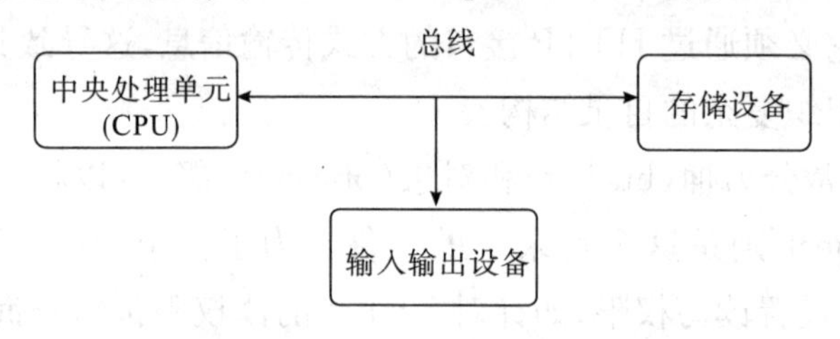

图 5-3　主机的物理部件

主机的逻辑部件主要由系统软件和协议组成,它们实现了与用户信息的交互。主要的逻辑部件包括操作系统、设备驱动、文件系统以及应用程序。其中,应用程序为用户与主机间或主机与其他系统间提供交互点。

操作系统控制计算机环境的各个方面,它在应用程序和计算机物理部件之间工作,为应用程序提供信息访问接口,同时也对用户的行为进行监视和响应。操作系统组织和控制着物理资源的分配,并对资源访问和使用提供基本的安全保障,其在管理其他底层资源如文件系统和设备驱动的同时,也承担着基本存储管理的任务。

设备驱动是一种特殊的软件,是操作系统和输入输出设备间的黏合剂。设备驱动负责传输操作系统的请求并将其转化为特定物理设备的控制器能够理解的命令。设备驱动与硬件相关,且与操作系统紧密关联。

文件系统是一个有关联关系的记录或信息的集合,它们作为一个整体存储在一起。一个文件系统就是大量文件的分层组织结构,它需要基于主机的逻辑结构和控制读/写存储软件例程来控制对文件的存取。文件系统通过使用目录把信息组织成分层结构,当用户试图通过文件名访问特定文件时,通过该名称在目录中查找相应文件入口,并在入口处获得具体的元信息。文件系统可以根据是否保存日志分为无日志文件系统和有日志文件系统。由于更新信息和元信息可能会使用到许多独立的写操作,因此无日志文件系统可能会造成文件的丢失。有日志文件系统使用一个独立的日志区域保存运行记录,日志可以保存所有写操作的信息和将要更新的元信息,在对文件系统修改之前,这些修改先写入独立的日志区。

只有在日志区被更新后，操作才能进行。如果在操作过程中发生障碍，可通过日志信息恢复相应的操作。通过日志方式可以快速检查文件系统操作，大大降低文件丢失的可能性。

3. 互联方式

互联是指主机之间或者主机同其他外围设备之间的连接，包括连接主机和存储设备的物理部件和用于主机和存储设备之间的通信协议。连接主机和存储设备的三个物理部件是总线、端口和线缆，如图 5-4 所示。

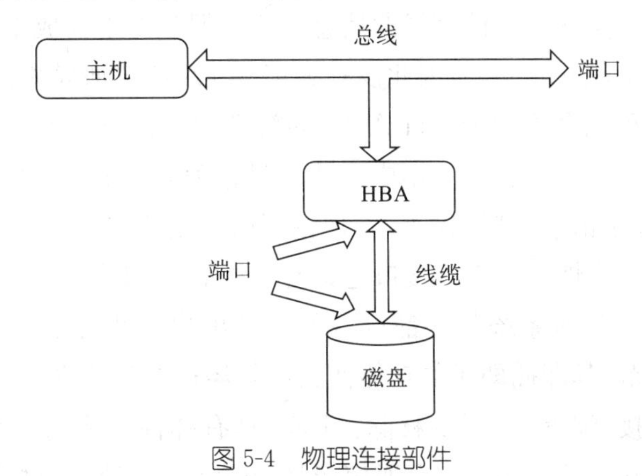

图 5-4　物理连接部件

总线是实现计算机各个部件信息传输的一组信息通路的集合；端口是专用插口，负责主机和外部设备之间的连接建立；线缆用于连接主机和内部或外部设备，主要由铜或光纤制成。物理部件通过总线在设备之间发送信息包来进行相互通信，这些信息包通过串行或并行的方式被传送。

计算机系统中的总线大致可分为两种：一种是系统总线，负责处理器和主存储器之间的信息传输；另一种是局部总线，是直接连接到处理器的高速通路。

位宽是总线的非常重要的指标，决定了一次可以传送的信息量。例如，32 位的总线能并行传输 32 位信息，而 64 位总线能并行传递 64 位信息。总线以兆赫作为衡量速度的指标，总线传输率越快，主机对存储设备的存取效率越高。

通信协议是指定义好的通信格式和交互约定，它使得发送方和接收方设备能够按约定的方式进行通信，用于局部总线和内部磁盘系统互联的协议主要包括协议控制信息（protocol control information，PCI）、集成驱动电子设备/高技术配置（integrated drive electronics/advanced technology attachment，IDE/ATA）和小型计算机系统接口（SCSI），采用闪存（主要为 NAND Flash 芯片）作为存储介质时，与主机通信时主要采用通用串行总线或串行先进技术总线附属接口（serial advanced technology attachment interface，SATA）等接口协议。

PCI 是局部总线连接外部设备一般采用的接口协议，它规定了 PCI 扩充卡

(如网卡或调制解调器)与 CPU 之间如何交换信息,同时也提供了 CPU 与附加设备之间的互联。PCI 协议具有即插即用功能,使得主机对新卡和设备能够容易地进行识别和配置,它可以进行 32 位或者 64 位的信息传输,可以达到133 MB/s的吞吐量。

IDE/ATA 协议是现在磁盘常用的接口协议,该协议集成电子技术和高级互联技术,具有低成本、高性能的特点。

SCSI 协议在高端计算机中备受青睐。SCSI 协议能够把设备连接到主机,并且采用并行的方式实现多个信息线的信息传输。但是由于其成本较高,对于一些家庭和企业用户来说并非必要,因此没有 IDE/ATA 协议那样流行。

SATA 是一种完全不同于并行 ATA 的新型硬盘接口类型,因采用串行方式传输信息而得名。SATA 总线使用嵌入式时钟信号,具备更强的纠错能力,能对传输指令(不仅仅是信息)进行检查,发现错误时会自动矫正,这在很大程度上提高了信息传输的可靠性。该串行接口还具有结构简单、支持热插拔的优点。

USB 是连接计算机系统与外部设备的一种串口总线标准,也是输入输出接口的一种技术规范,其即插即用的功能使其无须经过繁复的安装程序便可将外围装置进行任意连接、配置、使用及移除。USB 具有弹性且容易使用,被广泛地应用于个人计算机和移动设备等信息通信产品,并扩展至摄影器材、数字电视(机顶盒)、游戏机等其他相关领域。

4. 存储器层次结构

在具体的存储系统中,通常存在着不同类型的存储设备,它们在容量、成本、速度和性能上都存在很大的差异。为了以尽可能低的价格提供尽可能高的速度和尽可能大的存储容量,存储系统将不同的存储器组合起来,形成一个存储器层次结构。如图 5-5 所示,0 层是 CPU 寄存器组,由编译器完成分配,传送速度同处理器速度,主要存放系统当前运行中最常用的信息;1 层是高速缓冲存储器(cache),分为内部 cache 和外部 cache 两层,用来存放主存储器中的常用信息,由

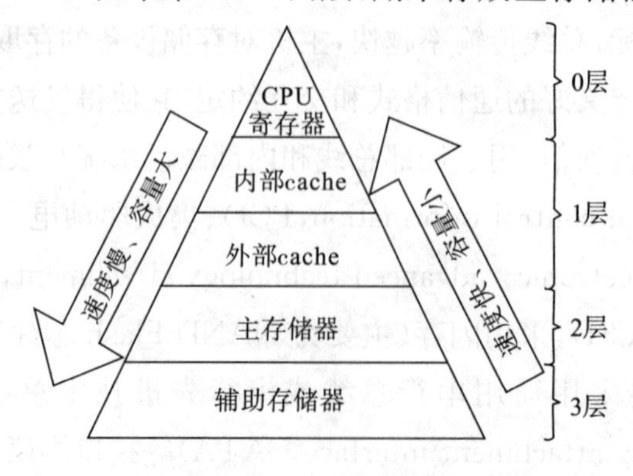

图 5-5 存储器层次结构

存储管理单元控制；2 层是主存储器，由存储管理单元和操作系统共同管理；最下面的 3 层是辅助存储器，通过 I/O 通道进行存取并提供大容量和非易失性的信息存储能力。

广义的存储系统包括 CPU 中的寄存器、多级 cache、内存和外部存储设备，而狭义的存储系统仅包含外部存储设备。在本书中，如没有特别说明，存储系统一般均指狭义的存储系统。相对于内存，外部存储设备要提供大容量和非易失性的信息存储能力，从而保证系统在断电或者意外断连主机的情况下能够正确地保存信息。

随着互联网的发展和信息量的爆炸式增长，用户需要拥有更高性能的计算机存储系统。然而，传统硬盘由于受机械结构的限制，其存取速度远远跟不上 cache 和主存储器，成为高性能存储系统发展的瓶颈。而新兴的固态硬盘（solid state disk，SSD）技术日益成熟，由于其具有存储速度快、防震性好、能耗小、噪声低等特点，SSD 得到了越来越多用户和商家的青睐。目前有三种利用 SSD 技术解决存储结构问题的方案。

第一种方案是在存储系统中直接用 SSD 取代传统硬盘，该方法具有性能好、省电、无须修改存储系统结构和接口的优点，但是目前造价较机械硬盘仍偏高，适合用于相对高端的计算机。

第二种方案是使用带有 SSD 的改进硬盘，即在传统机械硬盘上安装快速 SSD 模块。该方案性价比较高、磁盘操作简单、传输带宽高，但是改变了原有的存储系统结构，同时继承了传统硬盘的一些缺点，如抗冲击性差、读写时间长等。

第三种方案是把 SSD 和基本输入输出系统（basic input/output system，BIOS）芯片合二为一。该方案改变了存储系统结构，性能更好，操作系统可以快速开机，存取速度快，能够提高整个存储系统的性能。但是此方法需要改变计算机系统结构，重写操作系统启动程序，目前技术上还不太成熟。

无论使用哪种方案，SSD 因具有更高的存取效率和更好的稳定性，势必会成为未来主流的存储介质之一。

5.1.4 信息存储方式

1. 直接附接存储

直接附接存储（direct attached storage，DAS）是指存储设备与主机直连的架构。主机内部磁盘驱动器和与主机直连的外部存储都是 DAS 的典型例子。虽然存储网络技术的各种形式正在兴起，但 DAS 依然适合小型环境下（个人计算或工作组）的本地数据访问。根据其与主机的相对位置关系，DAS 可以分为内部 DAS 和外部 DAS 两类。

在内部DAS架构中，存储设备在内部通过串行或并行总线与主机连接，如图5-6所示。物理总线有距离限制，要保证高速传输，只能在较短距离内使用。另外，多数内部总线支持的设备数量非常有限，且在主机内部占据很大空间，加大了其他部件维护的难度。

图5-6 内部DAS

在外部DAS架构中，主机与外部存储设备直连，数据访问在块级别进行，如图5-7所示。多数情况下，主机和存储设备直连的通信使用SCSI或光纤信道(fiber channel，FC)协议。与内部DAS相比，外部DAS消除了距离和设备数量的限制，可以对存储设备进行集中管理。

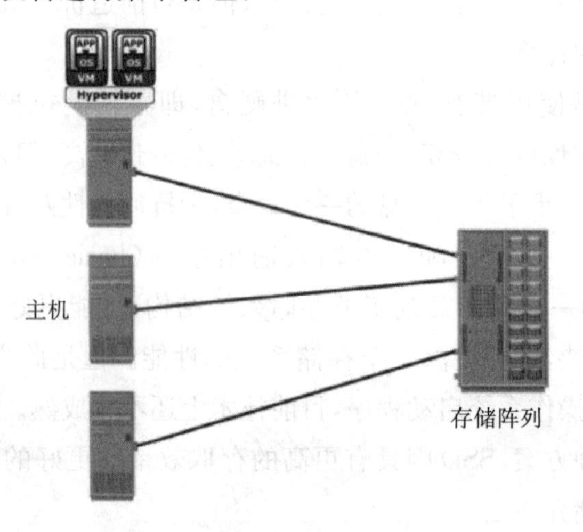

图5-7 外部DAS

与存储网络架构相比，DAS需要的初始投入较低、配置比较简单，可以简单快速地部署，只需较少的软硬件便可以搭建和运行。设置管理通过主机上的工具(如主机操作系统)进行，大大简化了小型环境下的存储管理。

但是，DAS的扩展性并不好。存储阵列的端口有限，限制了可直连的主机数量，当达到容量(端口)上限时，服务的可用性就会受影响。因为可共享的前端端口有限，所以DAS并不能充分利用资源。同时，在DAS环境下，未被利用的资源很难重新分配，造成了要么过度应用，要么应用不足，形成存储资源孤岛。

2. 网络附接存储

网络附接存储(network attached storage,NAS)主要有三种类型,分别为统一式 NAS、网关式 NAS 和横向扩展式 NAS。

统一式 NAS 使用统一的存储平台将基于 NAS 和基于存储区域网络(storage area network,SAN)的数据合并访问,提供可以同时管理两种环境的统一管理界面。统一式 NAS 提供文件服务,同时负责存储文件数据,并提供块级数据访问。它支持用于文件访问的通用网络文件系统(common internet file system,CIFS)协议和 NFS 协议,以及用于块级访问的 SCSI 协议和 FC 协议。将基于 NAS 和基于 SAN 的访问合并到同一个存储平台,统一式 NAS 降低了企业的基础设施成本和管理成本。

统一式 NAS 的一个系统中包括一个或多个 NAS 头以及存储设备。NAS 头与存储控制器连接,以提供到存储的访问。存储控制器提供与 iSCSI 和 FC 主机的连接,存储可使用不同的磁盘类型,以满足不同的负载需求。统一式 NAS 的每个 NAS 头都有前端以太网端口,用于连接 IP 网络。前端端口用于连接客户端,为文件 I/O 请求提供服务。每个 NAS 头也都有后端端口,用于连接存储控制器。主机通过存储控制器上的 iSCSI 和 FC 端口可直接访问或通过存储网络进行块级数据访问,如图 5-8 所示。

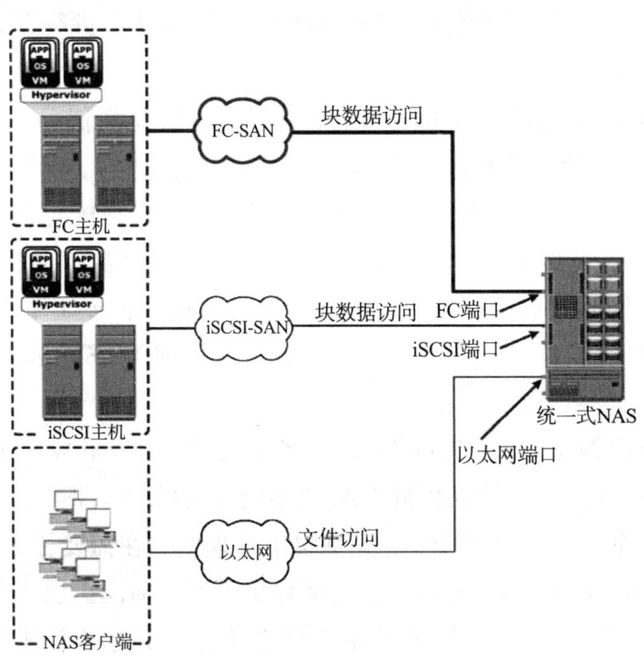

图 5-8　统一式 NAS 连接

网关式 NAS 设备包含一个或多个 NAS 头,使用外部存储或者独立管理的存储。与统一式 NAS 相似,存储是与其他使用块级 I/O 的应用共享的,这种方案的管理功能比统一式 NAS 环境复杂，因为 NAS 头和存储器的管理任务是分开的。网关式 NAS 可以利用 FC 基础设施，如交换机、导向器等访问 SAN 存储阵列或者直接式存储阵列，如图 5-9 所示。

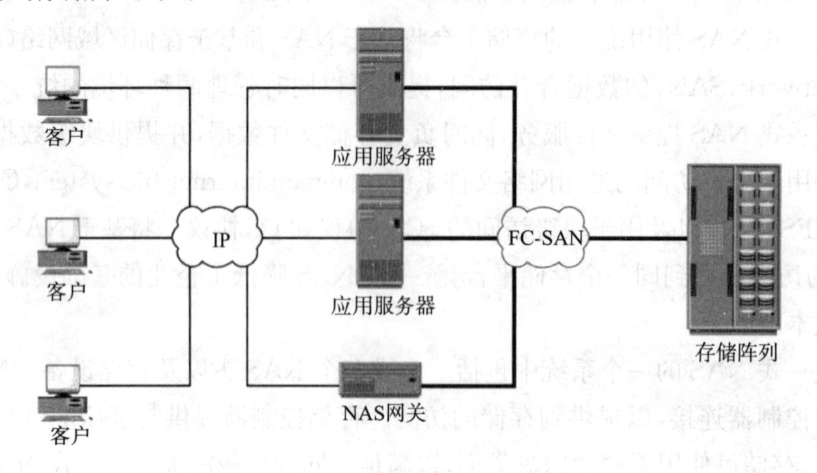

图 5-9 网关式 NAS 连接

网关式 NAS 的扩展性比统一式 NAS 好，因为 NAS 头和存储阵列可以独立地根据需求进行扩展升级。例如，可以通过增加 NAS 头的方式提升 NAS 设备的性能。当存储容量到达上限时，网关式 NAS 设备可以独立于 NAS 头对 SAN 进行扩展，增加存储容量。网关式 NAS 通过在 SAN 环境中进行存储共享，提高了存储资源的利用率。

网关式 NAS 的前端连接方式与统一式解决方案是类似的。在网关式 NAS 中，NAS 网关和存储系统间通过传统的 FC-SAN 进行通信。部署网关式 NAS 解决方案时，必须考虑多路径数据访问、冗余架构以及负载分配等因素。

统一式 NAS 和网关式 NAS 都提供了一定的扩展性能，可以在数据增长和性能需求提高的同时对资源进行扩展，对 NAS 设备进行扩展主要涉及增加 CPU、内存和存储容量，扩展性受制于 NAS 设备对后续增加 NAS 头和存储容量的支持能力。

横向扩展式 NAS，又称集群 NAS，可组合多个节点，形成一个集群 NAS 系统，如图 5-10 所示。只需要向集群 NAS 架构中添加节点，即可实现资源的扩展。整个集群可看作一个 NAS 设备，资源是集中管理的。在需要扩大容量或提高性能的时候，可向集群中添加节点，不会造成停机下线。横向扩展式 NAS 可以集合许多性能和可用性中等的节点，形成的集群系统拥有更好的总体性能和可用性，还有易使用、成本低以及理论上可无限扩展的优势。

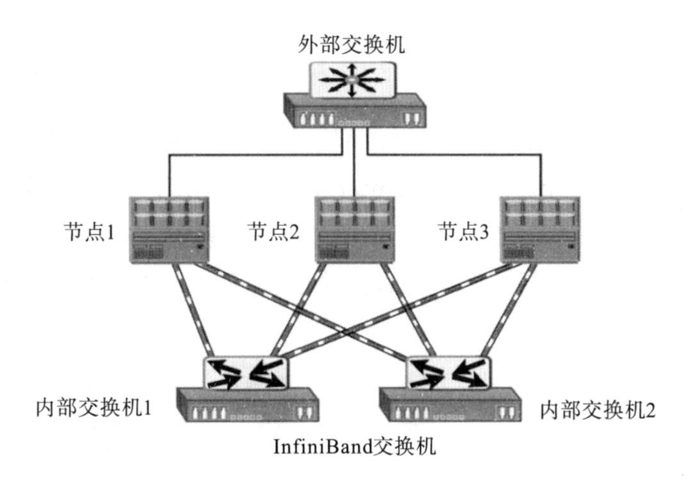

图 5-10　配置双路内网和单路外网的横向扩展式 NAS 连接

集群 NAS 在集群中的所有节点上创建了一个单一文件系统，节点的所有信息都可以彼此共享，因此，连接到任何节点的客户端都可以访问整个文件系统。集群 NAS 将数据在所有节点间分条，同时使用镜像或校验方式进行数据保护。数据从客户端发送到集群时，数据被分割，并行分配给不同节点。当客户端发送文件读取请求时，集群 NAS 从多个节点获取相应的块，将它们组合成文件，然后将文件发给客户端。随着节点的增加，文件系统实现动态扩展，数据在节点之间均衡分布。每个增加的节点都增加了整个集群的存储、内存、CPU 和网络能力，因此，整个集群的性能也得到提升。集群 NAS 能够统一管理和存储高速增长的数据，同时又十分灵活，能满足各种性能需求。

集群 NAS 集群使用独立的内外部网络，分别用于后端和前端的连接。内部网络为集群内部通信提供连接，外部网络用于连接客户端访问和共享文件数据。集群中的每个节点都连接在内部网络上，内部网络具有高吞吐量和低延迟的优点，使用 InfiniBand 技术或吉比特以太网，节点连接到外部以太网后才能被客户端访问，为了实现高可用性，可为内外网配置冗余组件。

3. 存储区域网络

存储区域网络(SAN)是一种独立于业务网络系统之外，以块级数据为其基本访问单位的高速存储专用网络。随着 SAN 技术的不断发展，直至现今，形成了三类存储区域网络体系：以 FC 为基础的 FC-SAN、以互联网协议(internet protocol，IP)为基础的 IP-SAN 和以串行连接小型计算机系统接口(serial attached SCSI，SAS)总线为基础的 SAS-SAN。

(1)FC-SAN

FC-SAN 采用光纤信道作为传播媒体，以 FC＋SCSI 的应用协议作为存储访问协议，以块级数据作为基本访问单位，将存储系统网络化，真正实现了高速共享存储的目标。FC-SAN 提供了三种基本连接方式，分别为点对点式光纤网、光纤信道仲裁环以及交换式光纤网。

在 FC-SAN 中，存储服务器上通常配置两个网络接口适配器：一个用于连接业务 IP 网络的网络接口卡（network interface card，NIC），服务器通过该网卡与客户机交互；另一个网络接口适配器是与 FC-SAN 连接的主机总线适配器（HBA），服务器通过该适配器与 FC-SAN 中的存储设备通信。FC-SAN的结构示意图如图 5-11 所示。

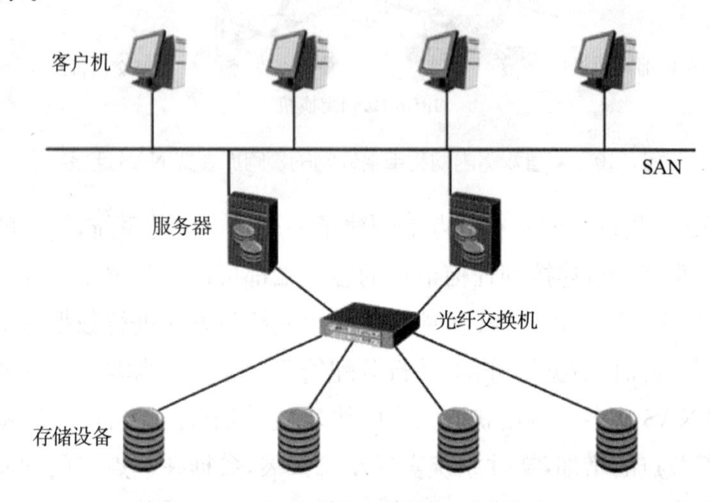

图 5-11 FC-SAN 的结构示意图

（2）IP-SAN

由于 FC-SAN 的价格高昂且其自身还存在部分缺点，SAN 技术并不能得到真正意义上的广泛应用。为了提高 SAN 的普及程度，并充分利用 SAN 本身所具备的架构优势，SAN 的发展方向开始考虑和已经普及的并且相对廉价的 IP 网络融合。

IP 存储就是使用 IP 网络而不使用光纤网络来连接服务器和存储设备的技术。IP 存储是基于 IP 网络来实现块级数据存储的方式，在 IP 存储方案中，数据的传输是在 IP 网络中以块级进行的，这使得服务器可以通过 IP 网络连接到 SCSI 设备，并且就像使用本地的设备一样，无须关注设备的实际地址或者物理位置。整个存储网络连接以 IP 协议和以太网为主，以廉价并且成熟的 IP 技术替换 FC-SAN 中的 FC 技术，这样的存储解决方案具备更好的成熟性和开放性，并且由于 IP 设备的标准性和通用性，消除了传统 FC-SAN 的产品兼容性和连接性方面的问题。基于 IP 存储技术的新型 SAN，同时具备 FC-SAN 的高性能和传统 NAS 的数据共享优势，为新的数据应用方式提供了更为先进的架构平台。

（3）SAS-SAN

作为一种新的存储接口技术，SAS 不仅在功能上能够与光纤信道比肩，还具有兼容 SATA 的能力，因此被业界公认为取代并行 SCSI 的首选。SAS-SAN 存储方案与 IP-SAN 或 FC-SAN 存储原理和架构相同，但改变了存储设备硬件。专业人士认为，在企业级存储系统中，SAS 取代 FC 只是个时间问题。

SAS-SAN 的优点明显，其存取速度相对 IP-SAN 有很大的提高，兼容性能是目前主流 SAN 存储架构中最好的，存储综合性能属于中等，价格也远低于 FC-SAN，适用于中端或中高端的关键应用存储以及大容量的非关键应用存储。

但 SAS-SAN 的缺点也是显而易见的，主要表现在速度仍未达到 FC-SAN 的水平，所以在对速度有严格要求的大型高端应用中，还是无法见到 SAS-SAN 的身影，并且 SAS 受连接距离的限制，其在远程容灾方面表现较差。

SAS-SAN 存储因低廉的价格、更好的兼容性和适中的综合存储性能，正不断在新兴市场中扩大份额。在抢占原本属于 IP-SAN 存储的中低端市场的同时，在中高端存储市场中，也在逐渐替代昂贵的 FC-SAN 旧系统。

5.2　信息存储过程

5.2.1　信息编码

在非洲的草原上，食草动物在发现狮子或者鬣狗接近它们的时候，会发出预警的声音，然后大家一起逃命，这其实就是在使用和传播信息，而预警的声音，就是一种信息编码。20 世纪的人类学家在研究一些原始部落时，发现原始人在遇到危险时，也会像动物一样发出叫声，然后他们还会用一些含糊的声音进行交流。

早期人类了解和需要传播的信息是很少的，只需要发出不同的叫声，或者做些不同的手势和肢体接触即可。但是随着人类的进步和文明的发展，需要表达的信息也越来越多，不再是几种不同的声音就能传达的了，因此，语言便产生了。

信息一般有两种编码方式，即等长码和不等长码。等长码假设它所描述的信息集合中各符号(元素)出现的概率是相等的，符合最大熵的条件，编码效率最低。为了便于存储、计算和显示等各种处理，计算机代码多取等长码。有时为了压缩信息存储空间和节省信息传输时间，需要提高信息的编码效率。这时，需要采用不等长码编码方式。

如果要表达 100 个数字，可以设计 100 个不同的编号，让它们一一对应，或者只设计几种编号，然后相互组合，来表达 100 个数字。显然，第二种方法更简洁，但这两种方法在信息论中是等价的。对于数字编号，如果采用很多个符号，编码长度就会较短，但是系统却更加复杂。香农对此作出了严格的数学证明，得出“编码长度≥信息熵(信息量)/ 每一个码的信息量”这一结论。

5.2.2 信息压缩

信息压缩就是在给定的空间内增加信息的存储量，或对给定的信息量减少存储空间的方法。信息压缩可以节约大量的存储空间，减少信息传输的时间，节省频带宽度，在一定意义上实现信息保密。

压缩率可定义为：压缩率（T）＝原有信息的存储空间/压缩后信息的存储空间。把压缩率的倒数定义为压缩指数，即压缩指数＝ $1/T$。

19 世纪初，法国数学家傅里叶发现任何周期性的函数（信号）都等同于一些三角函数的线性组合，如图 5-12 所示。

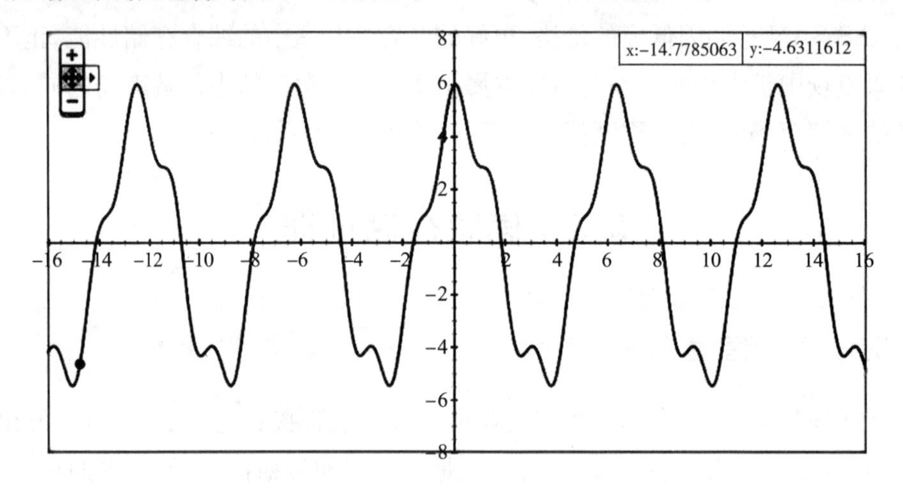

图 5-12 周期性函数图像

通常情况下，生活中的各种信号都是随着时间变化的，比如一年中每一天的温度，它从每一年的第 1 天到第 365 天都会有高低的变化，如果我们把历史上全部的温度记录画成一条曲线，它将大致呈现为图 5-12 的周期性函数样式，一个周期就是一年。

如果我们要记录 100 年间每天的平均气温，就需要 3 万多个数据，这个数据量比较大，但是它具有周期性，我们可以利用这种周期性来进行信息压缩。而对于这一类周期变化的信号，信息压缩的基本原理大致如下：①找到这种周期性信号的等价信息；②对等价信息进行压缩；③如果要使用原来的信号，通过压缩后的等价信息可复原为原来的信号。对于周期性的信号，等价信息就是一组正弦（或余弦）波。

傅里叶发现所有的周期性信号都可以用频率和振幅不同的正弦函数叠加而成，即周期性信号里面所包含的信息和若干正弦函数的频率、振幅信息是完全等价的，这种变换被称为傅里叶变换。

利用傅里叶变换，可以将 100 年里温度变化的信息用大致 20 条频率和振幅不同的正弦曲线叠加而成。也就是说，100 年里 3 万多个温度样点里的信息，基本上等价于 20 个频率数据和 20 个振幅数据，这样一来，信息就被压缩了近百倍。

音频、图像和视频的压缩，就是利用这个原理。其中的关键就是找出等价的信息，虽然有些图像看上去不像是有周期性振动的波形，但是如果用放大镜把图放得特别大，看到一个个像素，就可以发现相邻的像素之间颜色和灰度的变化是相对连续的。利用这个特性，人们发明了一种被称为“离散余弦变换”（discrete cosine transform，DCT）的数学工具。

DCT 可以被认为是傅里叶变换的延伸，只不过它没有使用正弦波，而是采用如图 5-13 所示的 64 个基本灰度模板，任何照片都可以用这 64 个基本灰度模板组合而成。当然，对于彩色图片，需要使用带有红、绿、蓝三原色的彩色模板。一幅图片可通过这 64 个灰度模版的组合变成一组数字，这些数字就是模板中相应的模块的权重。

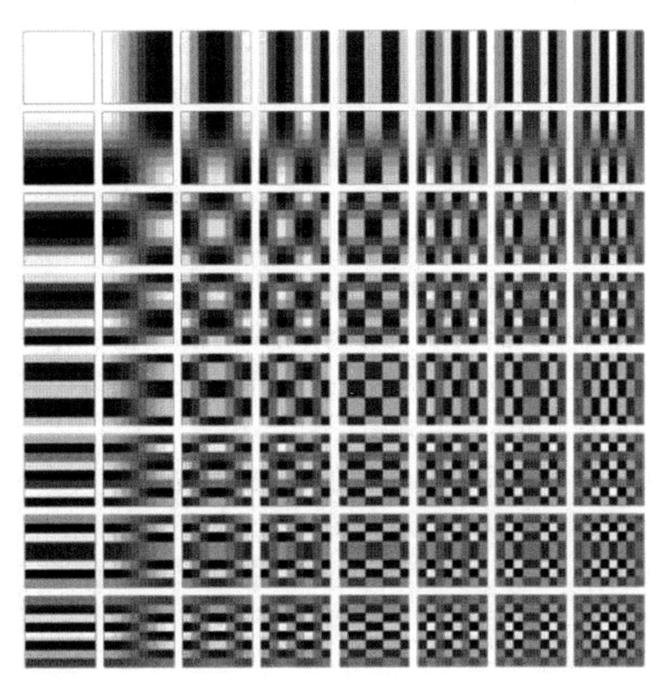

图 5-13　64 个基本灰度模板

很多时候，一种原始信息包括很多冗余的成分，而且这些成分很难直接压缩，可以将它们转化为容易压缩的等价信息，再进行压缩、存储和传输。在使用和接收到被压缩的等价信息后，应先解压，将其恢复回原来的信息，再使用。

5.2.3 信息分类

1. 信息分类原则

为便于计算机对信息进行处理，要求信息代码应具有代码结构简洁的特点，按照信息编码原理对信息进行代码化，一般可以采用纯数字字符串表示，这样有利于操作，输入速度也快。如“性别”类的国家标准代码为1(男)和2(女)，由于代码化了，因此可节省一半的容量，从而提高数据处理的速度和可靠性。如对汉字字符串作代码化处理，可以用查表的方法代替汉字外部码向内部码的转换处理环节，从而提高处理的速度和可靠性。

在对信息进行代码化前，首先要对信息进行科学的分类。可以说，科学的信息分类是设计好信息代码体系的前提。信息分类的原则主要有：①科学性，指信息分类的客观依据通常要选取事物或概念最稳定的属性或特征；②系统性，指将选定的事物或概念的属性或特征按一定顺序予以系统化，并形成一个合理的分类体系；③可扩性，指在建立信息分类体系时，应该留有余地，以适应系统发展的需要。此外，还有标准化等原则。

2. 信息分类方法

(1)线分类法

线分类法是将分类对象的若干属性或特征，逐级地组成相应的若干个层次目录，并构成一个层次式的逐级展开的分类体系。目前常用的有《中华人民共和国行政区划代码》(GB/T 2260—2007)、《国民经济行业分类》(GB/T 4754-2017)、《职业分类与代码》(GB/T 6565—2015)。

在线分类法的分类体系中，同位类的类目之间存在并列关系，不重复，也不交叉，下位类与上位类类目之间存在着隶属关系。在线分类体系中，一个类目相对于由它直接划分出来的下一级类目而言，称为上位类；由上位类直接划分出来的下一级类目相对上位类而言，称为下位类；由一个类目直接划分出来的多个下一级类目，彼此称为同位类。

线分类法的原则：在线分类中，由某一上位类划分出的下位类类目的总范围应与上位类类目相等，当某一个上位类类目划分成若干个下位类类目时，应选择一个划分基准；同位类类目之间不交叉、不重复，并只对应于一个上位类；分类要依次进行，不应有空层或加层。

线分类法层次性好，能较好地反映类目之间的逻辑关系，使用方便，既符合手工处理信息的传统习惯，又便于计算机处理信息。但其结构弹性较差，分类结构一经确定，不易改动，效率较低，当分类层次较多、代码位数较长时，会影响信息处理的速度。

(2)面分类法

面分类法是将所选用分类对象的若干特征视为若干个“面”,每个“面”中又可分成彼此独立的若干个类目。编排代码表时,再按一定的顺序将各个“面”平行排列,形成一个“多面”的复合类目体系。在选用面分类法时,应遵循以下几条基本原则:①根据需要,选择分类对象本质的属性或特征作为分类对象的各个“面”;②不同“面”的类目不应相互交叉,也不能重复出现;③每个“面”有严格的固定位置;④“面”的选择以及位置的确定,应根据实际需要而定。

面分类的分类结构具有较大的柔性,任何一个“面”内类目的变动不会影响其他 “面”,而且可以对“面”进行增删。“面”的分类结构可根据任意“面”的组合方式进行检索,这有利于计算机的信息处理。但面分类法不能充分利用容量,可组配的类目虽然很多,但有时能实际应用的类目不多,难以实现手工处理信息。

3. 信息分类编码的功能

信息分类编码即代码,是一个或一组有序的、易于计算机和人识别与处理的符号,有时也称为“码”,代码有以下几种功能。

①标志。代码是鉴别编码对象的唯一标志。

②分类。当按编码对象的属性或特征(如工艺、材料、用途等)分类,并赋予不同的类别代码时,代码又可以作为区分编码对象类别的标志。

③排序。当按编码对象发生(产生)的时间、所占有的空间或其他方面的顺序关系分类,并赋予不同的代码时,代码又可作为编码对象排序的标志。

④特定含义。由于某种客观需要采用专用符号时,代码又可提供一定的特定含义。在这些功能中,标志功能是代码的最基本的特性,任何代码都必须具备此种基本特性。代码的其他功能是人们为了便于处理信息、管理信息而选用的,是人为赋予的。

4. 信息分类编码的种类

(1)顺序码

顺序码是一种用连续数字代表项目名的编码。这种编码的特点是码位数少,一个项目一个连续号,容易处理、设计和管理。如果要追加编码,只需要在连续号的最后添加一个号即可。但这种编码缺乏分类组织,一旦确定后没有弹性,不适宜分类,同时项目比较多时,编码的组织性和体系性较差,所以编码除了起序列作用之外,本身并无意义。顺序码适用于项目比较少、项目内容长且时间不变动的编码。

(2)位别码

位别码是用不同的位来代表不同的类别,每一类按顺序连续编号的编码方法。例如,《中华人民共和国行政区划代码》(GB/T 2260—2007)是用 6 位数字,按层次分别表示我国各省(自治区、直辖市)、地区(市、州、盟)、县(市、旗、镇、区)的名称,从左至右的含义是:第1位、第2位表示省(自治区、直辖市),第3位、第4位表示地区(市、州、盟),第5位、第6位表示县(市、旗、镇、区)。这种代码的特点是码中的数字或字母的位值和位置都代表一定的意义,能够表示编码对象的分类体系,构成非常自然,容易追加、记忆,位数较少,用来进行信息处理比较方便。

(3)表意码

表意码是把直接或间接表示编码化对象属性的某些文字、数字、记号原封不动地作为编码。例如,厘米-cm,千克-kg。这种编码的特点是见码忆意,易记、易理解。但随着编码数量的增加,其位数也需增加,会给处理带来不便。表意码适用于物质的性能、尺码、质量、容积、面积和距离等的表示。

(4)合成码

合成码是把编码对象用两种以上编码进行组合,可以从两个以上的角度来识别、处理的一种编码。它可以由多个信息项/字段构成,每个信息项/字段分别表示分类体系中的一种类别。这种码的特点是容易进行大分类、增加编码层次,可以从多方面去识别,做各种分类统计非常容易,但位数和信息项个数较多。

5. 信息分类编码的步骤

首先要确定分类编码对象,然后按照编码对象的特性,选择相应的分类编码设计方法,确定代码的编码方式,即对每一编码对象要制定码长、分层和各码位意义的取值规则,最后编制编码表,即每一编码对象按既定的编码规则编制出该编码信息元素的所有可能的取值表,包括代码对象、编码目的、使用范围、使用期限、编码件数、代码结构等,使其尽可能地与国际、国内标准的信息代码相一致。同时,为方便系统内部信息处理与共享,满足与系统外的信息交换,可以制定简化编码规则标准与上级标准的自动换码表。在进行编码的过程当中,还应注意以下事项。

①如果使用字母和数字混合编码,应避免使用字母O、I、Z等,以免书写时与0、1、2相混淆。

②编码中尽可能不用 -、#、* 等无意义的符号。

③确定编码方案时,一定要保留足够的空间以方便以后扩充,编码应尽可能简短。

④凡是存在的事物都必须予以编码。

⑤每种事物只能有一个编码,同样,一个编码只能对应一个事物。

5.2.4 计算机存储

计算机存储对存储器性能有一定的要求,包括容量、存取速度、传输速率、持久性(可使用期和保存期)、噪声特性、可否直接重写、功耗和热耗散要求等,此外,对整个存储系统还要考虑系统的可靠性和成本等因素。计算机存储系统一般分为主存储器和辅助存储器两大类。

目前的计算机系统中,存储器的性能与处理器相比是落后的。响应最快的高速缓冲存储器(cache)存取一次信息也要花几个时钟周期,且不可能将所有要用到的信息都保存在最容易读写的位置——CPU 中,因为这样做成本太高,因此,计算机系统采用的是存储器分级结构。紧靠 CPU 的寄存器和高速缓冲存储器还可分为信息高速缓冲存储器和程序代码高速缓冲存储器,一些高档的 CPU 芯片中已集成了一部分高速缓冲存储器在其内部,可以进一步提高工作效率。离 CPU 最远、速度最慢但容量极大的存储器称为后援存储器,如磁带库、光盘和独立磁盘冗余阵列(redundant arrays of independent disks,RAID)。

计算机系统中可以有寄存器、高速缓冲存储器[如静态随机存储器(static random access memory,SRAM)]、主存储器[如动态随机存储器(dynamic random access memory,DRAM)]、辅助存储器(如硬盘等)、后援存储器等五个层次的不同类型的存储器,它们组成了一个存储器体系。

一般而言,计算机系统中寄存器的个数在十几个到上百个;cache 的容量在几千字节到几百千字节,存取周期在几十纳秒;主存储器容量在几十兆字节到上百兆字节,存取周期在几十纳秒;硬盘容量在几吉字节到近百吉字节,存取周期为毫秒级;后援存储器容量在数百吉字节甚至太字节以上,存取周期为秒级。特别要指出的是,层首 cache 容量不大,但访问信息成功率高(命中率可逾 95%),这是因为在程序执行时,一段时间内通常只需去存取相对十分集中的一部分信息(即"访问局部性原理")。此外,cache 不占用主存储器地址空间。多级层次组成的存储器体系十分有效、可靠,能达到很高的性价比。

由于软件的规模越来越大,运行程序所需的主存储器空间也越来越大。采用虚拟主内存技术扩充主存储器是一种行之有效的方法。虚拟内存是利用硬盘并借助于自动覆盖和交换技术来实现的。一个大的作业提交给系统,其中一部分信息存放在主存储器,另一部分信息存放在硬盘,当需要运行这部分程序时,再临时将其从硬盘读出调入主存储器(覆盖空间在不同时间供不同程序段使用,运行完毕即可退出)。

保存在外部存储器中的信息有两种组织方法,分别为文件组织和信息库。

文件组织中信息的结构组织分为流式文件和记录式文件两大类。流式文件是信息的序列集合,可以看成是信息的字节流;而记录式文件是逻辑记录的集合,是按存储信息在逻辑上的独立含义来划分的一个信息结构单位。操作系统经常以流式文件的方式来组织和管理在外存设备上驻留或在键盘、显示器、打印机等外部设备上输入/输出的信息。而在程序设计语言中，通常以记录式文件的方式来定义和操作外存信息。文件组织方法的基本特征是用逻辑记录的定义来体现信息实体的属性所组成的信息联系，而文件和文件之间可能存在的信息联系只能依靠用户程序对这些文件的处理逻辑来体现，在文件组织结构本身的定义中则没有反映。

信息库用信息(库)模型的概念来表达外存信息集合的内部结构。信息(库)模型的定义既能表达信息实体间的逻辑联系，也能表达实体之间的实体对应联系。

5.3 信息存储工具

5.3.1 纸质存储

信息存储是各种科学技术得以存在和发展的基础。长久以来，人类一直在不断地探索和寻求保存信息的工具和方法。随着社会的发展和进步，人们明白单凭大脑记忆是不够的，还需借助于一些实物(如不同形状和色彩的石块)、在绳上打结等进行记事，可以认为，这些记事方法是信息存储的开始。结绳刻痕是人类最早的、最低级的存储信息方法。泥土、石块、甲骨、竹简、丝帛都曾作为信息存储的主要工具。文字、纸张、印刷术这些信息技术革命的成果是人类解决信息存储、信息表达、信息交流、信息载体问题的第一次飞跃。在我国，仅文字演变就经历了甲骨文、金文(钟鼎文)、小篆、隶书、楷书、草书和行书等阶段。文字的出现、造纸术和印刷术的发明，使信息存储技术得到了跨越式发展。直至今日，在纸张上书写或印刷信息的方式仍然是人们最普遍的信息记录方式。

随着科学技术的发展，社会信息量剧增，信息资料数量的飞速增长已成为当今社会的一大特点。据统计，科技文献资料的数量约每7年翻一番，一般的情报资料则每隔2～3年翻一番。由于纸张存储存在体积大、查阅速度慢和维护不便等问题，用纸张存储信息不再能满足时代发展的需求。

5.3.2 磁盘磁带存储

一切可以转换成电信号的信息都可存储在磁媒质上。自1898年丹麦的波尔森成功地发明了第一台磁性录音机以来，磁盘磁带存储逐渐被人们所接受并应用于计算机、自动控制、医疗卫生、广播电视、电影娱乐、宇航技术、军事技术、地质勘探、文化教育、金融商务等方面，磁媒质和相关设备得到了很大的发展。

磁带是由塑料带基的一面涂上能磁化的氧化铁材料制成的，通过电磁脉冲在其表面形成许多肉眼看不见的磁化点,将信息记录在磁带上,可作为录音、录像、仪器测量、计算机存储之用。磁带分为卷式磁带和盒式磁带两种,携带方便、存储容量大、容易保管、价格便宜,但只能顺序存取。

磁盘是由一面或两面涂有磁化物的金属圆盘片或盘片重叠成盘组构成的。它的存取速度快,可直接存取,通常用作计算机外存储器和电视广播的视频磁盘,包括硬磁盘和软磁盘。

利用磁带磁盘存储具有很多优点。从用户角度看,这种存储方式不仅价格便宜,而且可以长久保留、复制、删除信息,占用存储空间少,容量大,存储媒质可重复使用。从技术角度看,磁存储的频带宽,可存储从直流信号到 2 MHz 以上的交流信号,当采用多路频率调制方式进行存储时,能同时进行多路信息的存储,可对高频信息采用高速存入、低速重放的方式,对低频信息采用低速存入、快速重放的方式。

5.3.3 缩微摄影

缩微摄影是在感光材料(如胶片、胶卷)上记录缩微影像的技术和过程,记录了影像的缩微胶片叫作缩微品。制作、存储、管理和使用缩微品的有关技术统称为缩微摄影技术。缩微摄影技术也是文献管理的一种有效手段,它把文献资料以缩小影像的形式摄影记录在胶片上,经加工制作成缩微品保存和使用。这一技术的应用在保护文献原件、提高文献利用率、降低管理费用方面起到了重要的作用,在档案馆、图书馆、情报部门等也得到了推广和使用。缩微摄影技术随着信息技术的发展而不断发展,现如今,缩微品已成为信息传播的重要载体之一,缩微摄影技术作为有效的信息管理手段已卓见成效。

现代科学技术的进步促进了缩微摄影技术的提高与发展,特别是计算机技术、激光信息技术等给缩微摄影技术的发展带来了新的生命力。20 世纪 60 年代,出现了计算机辅助检索技术,可使密集信息存储技术与快速检索技术结合起来,满足了现代信息社会对信息高密集存储和快速检索的需要。近几年,还开发了以计算机为基础,将光盘、磁盘与缩微胶片结合起来的复合信息管理系统,促进了网络复合型的信息和影像管理系统的发展,并使缩微摄影技术在现代信息处理领域中发挥了更大的作用。

1. 缩微摄影技术的优点

(1)存储密度大

缩微是利用摄影的方法将原件的缩小影像记录在缩微胶片上,普通缩小比例范围为 1 ∶ 48～1 ∶ 7,缩小影像是原面积的 $\frac{1}{2304}$～$\frac{1}{49}$,超高缩小比例可达

1∶250～1∶90,其缩小影像是原面积的$\frac{1}{62500}$～$\frac{1}{8100}$。

(2)记录效果好

用缩微摄影技术拍摄档案、图书和资料时,可将原件的形状、内容、格式、字体以及图形等的原貌忠实地记录在缩微胶片上,形成与原件完全相同的缩小影像。如果需要表现出原件的颜色,可使用彩色缩微胶片拍摄,以获得质量更好、可读性更高的复制品。

(3)便于使用

缩微品是利用摄影的方法将原件上的信息记录在缩微胶片上的信息载体。缩微胶片可直接放大阅读,无须解码和翻译,不受技术发展的影响,且便于携带,不受电磁场的干扰。可以用缩微品的形式对图书、档案、报刊等文献资料出版、发行,在图书馆之间还可以用缩微品的形式开展馆际间和国际间的互借活动,以达到资源共享的目的。

(4)记录速度较快

利用缩微摄影技术记录信息时,连续拍摄的轮转式缩微摄影机每分钟可记录A4幅面的原件200～300页,计算机输出的缩微胶片装置每分钟可记录相当于A4幅面的原件500页。被拍摄原件的数量越大,其缩微胶片的优越性也就越显著。

(5)具有凭证作用

缩微品记录是一种忠实于原件的影像记录技术。复制的副本保持原件的本来面貌,反映的信息真实可靠。按照法律规定,缩微品放大显示、还原具有与原件相一致的法律凭证作用。

(6)缩微品规格统一

利用缩微摄影复制方法,可使各种不同幅面和质量的原件记录在规格统一的缩微胶片上,且再复制简便易行。

(7)有利于保护原件

经老化试验表明,在一定的条件下,缩微胶片寿命可逾500年。文献资料摄制成缩微品存储,不仅可以保护原件和原底片的安全,还可以复制多个副本,从而避免由于人为或自然的损害造成的无法挽回的损失。在我国现存的档案和书刊中,有许多珍本、孤本和善本古籍等珍贵的历史文献,把这些濒临毁灭的历史文献制成缩微品,并以缩微品的形式使用,而将原件妥善地保存起来,可以提高文献的利用率。

(8)提高办公效率

利用缩微摄影技术可以将信息制成缩微品进行检索、显示和复印。此外,缩微胶片上的信息数字化后可输入计算机内或转换到光盘上进行快速处理，计算机的输出信息也可以记录在缩微胶片上进行存储，还可以将缩微胶片上的影像转换为电信号进行远距离的信息传递。总之，缩微技术与其他现代技术的进一步结合将会大大提高信息处理能力和工作效率。

2. 缩微摄影技术的不足

(1)不能解决多媒体信息的存储问题

作为信息存储的一种技术方法，缩微摄影技术主要适用于对实物文件上静止图文信息的一次性记录，不适于对音响信息、活动图像信息的记录。

(2)阅读时眼睛易疲劳

阅读或复印缩微品必须利用一定的光学设备，而利用阅读器屏幕阅读缩微品影像比直接阅读原件更容易使眼睛疲劳。

(3)没有文献书刊的美感

从阅读器屏幕上阅读缩微影像，不能像阅读纸质原件那样给人以一种舒畅的感觉，更无法与阅读那些印刷质地优良的印刷品相比。

(4)阅读时不能加注和批改

有些人在阅读文件、书刊时，需要随时在上面批注，而缩微品就无法满足这种要求。

(5)不能完全代替珍品

不少国家的法律条文规定缩微品具有法律效力，有与原件相同的凭证作用。但是它还不能当作珍品收藏，因为缩微摄影技术方法还不能将原件上全部信息都记录下来。例如，它不能反映纸张的质地、托裱状态等情况，就这点看，缩微品还不能完全代替珍贵原件。

(6)保管条件要求严格

缩微品是可以长期保存的，但是需要有符合要求的保管条件。如果在湿度大、温度高的环境中保存，缩微胶片可能很快损坏。一般来说，同纸质档案和书刊的保管条件相比，缩微胶片的保管条件要求更高，库房及环境条件要求更为严格。

5.3.4 数据库存储

数据库是一种结构化存储数据的方式，是数据以某种逻辑进行组织，存储在相互关联的表格中的数据存储方式。数据库有助于优化数据的存取。数据库管理系统控制数据库的创建、维护和使用，它处理来自应用的数据操作请求，对操作系统发出指令，对存储设备中的相应数据进行读写。

数据库的基本结构分三个层次，反映了观察数据库的三种不同角度。以内模式为框架所组成的数据库叫作物理数据层；以概念模式为框架所组成的数据叫作概念数据层;以外模式为框架所组成的数据库叫作用户数据层。

(1)物理数据层

物理数据层是数据库的最内层,是物理存储设备上实际存储数据的集合。这些数据是原始数据,是用户加工的对象,由内部模式描述的指令操作处理的位串、字符和字组成。

(2)概念数据层

概念数据层是数据库的中间层,是数据库的整体逻辑表示。它指出了每个数据的逻辑定义及数据间的逻辑联系,是存储记录的集合。它所涉及的是数据库所有对象的逻辑关系,而不是它们的物理情况,是数据库管理员概念下的数据库。

(3)用户数据层

用户数据层是用户所看到和使用的数据库,表示一个或一些特定用户使用的数据集合,即逻辑记录的集合,其存储是由流控制的和 SQL 语句书写的过程,这个过程经编译和优化后存储在数据库服务器中。用户通过指定存储过程的名字并给出参数(如果该存储过程带有参数)来执行,可由应用程序通过调用来执行,而且允许用户声明变量。同时,存储过程可以接收和输出参数、返回执行存储过程的状态值,也可以嵌套调用。

5.3.5 云存储

1. 云存储的概念及优点

云存储是指通过集群应用、网格技术或分布式文件系统等功能,将网络中大量不同类型的存储设备通过应用软件集合起来协同工作,共同对外提供数据存储和业务访问功能的系统。当云计算系统运算和处理的核心是大量数据的存储和管理时,云计算系统中就需要配置大量的存储设备,云计算系统就转变为一个云存储系统,因此,云存储是一个以数据存储和管理为核心的云计算系统。简单来说,云存储就是将储存资源放到云上供人存取的一种新方案。用户可以在任何时间、任何地点,通过任何可联网的装置连接到云上方便地存取数据。

根据云存储系统的结构和特点,可以将云存储虚拟化模型分为三个部分。

(1)物理设备虚拟化层

物理设备虚拟化层是利用底层物理设备创建的一个存储池,即连续的逻辑地址空间,它主要用来管理数据块级别和分配资源,同时,可根据用户的需求和物理设备的属性,存在多个不同的数据属性,如性能权重、可靠性等级和读写特征。存储设备可以管理数据块的映射和转发,并在存储池中分配逻辑卷和动态分配存储资源。

(2)存储节点虚拟化层

存储节点虚拟化层可以实现存储节点内部多个存储池之间的资源分配和管理,它可以将一个或多个存储池整合为一个在存储节点范围内统一的虚拟存储池,这个虚拟化层由存储节点虚拟模块在存储节点内部实现,对下管理存储设备,对上支持存储区域网络虚拟化层。

(3)存储区域网络虚拟化层

存储区域网络虚拟化层可以完成存储节点之间的资源分配及管理。它可以集中管理所有存储设备上的存储池来组成一个统一的虚拟存储池。这个虚拟化层是由虚拟存储管理模块在虚拟存储管理服务器上实现的,为虚拟磁盘管理提供地址映射和查询等服务。

这三层虚拟化存储模型大大降低了存储管理的复杂度,有效地封装了底层存储设备的复杂性和多样性,这样的方法使系统具备更加良好的扩展性和灵活性。用户可以将存储设备添加到存储池中,在进行简单配置后,便可以创建虚拟卷,使用户在无须关注系统中单个设备的物理存储容量和存储介质的属性的情况下实现统一的存储管理。

存储虚拟化是实现云存储平台的一项基本技术,有着不可或缺的技术地位。存储虚拟化在以下几个方面为云存储平台提供高效的服务。

(1)大幅度增加硬件资源的使用效率

设备的淘汰和更新换代会浪费大量的硬件设施,同时,新设备的采购成本又会成为困扰用户的一个大问题。存储虚拟化可以有效解决这个问题。存储虚拟化技术充分实现了存储资源的异构整合,具体来说就是存储虚拟化将整合异构平台,加强原有设备的利用率,解决数据容量的增长扩充问题,降低硬件的升级成本。这些优势使现在存储虚拟化技术被广泛青睐。此外,存储虚拟化还能实现存储资源按需分配,这样既可以合理利用存储空间,又可以提高各种硬件系统资源的使用效率。

(2)简化系统管理的复杂度

云存储平台可以通过存储虚拟化技术,使整个系统平台变得更加集中、更加简单,减少管理人员的工作负担,节约成本。同时,服务器和存储网络的自动化操作减少了大量潜在的人为错误,从更大程度上保障系统的可靠性。设备集中化和标准化还可以减少一些不必要的麻烦,改变客户的实际运行环境。

(3)大幅度增强存储平台的可靠性

存储的虚拟化不仅仅提供硬件资源的集中管理,还提供各种各样的数据保护功能。此外,在实际操作过程中,运用存储虚拟化技术可以允许故障设备在线更换,实现数据的不间断读取。传统数据集中管理的一大问题是容易造成设备 I/O 负载过重，并且存在单点故障的危险，但在云存储平台下，可以通过虚拟化技术实现 I/O 负载均衡，从而提高存储效率，降低单个设备性能的局限性。

2. 云存储虚拟化系统的构成

分布式存储是云存储虚拟化系统中的一个典型方式，这种方式利用 IP 网络管理元数据和传输数据，采用带外虚拟化的方式管理存储设备，这一类型的存储系统有四类存储设备。

(1)客户端

客户端可以为用户提供各种各样的应用服务，如数据库、文件服务、万维网服务、科学计算服务等。客户端会运行存储代理软件，以提供网络虚拟设备供应用程序读写和访问。

(2)配置管理服务器

配置管理服务器是用来配置和管理系统的设施。它通过互联网、远程登录或者其他接口登录云存储平台，以远程的方式配置和管理整个存储系统。

(3)元数据服务器

在云存储系统中，元数据服务器(metadata server)管理整个系统的元数据和对象数据的布局信息，它主要负责系统的资源分配和网络虚拟磁盘的地址映射。元数据服务器通过冗余管理软件来管理普通存储节点之间的数据冗余关系，同时，在元数据服务器上部署的全局虚拟化存储管理软件和集群管理软件可以管理整个存储系统的配置和运行。

(4)对象存储节点

每个对象存储节点都是独立的存储设备，负责对象数据的存储、备份、迁移和恢复，并负责监控其他存储设备的运行状况和资源情况。此外，存储节点上还运行着虚拟化存储管理软件并存储了应用程序所需的数据。

5.3.6 数据中心存储

1. 数据中心的概念及其类型

数据中心(data center)是指用于部署计算机系统及其一系列配套设备(如通信和存储系统)的设施。一般来说，数据中心包括冗余或备份供电设施、冗余数据通信连接设备、环境控制设备和各种安全装置。数据中心不只是一系列服务器的结合，在 *The Datacenter as a Computer* 一书中，它被解释为“一个能容纳多个服务器以及通信设备的多功能建筑物，这些设备因为具有相同的环境需求和物理安全需求而被放置在一起”。

数据中心的出现是有其历史意义的。早期的计算机都是非常庞大的电子系统，其操作和维护都十分复杂，需要一个特殊的环境来实施。连接所有的组件需要很多电缆，而那些原始的大型主机耗电量巨大，不得不采取一些冷却的措施来防止它们过热，因此，人们开始考虑采用一些方案来设计放置计算机的机房。

随着微型计算机的普及，尤其是在 20 世纪 80 年代，计算机被用于社会的各行各业，很多公司开始考虑控制信息技术（information technology，IT）资源的必要性。到了 20 世纪 90 年代，Linux 和免费的 UNIX 操作系统出现了，这些分时操作系统严重依赖于客户端-服务器模式，使得通过服务器的互联而实现资源在多用户之间共享的需求变得迫切，人们开始重新审视和定位机房中的服务器。随着网络设备的逐渐普及以及网络电缆架设新标准的提出，用分层设计将服务器放置到公司的 IT 机房成为可能，就在这时，“数据中心”的概念被正式提出，并获得人们的认可，开始在社会广泛流传起来。

数据中心发展的繁荣期则是在网络泡沫到来时，此后数据中心发展出三种类型。

(1)互联网数据中心

早期时候，公司都希望能有高速的互联网连接并能不间断地在网络上部署系统，因此，需要安装一些昂贵的设备，但那时候安装这些设备对于小公司来说几乎是不可能的。于是，许多公司瞄准了这个问题，建立起被称为互联网数据中心（internet data center，IDC）的设施，以提供商业系统部署解决方案，并取得了成功。

(2)个人数据中心

一些人尝试将互联网数据中心里的技术移植应用到个人服务上，于是产生了个人数据中心。个人数据中心因具有高效性而得到广泛应用。

(3)云数据中心

随着云计算概念的提出，被用于云计算的数据中心出现了，它们被称为云数据中心。

现在，像互联网数据中心、专用数据中心等这些具体的称谓几乎已经没有人使用了，人们一般都习惯统称它们为“数据中心”。而随着科技的不断发展，各种新式的数据中心也频频浮现。例如，提到传统的数据中心，人们往往都会联想起宽敞的机房和排列整齐的机架，但是近年来还出现了一种将服务器、存储设备、网络设备等一起放入集装箱的数据中心，即集装箱式数据中心。

2. 数据中心的结构

广义的数据中心是企业（机构）的业务系统与数据资源进行集中、集成、共享、分析的场地，是工具和流程的有机组合。其核心内容包括数据提取、转换和加载（extraction-transformation-loading，ETL）及业务系统、操作型数据仓储

(operational data store,ODS)、数据仓库、数据集市、商务智能等,也包括物理的运行环境(中心机房)和运行维护管理服务。具体来说,它包含以下四个方面的含义。

①数据中心提供所有的应用系统(包括集中的业务应用系统、数据交换平台和应用集成平台)的运营环境。

②数据中心是用于容纳支持应用系统运行的基础设施(包括机房、服务器、网络和存储设备)的物理场所。

③数据中心包括数据中心本身的操作型数据仓储、数据仓库以及建立在其上的决策分析应用。

④数据中心有一套成熟的运行和维护体系,以保证应用系统高效、准确、不间断地运行。

如图 5-14 所示,一个完整的数据中心结构应该包含基础设施层、管理调度、基础软件、应用系统、容灾备份、IT 管理以及安全。

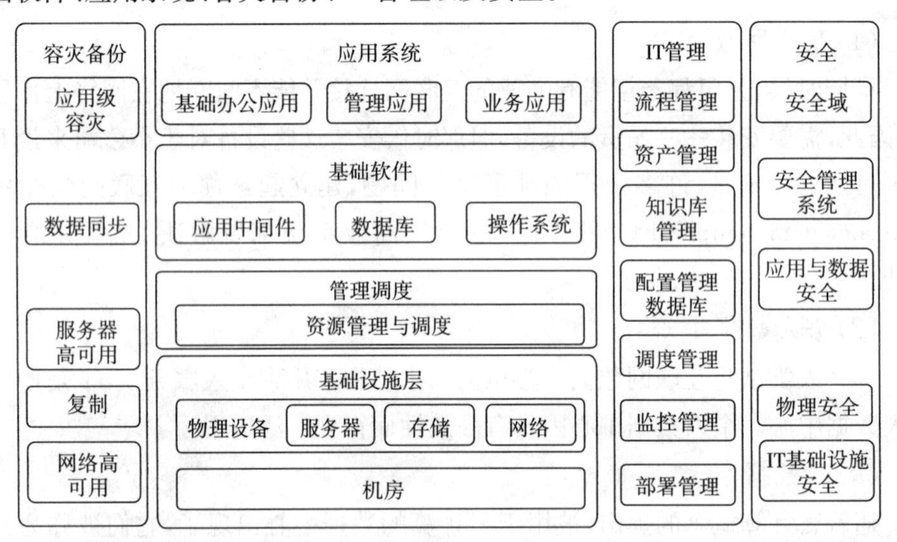

图 5-14　数据中心总体结构

3. 数据中心的层次划分

根据数据中心的定义和发展趋势,可以将数据中心自底向上划分为四个层次,如图 5-15 所示。

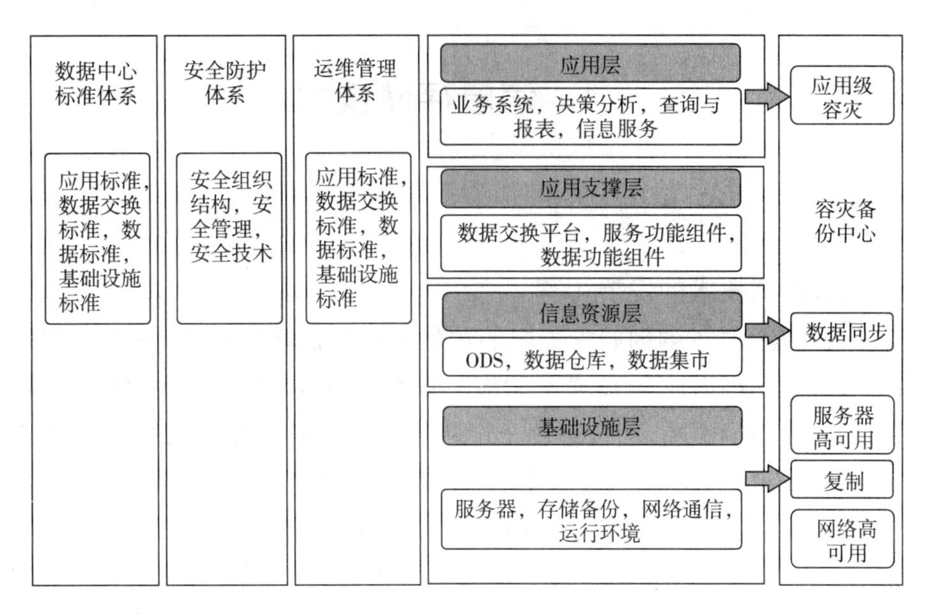

图 5-15　数据中心分层结构图

(1)基础设施层

用统一的技术将机房、通信、计算、存储等 IT 基础资源融合形成数据中心的基础设施层，为业务系统提供基本的资源服务。

(2)信息资源层

信息资源是企业生产过程中涉及的一切文件、资料、图表和数据等信息的总称。本层存储企业(机构)生产和经营活动产生、获取、处理、存储、传输和使用的一切信息资源。

(3)应用支撑层

应用支撑层针对不同应用的结构化数据和非结构化数据，利用面向服务的体系结构(service-oriented architecture，SOA)提供数据管理、数据传送、数据安全等数据服务。其中，数据管理主要实现存储资源化、计算资源化、网络资源化，并动态调整资源匹配数据的读写存储；数据传送包括广域网(wide area network，WAN)优化、核心设备的强整合能力以及数据中心网络的智能化；数据安全包括入侵防御、检测系统等，同时，安全管理中心实现对安全的统一决策和管理。

(4)应用层

应用层主要包括针对结构化和非结构化数据的各种应用，如各种业务系统、辅助决策系统和各种多媒体应用(如监控、流媒体、统一通信、呼叫中心和视频)。

5.4 信息存储技术

5.4.1 缩微存储技术

1. 缩微存储技术的发展历程

1839年,缩微技术的创始人英国的约翰·丹塞成功地将20英寸(1英寸≈0.0254 m)的文件缩微成0.13英寸;1870年,法国人R.P.达格龙将电报、文件、信件缩微后,由信鸽传递,使被普鲁士军队包围的巴黎与外界保持了联系;1925年,美国银行职员乔治·麦卡锡设计了一台缩微摄影机,用来保存支票记录,防止伪造支票;帝国信托公司与柯达公司合作,在乔治·麦卡锡设计的缩微摄影机的基础上,研制了世界上第一台旋转式缩微摄影机;1932年,美国国会图书馆利用照相装置,将馆藏资料拍成缩微胶片并向读者提供;1933年,纽约先驱论坛报社与柯达公司共同研制出拍摄报纸用的平台式缩微摄影机,用于储藏报纸;1936年,德国的J.戈贝尔研制出缩微平片,其使用方便,易于对珍贵资料进行存储,便于检索,方便邮寄,还可以修改内容;1954年,美国研制出第一台计算机输出缩微胶片装置,开辟了缩微存储的新方向;1957年,缩微阅读复印机问世;1961年,盒式胶片阅读机问世。

从此以后,缩微存储技术蓬勃发展,应用领域日益广泛,作为信息存储技术,在人们保留景物、人物的照相方式中应用较为广泛。此外,它被信息中心、图书馆、科研机构用于存储重要信息。

2. 缩微品的检索方法

(1)手工检索

手工检索系统可分为卷式系统与平片系统两种。卷式系统包括顺序编码法、闪光标板法(又称靶标闪现法)和指标线法等;平片系统包括标题区检索法、颜色分类法和槽口分类法。

顺序编码法是一种为缩微胶片画幅分配一个流水号,检索时,利用阅读器的屏幕检索出画幅号码,找出对应的影像内容的方法。

闪光标板法是将一盘胶片上的记录内容分为若干单元,在每相邻两组单元之间拍摄三个连续画幅,作为闪光靶标,检索胶片运行时,靶标区的密度因与其他画幅反差明显而造成光的闪现,从而找出所需信息的方法。

指标线法是一种把缩微胶片的画幅之间的空白部分拍进横线,用横线的位置代表号码的方法。在阅读屏幕横边标有个位、十位、百位线条位置,检索时,缩微影像在阅读器屏幕上快速通过,当画幅间隔线与刻度尺上的某一刻度高度一致时，就可确定缩微影像内容。

标题区检索法是指用肉眼通过可读的标题找出适当的平片、缩微封套胶片或开窗式平片，根据标题区标明的内容在平片阅读器上用 xy 坐标索引法沿着画幅位置指示线上、下、左、右移动指针，检索画面及其包含的信息的方法。

颜色分类法是在缩微平片、封套片、开窗长片上方，按包含信息内容的不同分别涂上不同的颜色，从而进行检索的方法。

槽口分类法是在平片上端非信息区切小齿口，以代表不同的内容或代码，检索时，根据平片齿口位置的不同找到所需信息的方法。

(2)半自动检索

半自动检索可分为卷式检索法和金属夹具检索法两种。卷式检索法采用胶片长度计数，也称为量程法，这种方法是计量胶片从片头起到检索画面位置的长度，即根据胶片在阅读器内传输的长度而进行检索的方法，该方法需要使用装有长度计数器的专用阅读器。金属夹具检索法，如平片半自动检索采用的齿槽夹具法，是一种在平片上端装有按代码编制的金属矩形齿槽条，编好索引号码，存储在检索箱中，检索时，把选择器的转盘号确定为特定编码，放在检索箱上来回拖动，利用磁铁把待检索平片吸出从而进行检索的方法。

(3)自动检索

自动检索的优点是效率高，在实际使用过程中，一般以卷式片应用较多。卷片式自动检索结构复杂，多用于大型检索系统，主要有以下几种方法。

①光点法。光点法是在缩微胶片每个画幅下面，分别摄入一个矩形符号(光点)，使用可读光点的专用阅读器，扫描胶片上的光点，便可检索出指定的画幅的方法。

②黑白二进制编码法。黑白二进制编码法是柯达公司的编码系统所采用的自动检索方法。制作胶片时，把所需要的检索编码变为黑白二进制编码，用摄影机把它与原件一起拍摄，组成影像的一部分，其中黑色方块表示 1，白色方块表示 0，用 5 个黑白标志组合起来表示一个数字或文字。黑白检索符号每 5 个为一组，即可表示 5 个二进位数。检索时，把胶片装在专用阅读检索机上，通过键盘输入特定编码，按动检索键，输片过程中，特定画幅便能显示在屏幕上。

③条形二进制编码法。条形二进制编码法采用专用缩微摄影机，把索引用条形二进制代码拍摄在正常画面的下方。其索引编码最多可达 8 位数，因此，也称其为 8 位数二进制编码。检索时，在键盘上输入索引代码就可以在屏幕上自动显示所检索的信息，这种方法的检索速度快、精度高。

5.4.2　磁介质存储技术

磁存储媒体按其存储信息的方式不同可分为静态磁存储媒体和动态磁存储

媒体。

1. 静态磁存储媒体

静态磁存储媒体可分为磁芯、磁膜、磁泡三种存储方式。

①磁芯。磁芯是由磁性铁氧体制成的很小的圆环，其中穿过几根很细的漆包线，通过电流时可使磁芯的磁化方向发生改变，从而存储不同的状态信息（0 或 1）。在过去相当长的一段时间内，用磁芯构成的磁芯体一度作为计算机的主存储器。

②磁膜。磁膜是在玻璃或塑料上电镀或蒸发一层磁性材料构成的平面状薄膜，曾作为计算机中的主存储器和高速缓冲器使用。

③磁泡。磁泡是一种较小的圆柱形磁化区域，作为主存储器时其速度慢于磁芯存储器。

以上三种磁存储方式使用过程中没有伴随机械的运动，并且没有由于存储地址（位置）不同而造成的存取时间差，所以存取时间短。

2. 动态磁存储媒体

（1）磁盘存储

磁盘存储器的最大优点是能够随机存取所需要的数据，数据传输速度快，适合作为大容量的检索设备。磁盘可分为硬盘和软盘两大类。硬盘是一种比软盘存储容量更大、存取速度更快的信息存储设备。硬盘是由表面镀有磁层的金属或玻璃圆盘片组合而成的，从硬盘结构看，硬盘分为可卸盘和固定盘。可卸盘组的硬盘及其驱动器对工作环境要求很高，必须在超净间中运行，由于盘组可卸、可换，因而也被称为海量存储器。随着微型计算机的发展，适用于办公室环境的固态硬盘应运而生。1968 年，温彻斯特磁盘驱动器问世，温彻斯特磁盘驱动器简称温盘。温盘的主要特点是采用头盘组合件（磁头、磁盘及前置放大电路采用固定密封组装结构），密封防尘结构可使温盘在常规环境下运行，大大减少了磁头与盘片的间隙，密封在磁头附近的前置放大电路可大大改善读出信号的传输质量。随着技术的进步，温盘的性价比不断提高，温盘也成为当前磁盘技术中的主流产品。

磁头是磁盘系统的关键部件。最早的磁头采用铁磁性物质制成，它的感应敏感程度或精密度都不理想。1979 年，IBM 公司发明了薄膜磁头，为进一步减小硬盘体积、增大容量、提高读写速度提供了可能。20 世纪 80 年代末期，IBM 公司研发了磁阻（magnetic resistivity）磁头，这种磁头在读取数据时对信号变化相当敏感，使得盘片的存储密度能够比以往提高几十倍。巨磁阻磁头技术是在磁阻磁头技术的基础上研发成功的新一代磁头技术，现在生产的硬盘都应用了巨磁阻磁头技术。巨磁阻磁头比磁阻磁头具有更高的信号变化灵敏度，从而使得硬盘的单碟容量可以做得更高。

移动硬盘是近年来出现的存储设备，它主要采用 USB 或 IEEE1394 接口，可以热插拔使用。移动硬盘容量大、便于携带、体积小、质量轻并具有良好的防震性能，是目前广泛使用的移动存储设备。

(2)磁带存储

磁带是在塑料带基的表面涂上能磁化的铁氧化物制成的。磁带可分为卷式磁带和盒式磁带两种形式，按用途可分为录音磁带、录像磁带和数字磁带。一般录音盒式磁带也可存储数字信息，但其存储密度、存取速度和可靠性均低于数字磁带。利用磁带记录数据(文献)具有便于计算机处理(实现异型机之间数据转换)、价格较低、存储容量大、易于运输和携带的优点，但磁带只能顺序存取信息。

以 IBM 公司发明的世界上第一台磁带驱动器 IBM726 为标志，磁带技术问世已有 70 多年。在硬盘容量还以兆字节计算的年代，磁带机就已经发展到单盘磁带以吉字节计的容量。据统计，目前在全球的数字信息中，有 90%的数字信息被存储在可移动存储设备上，磁盘中存储的信息量只占 10%，这里的可移动存储设备主要指的便是磁带设备。

磁盘和磁带是两种不同的存储设备，各自有其鲜明的特点。在数据保护和数据迁移应用中，磁带的优势非常明显，其主要集中在两方面：一是磁带具有高可靠性，它是实现脱机备份的最有效的手段；二是磁带的成本低，虽然磁盘存储的成本一再降低，不断对磁带存储构成威胁，但至今一台典型磁带库每吉字节的成本较之一套磁盘阵列系统还是要低得多，它们之间的比例大约是 11∶41，磁带存储的平均成本甚至每吉字节仅 5 美分。

磁带机作为线性存储设备，也有其自身的缺陷：磁带不能进行快速数据检索，只能胜任数据备份这样的线性记录工作。但是在数据安全至上的网络时代，唯有备份数据才能保证安全，磁带机凭借可靠性高、单位存储价格低、容量扩展方便等诸多优势成为备份工具的首选。

①磁带机的工作原理。磁带存储系统是所有存储媒体中单位存储信息成本最低、容量最大、标准化程度最高的常用存储介质之一。它具有互换性好、易于保存等特点，近年来采用具有高纠错能力的编码技术和即写即读的通道技术，大大提高了磁带存储的可靠性和读写速度。根据读写磁带的工作原理可分为螺旋扫描读写技术、线性记录(数据流)读写技术、数字线性磁带技术、线性开放式磁带技术以及 Travan 技术等。

a. 螺旋扫描读写技术。该技术是以螺旋扫描方式读写磁带上数据的磁带读写技术，与录像机基本相似，磁带缠绕磁鼓的大部分，以水平低速前进，而磁鼓在磁带读写过程中反向高速旋转，安装在磁鼓表面的磁头在旋转过程中完成数据的存储读写工作。磁头在读写过程中与磁带保持 15°倾角，而磁道在磁带上则以 75°

倾角平行排列，采用这种读写技术在同样磁带面积上可以获得更多的数据通道，充分利用了磁带的有效存储空间，拥有较高的数据存取密度。

b. 线性记录读写技术。该技术是以线性记录方式读写磁带上数据的磁带读写技术，与录音机基本相同，平行于磁头的高速运动磁带掠过静止的磁头，进行数据记录或读出操作。这种技术可使驱动系统设计简单，但其读写速度较低，而且由于数据在磁带上的记录轨迹与磁带两边平行，数据存储利用率较低。采用多磁头平行读写方式，可提高磁带的记录密度和传输速率。

c. 数字线性磁带(digital linear tape，DLT)技术。DLT 技术包括 1/2 英寸磁带、线性记录、磁带导入装置和特殊磁带盒等关键技术。利用 DLT 技术的磁带机，在带长为 1828 英尺(1 英尺≈0.3048 m)、带宽为 1/2 英寸的磁带上具有 128 个磁道。

d. 线性开放式磁带(linear tape-open，LTO)技术。LTO 技术是一种结合了线性多通道双向磁带格式的技术，它将服务系统、硬件数据压缩、优化磁道、高效纠错和提高容量等多项技术特长融为一体。LTO 技术可将磁带的容量提高到 100 GB，经过压缩可达到 200 GB。LTO 技术不仅增加了磁带的信道密度，还采用了先进的磁道伺服跟踪系统来有效地监视和控制磁头的精确定位，防止相邻磁道的误写问题。

e. Travan 技术。采用工业标准 Travan 磁带格式的磁带机技术成熟，安装也比较方便，随磁带机捆绑的软件还可以恢复单个或多个文件，也可以进行自动无人值守备份。这类磁带机装载的软件通常具有灾难恢复功能，可以加快硬盘发生故障后灾难恢复的进程，操作更加便捷，克服了传统磁带机在恢复数据之前必须先重新安装好操作系统和备份软件的缺陷。

②磁带的容量与规格。磁带的容量可分为本机容量和压缩容量。本机容量是磁带的“真实”容量，或者说是磁带不进行任何压缩能够保存的数据量，是使用数据压缩时应当预期的最小容量；压缩容量是在假定压缩比为 2∶1 的情况下，本机容量乘以 2 的容量。

根据读写磁带的工作原理，磁带可以分为面向工作组级的数字音频磁带(digital audio tape，DAT)(磁带宽度为 4 mm)、面向部门级的磁带宽度为 8 mm 的磁带、采用单磁头读写方式的 Travan 磁带和 DC 系列磁带(磁带宽度为 1/4 英寸)、采用多磁头读写方式的磁带宽度为 1/2 英寸的高端应用磁带(如 DLT 技术和 IBM 3480/3490/3590 系列)。

③磁带库。磁带库是一种机柜式的、将多台磁带机整合到一个封闭系统中的存储设备。它是近线存储系统中的关键设备，由数台磁带机、机械手和数盒磁带构成，可实现磁带自动拆卸和装填，容量可达数百太字节数量级，可以在存储管理

软件的控制下实现智能恢复、实时监控和统计等功能，能够满足高速度、高效率、高存储容量的要求，并具有强大的系统扩展能力。

早期的磁带库多用于离线式存储，随着市场应用环境的变化，为满足最新数据存储的需求，磁带库凭借可靠的数据存储能力及海量的备份能力逐渐成为SAN方式下最重要的设备之一。磁带库在自动、高速备份和恢复SAN和NAS磁盘阵列中数据方面的作用已不可替代。在海量多媒体数据的应用环境中，现代磁带技术因其在多媒体数据归档、长期保存应用环境中的可靠性、成熟度和性价比，已经得到行业内的公认。

磁带库的技术指标包括存储容量、驱动器数量、单盘磁带容量、驱动器存取速度、连接方式和支持的管理软件等。通常，磁带库按照容量大小可分成初级、中级和高级三个级别。其中，初级磁带库的容量在几百吉字节至几个太字节；中级磁带库的容量在几个太字节至几十太字节；而高级磁带库的容量在几十太字节至几百太字节甚至更高。IBM 3592企业磁带机可整合至IBM 3494磁带柜系列中，并能够将储存容量扩充至5 PB，即可连续播放225年DVD影片的容量。

磁带库将进一步向智能化发展，充分发挥软件的功能，加强磁带库的管理以及连接性能，使得数据备份更安全、更可靠。

5.4.3　激光全息存储技术

目前，光盘存储能够在二维平面上存储信息，其存储面密度已经接近光学极限，但由于光学头需要相对于记录介质进行机械运动，从而将存取时间限制在毫秒级，导致其数据传输速率不及硬盘。针对当代计算机技术对数据传输速率的挑战，人们在全息页面式存储技术方面进行研究，以充分利用光的并行性，并进一步实现高度并行的无机械运动寻址。

1. 激光全息存储的特点

与磁存储和光盘存储技术相比，激光全息存储有以下几个特点。

(1)高冗余度

以全息形式存储的信息是分布式的，每一信息单元都存储在全息图的整个表面上(或体积中)，故记录介质局部的缺陷和划伤并不会引起信息丢失，即使媒体部分损坏，仍能读出全部数据，这是其他存储技术所无法实现的。

(2)高存储容量

三维光学存储的存储容量上限(约$1/\lambda^3$)同样适用于全息存储。采用500 nm的光波在折射率为2.0的介质中存储全息图，如果采用空间复用和同体积复用相结合的技术存储50万个全息页面，可以得到总的容量为63 GB。

(3)极高的数据传输速率和极短的存取时间

全息存储采用面向页面的数据存储方式。不像磁盘或光盘那样将数据按位串行读出，而是将一页中的所有数据位并行地记录和读出，读出速度更快，只要读出的定位确定，就可以在几纳秒内从存储介质中检索并读出该数据页。实际上，使用全息页面读出与高速、高分辨率的电荷耦合器件(charge coupled device, CCD)探测器阵列相结合，可实现在100 μs内并行地恢复页面数据，得到总的数据传输速率可达10 GB/s。

(4)进行并行内容寻址

由于全息存储器是对二维图像直接读写，因此其具有快速的内容相关寻址功能。采用适当的光学系统，有可能一次读出存储在整个全息存储器中的全部信息，或在读出过程中同时对给定的输入图像进行相关处理，从而实现完全并行的、面向页面的检索和识别。这种独特的性能可以用来构建内容寻址存储器。全息存储器是光学计算的关键器件之一。

此外，全息存储技术还有许多其他特点，例如，利用全息摄影术可以制出能够表现被摄物立体效果的全息图，也可以通过由全息图组成的全息视听盘进行活动画面的再现。全息存储技术也存在着一些不足之处，如对影调连续变化的原件记录效果差；不易表现被摄物的色彩；与计算机联机使用比较复杂；在阅读用单色激光显示的再现影像时视感较差等。

2. 光全息存储信息的基本原理

由于光盘存储技术与磁盘存储技术均要求光学头和磁头相对于记录介质做机械运动，这限制了存取时间只能在毫秒量级，信息也只能按位串行存取，因此，它们的数据传输速率受到限制。未来大容量计算系统的理想存储器必须同时具有高存储密度、高存取速率、长寿命和低信息价位等特点。光全息存储是最有希望的技术。

全息技术是由英国科学家盖伯在1948年提出的；20世纪60年代，激光问世的同时，也发明了反射全息术；20世纪80年代，光学计算机研究的热潮又推动了全息存储技术的发展。由于体全息存储材料的发展，光电技术也取得重大进展，小型固体激光器、高分辨率空间光调制器(spatial light modulator, SLM)和高分辨率高速光电探测器阵列等周边技术日趋成熟。具有高存储密度、高传输速率和足够保真度的全息存储技术逐步接近实用化阶段。

与缩微影像不同，全息图是由干涉条纹组成的影像。光全息存储技术是根据全息学的原理，将信息以全息照相的方式保存起来，它不但把物体光的强度(普通照相)分布记录下来，而且同时把物体光的位相分布也完整地记录下来，即记录了物体光的全部信息。

在激光全息技术发展的初期，全息图就被看成是最有希望的光学存储手段。全息图片在记录介质里记录两个相交的相干光束形成的干涉图：一个光束经过空间调制而携带信息，称为物光束；另一个光束以特定方向直接到达记录介质，称为参考光束。在两相干光束相交的空间形成亮暗相交替的干涉条纹，条纹轨迹取决于两光场的相对位相。不同数据图像与不同的参考波面一一对应，在材料中形成类似于光栅的结构。读出过程是利用光栅结构的衍射，用适当选择的参考光照明全息图，使衍射光束经受空间调制，从而较精确地复现出写入过程中与此参考光相干涉的数据光束波面。

对于原有的记录介质，全息图是遍布于材料整个体积的，从而形成了体积(三维)全息图。体积全息图再现时对光束的入射角度、波面位相或波长都十分敏感，因此，可以使用不同角度或相位的参考光束或用不同波长的记录光，在介质的同一体积记录多重全息图(复用)，在适当的条件下，每一幅全息图都可以被分别读出。全息信息存储可以在全息存储器上制作为排成阵列的小全息图(直径约为 1 mm)，也可以通过将小全息图排列在旋转的盘片上来实现。

3. 全息存储的复用技术

虽然全息存储的容量很大，但若无各种复用技术，仍然不可能制造出海量数据存储器。体全息存储中，由于体全息的角度和波长选择性，可以利用不同角度入射光线或不同波长的光在同一体积中记录许多不同的全息图，并且无显著的串扰噪声。复用技术就是在同一部分介质存入多重全息图，以增加存储密度，或者充分利用存储介质的厚度、长度等几何尺寸进行多层全息存储或移位全息存储。主要的复用技术有以下 10 种。

(1)空间复用技术

空间复用技术是将数据页记录在存储介质的不同空间区域，如将存储材料的有效空间分成层状，在各层分别进行记录和读出，或在盘状存储材料上用旋转盘片的方法移位复用盘上的存储空间。空间复用技术的优点是相邻全息图在空间上不重叠，再现时可以避免数据页之间的串扰噪声。

(2)角度复用技术

角度复用技术是通过改变参考光入射角的方法在存储介质的同一空间区域上记录许多不同信息数据页面的全息图。该技术的优点是大大提高了材料的存储密度；但由于密度增加，相邻图像重叠放置于同一空间，故增加了相邻页面之间的串扰噪声。

(3)波长复用技术

波长复用技术在记录时只改变波长，从而实现了在同一区域记录多个数据页面的全息图，它可实现比角度复用技术更高的位容量。采用波长交换寻址避免了机械寻址的缺点，并对串扰噪声有较强的抑制能力，但其对光源要求高、成本高、不易集成和商品化。

(4)位相复用技术

位相复用技术又称编码复用技术，在记录过程中通过参考光束的路径对参考光束进行位相调制(位相编码)，每个数据页的记录都使用一种特点的位相调制的参考光束，在记录介质的同一区域，可以连续使用多个位相调制的参考光束记录多个页面。再现时，用记录时位相调制的参考光束来再现与之对应的全息图，因此，每一束参考光束的位相调制码即为存储全息页面的地址，这使对数据页面寻址的过程比空间复用及角度复用快得多。

(5)环移角度复用技术

环移角度复用技术是使参考光束做圆周的环移，每次移动一定的角度，记录一张数据页。这种方式有益于提高存储密度，但效率差。

(6)空间角度复用技术

空间角度复用技术是将空间复用和角度复用相结合的复用技术。该技术允许相邻的全息图在空间上存在部分重叠，可用不同的参考光予以鉴别。在盘式全息存储系统中，使用球面参考光波，其储存密度理论上接近 100 b/μm^2。

(7)分块重叠储存技术

分块重叠储存技术是空间复用与波长复用或角度复用技术相结合的复用技术，可以解决光源不能提供足够多的独立波长、系统不能获得足够多的参考光角度、材料动态范围有限以致不能在同一体积中存放较多全息图等问题，并由此提出了全息存储盘的设想，其存储密度比现在的光盘要高 2 个以上的数量级。

(8)波长角度复用技术

该技术使用密集的角度复用和稀疏的波长复用，使得全息光栅互不重叠，有效增加了系统的存储密度，改善了系统的数据传输率。

(9)角度与环移角度及空间移位复用技术

角度与环移角度及空间移位复用技术可增加全息存储的密度和容量，但写入光学系统时需要机械参考光的环移，结构比较复杂，传输速率不高。

(10)散斑复用技术

基于编码的散斑参考光的体全息散斑复用技术，利用静态散斑三维空间移位的选择性，以充分利用块状存储介质的空间。散斑存储具有移位复用间隔小、复用间隔与材料厚度无关的特性，极大提高了体全息存储密度。

目前，常用的全息存储材料包括银盐材料、光致抗蚀剂、光导热塑材料、重铬酸盐明胶、光致聚合物、光致变色材料和光折变材料。2001 年，我国科学家研制出世界上信息存储密度最高的有机材料，信息存储点的直径仅有 0.6 nm，其信息容量比当时的光盘高 100 万倍，从而在超高密度信息存储研究上再创“世界之最”，保持了从 1996 年起就占据的国际领先地位。

4. 全息存储技术的应用

在人类的生产、生活和科学研究中，每天都在产生着大量的数据。例如，天文学研究中每年所产生的数据不少于 10 PB；欧洲航天局管理的卫星，每天会下传 100～500 GB 的图像信息；大型强子对撞机每年产生大约 1 PB 的数据量；数字图书馆的建设中一个突出问题就是大量多媒体数据的存储与快速检索读取；数字地球要求将地球上所有信息都存储起来，需要存储器容量达到拍字节级。由于数据（图像页）的读取具有高度并行性，并且可能采用全光学、无机械运动部件的方式存储，所以光全息信息存储同时具有容量大、数据传输速率高、存取时间短和可靠性高等特点，可在未来的超大容量数据存储领域发挥巨大作用。全息存储的应用可分为数字数据全息存储、图像全息存储以及盘式三维全息存储等技术方面的应用。

(1)数字数据全息存储方面的应用

数字数据全息存储的典型应用即关系型数据库的应用。关系型数据库是二维表格形式的，这与全息存储的页面格式非常吻合。同时，通常情况下，数据库中的数据仅供用户查询，并按内容进行读取，全息存储器恰好可以提供全部数据库快速内容搜索，因此，可以根据需求构建一个专门用于全息存储的关系型数据库光学系统。在基于内容的数据读取时，首先由搜索主题通过图像光束生成关系型子系统照射晶体，产生输出相关峰。这些相关峰被参考光束探测子系统获得，反馈回主机后，主机可再根据相关峰的参考光束地址恢复（读出）所要求的数据页面。

(2)图像全息存储方面的应用

光学信息处理系统固有的二维并行处理能力特别适合于图像信息的处理。模拟图像的存储可转换为数字编码图像后，再以全息图的方式存储，也可以直接将灰度图像以全息图的方式记录在存储器中。光学模式识别和机器视觉系统特别需要这样的图像存储器。在光学模式识别中，如果用复用技术在同一体积中存储多个傅里叶变换全息图，那么一幅输入图像可以同时与所有存储的图像进行相关，这将极大地提高检索的速度。

(3)盘式三维全息存储方面的应用

在全息存储中，盘式三维全息存储具有重要的实用意义。采用平面参考光的分块全息存储技术的全息盘或球面参考光的顺序存储全息盘或全息盘口功能均可达到很高的存储密度和较高的传输速率。

与当前的磁存储、光盘存储技术相比，全息光存储的巨大竞争力体现在它所具有的超大存储容量、超高存储密度和极快的存取速度。全息光存储的目标就是希望能够实现太字节量级的存储容量和Gb/s量级的数据传输率。随着人们在关键器件研发和新型存储材料研制方面取得的巨大进步,这一目标的实现指日可待。

5.4.4 电子纸与电子书存储技术

1. 电子纸存储技术

用现代信息技术的眼光来看,纸质的印刷品就是非常便宜的只读存储器与显示器的组合。20世纪90年代初,托夫勒在《第三次浪潮》里预言,计算机的普及会带来无纸办公,从而减少纸的用量。可事实的发展却与托夫勒的预言正好相反,计算机的普及使纸的用量激增。因为纸的好处有许多,如便宜、柔软、轻便、可以折叠、拿上就走、具有良好的对比度、高而平和的反射率、可以从很宽的角度进行阅读以及不需要电池等。21世纪初,纸和传统印刷术终于遇到了值得重视的对手——电子纸或电子墨水。

(1)电子纸的产生

人类的视觉经过数百万年的进化已经特别适应于反射光的环境。太阳将光投向万物,万物因反光而有其形。因为反光,物体的对比度、亮度、色调都能随环境光的变化自行调整,视觉效果自然、协调、舒适。而显示器自己发光,不能随环境变化自动调整,也不能随意移动,人的眼睛长时间看着屏幕,头部也因此失去了运动的机会。很多人的颈部、眼睛因此受到损伤。古代人发明的纸是反光的,可以随意移动,与显示器相比,不知道高明多少,纸唯一的问题在于印在上面的内容不能改变。

1975年,施乐公司的一位高级研究员产生了一个想法:与其用显示器代替纸,不如用纸代替显示器。他认为应将纸的只读存储器性质改成随机存储器,使印在纸上的字能受控变化。

1996年,物理学家杰柯伯森的研究显示,在非常细小的透明空心球形胶囊里面注满深色的油,油里再置入带电的白色微粒,这些微粒在电场的作用下,会聚集在球形胶囊的一个顶端,施以反向电场,微粒就移到球的另一端,这些球形胶囊以印刷的方法涂在软塑料膜上,再印上透明电路,就可以用来显示图形了。杰柯伯森将这种方法称为电子墨水(electrophoretic ink,E ink)。1997年,杰柯伯森创立了E-ink公司,专门开发电子纸。

与此同时,施乐公司的电子纸研究也取得了进展,他的新方案与E ink类似,不同之处在于他在透明空心球形胶囊里分别放置带正负电荷的黑白两色微粒。在电场的作用下,黑白微粒分别聚集在两极以显示信息。为此,施乐公司宣布成立 Gyricon 媒体公司，专门研发电子纸。

(2)电子纸的原理与特点

电子纸是对“像纸一样薄、可擦写的显示器”的统称。电子油墨(或电子墨水)是电子纸的核心。最初，研制的电泳液显示寿命短，后来发明了微胶囊技术才使电子纸进入实际应用。微胶囊技术就是把电泳液及悬浮的色素颗粒包裹在微米尺寸的微胶囊内，使色素微粒不聚集在一起，实现高寿命显示。这种微胶囊化的电泳技术就被称为电子油墨。电子油墨的颜色可以调整为其他颜色，使电子纸显示各种色彩和图案。

索尼公司已推出反射率为73%的高亮度电子纸。一般情况下，电泳显示器的反射率均在40%左右，扭曲向列型(twisted nematic，TN)液晶的反射率不足5%，即便是报纸的反射率也不过50%~60%。索尼公司开发的电子纸利用电化学反应的银析出和溶解技术，其结构是在电极之间填入一层白色乳胶状固体电解质，由电化学反应而溶解到固体电解质中的银离子析出到透明电极以后看起来是黑色的，如果把析出的银离子溶解到固体电解质中，由于直接看到的是白色乳胶状固体电解质，看起来就是白色的，又由于固体电解质中含有白色的 TiO_2，因此实现了73%的高反射率。

美国国际商业机器公司(International Business Machines Corporation，IBM)研制出一种“柔软”的薄晶体管，在此基础上可制造出像报纸一样能卷曲折叠的计算机显示器。材料科学家把有机和无机混合材料溶解，然后对溶液进行加工，从而获得结晶，形成有机和无机材料薄层交错重叠的晶体管，这样制成的晶体管厚度不超过一根头发丝的直径，并具有良好的柔韧性。这种新型的晶体管可在室温下制取，因此能安装在柔软的基板上。新型晶体管的性能与无定形硅相似，可用于制造薄而柔软的新型显示器。它可望广泛应用于便携式计算机、移动电话乃至易折叠的电子报纸和杂志等产品。

在美国，朗讯科技公司和电子油墨公司计划开发的电子纸是完全用类似于油墨纸张印刷工艺，而不是用较昂贵的硅片制造工艺制成的柔性塑料电子显示器。这种电子纸的关键元件是塑料晶体管和电子油墨，塑料晶体管由朗讯科技公司的贝尔实验室开发，具有与常规硅片相同的特性，且具有柔性，可印刷；电子油墨由数百万个充满暗染料和光色素的微胶囊组成。当由塑料晶体管的电场对微胶囊加电时，这些微胶囊就会改变颜色并建立图像，其研究目标是将塑料晶体管“印刷”到涂覆有电子油墨的柔性塑料膜上，也就是制作一种像纸一样柔软、像印刷品一样易读的纸样薄膜。

2000年，日本千叶大学开发出更薄的电子纸，厚度只有0.1 mm，真正达到了纸的厚度。这种电子纸是用氧化铟锡聚酯涂层做成透明薄膜，上面的化学成分则作为连续电极。薄膜之间夹有无数黑色与白色的微粒，白色部分为氟化碳，黑色部分类似复印机用的墨粉。在薄膜带负电的部分，带正电的黑粒被吸附上去时显现黑色，在薄膜带正电的部分，因吸引带负电的氟化碳而变成白色。通过外加电场使带电微粒向电极移动，依质量大小自行分开，并一直保持在各自的位置上，直至下一个电场再次使它们运动起来。

东芝公司推出的电子纸是把带有边的白色微细塑料片按 0.3 mm 间隔排列起来，由静电控制角度的变换，每层之间夹有更微细的黑色小塑料片，这些黑色小塑料片可随着电场的变化，每秒沿缝隙进出移动 30 次，以此完成活动画面。它具有更好的白色性能，而且画面亮度不受视角影响。如果将白色塑料片换成着色的透明膜片，就可以像印刷品的画册一样显示丰富的色彩。这些电子纸每秒可显示数十幅画面，而且即使断电，画面也不会消失。

电子纸具有很多优点：视角很大，靠反射环境光工作，底色是非常地道的纸白，完全适合于电子阅读，可以在强阳光下舒服地阅读其图像，断电后也可以照样显示；质量非常轻，厚度也大约只有 1 mm，可弯曲，且非常容易做成大尺寸的产品，电子纸的分辨率可达到 200～300 点/英寸，显示中不存在屏幕刷新，因此非常省电；具有柔性，可以像真正的纸张那样任意地折叠、弯曲，大批量生产之后，其价格可以控制在相当低的水平。

(3)电子纸的应用

电子纸可以与一台计算机相连，通过无线连接或互联网下载内容，再将内容输送到电子纸上，电子纸的使用感与纸一样。书刊、报纸、产品介绍、名片等印刷品都有可能被电子纸取代。借助于电子纸，数字媒体第一次可以将覆盖范围超越传统的计算机，从而延伸到一个前所未有的广度上。

现如今，各国正在积极推进“电子纸与计算机融合”的开发，并已成功研制出将电子纸嵌入显示器的掌上电脑、能够与手机连接的电子纸等。今后的电子纸将进一步充实上面提到的显示功能，同时，还将扩大应用范围、提高易用性，如可以实现同时显示多种资料或像纸一样手写输入等。这一领域今后的发展也将引起人们的广泛关注。

2. 电子书存储技术

电子书就是“无纸的书”，它借助于传统的书籍阅读方式，并综合了网络技术和计算机技术，将传统的书籍数字化。

之所以出现电子书，是因为只读存储光盘（compact disc read-only memory，CD-ROM）出版物进入了一个非常尴尬的境地，计算机已不再是最合适的阅读工具，所以具有足够的分辨率、便于携带的新型阅读工具的出现成为一种必然。电子书通过网络出版发行，比传统的出版发行具有更多的优势：电子书的流通快，可通过网络传送到任何地点；内容准确，信息内容不会因为印刷质量的不可重复性而导致阅读障碍或造成不必要的纸张浪费，网络化出版发行能够准确无误地在每个电子书上显示完全相同的内容；有利于版权的保护，电子书能够充分利用数字签名和版本锁定技术保护任何内容不被非法传播和随意复制；除可通过网络发行外，还可以通过光盘或存储卡等物理形式获得电子书的内容。

电子书也是一个简单的计算机，具有计算功能、通信功能和多媒体功能，此外，它还具有电子设备的各种特点。电子书看上去与一个笔记本计算机的屏幕非常相似，并配有特殊的笔接触设备，其操作简单，一般翻页功能、传输、搜索等都可以用接触笔来完成，电子书之间还可以实现红外线交换，产生借书的效果。

电子书内部的硬件设备可以控制一种被称为全局唯一标识符(globally unique identifier，GUID)的数字标志，用于确定每个电子书的"身份"，这种能力对推动网络数字出版的版权保护非常有利。通过对出版内容的加密和利用公共密钥等技术对用户的资格进行验证，能够有效地控制数字内容的发行量和指定发行范围，甚至可以指定到个人。通过控制，借书只能针对"免费内容"或"部分内容"进行，而不能随意地传送、复制。

在电子书中集成的电子邮件，能够让读者把精彩的图书或内容片段推荐给自己的亲友，还能够接收来自网络出版社的最新图书信息。电子书可增加声音功能，让图书发出声音，帮助读者阅读或听懂命令。书签功能能够让读者定位到上次看过的位置，还能够随时记下自己的读书心得。与网络上的内容相比，电子书的内容更具有真实感和可行性。

电子书相对于传统书籍的优点在于：内容具有可选性；便于查找特定的词汇、定义和其他参考性资料；可以自己定制阅读，即改变显示的对比度、字体大小和文字风格。

5.5　信息存储系统的删冗与备份

5.5.1　信息存储系统的删冗

近年来，随着信息技术的迅猛发展，尤其是云计算和大数据产业的兴起，数字信息总量呈现出爆炸式增长的趋势。信息总量的增长速度已经超过了物理存储空间(磁盘、磁带、光盘、随机存储器等)的增长速度，这使得如何缩减信息存储量成为一个十分重要并且具有很强实际意义的问题。

目前缩减信息存储量的技术通常有两种：一种是传统的信息压缩；另一种是近些年兴起的重复数据删除(deduplication)技术，简称删冗技术。

1. 删冗的概念

删冗技术可以识别存储系统中内容相同的信息单元，只保存其中一个副本，从而缩减信息存储所需要的空间。删冗技术最初兴起和应用于备份存储领域，即二级存储领域。研究表明，借助于删冗技术，备份系统可以将信息存储量缩减到原来的1/20甚至1/60。正是由于删冗技术在备份存储领域表现出的巨大潜力，备份系统删冗才成为近年来学术界的一个研究热点。目前，删冗技术已经被广泛应用到备份存储领域，成为主流备份存储设备的一项必备功能，这使得基于硬盘的新型备份存储设备逐渐取代基于磁带的备份存储设备。

信息存储系统的删冗技术用于消除存储系统中的冗余信息，从而缩减信息存储的开销，提高存储效率。实验证明，对于在日常工作环境中使用的备份系统，其存储信息的冗余删除率可以达到1/13。因此，使用重复信息删除技术可以大大提高备份系统的空间利用率；同时，由于备份信息的冗余率非常高，经过冗余信息删除，可以大大减少备份时所需存储的信息量，使得备份系统的有效吞吐量得到极大的提高。

存储系统通常将信息分割成较小的存储单元（如定长信息块、变长信息片等），使用存储地址作为指针对存储单元进行寻址。删冗技术可识别存储系统中内容相同的信息单元，使之使用同一个存储地址，从而避免重复信息的多次存储。

2. 删冗的步骤

（1）划分信息单元

信息单元的划分方式决定了删冗处理的粒度，信息单元的划分方式通常有三种。

①文件级别删冗。文件级别删冗又称单实例存储（single instance storage, SIS），其优点是删冗处理的复杂度低，速度快。它以文件为单位进行重复信息的检测，若识别出内容完全相同的文件，则只保存其中一份。但是删冗粒度较大，无法识别出文件内部的冗余信息。因此，删冗技术通常采用更细粒度的信息单元划分方式。

②定长信息块级别删冗。存储系统尤其是主存储系统对信息的处理通常以信息块为单位。信息块是指固定长度的连续信息内容，常见的信息块大小为4 kB，也有一些面向高性能计算机的存储系统采用128 kB甚至更大的信息块。存储系统通常将大文件分割成多个信息块，以信息块为单位进行存储空间的分配和管理。以信息块为单位进行重复信息检测，可以达到更高的删冗率。但是删冗粒度的减小会导致需要处理的信息单元个数增加，进而造成删冗处理的复杂程度增大。

③变长信息片级别删冗。信息片是指可变长度的连续信息内容。当采用基于定长信息块的划分时，如果信息中间插入或者删除了很小一部分信息，将会导

致后续信息块的内容全部发生偏移，后续信息块将被作为新信息保存到存储系统中，导致删冗效果的下降。基于变长信息片的划分方式解决了上述信息偏移的问题。因此，大部分删冗方案均采取变长信息片方式进行信息划分，以达到更好的删冗效果。

(2)数字指纹计算

重复信息的检测一般通过数字指纹的比对来进行。每个信息单元(文件、信息块或信息片)根据哈希算法计算得到一个数字指纹，根据数字指纹判断信息单元的内容是否相同。由于哈希算法存在概率极低的哈希冲突，当发生哈希冲突时，仅根据数字指纹进行比对就会发生重复信息的误判，导致存储信息的损坏。

实际上，上述哈希冲突发生的概率要小于磁盘信息发生随机损坏的概率，因此，删冗系统是根据数字指纹来判断重复信息是否有效的。如果对信息安全有非常高的要求，则可以使用多种哈希算法进一步降低哈希冲突的概率，或者在哈希匹配的情况下逐字节对比信息内容，从而消除哈希冲突导致的重复信息误判。

(3)删冗元信息检索

为了快速判断新信息的数字指纹是否和已有信息单元匹配，删冗系统需要为已存储信息构建一个删冗元信息索引。删冗元信息索引中包含每个已有信息单元的数字指纹、存储地址、引用计数等信息。

删冗元信息索引的规模和已存储信息量成正比，通常无法全部保存在内存中，因此需要保存在外存并按需加载到内存中。这就为删冗元信息检索引入了外存I/O操作。考虑到每个信息单元都要进行删冗元信息的检索，而外存I/O又是一种开销很大的操作，这需要建立能高效地进行删冗元信息检索的索引信息，以保证删冗系统的整体性能。

(4)信息单元处理

根据删冗元信息检索的结果，可以判断出新信息单元的内容是否和已有信息单元相同，并得到相同信息单元的存储地址。删冗系统对内容重复的信息单元和内容不重复的信息单元的处理方式有所不同。

①对于内容重复的信息单元，不需要存储该信息单元的实际内容，而是直接使用删冗元信息检索时得到的存储地址作为该信息单元的存储地址，并将该存储地址的引用计数加1。

②对于内容不重复的信息单元，将分配一个新的存储地址并将新信息保存到存储系统中，然后在删冗元信息索引中为该信息单元添加对应的索引项，索引项包含该信息单元的数字指纹、存储地址、引用计数(新索引项的引用计数为1)等。

5.5.2 信息存储系统的备份

信息备份本质上是对生产系统的一份独立的信息拷贝，其核心思想是所谓的

“救生艇”原则，在技术上有别于其他手段的一个明显特征是：备份数据与生产数据没有耦合性，即备份数据无论是存储方式、展现方式或管理手段，都需要独立于生产数据，因此，对于绝大部分企业，一般都采取独立建立备份系统的方式。

1. 备份系统的逻辑组成

一个完整的备份系统通常由三个相关的技术逻辑构成：对生产数据的选择和抽取；对抽取出的生产数据的存储；对备份数据和备份存储设备的管理、提取和展现。通常，企业会使用备份软件来将上述三个技术逻辑组合成一个可以实现自动化操作的系统。

在传统IT系统里，备份体系的建设已经发展得相当成熟，客户通常会选择在生产系统上部署备份客户端和应用集成代理来完成数据抽取，并通过备份存储单元来将数据存放到备份介质上，然后通过备份服务器来实现对数据的管理、提取和展现。备份设计师的主要任务是根据业务保护的需要，在与备份带来的“负面”影响（对生产系统资源的开销、备份时间窗口、系统投资成本）之间进行平衡和权衡。

软件定义存储（software defined storage，SDS）技术的出现，从存储形态、数据访问接口、数据展现方式等多个方面改变了传统IT系统里数据存储的基础架构模式，这种生产系统基础层所发生的变化不可避免地给备份系统的设计和建设带来了新的挑战。但是SDS带来的一些新的技术特征同时也给备份系统设计师更大的空间和更多的技术选择手段，来完成在传统架构下一些看似不可能的任务，从而实现以更小的开销、更短的时间、更少的成本、更简单的维护管理完成更高要求的数据保护任务。简而言之，从技术发展趋势看，SDS给备份系统建设带来的机会和好处远远大于挑战。

2. 信息备份

（1）信息备份的目的

计算机系统中所有与用户相关的信息都需要备份，不仅要对信息库中的用户信息进行备份，还需备份信息库的系统信息及存储用户信息（用户信息、应用程序、用户设置、系统参数）的一般文件。信息备份的目的就是信息恢复、最大限度地降低系统风险、保护系统最重要的资源——信息。在系统发生灾难后，信息恢复能利用信息备份来恢复整个系统，恢复的内容不仅包含用户信息，而且包含系统参数和环境参数等。

造成信息失效的主要原因可分为自然灾害（如水灾、火灾、雷击和地震等）、人为原因（误操作及黑客的恶意破坏）、硬件故障（计算机硬件、存储介质和传输介质的故障）以及软件故障（操作系统本身的漏洞、信息库管理系统的代码错误及病毒感染等造成信息不完整、不一致或错误）。

(2)信息备份和恢复的策略

制定一个完整的信息备份策略需要考虑以下几点因素。

①确定备份的内容。除需要备份重要的文件外,还应加强信息库的备份。用户的所有信息都存储在用户信息库中,充分保证用户信息库的安全是备份的主要工作。

②确定备份频率。备份频率取决于系统恢复时的工作量、信息库的大小、信息的修改频率、信息的重要性和备份的成本。对于信息库的完全备份,可以每月、每周甚至每天执行一次;事务日志备份是每周、每天甚至每小时备份一次。

③确定备份时的信息库状态。为了保证信息的安全和完整性,一般采用动态信息库备份,也就是允许信息库运行时进行备份。

④确定备份方法。可根据不同需求,采用完全备份、增量备份、事务日志备份、文件或者文件夹备份。完全信息库备份是用于系统失败时的最后方案,当频繁地修改信息库时,可以执行完全信息库备份和事务日志备份策略。

⑤确定备份介质。磁盘是最常用的存储备份的介质,磁盘文件既可以是本地文件,也可以是网络文件。

其他措施包括:确定备份程序,即使用人工备份还是自动备份;确定备份完整性的验证周期;确定备份存储的安全性,即备份存储的空间是否防窃、防磁、防火;确定备份存储的期限,对于一般性的信息,可以确定一个比较短的期限,对于重要的信息,需要确定一个比较长的期限;确定备份服务器的选用;确定备份软件包的选用;确定备份操作的安全性;确定督导备份工作的负责人等。

(3)备份方案

①单机信息备份。将小型磁带机作为附件来实现信息备份,这样的备份就是单机信息备份。

②局域网备份。局域网备份的主要特点是由一台备份服务器对局域网内不同主机的信息、信息库以及信息群通过网络进行备份。

③广域网备份。广域网备份是指利用广域网进行信息远程异地备份,建立容灾中心。

④电话拨号备份。电话拨号备份是指安装远程备份软件的单机和移动设备通过通信线路与信息备份中心进行备份与恢复的信息交换。电话拨号备份不属于广域网备份,因为电话拨号备份是一种窄带宽、低速率的备份,而广域网备份则指提供有效带宽、进行高速率传输的备份。

(4)硬件备份

①磁盘镜像。磁盘镜像是通过每次往磁盘写入信息时,信息被复制一份同时写入另一个镜像空间上而实现的。磁盘镜像把所有信息存储到两个同样大小的

磁盘空间上，这两份信息称为镜像关系，这样在镜像的一半发生错误时，另一半仍可保证系统继续工作。

②磁盘阵列。磁盘阵列是指将小容量、廉价的驱动器组合在一起，使它们对系统表现为一个单一磁盘驱动器，通过信息冗余提高安全性保护。其工作原理是：每次向磁盘写数据时，信息写在阵列中的多个磁盘上（包括校验信息），如果阵列中的一个磁盘发生了故障，该盘上的信息也可以根据其他盘上的校验信息进行恢复。

③双机热备份。双机热备份是指采用主机冗余来保证在一台主机发生故障时另一台主机能完全接管工作。双主机通过专用网络线相连，正常情况下，主服务器运行主业务系统，信息同时镜像到热备份服务器。镜像到热备份服务器是指当主系统发生故障时，系统控制权切换到备用主机，备用服务器自动接管主服务器的主机名和IP地址，开始处理作业和信息的过程。主机系统修复后，控制权需再切换回到主业务系统，使双机系统恢复正常冗余工作模式。

④双机共享磁盘阵列。以双主机加共享的磁盘阵列柜构成双机容错方案。磁盘柜通过SCSI线连接到两台主机上，能同时被两个系统访问。关键信息放在共享磁盘柜中，正常运行时控制权在主系统上，当主系统发生故障或主系统检查到某种故障后，系统控制权就切换到备用主机。主系统修复后，主系统与备用系统角色互换，双机系统进入正常冗余工作模式。

磁盘阵列与磁盘镜像的不同之处在于，磁盘阵列可以防止多个硬盘出现故障，而磁盘镜像只能防止单个硬盘的物理损坏。双机热备份和双机共享磁盘阵列系统则是更完备的硬件容错系统，可防止整机出现故障。

(5)软件备份

软件备份是指通过操作系统提供的备份软件或专业备份软件将系统信息复制到可以异地存放的存储介质上。软件备份需从三方面考虑：首先，要选择合适的备份存储介质；其次，要选择合适的备份软件；最后，要制定合适的备份策略。

磁带以其高容量、低价格、技术成熟、标准化程度高和互换性好的特点成为绝大多数系统首选的备份存储介质。而且磁带自动加载产品已日渐成熟，可以自动加载和卸载磁带、定期清洗磁头，使备份更趋智能化，减轻了管理员的工作负担，也减少了人为错误。

备份软件在整个软件备份过程中占有举足轻重的位置。好的备份软件应具有安装方便、界面友好、使用灵活，支持跨平台备份，支持文件打开状态备份，支持在网络中的远程集中备份，支持备份介质自动加载的自动备份，支持多种文件格式的备份，支持各种策略的备份方式等特点。此外，还需要人工备份，它需要较多的人工介入，这涉及整个备份系统的性能，除此之外，还要考虑备份速度、备份费用、备份信息的易保管性等各种因素。

本章小结

当今社会离不开信息，信息化已经对经济、社会的发展和人类的进步产生了重大的推动作用，今后也必将产生更大的影响。在信息化进程中，信息存储是信息开发与利用的资源保障，其将经过加工整理序化后的信息按照一定的格式和顺序存储在特定的载体中，进而便于信息管理者和信息用户快速而准确地识别、定位和检索信息。近十年来，信息存储技术已发展成为尖端技术，为数字信息的存储、管理、互联、保护、安全、共享和优化提供了丰富多彩的解决方案。

信息存储包含块存储、分布式块存储、文件存储和对象存储四种类型，在具体的存储过程中，工作人员需要利用微缩存储、磁介质存储、激光全息存储、电子存储等技术，将信息经过编码、压缩、分类等处理流程，借助于纸张、磁盘、电子数据库、数据中心等存储工具完成存储。值得注意的是，信息存储完毕后，一方面需要保证资源利用率，进行信息删冗，另一方面则要做好已存储信息的备份工作，保障存储后的信息安全。

现代存储技术在企业和组织中扮演着越来越重要的角色，未来的信息存储技术将朝着容量更大、速度更快、能效更高、安全性更好和可靠性更强的方向发展，将存储和计算功能集成在一起，带来更低的数据传输延迟、更高的能效和更好的系统性能，满足日益增长的数据存储和处理需求。

思 考 题

1. 信息存储的概念是什么？
2. 信息存储的类型和方式有哪些？
3. 信息存储主要包括哪些过程？
4. 信息存储的工具有哪些？
5. 信息存储的技术有哪些？
6. 什么是信息存储系统？包括哪些核心部件？

第 6 章

信息检索

◎ 本章导读

在信息化时代，人们面临着信息爆炸带来的新挑战，从海量增长的信息中获取自己所需要的资源，成为当代人们不得不掌握的重要技能。信息检索是应对信息爆炸的重要手段，其通过对大量分散无序的信息进行搜集，经信息特征分析后，与用户的信息需求进行匹配，从而帮助人们快速、准确地找到所需信息，制定正确的信息决策。本章在介绍信息检索的概念、意义、原则和类型等基础上，分别讨论信息检索的一般步骤、信息检索的方法和工具、信息检索的效果评价等。

◎ 学习要点

- 信息检索的概念
- 信息检索的原则、类型与原理
- 信息检索的一般步骤
- 信息检索工具
- 信息检索技术

2007年，我国一家从事军品出口的企业急于拓展海外市场，在未了解真实背景的情况下，就与A国一家公司签署了代理合同。10年后，双方合作出现分歧，该军品企业希望中止代理合同，并开始搜集目标公司的背景信息，为通过法律诉讼解除合作关系做准备。在斥巨资聘用了一家“老牌外资调查公司”却查无所获后，该企业尝试利用开源情报技术介入调查。面对长达10年的业务活动时间跨度，以及涉及阿拉伯语、英语、德语、罗曼什语等多语种的难题，分析师团队一方面展开对目标需求的多轮拆解，锁定检索关键词组(覆盖公司主体、关联人物以及关联事件等多个维度)，并将相应的检索词扩展到上述多种语言；另一方面，结合自身境外调查经验，快速锁定相应数据集，如各国或各地专有的工商信息查询系统、第三方扩展数据库等。该企业结合全网相关碎片化信息进行处理、综合分析，仅用了两周时间，就发现了重大隐患：A国这家公司将军品贸易业务全权委托给一家巴拿马商务公司，而这家巴拿马公司的法人是M国人。此外还发现两处疑点：一是代理商在签约时，声称自己是一家总部设在瑞士的公司，而实际上却是一家在A国注册的离岸公司；二是公司注册时间为2012年，签约时(2007年)乙方的公司主体并不真实存在，代理合同的真实性和合法性存疑。最终，该企业凭借开源情报获取到的调查信息依法终止了合同，挽回了巨额损失。

从这个案例中，我们能看到以信息检索为主的开源情报搜集在商业领域的应用。除商业领域外，信息检索在军事、国防、公共安全、科研、个人学习和生活中都发挥着重要的作用。

6.1 信息检索概述

6.1.1 信息检索的概念

检索(retrieval)有“查找”之意。信息检索起源于图书馆的参考咨询和文摘索引工作，从19世纪中后期开始发展，至20世纪40年代，索引和检索已经发展成为图书馆的独立工具和用户服务项目。“信息检索”(information retrieval，IR)这个词是在1950年由美国数学家莫尔斯提出的，他认为，信息检索是建立著者和读者之间的一种通信。随着信息检索理论和实践的更新发展，人们对信息检索的认识也在不断深入。

信息检索的定义有广义和狭义之分。广义的信息检索是指将信息按照一定的方式组织和存储起来,并根据信息用户的需要揭示、查找、传递相关信息的过程,包括信息的存储过程和查找过程。狭义的信息检索仅指信息的查找,是指从信息集合中找出用户所需要的有关信息的过程。狭义的信息检索包括三个方面的含义:了解用户的信息需求;掌握信息检索的技术或方法;满足信息用户的需求。

国内外有关专家关于信息检索给予了不同的解释,较有代表性的观点主要有下列几种。

①信息检索的范围较大,动态信息、静态信息、声频信息、视频信息及各种数值信息均属于信息检索范围。如果将信息检索作为一门学科,它应该包括矩阵记数法、概率论、最优化理论、模式识别及系统分析技术等各学科领域的内容。

②信息检索主要是文献检索,是从大量的文献中查找出与情报提问所指定的课题(对象)有关的文献,或者包含用户所需事实与消息的文献的过程。这里谈到的文献,不仅指文献线索,也包括文献的片段,如章、节、段落以及与事实有关的直接情报等。

③信息检索是指将信息按一定的方式组织起来,并根据用户需求找出相关信息的过程。这里的信息存储与检索是针对信息工作者和用户来定义的,如果仅针对用户,信息检索是指在信息集合中找出所需信息的过程。

信息检索的目的就是在信息用户与信息源之间充当媒体。信息检索经历了手工检索、计算机检索、网络检索和智能化检索等多个发展阶段,其基本原理就是在对信息进行整理、排序、形成检索工具的基础上,按照用户的要求利用检索工具或检索系统,将用户检索提问标识(检索词)与已形成的或存储在系统中的信息的存储标识(文献特征标识、标引词)进行比较,若取得一致,则为匹配,即达到了用户的检索需求,如图 6-1 所示。

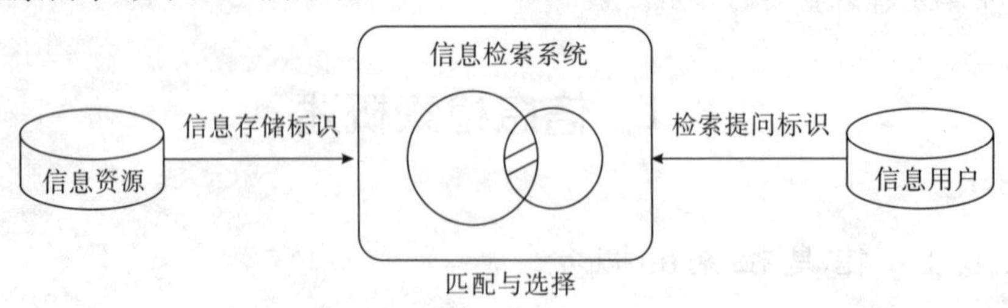

图 6-1 信息检索原理

由信息检索原理可知,信息的存储是实现信息检索的基础。这里要存储的信息不仅包括原始文档数据,还包括图片、视频和音频等,首先,要将这些原始信息进行计算机语言的转换,并将其存储在数据库中,否则无法进行机器识别。待用户根据意图输入查询请求后,检索系统根据用户的查询请求在数据库中搜索与查询相关的信息,通过一定的匹配机制计算出信息的相似度大小,并按从大到小的顺序将信息转换输出。

6.1.2 信息检索的意义

随着信息技术的飞快发展，信息、物质和能源已经成为人类社会的三大财富，信息对于经济、社会的发展，科学、文化的进步都起着重要的作用。有效、快速、准确地在信息海洋中找到所需要的信息，并有效地利用信息，已经成为信息社会人才的必备素质，因此，掌握信息检索的方法和技能有着重要的意义。

(1)掌握获取知识的捷径，提高信息利用的效率

现代社会信息丰富多样，知识的存储过于庞大和无序，人们在“信息的海洋”中面临着三种挑战：无限的文献资料对有限的阅读时间的挑战；急涌而至的文献对人们接受能力的挑战；大量新知识的出现对人们理解能力的挑战。信息检索正是从大量无序知识中搜索有用的、准确的知识的技能，是快速获取知识的捷径，同时，又能帮助人们提高信息利用的效率，信息检索已经构成知识体系中一个不可缺少的部分。

(2)提高信息检索素质，培养终身学习的能力

信息检索素质是一种能够发现信息需求，查询、分析判断、加工、筛选、综合利用、创造信息的各方面能力的总和。提高人们的信息检索素质，能培养人们独立自主学习的态度和方法，使之善于从瞬息万变的事物中捕捉信息、创造新信息。信息检索素质已成为每个社会成员的一种基本生存能力，更是实现终身学习的必备素质。信息检索素质的培养日益成为世界各国教育界乃至社会各界所关注的重大课题。

(3)科学研究的向导，科技查新的基础

信息检索在信息用户与信息源之间充当媒体的作用。信息检索的任务就是将用户与信息源经济、有效地结合在一起。文献检索是科技查新的基础，查新通过检出文献的客观事实来对项目的新颖性作出结论，帮助研究人员继承和借鉴前人成果，避免重复研究或走弯路，节省研究人员查找文献的时间。

6.1.3 信息检索的类型

(1)按信息存储和检索的内容分类

信息检索按信息存储和检索的内容可划分为文献检索、数据检索和事实检索。

①文献检索。文献检索通常是指在检索系统中检索以二次文献为对象(目录、索引、文摘)的信息，它们是文献信息的外部特征与内容特征的描述集合体。信息用户通过检索获取的是原文的“替代物”。

②数据检索。数据检索是指在检索系统中检索数值型数据，如科学技术常数、各种统计数据、人口数据、气象数据、市场行情数据、企业财政数据等，即事物的绝对值和相对值的数字。检索系统提供一定的运算推导能力，如外推、内插、填补空缺数据，甚至可以列出曲线图或进行各种分析等功能。信息用户可通过检索获得的经过核实、整理的数值信息做定量分析。

③事实检索。事实检索是指在原始文献中检索关于某一事物(事件、事实)发生的时间、地点和过程(情况)等方面的信息。它包括数值信息和系统数据信息，一般从系统中检索出所需信息后，要再加以逻辑推理才能给出结论，这类信息主要用于管理决策。

以上三种信息检索类型的主要区别在于，数据检索和事实检索是要检索出包含在文献中的信息本身，而文献检索则只要检索出包含所需要信息的文献即可。

(2)按照检索系统中信息的组织方式分类

信息检索按检索系统中信息的组织方式可划分为全文检索和多媒体检索。

①全文检索。全文检索是指检索系统中存储的是整篇文章乃至整本书。检索时，用户可以根据需要从中获取有关的章、段、句、节等信息，还可以进行各种频率统计和内容分析。随着计算机容量与运算速度的增大和提高，全文检索正迅速扩大到各个学科和专业中。

②多媒体检索。多媒体检索是对超文本检索的补充，其存储对象超出了文本范畴，融入了静态和动态图像(形)以及声音等多种媒体信息。信息的存储结构从单维发展到多维，存储空间范围在不断扩大。

(3)按照信息存储的载体和实现查找的技术手段分类

信息检索按信息存储的载体和实现查找的技术手段可划分为手工检索、机械检索和计算机检索。

①手工检索。手工检索是指以手工翻检的方式，利用工具书(包括图书、期刊、目录卡片等)来检索信息的一种检索手段。手工检索的方法比较简单、灵活，容易掌握。但是，手工检索费时、费力，特别是进行专题检索和回溯性检索时，需要翻检大量的检索工具反复查询，花费大量的人力和时间，而且很容易造成误检和漏检。

②机械检索。机械检索是指通过设计和制作特定的机械装置，改进信息检索方式，以在一定程度上实现信息检索的自动化。但机械检索只是采用单一的方法对固定的存储形式进行检索，成本高，检索复杂，检索效率不理想。

③计算机检索。计算机检索是指在计算机或计算机检索网络的终端机上，使用特定的检索指令、检索词和检索策略，从计算机检索系统的数据库中检索出需要的信息，继而再由终端设备显示或打印的过程。

6.1.4　信息检索的途径

所谓“信息检索途径”，就是利用信息的特征来实现信息的查找。根据信息的基本特征，可以把信息检索途径分为外部特征检索途径（题名途径、著者途径、引文途径等）和内容特征检索途径（分类途径、主题途径等）两大类。

1. 外部特征检索途径

信息源的外部特征是指在文献载体的外表上标记的可见特征，如题名（刊名、书名、篇名等）、责任者（作者、编者、译者、专利权人、出版机构等）、引文和号码（标准号、专利号、报告号、索取号等）。

（1）题名途径

题名途径是指通过文献的题名来查找文献的途径。题名包括文献的篇名、书名、刊名、专利名称、标准名称、数据库名称等，可以利用检索工具的书名索引、刊名索引、会议论文索引等进行检索。

（2）著者途径

著者途径是指根据文献著者名称来查找文献的途径，包括个人著者和团体著者。许多检索系统备有著者索引、机构（机构著者或著者所在机构）索引，专利文献检索系统有专利权人索引，利用这些索引，按著者、编者、译者、专利权人的姓名或机关团体名称字顺进行检索的途径统称为著者途径。

（3）引文途径

文献所附参考文献或引用文献是文献的外部特征之一。利用这种引文而编制的索引系统，称为引文索引系统，它是提供从被引论文去检索引用论文的一种途径，也被称为引文途径。

（4）其他途径

有些文献有特定的序号，如专利号、报告号、合同号、标准号、国际标准书号和刊号等。文献序号对于识别一定数量的文献，具有明确、简短、唯一等特点，依此编成的各种序号索引可以提供按序号自身顺序检索文献信息的途径。

总之，以外部特征途径进行检索的最大优点是，其排列与检索方法以字顺或数字为准，不易错检和漏检，查准率高，适宜查找已知文献题名、作者姓名或序号的文献。

2. 内容特征检索途径

信息源的内容特征是文献所载的知识信息中隐含的、潜在的特征，如分类途径、主题途径等。以文献内容特征作为检索途径更适合检索未知线索的文献。

（1）分类途径

分类途径是指按照文献所属学科（专业）属性（类别）进行检索的途径。分类途径以课题的学科属性为出发点，按照学科分类体系，利用学科分类表、分类目录或分类索引等进行检索。按分类途径检索文献便于从学科体系的角度获得较系统的文献线索，即具有族性检索功能，便于从学科所属范围来查找文献资料。

分类途径可把同一学科的文献信息集中检索出来，但一些新兴学科、边缘学科的文献难以给出确切的类别，易造成误检和漏检，因此，从分类途径查找文献一定要掌握学科的分类体系及有关规则。

(2)主题途径

用规范化词语来表达文献信息的内容特征的词汇称为主题词。主题途径是按照文献信息的主题内容进行检索的途径，即利用能代表文献内容的主题词、关键词、叙词，按字顺排列实现检索。

利用主题途径检索文献的关键在于分析检索目标的核心、提炼主题概念，并能运用合适的词语来表达主题概念。主题途径是一种主要的检索途径，表达概念灵活、准确，能集中反映一个主题的各方面文献资料，所获得的检索信息专指性强，便于读者对某一问题、某一事物和对象做全面系统的专题性研究。

(3)其他途径

利用事物的某种代码编成的索引，如分子结构式索引、环系索引等，可以按特定代码顺序进行检索。还有某些专门项目途径，如按文献信息所包含的或有关的名词术语、地名、人名、机构名、商品名、生物属名、年代等的特定顺序进行检索，可以解决某些特别的问题。

6.2 信息检索过程

信息检索通常是一个连续过程，在此过程中，检索者需要考虑和完善当前的检索问题，借助于各类不同的信息资源，使用不同的信息检索技术和方法，并对检索得到的信息进行评估，以最终实现高效且准确地获取所需信息这一目的。无论是手工检索还是计算机检索，都是一个经过仔细思考并通过实践逐步完善查找方法的过程。检索过程通常包含分析检索课题、选择检索工具、确定检索途径及检索式、实施检索和获取原文等，如图 6-2 所示。

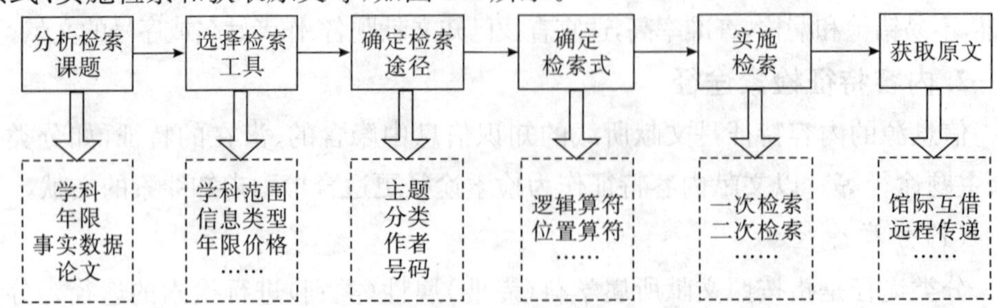

图 6-2 信息检索过程

6.2.1　分析检索课题

分析检索课题是实施检索工作时最重要也最基础的步骤。该过程要明确检索目的与要求，确定检索课题的具体范围，厘清所需信息的类型、语种、数量、时间等。检索问题分析得全面、深入，才能够根据检索工具的特征选择合适的检索工具。在进行检索课题分析时，需要注意以下步骤。

(1)分析课题内容，明确检索目的

主题内容是信息检索所服务的中心问题，检索问题的数量应与待分析的主题相对应。用户在进行信息检索之前，须根据主题内容明确检索的目的，进而厘清检索需求，找出主题所需的关键问题，形成反映中心问题的主题，拟定检索关键词。当检索课题较为生疏时，应首先借助外部知识厘清概念，学习相关专业知识，弄清课题内容和待解决问题以及初步解决方案，进而确定检索的主题范围。

检索目的决定了检索的范围，如果检索目的是查找相关数据，如了解新技术、新项目、新发展，则检索过程需要密切跟踪国内外最新的研究成果，掌握最新的科研动态，关注同行的研究进展，对查准率的要求较高；如果检索目的是了解领域发展全貌，如申请发明专利以及成果鉴定，则检索过程需要全面系统地检索若干年内某一个主题内的信息资料，要求有比较高的查全率。检索目的的详略直接影响后续检索数据的范围、种类和状态。

(2)明确课题的学科属性、专业范围及检索类型

分析课题类型可帮助确定检索工具，在明确检索目的后，用户需进一步明确待检索课题的学科属性、专业范围及检索类型。

首先，要考虑检索课题单一学科、多学科还是跨学科。当课题涉及多学科时，应以主要学科为检索重点，次要学科为补充，检索的学科范围越具体，越有利于检索；如果问题属于多学科或交叉学科，则需分别列出多学科或交叉学科的相关部分，以确定所需信息在复杂的学科体系中的位置。

其次，要弄清检索课题属于文献类、数据类还是事实类。文献类课题主要以图书、期刊、学位论文、会议论文、专利等文献为检索对象；数据类课题的检索要根据用户的需要，从某种数据集合中检索出准确数据；事实类课题的检索是一种确定性检索，一般要将检索到的信息进行逻辑推理、分析后才能得出结论。

(3)明确课题的检索时间要求

任何理论、技术、方法都有其发生、发展和形成的过程，可根据检索课题的背景，明确检索的时间范围。

对于学科发展较快的领域，应该缩短检索时间。而对于一些特殊的研究课题(如历史类课题研究)，则要考虑特定的检索时间。不同类别的信息来源时间跨度

长，各类检索工具形式种类多，不明确具体的查找时间段，会导致大量时间和精力的无用投入，而不能及时找出所需信息，也会进一步影响检索信心。

对于一个具体的检索问题，如想检索其初生期的相关信息，可考虑直接检索该主题下相关的图书、述评等，因为早期信息大概率已被综合收录于出版周期更长但信息载量更大的知识源中。反之，要想了解检索主题高潮期的信息，则推荐检索出版周期更短的学术文献，特别是会议论文。明确检索问题的具体周期，找出对应的检索时间范围，可帮助用户更为准确地获取信息，进而减少时间和精力的投入，是进行高效信息检索的推进器。

6.2.2 选择检索工具

检索工具种类繁多，既有纸质检索工具，也有数字检索工具，各种检索工具所收录的具体内容、学科种类、数据类型各有侧重。检索问题对需要使用的检索工具具有直接影响，检索工具选择的正确与否对于检索效率起着决定性作用。因此，要在对检索课题进行分析的基础上，根据检索目的和要求选择合适的检索工具。选择合适的检索工具，就需要从检索信息的类型、检索工具的类型、检索工具的收录范围、检索问题的具体需求等方面进行综合考虑。

(1)基于信息类型的检索工具

搜索引擎的普及以及大众对于其他信息检索工具的不熟悉，使得用户多考虑利用搜索引擎作为工具，而忽视各种专业数据库。总体而言，大众化的信息检索更适合采用搜索引擎，而专门的数据库则更加适用于查找专业信息。

①大众信息检索。对于各类常识性、大众化信息，使用常见的搜索引擎作为检索工具即可满足用户需求，或使用“百度知道”等通用问答平台。而大众信息又可细分为不同类别，如新闻类信息可使用报刊、新闻网站作为检索工具。

②专业信息检索。专业类的信息检索通常需要借助于各类数据库，专业类信息同样可进行类别的细分。对于专业术语和概念的检索，可采用百科全书、词典作为检索工具；对于图书的检索，可使用图书馆的馆藏目录、WorldCat 等联合目录、出版社书目等作为检索工具；对于细粒度知识的检索，可考虑使用学术数据库中的知识元搜索引擎，如中国知网中的“知识元检索”作为检索工具。

(2)基于学科专业的检索工具

尽管当前已默认各类数据库是学科专业信息的首选检索工具，但是针对不同的学科需求，利用专业集中度更高的检索工具，可获得更具针对性的检索结果。关于不同专业领域的检索工具选择，可参考如下示例。

①自然科学类专业。可使用学术搜索引擎或学科数据库，如 Web of Science、Scopus、PubMed 等，以便获取最新、最全面的研究文献。其中，计算机科学尤为

特殊，其多倾向于将最新成果发表于会议，因此，检索该学科的最新信息应考虑会议官网抑或是会议论文集合网站，如 ACL anthology。

②工程类专业。可使用工程类数据库，如 Engineering Village、Compendex 等，以获取工程学领域的研究文献和技术报告。

③医学类专业。可使用 PubMed、Medline 等医学文献数据库，以获取与医学相关的研究文献和临床试验等信息。

④社会科学类专业。考虑到社会科学类研究更倾向于将重要成果发表为专著，因此建议使用专有的社会科学数据库，如 JSTOR、SAGE 研究方法库，以获取社会科学领域的研究专著、文献和报告。

⑤人文艺术类专业。建议使用学术搜索引擎、人文数据库或在线图书馆，如 Project MUSE、ARTstor 等，以获取人文艺术领域的文献、艺术作品等信息。

(3)基于数据源特性的检索工具

在网络环境下，用户也常用数据库进行信息检索。有学者提出用“4C”原则指导用户根据自身需求选择合适的数据库作为检索工具，“4C”原则具体包括以下四条。

①数据库的内容(content)。用户需要考虑数据库中是否包含所需的信息，如学术论文、研究报告、专利、标准等。数据库的内容要涵盖用户需要的信息，覆盖面要广，且与用户关注的领域和主题有关。

②数据库收录资源的覆盖范围(coverage)。用户要考虑数据库中是否包含所需要的来源，如期刊、报纸、书籍、网络资源等。用户在选择数据库时，还需要考虑数据库是否收录了主流和权威的出版物，是否涵盖了相关领域的核心期刊和会议论文。

③数据库内容更新(currency)。数据库内容更新即该数据库应包含最新的研究成果和信息。特别是对于需要关注最新研究进展的学者、研究员或企业人员而言，数据库内容的更新十分重要。

④数据库的费用(cost)。目前搜索引擎多为免费使用，但各种商业数据库会收取一定的检索费用，且不同数据库的收费标准不同，同一数据库中的不同检索系统的收费方式也不尽相同。数据库的费用，包括订阅费、下载费、文献传递费等，是影响数据库选择的重要因素。用户需要权衡数据库的质量、涵盖范围和费用之间的关系。

除了上述“4C”原则外，数据库的检索功能也是其是否被选择的决定性因素之一，如是否提供初级检索、高级检索和专家检索等不同的检索选择；支持哪些检索技术、帮助功能、容错功能等；能否在检索过程中提供建议；是否支持不同语言的检索等。

(4)选择检索工具的主要依据

检索工具成千上万,除了要知道哪类问题该用哪类工具解决,还要熟悉一些具体检索工具的内容、范围、特点与编排结构。选择检索工具的主要依据包括:①检索工具所包含信息是否广泛全面、准确可靠。②检索工具中文献报道量是否充足。③著录款目是否准确、详尽。④信息报道时差是否短。报道时差是指文献从第一次发表到被收录于检索工具中的时间差,时差越短,则提供的文献内容更新、更及时。⑤检索途径是否完善。检索工具中,辅助索引种类越多,检索时也就越方便。

确定了检索工具类型之后,还要根据编撰目的、材料收录范围和编排方法,选择有希望获得所需信息的检索工具。检索工具收录的学科范围、地区范围、语种范围、时间范围和文献类型,在每一种检索工具的用户指南或导言、前言、编例、User's Guide、Helps for the reader 等中都有说明,这些都是首次使用某种检索工具前必读的内容。

6.2.3 确定检索途径及检索式

选择检索工具以后,就要确定检索途径及检索式。检索途径往往不止一种,使用者应根据"已知"信息特征确定检索途径。所有文献的特征可分为两大类:外部特征(如著者、题名、文献类型、文种、发表时间、语种、文献号等)和内容特征(如分类号、主题、检索词、代码等)。开展检索时,如果已知文献的外部特征,应尽量使用该外部特征进行检索,以使信息检索达到更高的专指度。在不知文献外部特征的情况下,通常采用内容特征进行检索,在采用内容特征进行检索时,如果希望检索词的泛指度高,则通常选择分类途径;如果希望检索词的专指度高,则可采用主题途径。有些检索工具仅采用一种方式进行标引,用户只能根据已有的标引方式进行检索。

检索式是计算机检索中用来表达检索提问的一种逻辑运算式,又称检索表达式或检索提问式,它由检索词和检索系统允许使用的各种运算符组合而成,是检索策略的具体体现。构造检索式就是把已经确定的检索词和分析检索课题时确定的检索要求用检索系统所支持的各种运算符联结起来,形成检索式。

结合检索工具提供的检索功能,即可选择合适的检索途径(简单检索、高级检索、专业检索)和检索字段,如检索某知名学者的学术成果,可以选择"作者"作为检索字段,并将作者名字作为检索词;如果检索某课题相关的文献,则可以选择主题、篇名、摘要等字段,使用分析检索课题后所获得的主题概念、同义词、上位词、下位词、相关词等词语作为检索词,并根据概念关系使用逻辑算符构造合适的检索式。

(1)选择检索途径

检索途径是开始检索的入口,明确检索途径后,方可实施具体的检索细则。

①分类检索途径。该途径利用目次表分类索引,其关键是需要确定分类的类目或分类号,当所检索课题涉及多个不同类别时,应当注意从不同类目交叉进行检索。若所需信息范围较广,则选用分类途径,分类检索途径多见于专利信息检索。

②主题检索途径。该途径利用主题进行检索,其关键是需要明确主题词或关键词,主题检索途径多见于文献信息检索。若所需信息的专业度较高,则推荐使用主题检索途径。

③著者检索途径。该途径利用著者索引进行检索,需要用户明确准确的著者姓名,包括个人著者和团体著者。

④序号检索途径。该途径利用代码编号进行检索,常见的有专利号索引、标准号索引、化学分子式索引、CAS登记号索引等多种。

(2)设置检索词

检索词是指检索工具自身提供的字段,如数据库中的题名、著者、关键词等。检索词也是用户或检索人员输入的具体信息,包括字、词、字符或短语等,检索的过程即为查找包含关键词的记录。检索词的确定对于检索结果的反馈至关重要,因此,学会从复杂的检索课题中提炼出独具代表性和指示性的检索词是检索人员必备的技能。检索词既包括关键词,如出现在信息资源中,对表达信息主题内容具有实质意义的词语;也包括各种符号,如分类号、专利号、出版年等非文本类信息。在选择符号作为检索词时,只需保证所输入符号准确可用,而关键词的选择则更为复杂,一般而言需要注意以下两点。

①选择专有名词作为关键词。在选择检索的关键词时,应当多选择意义明确且范围具体的专有名词,而避免选择冷僻词汇或过于宽泛的词语,如计算机、互联网、中国、国家、世界等词,此类关键词会使检索系统反馈数以万计的结果,失去检索意义,被称为禁用词。

②选择合适数量的关键词。检索式中以使用2～3个关键词为宜。使用截词检索时,可检索出词根相同的词或同一词的单复数形式,并将同义词、近义词、相关词进行连接,这些词汇可以扩大搜索范围,提高搜索结果的准确性。使用精确检索时,可将专有名词和固定短语进行固定和范围划分,例如,在搜索具有多个单词的短语时,使用引号来确保搜索结果中包含完整的短语,以提高检索精度。

(3)生成检索式

检索式,也称检索提问表达式,其反映了前述过程中制定的具体检索策略,是检索系统需要执行的具体检索操作。最简单的检索式由一个检索词构成,字段标识可被省略;复杂的检索式则可由多个检索词,以及不同关系算符连接的字段名构成。因此,构造检索式时,应学会利用检索系统支持的检索运算、检索标识、限定条件等,构建坚实的检索基础。为提高检索效率,减少漏检错检,构造检索式时需注意以下事项。

①合理利用子检索式。检索课题中通常包含较复杂的概念,此时如果简单使用单个检索词对其进行表征,则极易造成漏检。因此,针对检索问题中的每个概念,应当尝试穷举表达此概念的同义词、近义词、相关词、上下位词,并利用布尔逻辑运算符将之连接,形成单独的子检索式。随后,多个子检索式再由布尔检索式相连,构成总检索式,以便更精确地描述所检索问题。

②合理使用高级检索功能。许多搜索引擎与数据库都提供简单查询和高级查询,高级查询可组合使用布尔逻辑运算符 AND(+)、NOT(-)、双引号、使用日期与语种限定,可使检索结果控制在一定范围内。充分利用进阶检索,在当前检索结果上进行检索式的增补和修改,可使检索结果的精确性进一步提高。

6.2.4 实施检索

实施检索是指在检索系统中将检索标识与系统中存储的文献标识进行匹配,查找出相关文献,并对所获结果进行分析,看其是否符合需要,如果试检结果满意,可进行正式检索;否则,要分析原因,修改、调整检索策略,包括修改检索式、调整检索词、重新选择检索系统等。

在实际研究课题的检索过程中,往往进行一次检索是达不到目的的,一般都要反复调整检索策略或在一次检索结果中进行二次检索。在实施检索的过程中,可通过检索结果的数量和质量,来评判当前检索策略的优劣。通常而言,检索策略需要经过数轮调整,才能得到满意的检索结果。在实际检索中,常会出现相关检索结果过少或过多的情况,此时就需要及时分析错误原因,修正或调整检索策略,直到获得满意的检索结果。

(1)错误原因核查

实际检索过程中最易出现的两种问题是误检和漏检,如果盲目放宽检索范围,以提高查全率进而避免漏检,会导致查准率的降低;反之,为了减少误检而缩小检索范围,提高检索限制,则势必会以查全率的牺牲来换取更高的查准率。因此,在调整检索策略之前,应当理性分析问题发生的原因。

导致误检的原因有以下几点。

①检索词的多义性和歧义性。同一个词汇可能有多种含义,不同的人对同一词汇的不同理解会导致检索结果出现与用户需求不相关的文档。

②信息资源的质量不佳。信息质量良莠不齐,一些不准确、过时或者不相关

的信息资源可能会被搜索引擎或数据库收录，从而出现在搜索结果中。

③用户需求表达得不准确或不清晰。用户提供的检索词可能不足以准确描述其需求，或者用户需求本身存在模糊性和不确定性，导致搜索结果不准确或不符合用户期望。

导致漏检的原因有以下几点。

①检索词的限制性和错误。用户提供的检索词可能过于片面，未充分考虑同义词、近义词或隐含概念，抑或是选择了不规范的主题词作为检索词，未能覆盖到与用户需求相关的所有文档。

②检索式的限制。采用了过多的位置运算符构建检索式，且对字段的限制太严格，从而使得检索的结果集中于极小的范围。

③检索工具的限制性。使用的搜索引擎或者其他检索工具可能无法搜索到某些类型的文档或者某些特定的信息资源。

④数据库不全或不准确。某些信息资源可能没有被收录到搜索引擎或者数据库中，或者收录的信息不完整或不准确。

⑤信息资源的质量问题。某些信息资源可能被排除在搜索引擎的索引范围之外，或者信息资源存在质量问题，如被隐藏、损坏或者删除，导致漏检。

(2)缩小检索范围

在信息检索中，若检索结果过多，为了提高检索的准确性和效率，可以考虑适当增加一些限制条件以达到减少检索结果的目的，即减小查全率，提高查准率。具体的措施包括以下四种。

①改变检索词。使用更加精确和准确的检索词，增加限定词，提高检索词的专指度；减少检索词的同义词或者同组相关词，减少检索结果的数量。

②修改检索式。在检索式中加上过滤条件，使用布尔逻辑非运算符，排除无关概念；调整位置运算符，由松变严；使用字段限定，将检索词限制在某个或某些字段中。

③利用搜索引擎的高级搜索功能。许多搜索引擎提供高级搜索功能，可以在搜索框中添加特殊的指令或者选项，以缩小检索范围，如限定搜索时间、文件类型、网站等。

④利用分类目录。在一些网站或搜索引擎中，可以使用分类目录来缩小检索范围。

(3)扩大检索范围

在信息检索中，如检索结果过少，为了提高检索的全面性，可以考虑适当少限制条件以达到减补充检索结果的目的。具体的措施包括以下四种。

①修改检索词。避免使用专指性太强的词作为检索词；采用常用词取代专指

术语，或改用上位词；尽可能使用同义词、近义词、上位词、相关词，并用布尔逻辑运算符“OR”连接；减少布尔逻辑运算符“AND”连接的最不重要的检索词；去掉布尔逻辑运算符“NOT”连接的检索词。

②调整检索设置。取消限制性的检索条件，如文献类型、出版年份、语种等；使用截词检索，以检索出检索词的单复数形式、单词拼写差异、同根词等所有单词的结果。

③调整搜索引擎的设置。调整搜索引擎设置，如关闭关键词矫正、扩展搜索范围、增加搜索深度等；选择更广泛的搜索范围，如全文检索、网页搜索、图片搜索、新闻搜索等，可以从不同的角度来搜索相关内容。

④增加检索方式。使用多个搜索引擎或多个数据库联合搜索，或使用元搜索引擎以同时获取多个搜索引擎或数据库的结果；如果自动搜索无法满足需求，还可以手动检索相关信息，比如通过查找相关书籍、期刊、论文等来获取更多的信息。

6.2.5 获取原文

在采用合理的检索策略获取到满足用户需求的信息后，即可根据资源特征选择不同的方式获取原始信息数据。

(1)网络获取方式

从检索工具上获得所需文献线索后，利用馆藏图书目录或报刊目录获取原文。由于馆藏目录或联合目录一般提供了文献的索取号和收藏地址，获取原文时只要履行借阅手续或馆际互借手续即可，有时甚至可从著者处获取原文。现在许多网络检索工具都提供原文的链接，只要用户支付相关费用，就可以方便地获取原文。网络获取原文的具体步骤如下。

①确定数据来源。首先需要确定信息检索系统的数据来源，如论文数据库、学术搜索引擎等，不同的数据来源可能需要不同的数据获取方式。

②获取访问权限。对于存在版权限制的信息，可能需要先登录账户或获取相应的授权和权限。

③选择导出方式。确定导出数据的方式，在拥有权限的前提下，可选择直接下载、复制、打印、E-mail 发送、输入到信息管理软件等；对于未获取权限的信息，可考虑使用不同检索平台之间的信息传递与共享服务，如使用 CASHL 等平台申请文献传递服务获取原文。

④明确数据格式。确定导出数据的格式，不同的格式适用于不同的用途，需要根据具体情况进行选择。文本信息可导出为 PDF 文件、Word 文件等，输出形式包括目录、题录、文摘、全文等。

(2)其他获取方式

如果不能在网络上获取原文,应收集以下信息,通过这些信息获取原文。

①识别文献类型。不同类型的文献收藏地点不同、外表特征不同,在索取原文时,首先就要区别文献的类型。

②充分利用刊名。检索工具通常采用刊名缩写,并附有引用出版物一览表,供核对收录的出版物全称之用。

③论文著者的地址。要获取会议论文、学位论文、公司报告以及一些尚未公开发表的文章的原文,必须获得论文著者(包括团体著者)的详细地址。大多检索刊物的著录项中附有作者的工作单位名称缩写,可以据此查阅机构名录全称。

④识别语系。在检索工具中,俄文、中文、日文等的文献作者、出版物名称通常采用音译法转换成英文进行著录。故索取原文前,要将这些音译的人名、出版物名称还原成原来的语种。

⑤分析其他外部特征。文献的其他外部特征包括文献篇名、编号(索书号和专利号等)、著者姓名、出版时间、分类号等。

6.3　信息检索工具

信息检索工具是指用户在满足自己信息需求的过程中用于获取信息的工具。用户在检索时,需要在分析检索需求的基础上选择合适的检索工具,顺利完成这一步骤的前提是了解不同检索工具的检索对象和检索功能。本节将介绍几种常见的检索工具。

6.3.1　搜索引擎

搜索引擎是在网页上为用户的查询寻找并返回答案的软件系统,它通过浏览器为用户提供一个搜索界面,用户在搜索框中提交检索词或检索式后,搜索引擎为用户返回与输入内容相关的网页或文件列表。

随着搜索引擎技术的发展,系统可处理的范围从单一的检索词向复杂的检索式,从网页文本向不同格式的文档、图片、音频、视频等转变。搜索引擎主要包括关键词搜索引擎和元搜索引擎两种。关键词搜索引擎是指利用关键词进行搜索的搜索引擎,也称为机器人搜索引擎,它利用爬虫软件自动访问和抓取网页,建立网页索引数据库提供搜索。为了扩大搜索范围,用户需要在多个搜索引擎上执行相同的搜索。元搜索引擎是将多个搜索引擎集成在一起,并提供一个统一的搜索界面的搜索引擎。用户查询请求发出后,元搜索引擎以并发方式将查询请求分发给多个搜索引擎,同时在多个搜索引擎上搜索,并将结果按照一定排序算法重新处理或分别返回给用户。元搜索引擎没有建立自己的索引数据库。目前国内常用的搜索引擎有百度、必应等。

1. 百度

百度是全球最大的中文搜索引擎，2000 年 1 月，百度创始人在中关村成立了百度在线网络技术（北京）有限公司，致力于向人们提供“简单、可依赖”的信息获取方式。

百度的搜索服务主要有网页搜索、百度新闻、百度地图、学术搜索、图片搜索等，其中，网页搜索是最常用的服务。通常，普通用户仅使用百度首页的搜索框进行一框式搜索，而百度还有基本搜索设置和高级搜索功能，如图 6-3 所示。

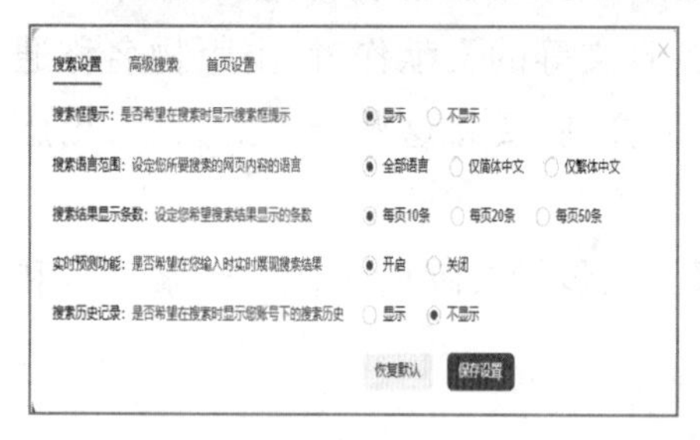

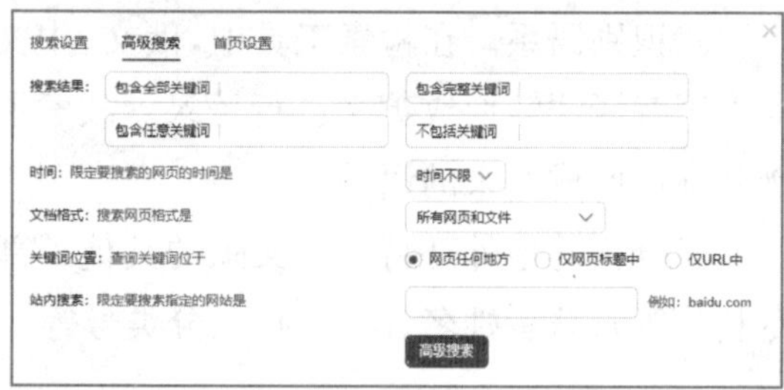

图 6-3　百度基本搜索设置与高级搜索界面

2. 必应

必应（Bing）搜索服务起源于微软的 MSN Search、Windows Live Search 和后来的 Live Search。2009 年 6 月 3 日，微软将 Live Search 改造成 Bing 并正式发布。Bing 提供各种搜索服务，包括 Web、视频、图像、学术、词典、新闻、地图、旅游等搜索产品，到 2011 年 7 月，Bing 的搜索成功率已比开始时有大幅提升。传统的 Bing 检索主要提供和百度类似的一框式检索，同时提供类似的高级检索设置。

2023 年 2 月 7 日，微软公司宣布推出全新的、AI 驱动的 Bing 搜索引擎，即 New Bing。New Bing 通过使用 Open AI 公司开发的大型语言模型，提供更好的搜索、更完整的检索答案。New Bing 的重要突破是接入了对话功能，如图 6-4 所示，用户既可以与 New Bing 进行日常的聊天对话，也可以将自己的检索需求以问题的形式输入对话框中，New Bing 会结合浏览器丰富的语料和大型语言模型优异的自然语言处理能力对搜索结果进行总结，并在回复中给出所依据的相关网页内容链接，方便用户深入了解相关信息。

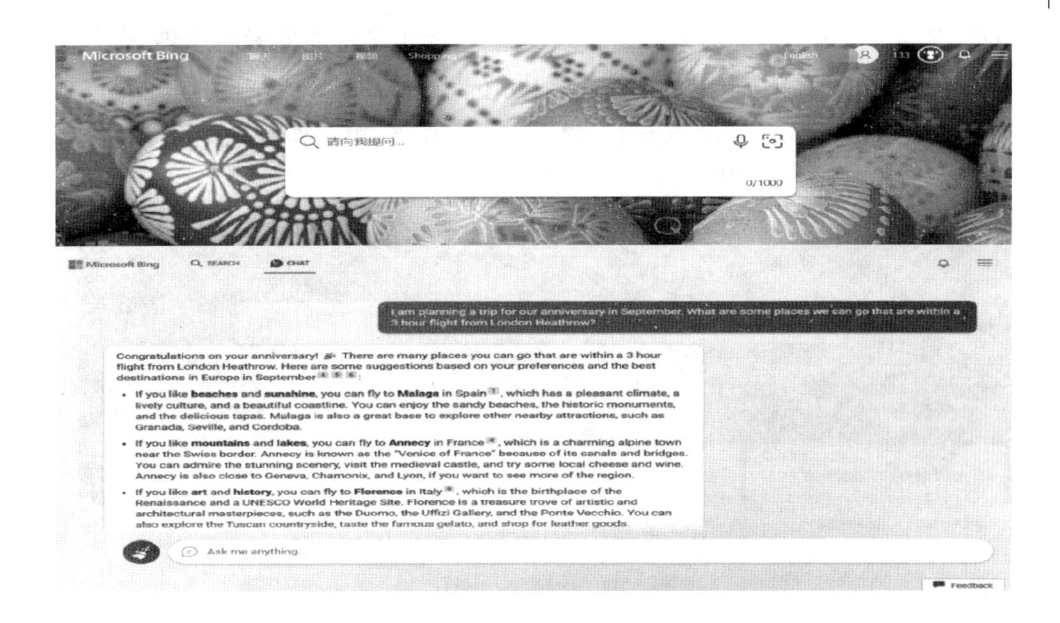

图 6-4　New Bing 的对话功能

6.3.2　文献数据库

文献数据库是科研工作者最重要的检索工具之一。以安徽大学图书馆为例，目前可使用的中文、外文文献数据库共有 100 余个，可检索的文献类型包括图书、期刊、报纸、专利文献、标准文献、科技报告、学位论文等。中国知网、万方数据知识服务平台、维普资讯网、国家科技图书文献中心等都是常用的国内文献数据库；Web of Science 等是常用的国外文献数据库。此外，还有一些特种文献数据库，如国家知识产权局专利检索及分析系统和全国标准信息公共服务平台。

1. 中国知网

1999 年 3 月，以全面打通知识生产、传播、扩散与利用各环节信息通道，打造支持全国各行业知识创新、学习和应用的交流合作平台为总目标，启动了中国知识基础设施(China National Knowledge Infrastructure，CNKI)工程，为全社会知识资源的高效共享提供了丰富的资源，CNKI 成为重要的知识传播与数字化学习平台，中国知网就此诞生。机构用户可以在机构 IP 范围内直接访问中国知网或使用机构提供的虚拟专用网络(VPN)远程访问中国知网；个人用户可以以购买月卡、年卡等方式付费使用。中国知网深度整合了海量的中外文文献，包括 90%以上的中国知识资源，如期刊、学位论文、会议论文、报纸、年鉴、专利、标准、成果、图书、古籍、法律法规、政府文件、企业标准、科技报告、政府采购等资源类型。

(1)基础检索

中国知网在首页提供了检索框，将检索功能浓缩至“一框”中，根据不同检索项的需求特点采用不同的检索机制和匹配方式，体现了智能检索的优势，检索操作便捷，同时兼顾了检索结果的准确率和完整性。如图 6-5 所示，中国知网首页总库提供的检索字段有主题、关键词、篇名、全文、作者、第一作者、通讯作者、作者单位、基金、摘要、参考文献、分类号、文献来源等。

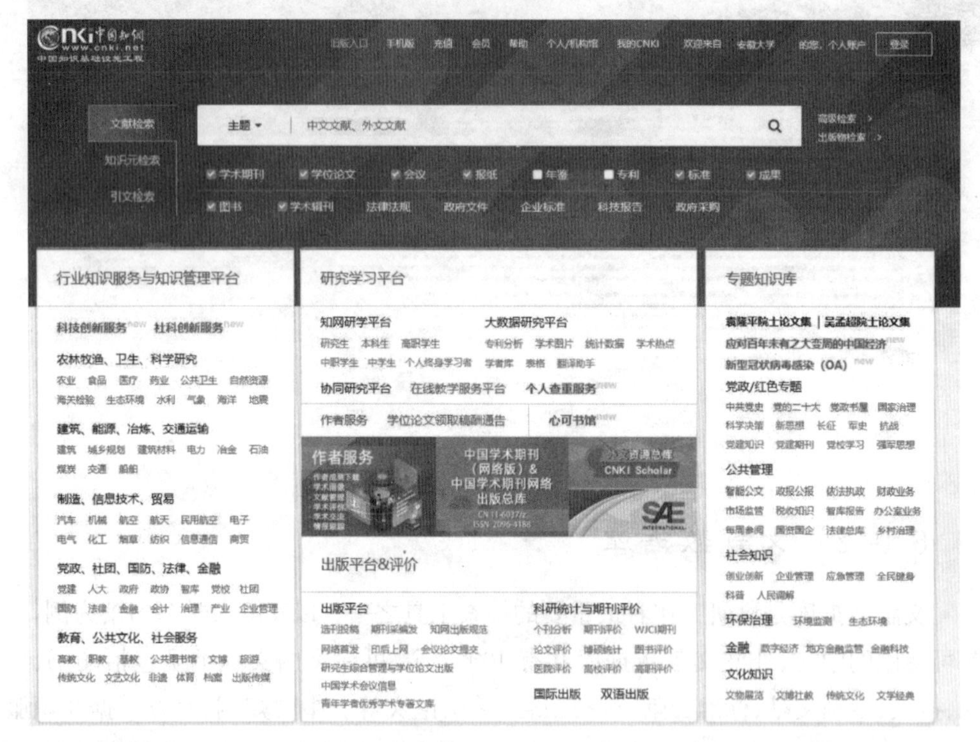

图 6-5　中国知网首页

①主题检索。主题检索就是在中国知网标引出来的主题字段中进行检索，该字段内容包含一篇文章的所有主题特征。同时，在检索过程中嵌入了专业词典、主题词表、中英对照词典、停用词表等工具，并采用关键词截断算法，将低相关或微相关文献进行截断。

②关键词检索。关键词检索的范围包括文献原文给出的中英文关键词，以及对文献进行分析计算后机器标引出的关键词。机器标引的关键词基于对全文内容的分析，结合专业词典，解决了文献作者给出的关键词不够全面、准确的问题。

③篇名检索。篇名检索即使用已知篇名对文献进行检索，其中，期刊、会议、学位论文、辑刊的篇名为文章的中英文标题；报纸文献的篇名包括引题、正标题和副标题；年鉴的篇名为条目题名；专利的篇名为专利名称；标准的篇名为中英文标准名称；成果的篇名为成果名称；古籍的篇名为卷名。

④全文检索。全文检索是指在文献的全部文字范围内进行检索，包括文献篇名、关键词、摘要、正文、参考文献等。

⑤作者检索。作者检索是指对已知作者的所有文献进行检索。期刊、报纸、会议、学位论文、年鉴、辑刊的作者为文章的中英文作者；专利的作者为发明人；标准的作者为起草人或主要起草人；成果的作者为成果完成人；古籍的作者为整书著者。

⑥第一作者检索。只有一位作者时，该作者即为第一作者；有多位作者时，将排在第一个的作者认定为文献的第一作者。

⑦通讯作者检索。目前，期刊文献均对原文的通讯作者进行了标引，可以按通讯作者查找期刊文献。通讯作者通常为课题的总负责人，也是文章和研究材料的联系人。

⑧作者单位检索。作者单位检索是指以作者单位为字段限定检索。期刊、报纸、会议、辑刊的作者单位为原文给出的作者所在机构的名称；学位论文的作者单位包括作者的学位授予单位及原文给出的作者任职单位；年鉴的作者单位包括条目作者单位和主编单位；专利的作者单位为专利申请机构；标准的作者单位为标准发布单位；成果的作者单位为成果第一完成单位。

⑨基金检索。根据基金名称，可检索受到此基金资助的文献。支持基金检索的资源类型包括期刊、会议、学位论文、辑刊等。

⑩摘要检索。期刊、会议、学位论文、专利、辑刊的摘要为原文的中英文摘要，原文未明确给出摘要的，提取正文内容的一部分作为摘要；标准的摘要为标准范围；成果的摘要为成果简介。

⑪参考文献检索。参考文献检索是指检索参考文献里含检索词的文献。支持参考文献检索的资源类型包括期刊、会议、学位论文、年鉴、辑刊等。

⑫分类号检索。通过分类号检索，可以查找到同一类别的所有文献。期刊、报纸、会议、学位论文、年鉴、标准、成果、辑刊的分类号指中图分类号；专利的分类号指国际专利分类号。

⑬文献来源检索。文献来源是指文献出处。期刊、辑刊、报纸、会议、年鉴的文献来源为文献所在的刊物；学位论文的文献来源为相应的学位授予单位；专利的文献来源为专利的权利人/申请人；标准的文献来源为发布单位；成果的文献来源为成果评价单位。

(2)高级检索

高级检索支持多字段逻辑组合，并可通过选择精确或模糊的匹配方式、检索控制等方法完成较复杂的检索，得到符合需求的检索结果。多字段组合检索的运算优先级按从上到下的顺序依次进行。

如图 6-6 所示，检索区主要分为两部分，上半部分为检索条件输入区，下半部分为检索控制区。检索条件输入区默认显示主题、作者、文献来源三个检索框，可自由选择检索项、检索项间的逻辑关系、检索词匹配方式等；检索控制区的主要作用是通过条件筛选、时间选择等，对检索结果进行范围控制，控制条件包括出版模式、基金文献、时间范围和检索扩展。文献分类导航默认为收起状态，点击展开后勾选所需类别，可缩小和明确文献检索的类别范围。

图 6-6　中国知网高级检索页面

2. 万方数据知识服务平台

北京万方数据股份有限公司（简称万方数据）是一家以提供信息资源产品为基础，同时集信息内容管理解决方案与知识服务为一体的综合信息内容服务提供商。万方数据知识服务平台整合数亿条全球优质知识资源，集成期刊、学位论文、会议、科技报告、专利、标准、科技成果、法律法规、地方志、视频等十余种知识资源类型，覆盖自然科学、工程技术、医药卫生、农业科学、哲学政法、社会科学、科教文艺等全学科领域，支持多维度组合检索，适合不同的用户群体。万方数据提供多种检索方式，如图 6-7 所示，其一框式检索中包含题名、作者、作者单位、关键词、摘要、刊名、基金、中图分类号八个检索字段，同时提供高级检索、专业检索、作者发文检索多种不同的检索方式，以满足用户的多维度需求。

图 6-7　万方数据知识服务平台检索界面

万方数据知识平台主要包括以下资源。

(1)期刊

期刊资源包括中文期刊和外文期刊，其中，中文期刊共8000余种，涵盖自然科学、工程技术、医药卫生、农业科学、哲学政法、社会科学、科教文艺等多个学科；外文期刊主要来源于NSTL外文文献数据库、数十家著名学术出版机构以及DOAJ、PubMed等知名开放获取平台，收录了世界各国出版的40000余种重要学术期刊。

(2)学位论文

学位论文资源主要为中文学位论文，万方的学位论文收录始于1980年，每年新增42万余篇，涵盖基础科学、理学、工业技术、人文科学、社会科学、医药卫生、农业科学、交通运输、航空航天、环境科学等各学科领域。

(3)会议

会议资源包括中文会议和外文会议，中文会议收录始于1982年，每年收集2000多个重要学术会议，每年新增约15万篇论文；外文会议主要来源于NSTL外文文献数据库，收录了自1985年以来世界各主要学会、协会、出版机构出版的学术会议论文共计1100余万篇(部分文献有少量回溯)。

(4)专利

万方数据的中外专利数据库(Wanfang Patent Database，WFPD)涵盖超过1.5亿条专利数据，范围覆盖十一国两组织，其中，中国专利4400余万条，收录始于1985年；外国专利1.1亿余条，最早可追溯到18世纪80年代。

(5)科技报告

科技报告资源包括中文科技报告和外文科技报告。中文科技报告收录始于1966年，资料源于中华人民共和国科学技术部，共计10万余份；外文科技报告收录始于1958年，资料源于美国政府四大科技报告，共计110万余份。

(6)科技成果

科技成果源于中国科技成果数据库，收录了自1978年以来国家和地方主要科技计划、科技奖励成果，以及企业、高等院校和科研院所等单位的科技成果信息，共计65万余项。

(7)标准

标准资源来源于中外标准数据库，涵盖了中国标准、国际标准以及各国标准等在内的240余万条记录。国内标准综合了中国质检出版社等单位提供的标准数据，全文数据来源于中国质检出版社、机械工业出版社等标准出版单位。国际标准来源于科睿唯安国际标准数据库(Techstreet)，涵盖国际及国外先进标准，包含超过55万件标准相关文档，覆盖各个行业。

(8)法律法规

法律法规资源主要由国家信息中心提供,信息来源权威、专业,涵盖了国家法律、行政法规、部门规章、司法解释以及其他规范性文件。

(9)地方志

地方志,简称方志,即按一定体例,全面记载某一时期某一地域的自然、社会、政治、经济、文化等方面情况或特定事项的书籍文献。通常按年代分为新方志、旧方志,新方志收录始于1949年,共计5.5万册和旧方志收录年代为新中国成立之前,共计8600余种,10万多卷。

(10)视频

万方视频是以科技、教育、文化为主要内容的学术视频知识服务系统,现已推出高校课程、会议报告、考试辅导、医学实践、管理讲座、科普视频、高清海外纪录片等适合各类人群使用的精品视频。目前已收录视频3.5万余部,近100万分钟。

3. 国家知识产权局专利检索及分析系统

国家知识产权局专利检索及分析系统涵盖了丰富的专利数据资源、多元化的检索查询手段以及检索结果分析模型,旨在面向社会公众用户提供优质的专利检索、专利分析、文献浏览和数据下载等服务,提升社会公众专利检索分析便利化水平。国家知识产权局专利检索及分析系统共收录了105个国家、地区和组织的专利数据,同时还收录了引文、同族、法律状态等数据信息,以中国为例,系统收录了从1985年9月10日开始至今所有的专利数据,除引文数据是以月为单位进行更新之外,其他数据信息每周都会更新。

用户可通过国家知识产权局官网政务服务板块的专利检索模块链接进入系统界面,如图6-8所示,注册登录后即可使用全部功能。该系统同时支持专利检索以及检索结果的分析。在专利检索模块,系统提供了六种检索方式以供使用。

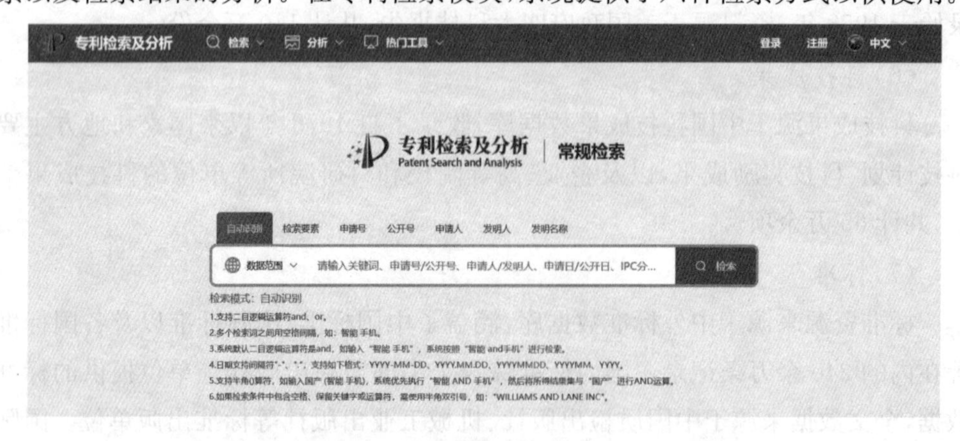

图6-8 国家知识产权局专利检索及分析系统界面

用户可通过输入专利的关键词、申请号、公开号、申请人、发明人、发明名称等专利关键要素进行检索，同时可点击“数据范围”按钮，在下拉栏中限定数据范围，包括国家、专利类型(发明、实用新型、外观设计)等。

4. 全国标准信息公共服务平台

全国标准信息公共服务平台由国家标准化管理委员会主管，是国家市场监督管理总局国家标准技术审评中心主办，国家标准化管理委员会标准信息中心具体承担建设的公益类标准信息公共服务平台。服务对象包括政府机构、国内企事业单位和社会公众，目标是成为国家标准、国际标准、国外标准、行业标准、地方标准、企业标准和团体标准等标准化信息资源的统一入口，为用户提供“一站式”服务。平台中提供了我国国内使用的所有国家标准、行业标准、地方标准、团体标准、企业标准、国际标准的查阅，提供大部分国家标准的在线阅读。

全国标准信息公共服务平台在首页提供了四个维度的检索功能，如图 6-9 所示。

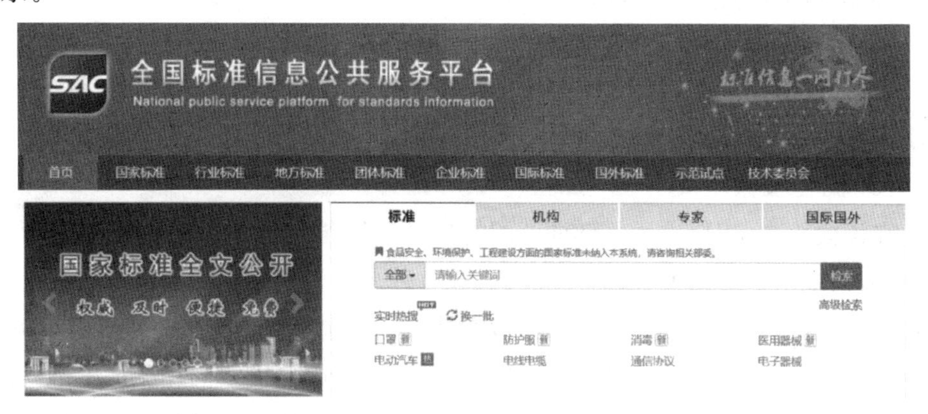

图 6-9 全国标准信息公共服务平台界面

(1)标准检索

标准检索模块提供了普通检索和高级检索两种方式。普通检索下用户可以通过输入框查询对应关键词的标准信息，同时可限定检索的范围，包括国家标准、行业标准、地方标准和国家标准计划。

①国家标准。国家标准由国务院标准化行政主管部门国家市场监督管理总局与国家标准化管理委员会制定(编制计划、组织起草、统一审批、编号、发布)。国家标准在全国范围内适用，其他各级标准不得与国家标准相抵触。

②行业标准。行业标准由国务院有关行政主管部门制定。行业标准通常只在全国某个行业范围内适用。

③地方标准。地方标准是在某个省、自治区、直辖市管理范围内需要统一的标准。《中华人民共和国标准化法》规定：“为满足地方自然条件、风俗习惯等特殊

技术要求,可以制定地方标准。"地方标准由省、自治区、直辖市标准化行政主管部门制定,并报国务院标准化行政主管部门和国务院有关行政部门备案。

④国家标准计划。国家标准计划是由各部门上报、国家标准化工作主管部门编号并管理、由相关标准化专业技术委员会组织起草的一项任务。一项国家标准的生命由国家标准计划开始一直到正式批准发布获得标准编号并被出版、复审直至更新或废止为止。起草标准的提案被通过后,经国家标准化工作主管部门批准为立项项目,即国家标准计划。国家标准的制定历经多个程序,但是只有标准被批准后才有正式的标准编号,而在这之前为了方便管理,便为每个国家标准计划赋予计划号,在标准未被正式批准发布前便一直使用这个计划号作为识别该国家标准计划的标识。

标准检索模块支持高级检索,除指定检索类别(上面提到的四种标准类型)外,用户还可通过指定不同类型下标准的属性来进一步限定搜索结果的范围。以国家标准为例,用户可对标准性质(强制性、推荐性以及指导性技术文件)、标准类别(产品、基础、方法等)、主管部门(国家档案局、国家保密局等)、标准状态(全部、现行、即将实施、废止)等若干个属性进行选择,从而满足用户更细粒度的检索需求。

(2)机构检索

在该模块中,用户通过关键词匹配的方式对包含特定术语的机构名称进行检索,一般情况下返回结果会包含两类机构,一种是全国专业标准化技术委员会,另一种是其他标准化机构。对于前者,检索结果中会包括委员会的专业范围和承担单位等信息;对于后者,则会给出该机构所颁布的与用户检索词相关的标准信息。这些内容能够帮助用户对相关主题下的单位信息有更加全面、深入的了解。

(3)专家检索

专家检索模块与机构检索类似,用户可输入专家姓名来执行精确检索,同时也支持返回与用户输入关键词所匹配的从事特定行业的专家,检索结果中可查看专家的专业信息及工作关系(图谱网络)。

(4)国际国外标准检索

国际国外标准检索与标准检索类似,但未提供高级检索的功能。同时,数据范围发生变动,有以下四种标准类型:①由国际标准化组织(International Organization for Standardization,ISO)制定的系列标准,为公众所熟知的ISO标准有ISO 9000系列质量管理标准。②由国际电工委员会(International Electrotechnical Commission,IEC)制定的系列标准,包括电气、电子工程等电工技术相关内容,如IEC61340静电标准、IEC61968配电管理系统标准。③由德国标准化协会(Deutsches Institut für Normung,DIN)制定的德国工业标准,该标准是世界上最严格的标准之一，它科学地反映了技术发展的现状，为促进技术提高和国际贸易发展、推动经济合理化和国际化进程发挥了重要作用。④由法国标准化协会(Association Francaise de Normalisation，AFNOR)制定的法国标准，该标准可分为正式标准、试行标准、注册标准和标准化参考文献四种。

5. 中国高校人文社会科学文献中心

中国高校人文社会科学文献中心(China Academic Social Sciences and Humanities Library，CASHL)是在教育部领导下，为我国哲学社会科学教学科研提供外文文献及相关信息服务的最终保障平台，其建设目标是成为"中国高校人文社会科学文献信息资源平台"。1981 年，我国正式建立学位制度，同年 7 月，众多著名学者在国务院学位委员会召开的第一次学科评议组会议上，提出了中央划拨专项经费采办国外文科图书资料的议案，以适应培养高水平人才的需要。1982 年起，财政部开始设立专项，用于引进外国及港、澳、台地区出版的文科图书文献，高校文科图书引进专款项目(简称"文专项目")正式启动。1990 年 10 月，国家教委(即今教育部前身)陆续建立了多个国家教委文科文献信息中心和国家教委高校文科图书文献中心书库，形成结构合理的全国高校文科图书保障体系。

2002 年，为繁荣发展哲学社会科学，教育部筹备了以整合全国高校哲学社会科学文献资源为目标的"中国高校人文社会科学文献中心(CASHL)"。2004 年 3 月 15 日，CASHL 项目作为教育部"繁荣发展哲学社会科学计划"的一部分正式开始服务。2006 年，在教育部的指导下，"文专项目"图书采购相关工作统一由 CASHL 管理中心组织协调。自此，全国高校图书馆在资源建设上形成了一个庞大的外文人文社科文献联合保障体系。

目前，CASHL 可供服务的人文社科核心期刊和重要期刊达 6.2 万余种，印本图书达 350 多万种，电子资源数据库达 16 种，累计提供文献服务近 2200 万件，其中手工文献服务已突破 130 万，大大提高了外文图书的利用率，充分发挥其效益。除此之外，CASHL 还提供高校人文社科外文期刊目次库和高校人文社科外文图书联合目录等数据库，提供数据库检索和浏览、书刊馆际互借与原文传递、相关咨询服务等，其检索界面如图 6-10 所示。

CASHL 提供简洁的检索界面，在普通检索功能中，只提供了全部、图书、文章、期刊四个检索字段。高级检索支持更详细的检索字段，且可通过逻辑字符进行多字段组合，此外，用户还可选择精确或模糊的匹配方式，同时控制检索的文献类型、语种、出版年份进行检索。除常见的检索字段外，CASHL 还提供了部分特殊检索字段。

图 6-10 CASHL 检索界面

(1)国际标准书号

国际标准书号(International Standard Book Number,ISBN)是国际通用的图书或独立的出版物(除定期出版的期刊)代码。一个国际标准书号只有一个或一份相应的出版物与之对应,出版社可以通过国际标准书号清晰地辨认所有非期刊书籍。因此,可以通过 ISBN 直接对书籍进行检索。

(2)国际标准连续出版物号

国际标准连续出版物号(International Standard Serial Number,ISSN)与国际标准书号类似,是由国际期刊资料系统中心和各国家或地区中心为各种类型的期刊、报纸等连续出版物分配的具有唯一识别性的代码。ISSN 号共由 8 位数字组成,其中前 7 位为顺序号,最后 1 位为校验码。由于期刊出版物名称和内容的不确定性,国际标准连续出版物号只是一串单一的数字集,而未包括出版社和出版地等一系列信息,通过 ISSN 可检索到其对应期刊的全部论文。

(3)数字对象唯一标识符

数字对象唯一标识符(digital object identifier,DOI)是一套国际通用、全球唯一、终身不变的数字资源标识符。DOI 可以识别和链接各种数字化对象,如视频、报告、书籍、期刊文章等,其表示为一个不重复的字符串,由字母和数字组成,不随对象的版权或地址变化而改变。因此,相较于 ISSN,DOI 可以直接检索到某本期刊中具体的某篇论文,有助于在网络环境下准确提取和区分数字化对象,大大提高信息检索的精准度。

(4)目次

目次常见于期刊或一般书籍、研究报告、学位论文或其他出版物等书名页后、正文之前。目次的主要作用是将前述各类文献的章节、标题名称、编者、著者等依照文章论述次序排列成一览表(或包含起始页),以供读者快速查阅。通过目次检索,用户可以快速获取特定期刊特定论文特定章节的具体内容,因此,目次是更为细粒度的检索字段。

6. 高等教育文献保障系统

高等教育文献保障系统(China Academic Library & Information System,CALIS)是在教育部领导下建设的公共服务体系,通过构建基于互联网的共建共享云服务平台——中国高等教育数字图书馆、制定图书馆协同工作的相关技术标准和协作工作流程、培训图书馆专业馆员、为各成员馆提供各类应用系统等,支撑着高校成员馆间的文献、数据、设备、软件、知识、人员等多层次的共享,现已成为高校图书馆基础业务中不可或缺的公共服务基础平台,并担负着促进高校图书馆整体发展的重任。

CALIS从1996年8月正式立项,至2012年,已建成以CALIS联机编目体系、CALIS文献发现与获取体系、CALIS协同服务体系和CALIS应用软件即服务(software as a service,SaaS)平台等为主干,各省级共建共享数字图书馆平台、各高校数字图书馆系统为分支和叶节点的分布式中国高等教育数字图书馆。

目前,CALIS已自行设计研发了联机合作编目系统与联机公共检索目录(online public access catalog,OPAC)系统,用于CALIS中外文书刊联合目录(含古籍)的建设,实现了广域网的联机共享编目、书目数据检索与数据下载功能。CALIS联机合作编目系统是我国第一个多语种、多资料类型的实时联机合作编目系统,它以全国中心和地区中心的成员馆为骨干,以进入“211工程”的高校图书馆为基本队伍,滚动发展全国高校图书馆,同时,横向发展与各级高校图工委及其他行业图书馆的协作共建,改变了过去各自编目的历史,实现了我国高校图书馆馆藏的“共知”,有效地提高了图书馆,尤其是中小型图书馆编目工作的效率和质量。

(1)CALIS联合目录公共检索

CALIS联合目录数据库共有书目记录713万余条,规范记录175万余条,馆藏信息约5000万条。书目记录涵盖印刷型图书和连续出版物、古籍、电子资源、其他非书资料等多种文献类型,覆盖中、英、日、俄、韩、阿拉伯文等100多个语种;书目内容囊括教育部普通高校71个二级学科、226个三级学科,数据标准和检索标准兼容国际标准。CALIS联合目录公共检索系统界面如图6-11所示,为用户提供检索功能,可通过题名、责任者、主题、ISBN和ISSN进行基础检索。同样,用户也可以利用逻辑式进行高级检索,并对内容特征、出版时间、资源类型进行限制检索。

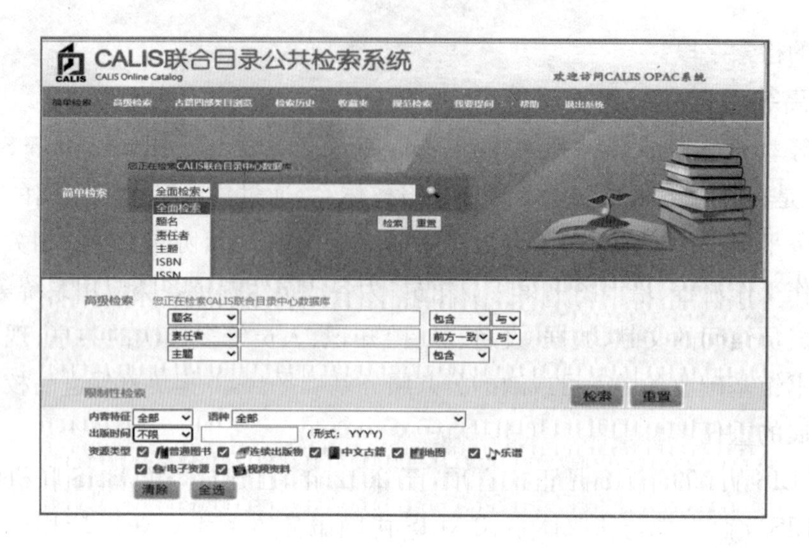

图 6-11 CALIS 联合目录公共检索系统界面

(2)e 读学术搜索

e 读学术搜索旨在全面发现全国高校丰富的纸本和电子资源，它与 CALIS 文献获取、统一认证、资源调度等系统实现互相集成，打通从发现到获取的“一站式服务”链路，为读者提供全新的馆际资源共享服务。该功能提供一框式基础检索，如图 6-12 所示，用户可通过检索标题，实现对逾 3 亿的期刊、学位论文、普通图书、工具书、年鉴、报纸等资源的检索。

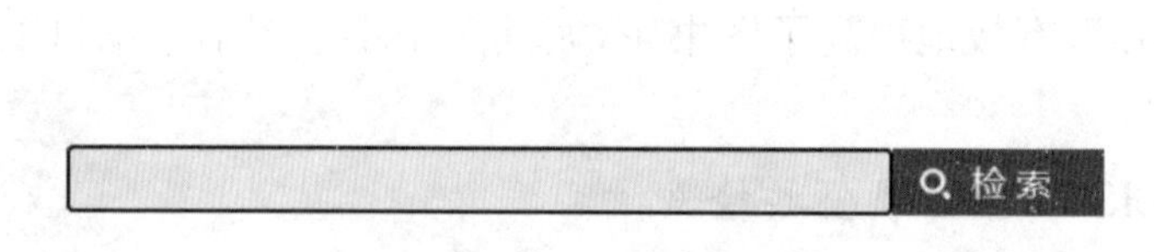

图 6-12 e 读学术搜索界面

(3)学苑汲古

学苑汲古高校古文献资源库汇集了高校古文献资源，是高校古文献资源的公共检索与服务平台，并面向全国高校用户提供古文献资源的检索与获取服务。资源库中的古文献类型目前为各馆所藏古籍和舆图，包括金石拓片等古文献类型。资源库内容不仅包括各参建馆所藏古文献资源的书目记录，还配有相应的书影或图像式电子图书。截至 2018 年 9 月，高校古文献资源库已包含元数据 68 万余条、书影 28 万余幅、电子书 8.35 万册。该数据库同样为用户提供了简单检索和高级检索两种方式，较为特殊的是，其在高级检索中还提供了版本类别和装订方式两种古籍特有的检索字段，如图 6-13 所示。

图 6-13　学苑汲古高校古文献资源库高级检索界面

(4)高校教学参考资源库

高校教学参考资源库为高校师生提供对全国高校教学参考电子书全文、国内外课程信息等特色资源的多种分类检索。教学参考系统以高校教学参考信息元数据集中服务和全文电子教学参考书数字对象的分布式服务为基本服务方式,信息分散采集,集中管理,为全国高校的教学提供高水平的教学信息和全文电子教学参考书文献保障的服务平台,实现全国高校教学参考信息资源的共建共享,支持教育部教学质量工程建设,促进高校之间教学信息的交流,提升全国高校的整体教学水平。用户可通过 CALIS 全文资源平台进行高校教学参考书的检索以及在线阅读。

(5)其他资源检索

除上述介绍的各项子数据库检索外,CALIS 还提供了外文期刊、学位论文、外文教材的检索服务。CALIS 外文期刊提供了 10 万多种纸本和电子的外文期刊,近 1 亿条的期刊论文目次数据,为读者提供查找外文期刊论文的多种途径;CALIS 学位论文提供了 500 多万篇中外文学位论文,其中,中文学位论文 324 多万篇,面向全国高校师生提供中外文学位论文检索和获取服务。

7. 国家科技图书文献中心

国家科技图书文献中心(National Science and Technology Library,NSTL)收藏和开发了理、工、农、医等四大领域的科技文献,集外文学术期刊、会议录、学位论文、科技报告、图书、专利、标准和计量规程等于一体,形成了印本和网络资源互补的保障格局,是一个资源丰富、品种齐全的国家科技文献信息资源保障基地。NSTL 对采集的英文、德文、法文、日文、俄文期刊、会议录、科技报告、文集汇编等文献进行文摘数据加工,建设了馆藏文献文摘数据库。中心依托馆藏的国外科技文献,自主建设了国际科学引文数据库,收录了理、工、农、医各学科领域核心西文期刊的引文数据,为科研人员提供了利用参考文献检索世界重要科技文献、了解世界科学研究现状与发展脉络的途径。

国家科技图书文献中心检索界面如图 6-14 所示。NSTL 提供不同类型的信息检索字段，可检索的资源包括1.5万种外文期刊；1.55 万家近 20 万册国外学会、协会及出版机构等出版的会议录文献；1984 年至今我国高校、科研院所授予的 220 多万篇硕士、博士和博士后学位论文，以及 ProQuest 公司出版的 2001 年以来的外文优秀硕士、博士论文 70 多万篇；1950—2017 年逾 194 万份美国政府四大科技报告；1250 万余条中国大陆专利和 110 万余条台湾专利，1400 多万条外国专利数据；54 万余条中文标准，200 万余条外文标准，以及 3600 余条计量检定规程；11 万余册中外科技类图书。

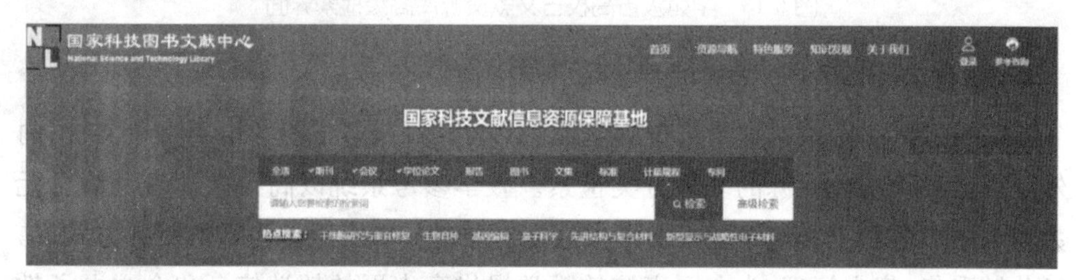

图 6-14　国家科技图书文献中心检索界面

6.3.3　手工信息检索工具

在手工信息检索的过程中，主要使用的检索工具包括以下几种。

1. 书目

书目，即文献目录，是揭示与记录一批相关文献的工具，它著录文献的基本特征，并按一定的次序编排。书目以款目方式揭示与描述一批相关的文献，每条款目描述文献的基本特征，并把一定范围的款目按一定的排检法加以组织。书目种类繁多，较为重要的有国家书目、出版社目录、书店目录、馆藏目录、联合目录、专题目录等。

2. 索引

索引是指对图书、期刊或其他文献资料进行系统的分类和编排，以便读者能够查找和获取其需要的信息的一种文献检索工具。索引通常按照字母顺序或主题关键词等方式编排，并注明出处，便于读者快速、准确地找到所需信息。索引是文献信息检索中重要的参考工具之一，对于学术研究和信息管理具有重要作用，常见的索引有作者索引、书名索引、主题索引、关键词索引、人名地名索引和综合索引。

3. 字典和词典

字典是主要用来解释汉字形、音、义的工具书，字典以收单字为主，但解释时需放在词中，字典不可能没有词。词典是主要用来解释词语的意义、概念、用法的工具书。词典以词为主，但往往以字作为词头，先解释词头，再罗列、解释含有该词头的其他词，汉语词典一般不解释单字。字典、词典的主要类型有语文性字典、词典和知识性词典。常用的语文性字典、词典有《新华字典》《现代汉语词典》《古汉语常用字字典》《辞海》《辞源》等。

4. 百科全书

百科全书是概述人类一切门类或某一门类知识的完备的检索工具，是知识的总汇。它把人类积累的最重要、最有用的科学文化知识以条目的形式作系统的阐述，再以词典的形式加以编排，并附有完善的索引，供人们快速查检。百科全书堪称检索工具书之王，因其知识性和可读性也被称为“没有围墙的大学”或“精简的图书馆”。常见的百科全书有《中国大百科全书》《不列颠百科全书》。

5. 年鉴

年鉴是一种年度性的参考书，以年为单位，详细记录着该年度国内外各个领域的主要事件、数据、人物、科技进展等内容。年鉴通常由政府部门、出版机构、学术机构等编纂，包括大量的文字、图片、表格、统计数据等形式的内容，是了解某个时间段内某个领域的重要资料来源之一。年鉴可以提供国内外大事、时事动态及有关重要文件；提供各学科文献信息；提供各类具体事实、资料和详细数据；提供书刊论文线索等。常见的年鉴有国家年鉴、地方年鉴、企业年鉴、学术年鉴等。

6.3.4　其他工具

1. 网络百科全书

(1)《不列颠百科全书》学术版

《不列颠百科全书》(*Encyclopedia Britannica*)学术版是世界上历史最悠久、规模最大、权威性最高的百科全书之一，也是最早应用电子技术的百科全书之一。它由英国爱丁堡大学出版社出版，内容涵盖自然科学、社会科学、人文学科、艺术等各个领域的知识，能帮助读者打开国际视野，是用户了解非熟悉领域的最佳起步平台，极为适合跨学科研究。学术版相对于《不列颠百科全书》普及版，更加注重深入剖析和细节，增加了更多专业性的词条和学术研究的资料。该百科全书在编辑质量、专业性、权威性等方面备受认可，被广泛应用于高等院校、研究机构、图书馆、企业等领域。

学术版同时提供在线访问和离线版两种形式，方便读者随时随地一站式访问获取知识。其基于云平台快速搜索，为用户提供高度集成的内容，节省了大量的搜寻时间。除百科全文外，学术版还提供延伸阅读、图片与多媒体影音、25000 多部人物传记、韦氏大词典及同义词词典。同时，学术版连接到多个学术研究网站，内容时刻保持更新，并提供个人研究助手以妥善管理和分享个人研究资料，其提供的 MLA、APA、Harvard、Chicago 等格式的学术引文，大大提高了学术用户访问、阅读、管理学术知识的效率。

(2)《中国大百科全书》网络版

《中国大百科全书》网络版是中国大百科全书出版社推出的一部网络版百科全书，也是第一部由中国政府主导、全民参与的大型综合性百科全书。该百科全书涵盖自然科学、社会科学、技术、艺术等各个领域的知识。网络版百科全书在编辑方式、数据来源、开放性等方面有所创新，特别是采用了大数据、云计算等新技术，使得内容更加丰富、可读性更强，同时，开放式编辑方式也吸引了大量的志愿者参与其中。第三版网络版总条目有 50 万条，包括国家颁布的全部学科门类、一级学科和多个知识领域。该版本进行多媒体配置，运用文本、图片、音频、视频和交互产品，体现科学性、知识性、文献性、艺术性和可读性，努力实现准确性和权威性兼具。在古今知识介绍中，既追溯既往，又注重现代；在中外知识介绍中，既放眼世界，又侧重中国；在科学技术知识介绍中，既重视基础，又关注前沿；反映了中国在不同领域的学术成果和文化特点，是了解中国知识和文化的重要参考资料之一。

网络版分为专业、专题、大众三个板块。专业板块框架以科学分类为基础，以大学文化程度的非本专业读者为对象，兼具稳定性、时代性、开放性。专题板块以各种特定专题为中心，以多作者、多视角、多条目汇集的形式编撰，它以内容集中、叙述具体、弥补和扩充专业板块为特点，适合更多读者需求。大众板块面向中等以上文化程度的读者，采用“开放集稿、封闭发布”的运作方式，以人们关注的经济、政治、文化、教育、文艺、体育现象及日常生活知识为主，注重雅俗共赏。

2. 移动搜索工具

(1)字典、词典 app

目前，很多传统的字典、词典在出版印刷版的同时，也发布了适用于移动设备的检索工具。如商务印书馆出版的《现代汉语词典》app，除全貌呈现《现代汉语词典》(第 7 版)内容，还依据《新华同义词词典》《新华写字字典》《通用规范汉字字典》等辞书内容开发了同义词反义词(10000 多组)、同义词辨析(3000 多组)、汉字动态标准笔顺(3500 字)、字级等服务。《现代汉语词典》app 完美呈现了拼音、部首等纸书检索方式，检索结果除包括所查字词外，还同时呈现同音字、同部首字以及同音词、顺序词、居中词、倒序词、相关词等，词典内部设置超链接，实现全词典任意字词“即点即查”。此外，商务印书馆的《新华字典》app、《牛津高阶英汉双解词典》app 也具有强大的功能。

(2)app内置搜索

随着移动互联网时代的到来,app应用程序内部搜索工具的功能日趋强大。不同类型的app检索技巧、功能也不尽相同。如微信已形成一个涉及多种类型信息的生态圈,它的搜索范围不仅仅局限于个人聊天记录、朋友圈、通讯录,还包括公众号、视频、文章、直播、读书、音乐、表情等内容;地图导航类app不仅可以检索驾车、步行、骑行、公共交通路线,还可以检索特定地点周边的美食、景点、酒店、商场等信息;购物类app不仅包含多种不同商品和店家信息,还具有强大的导航功能与检索结果筛选、排序功能。

6.4 信息检索方法与技术

6.4.1 信息检索方法

信息检索方法就是为实现某个检索计划所采用的具体操作方法,其目的在于寻找一种以最少的时间、最佳的途径获得最满意的检索结果的方法。下面是常用的几种检索方法。

(1)顺查法

顺查法是指按照时间的顺序,由远及近地利用检索系统进行文献信息检索的方法。这种方法能收集到某一课题的系统文献,适用于较大课题的文献检索。例如,已知某课题的起始年代,现在需要了解其发展的全过程,就可以用顺查法从最初的年代开始,逐渐向近期查找。该方法的优点是漏检率、误检率比较低,缺点是工作量大。

(2)逆查法

逆查法是由近及远地查找,逆着时间的顺序利用检索工具进行文献信息检索的方法。此方法的重点放在近期文献,只需查至基本满足需要即可。使用这种方法可以以最快的速度获取新资料,且近期的资料既概括前期的成果,又能反映最新水平和动向。这种方法工作量较小,但是漏检率较高,主要用于新课题立项前的调研。

(3)抽查法

抽查法是针对检索课题的特点,选择有关该课题的文献信息最可能出现或最多出现的时间段,利用检索工具进行重点检索的方法。该方法是一种费时较少但又能查到较多有效文献的检索方法,适用于检索某一领域研究高潮很明显的、某一学科的发展阶段很清晰的、某一事物出现频率在某一阶段很突出的课题。

(4)追溯法

追溯法又称为引文法,是指利用已经掌握的文献末尾所列的参考文献,进行追溯查找"引文"的一种简单的扩大情报来源的方法。它还可以从查到的"引文"中再追溯查找"引文",像滚雪球一样,依据文献间的引用关系,获得越来越多的内容相关的文献。这些内容相关的文献反映着某一课题的立论依据和背景,也在某种程度上反映着某课题或其中的某一观点、某种发现的发展过程。

追溯法的缺点在于原文著者引用的参考文献是有限的,不可能引出全部有关文献,而且有的著者引用某一文献只是为了说明一下经过情况,与原文的内容关系不大,因此,用追溯法查找文献出现的漏检率和误检率均较大,同时也比较麻烦。由于一般科研课题需要追溯的主要是最新文献登载的最新研究成果,而不是旧文献登载的过时的研究成果,显然单纯使用此法查找文献是不够的,具有很大的局限性。

(5)综合法

综合法又称为循环法,即把上述方法加以综合运用的方法。综合法既要利用检索工具进行常规检索,又要利用文献后所附参考文献进行追溯检索,分期分段地交替使用几种方法,即先利用检索工具(系统)检索到一批文献,再以这些文献末尾的参考文献为线索逆行查找,如此循环进行,直到检索结果满足要求为止。

6.4.2 信息检索技术

1. 布尔逻辑检索

在检索时可以用布尔逻辑运算符(AND、OR、NOT)连接不同的检索词或检索条件,扩大或缩小检索范围。在简单检索中,通常用布尔逻辑运算符连接不同的检索词;在高级检索中,通常用布尔逻辑运算符连接两个不同的检索条件。

(1)与(AND)

在检索时使用布尔逻辑"与"连接两个或多个检索词或其他检索条件时,表示检索结果应当包含所有的检索词或检索条件,如图 6-15 所示。

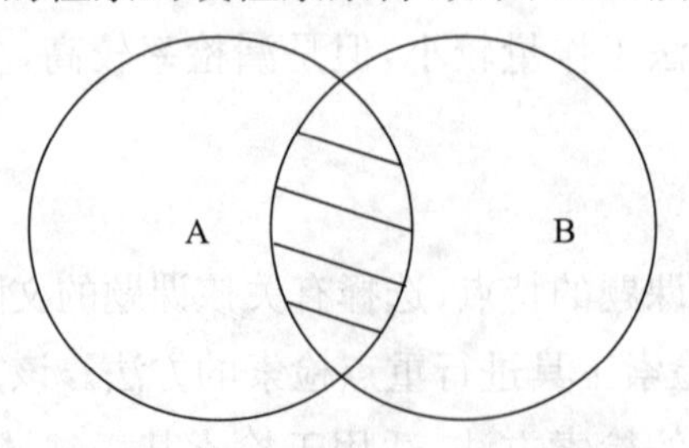

图 6-15 布尔逻辑"与"示意图

在很多搜索引擎和数据库中,都可以使用布尔逻辑"与"。在百度等搜索引擎的网页搜索框中，如果输入两个检索词，搜索引擎默认用布尔逻辑"与"连接两个检索词。例如，在百度中检索"屠呦呦 诺贝尔"，返回的所有网页都同时包含屠呦呦和诺贝尔。

在一些数据库的高级检索界面可以用逻辑"与"连接两个不同的检索条件。如中国知网期刊数据库的高级检索界面中，在作者字段中输入检索词"黄××"，在题名字段中输入"信息素养"，则会返回作者为"黄××"的所有题名中包含"信息素养"的文献。

(2)或(OR)

"或"多用于连接两个或多个相似的概念或近义词，只要包含"或"连接的任意一个检索词，就可以作为检索结果返回给用户，如图 6-16 所示。例如，在百度中检索"信息素养或数字素养"，则网页中只要包含任意一个词都会作为检索结果返回给用户。在数据库的高级检索功能中，也可以用逻辑"或"连接同一检索条件或不同检索条件的检索词。因此，该逻辑可用于扩大检索范围，提高查全率。

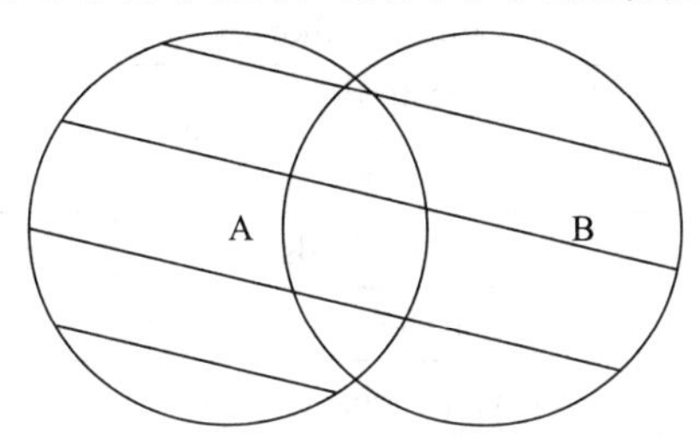

图 6-16　布尔逻辑"或"示意图

(3)非(NOT)

逻辑"非"是一个具有排除关系的运算符。如图 6-17 所示，连接两个检索词时，"A NOT B"，表示检索结果中包含检索词 A 但不包含检索词 B。如在搜索引擎中检索"屠呦呦 NOT 诺贝尔"，则返回的网页中只包含"屠呦呦"而不会出现"诺贝尔"相关的内容。

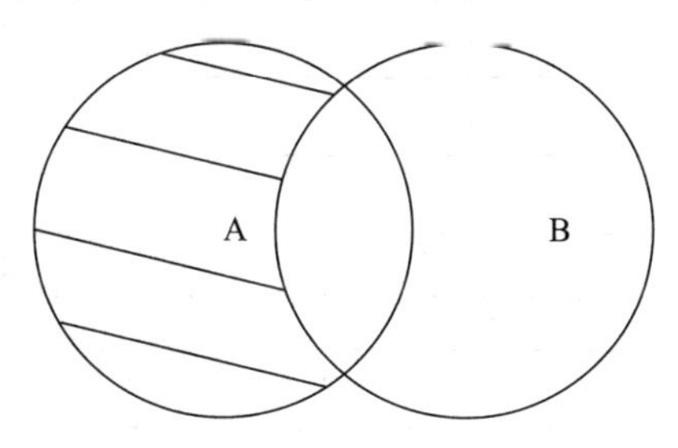

图 6-17　布尔逻辑"非"示意图

2. 字段限制检索

在信息检索过程中，为了提高查全率或查准率，需要将检索范围限制在特定的字段中，即字段限制检索。在文献数据库中使用一框式检索或高级检索功能时，通常可以通过下拉框来选择检索字段。使用专业检索功能时，则可以使用检索字段代码来编辑检索式。

表达文献内容特征的字段称为基本索引字段，如篇名、摘要、叙词、自由词等。其中，叙词是选自各个数据库的专用词表，属于规范化用语；自由词则选自原始文献，属于非正式语言。常用的基本索引字段及其代码如表 6-1 所示。在进行检索时，一般将基本索引字段代码附于所选定的检索词之后，计算机系统即在指定的字段中进行检索，如果检索词前后无指定字段，则系统将自动检索所有基本索引字段。

表 6-1 基本索引字段及其代码

字段代码	字段名	中译名
AB	Abstract	摘要
AF	Affiliation	作者单位
AU	Author	作者
CF	Cited Frequency	被引频次
FI	First Author	第一作者
FT	Full Text	全文
FU	Fund	基金
KY	Key Words	关键词
RF	References	参考文献
RP	Corresponding Author	通讯作者
SU	Subject	主题
TI	Title	篇名

表达文献外部特征的字段称为辅助索引字段，如著者、机构名称、语种、刊名、来源、出版年等。常用的辅助索引字段及其代码如表 6-2 所示。

表 6-2 辅助索引字段及其代码

字段	字段代码	中译名
AA	Author Affiliation	著者单位
AC	Application Country	专利申请国
AD	Application Date	专利申请日
AN	Abstract Number，Accession Number，Application Number	文摘号、登记号或存取号、专利申请号
AU	Author，Inventor	著者、发明者
CC	Class Code，Country Code	分类号、国别代码
CL	Conference Location，Patent Classification	会议地点、专利分类号
CN	Contract Number，Country Name	合同号、国别
CP	Country of Publications	出版国

除数据库外，搜索引擎中所提供的语法功能本质上也是进行字段检索。如 filetype、intitle、inurl、site 等语法。filetype 表示文件类型，在搜索引擎中一般可以检索的文件类型包括 ppt、docx、pdf、txt、xls 等。如需要使用必应搜索引擎检索"信息素养"相关的 pdf 文档，则可以将检索式设置为"filetype：pdf 信息素养"。

3. 截词检索

截词检索是指在检索表达式中使用特定的截词符，以实现检索词字符串与文献标引词字符串部分匹配的检索技术。截词检索可以扩大检索的查全率，防止漏检。不同的检索系统对截词符的定义不尽相同，截词符一般用问号"?"或星号"*"表示。根据截词符号所代表的字符数的不同，截词可以分为有限截词和无限截词。有限截词是指一个截词符号只代表一个字符，无限截词是指一个截词符号可以代表多个字符。根据截词符在检索词中的位置，可分为前截词、中间截词和后截词。

（1）前截词检索

此种方法将截词符放在检索词的开头，如输入"* ist"，可检索出 artist、scientist、dentist 等所有的以 ist 结尾的单词及其构成的短语。

（2）中间截词检索

此种方法将截词符放于检索词的中间，如输入"m? n"，可检索出 man、men、mon 等以 m 和 n 为始末字母的三字母单词。

（3）后截词检索

①词尾的有限截词。此种方法使用固定个数的问号"?"作为结尾，可检索出开头固定，但结尾出现固定数量任意字母的单词，如"information?"可以检索出补充 0 或 1 个字母的"information"和"informations"，但无法获得"informational"等补充多个字母的单词。多个问号则可以检索出开头固定，但结尾出现多个任意字母的单词，如"stud???"，允许有 0～3 个字母变化，可检出 study、studies、studio、studied 等单词。

②词尾的无限截词。此种方法多使用星号"*"作为结尾，可检索出开头固定，结尾出现任意数量任意字母的单词。如"stud *"允许 stud 后面有 0 至任意一个字符的变化，即可检索出 study、studies、studio、studied 等单词。

中文检索在扩大检索范围时也可采用截词检索技术，如在只知作者姓氏时，可在姓氏后加问号做姓氏截断，如"王?"表示检索所有姓氏为"王"的作者文章。

4. 精确匹配和模糊匹配

精确匹配是指使用某一检索词进行检索，检索结果中包含完整的检索词；模糊匹配的检索结果则有可能对检索词进行拆分。以中国知网为例，在高级检索界面，除主题只提供相关度匹配外，其他检索项均提供精确和模糊两种匹配方式。

如篇名、摘要、全文、参考文献的精确匹配,是指检索词作为一个整体在该检索项进行匹配,完整包含检索词的结果;篇名、摘要、全文、参考文献的模糊匹配则是检索词进行分词后在该检索项的匹配结果。关键词、作者、机构、基金、分类号、文献来源的精确匹配,是指关键词、作者、机构、基金、分类号或文献来源与检索词完全一致;关键词、作者、机构、基金、分类号、文献来源的模糊匹配,是指关键词、作者、机构、基金、分类号或文献来源包含检索词。多数搜索引擎也提供精确检索功能,如在百度中,将检索词用双引号标识,在检索时就可以确保检索词不被拆分。

5. 位置检索

位置检索,有时也被称为邻近检索,是指用特定的算符来表达检索词与检索词之间的顺序与词间距的检索。在文献中,词语的相对次序或位置不同,所表达的意思可能不同。一些综合性检索系统提供位置检索功能,如中国知网中使用的位置检索算符有#、%、/NEAR N 等。常见的位置检索符号及其功能如表 6-3 所示。

表 6-3 位置检索算符及其功能

符号	功能	适用字段
#	‘STR1 # STR2’:表示包含 STR1 和 STR2,且 STR1 与 STR2 在同一句中	TI、AB、FT
%	‘STR1 % STR2’:表示包含 STR1 和 STR2,且 STR1 与 STR2 在同一句中,且 STR1 在 STR2 前面	
/NEAR N	‘STR1 /NEAR N STR2’:表示包含 STR1 和 STR2,且 STR1 与 STR2 在同一句中,且相隔不超过 N 个字词	

6. 其他检索技术

(1)语音搜索

语音搜索是指在自动语音识别系统接收到用户语音后,检索工具将语音转换为文字进行搜索的检索方式。百度、必应等搜索引擎目前都支持语音搜索功能。语音搜索现已广泛应用于智能手机、汽车、智能电视、智能家居设备和可穿戴设备中。用户在百度首页直接点击麦克风图标输入语音,系统接收到用户语音后会将其转换为文字进行搜索。相比文字搜索,语音搜索功能更为便捷、简单。

(2)反向图片搜索

反向图片搜索是指系统在接收到摄像头直接拍摄或用户上传的图片后,对图片进行识别并返回相似图片、图片文字内容及对图片文字进行翻译的检索方式。一些垂直搜索引擎 app 也可以进行图片搜索,如用户在京东、淘宝等购物 app 可以直接上传商品图片或拍摄商品图片返回图片相似商品;形色 app 可以通过用户上传图片识别植物信息。

(3)相关搜索

相关搜索是指在进行一次检索后,利用检索结果页面下方系统推荐的与用户输入相关的词进行再次检索的方法,相关搜索可以起到扩大检索范围的作用。如中国知网除提供相关搜索的研究主题外,还提供相关知名学者链接,作为系统性学术研究的参考。

(4)分类导航

分类导航是指检索工具所提供的针对检索对象进行的分类服务,通常以分类层级目录的形式呈现相关内容。用户可以通过层层展开分类目录的方式获取所需信息。文献数据库、各种垂直搜索工具都提供分类导航功能。如超星数字图书馆借鉴《中国图书馆分类法》对图书进行分类,用户可以根据自己感兴趣的目录层层点击检索到自己需要的图书。用户在中国知网等文献数据库中可以使用学科分类导航获取所需文献。

(5)字顺法

字顺法是指检索工具的内容按字、词的音序或字序排列,用户按字、词的音序或字序进行检索的方法。如中文字典、词典、百科全书等工具书通常都是按音序排列的,用户可以通过拼音索引、笔画索引、部首索引、四角号码索引等途径检索到所需信息,很多西文数据库还提供按字母顺序组织的文献列表。

(6)时序法

时序法是指检索工具的内容按时间顺序组织,用户按时间顺序进行检索的方法。如年表、年谱等检索工具就可以使用时序法进行检索。

(7)地序法

地序法是指按一定时期的行政区域来组织检索工具,用户按地理位置或行政区划来检索的方法。如《中国分省系列地图集》《世界地图集》等地图集或方志资料都可以使用地序法检索。

在实际检索中,往往将上述多种检索方法综合使用,如在搜索引擎中搜索篇名中包含人工智能和机器人的相关文献,则可以同时利用逻辑运算符“与”或“非”和截词检索等功能,并将检索内容限定在篇名字段进行检索。

6.5　信息检索效果评价

信息检索效果是指检索系统检索的有效程度,它反映了检索系统的能力,包括技术效果和经济效果。

6.5.1　信息检索效果的评价指标

克兰弗登提出评价系统性能的指标包括收录范围、查全率、查准率、响应时间、用户负担、输出形式等。其中,查全率和查准率是评价信息检索效果最重要的指标。

(1)查全率

查全率是指检出的相关文献量与检索系统中相关文献总量的比率,是衡量信息检索系统检出相关文献能力的尺度。可用下式表示:

查全率=查出相关文献量/系统中相关文献总量

(2)查准率

查准率是指检出的相关文献量与检出文献总量的比率,是衡量信息检索系统检出文献准确度的尺度。可用下式表示:

查准率=查出相关文献量/检出文献总量

6.5.2 影响查全率和查准率的因素

(1)影响查全率的因素

影响查全率的因素从文献存储来看,主要有文献库收录文献不全、索引词汇缺乏控制和专指性、词表结构不完整、词间关系模糊或不正确、标引不详、标引前后不一致、标引人员遗漏了原文的重要概念或用词不当等。从情报检索来看,主要有检索策略过于简单、选词和进行逻辑组配不当、检索途径和方法太少、检索人员业务不熟练和缺乏耐心、检索系统不具备截词功能和反馈功能、检索时不能全面地描述检索要求等。

(2)影响查准率的因素

影响查准率的因素主要有索引词不能准确描述文献主题和检索要求、组配规则不严密、选词及词间关系不正确、标引过于详尽、组配错误、检索时所用检索词(或检索式)专指度不够、检索面宽于检索要求、检索系统不具备逻辑“非”功能和反馈功能、检索式中允许容纳的词数量有限、截词部位不当、检索式中使用逻辑“或”不当等。

影响检索效果的因素是非常复杂的,根据国外有关专家所做的实验表明,查全率与查准率是呈反比关系的。要想做到查全,势必会对检索范围和限制逐步放宽,结果是把很多不相关的文献也带进来,影响了查准率,应当根据具体课题的要求,合理调节查全率和查准率,保证检索效果。

6.5.3 提高检索效果的措施

一般来说,提高检索效果的措施有以下三项。

(1)选择质量较高的检索系统

检索系统质量的优劣是影响检索效率的重要因素。评价某个检索系统的优劣主要看它的存储功能和检索功能，一般来说，检索系统摘录的文献量越多，编排结构越简便易用，采用的检索语言越准确和实用，辅助索引越齐全，收录内容越新颖，系统性能越优越。

(2)提高检索者的检索水平

影响检索效率更重要的因素是检索者本身，即要提高检索者自身的检索水平。检索效果与检索者的知识水平、业务能力、工作经验，特别是检索技能的熟练程度和外语水平密切相关，提高检索者利用检索系统的水平，可最大限度地发挥检索系统的能力。

(3)合理调整查全率和查准率

申请专利、科技查新、开题、立项要求查全率高；检索新课题要求查准率高。

提高查全率的方法有：①选择上位词和相关词，如查找关于孙中山的文献，先用"孙中山"查，再用"孙文""国父"查找。②进行族性检索，用分类检索增加检索途径。

提高查准率的方法有：①提高检索词专指度，如用下位词或换专指性强的自由词。②用文献外部特征限制输出结果，如题名途径、著者途径、号码途径以及其他途径。③用二次检索、条件检索等排除误检。

6.6　信息资源检索应用案例

6.6.1　利用信息检索完成课程作业

某同学是英语专业的大一新生，听力老师要求每位同学提交至少三个以英语为官方语言的不同国家的英语语音素材，你能帮助他吗？

(1)分析课题

①课题中明确提出该同学要获取的是"英语语音素材"，那么只有音频和视频资源中包含语音素材，所以第一步我们明确了获取信息的类型是音频或视频资源。

②需要至少三个以英语为官方语言的不同国家的英语语音素材，我们需要了解有哪些国家是以英语为官方语言的，如有英国、美国、澳大利亚、新西兰、加拿大等。

③获取一个国家的音视频最方便的方法就是获取这个国家的国家级电视台、电台节目、电影、视频自媒体博主、相关国家的名人演讲和访谈的音视频等。

(2)选择检索工具

针对课题分析的结果，可以选择合适的检索工具。例如，可以直接选择搜索引擎来搜索不同国家的电视台和电台官网、名人演讲和访谈；可以利用音视频网站检索不同国家的影视资源或官方媒体、自媒体资源；可以利用外语学习数据库来检索不同国家的音视频资源。

(3)实施检索

首选明确检索源，比如新西兰国家电视台。使用百度搜索“新西兰国家电视台”后确定新西兰国家电视台即为新西兰电视台，进一步搜索新西兰电视台官网，确定其网址为 www. tvnz. co. nz。访问 www. tvnz. co. nz，发现若干视频，点击后页面提示只有在新西兰境内才可以观看。

调整检索方式。新西兰的首都是惠灵顿，在搜索引擎 bing 国际版中选择视频检索，直接输入 wellington site:co. nz，得到新西兰相关媒体网站。打开 www. stuff. co. nz 后，发现很多新闻同时具有文本和视频资源，视频可以作为素材。

提到新西兰，多数人可能印象最深刻的就是曾经风靡全球的电影《指环王》和《霍比特人》，我们知道《指环王》的导演是 Peter Jackson，我们可以在 bing 国际版视频检索中以“Peter Jackson”为检索词来检索。此处可以替换为其他名人，也可从我们熟悉的国内视频网站入手，如腾讯视频，进入电影频道，按照地区筛选电影，如选择澳大利亚、加拿大、英国或美国等国家的经典电影。

(4)选择、获取视频资源

可以在搜索引擎检索结果页面中对检索结果按照时长、日期、来源等方式进行过滤，选择自己认为适合提交给老师的视频资源。视频资源的获取可以直接下载或选择合适的录屏软件录取自己需要的片段。

(5)案例总结

①课题分析。在拿到一个检索课题时，不能盲目地从课题中直接提取检索时所用的关键词，如直接以“英语语音素材”或“不同国家英语语音素材”作为检索词，这样做缺少了对课题内容的分析及把分析结果转换成合适的检索词的过程。

②选择检索工具。选择检索工具的前提是检索者已经对常规的检索工具有了一定的了解。对本课题来说，搜索引擎是比较合适的检索工具。

③检索词的选择。在课题分析的基础上，我们将不同国家转换为英国、美国、澳大利亚、新西兰、加拿大等国家，再为我们的内容确定一个具体的“锚点”，可以是人物、地点、事件、事物等任何内容。在本案例中，我们选择了新西兰著名的导演、新西兰首都作为检索词。如果学生对相关国家的文化还不了解，可以使用图书馆提供的不列颠百科全书数据库，以国家名作为检索词进一步了解相关文化，再提取出检索词。

④搜索引擎语法。综合性搜索引擎大多提供了特定的搜索引擎语法，比如我们希望将检索结果限定在相应国家的网站范围内时，就可以使用 site 语法，后面

使用国家域名进行限定。使用 site 语法时，域名的限定可以分为两个层面，一是直接使用国家域名，二是可以限定具体的网站。

⑤视频转换为音频。因为听力老师仅要求提供语音素材，对于是音频资源还是视频资源并没有严格要求，如果一定限定为音频资源，可以拓展课题内容，如如何将视频资源转换为音频资源。

6.6.2 利用信息检索完成科研论文

某同学需要完成一篇题目为《双元搜索到双元创新：绩效反馈的跨时期调节》的实证论文。他的检索过程如下。

(1)分析课题

该同学的论文依托于指导教师的国家社会科学基金项目，需要对论文主题进行深入的专题研究，在充分掌握文献的基础上完成论文写作。他对文献类型进行分析，确定所需文献为期刊论文和学位论文；文献语种为中文和英文；文献的主题范围属于技术创新与管理研究领域。按照检索词切分法以及检索词筛选原则，将课题检索词初定为：双元搜索（适应式搜索和变革式搜索）、双元创新（开发式创新和探索式创新）、绩效反馈，预期的文献数量为 30～50 篇。预期的文献内容包含四方面内容：一是双元搜索（适应式搜索和变革式搜索）、双元创新（开发式创新和探索式创新）、绩效反馈等技术创新及管理研究领域的概念的内涵与关系；二是双元搜索（适应式搜索和变革式搜索）与双元创新（开发式创新和探索式创新）的现有研究；三是关于绩效反馈的研究综述；四是寻找相关量表进行变量的测量。

(2)选择检索工具

考虑到文献的语种和学科覆盖范围，该同学选择中国知网和 Web of Science 作为检索工具。

(3)实施检索

该同学先利用以上工具检索技术创新与管理研究领域的文献并阅读，增强对该领域的认知，中国知网上关于创新、搜索等研究的文章不胜枚举，为保证阅读质量与效率，该同学将检索结果限定在科学引文索引(Science Citation Index，SCI)、中文社会科学引文索引(Chinese Social Sciences Citation Index，CSSCI)与中国科学引文数据库(Chinese Science Citation Database，CSCD)来源期刊。

在对该研究领域有一个初步认识与了解之后，该同学开始专注于论文选题“双元搜索到双元创新：绩效反馈的跨时期调节”。构造检索式如下。

①在篇名检索项后输入“双元搜索 * 双元创新”，检索篇名包含“双元搜索”及“双元创新”的文献；输入“适应式搜索 * 变革式搜索”，检索篇名包含“适应式搜索”及“变革式搜索”的文献；输入“开发式创新 * 探索式创新”，检索篇名包含“开

发式创新”及“探索式创新”的文献。

②在主题检索项后输入“(双元搜索+双元创新)*绩效反馈”,可以检索到主题为“双元搜索”或“双元创新”,且有关“绩效反馈”的文献。

③检索篇名包含“ambidextrous search” 和“ambidextrous innovation”的文献,在篇名检索项后输入‘ambidextrous search’ * ‘ambidextrous innovation’。

该同学初次进行选题检索时发现:篇名包含“双元搜索”及“双元创新”的文献很少;主题为“双元搜索”或“双元创新”,且有关“绩效反馈”的文献数量为0,他总结原因是该论文选题角度较新颖,无可直接参考的文献;但是关于绩效反馈的文献极多。基于此,他调整了检索策略。首先保证文章引用权威性,采用高级检索,设置路径为“高级检索”—“学术期刊”—“SCI来源期刊”“CSSCI来源期刊”“CSCD”,单独搜索“双元搜索”“双元创新”与“绩效反馈”,选择高被引、与研究主题契合的文献,进行二次检索。

(4)选择、获取文献资源

二次检索结果相比于初次检索文献质量有了明显的提高,但文献数量仍然较多,该同学选择有针对性的阅读,他选择一些收录于质量较高期刊的文章进行阅读,如《管理科学学报》《管理世界》《南开管理评论》《中国软科学》《科研管理》《管理评论》《管理学报》《科学学与科学技术管理》等期刊。

在广泛阅读文献的基础上,该同学完成了测度量表。在实证研究部分,因为没有掌握数据分析操作方法,该同学选择以“SPSS调节变量”为检索词在视频网站检索相关视频,并根据视频名称与播放量针对性地选择观看和学习。

本章小结

信息检索是指将信息按照不同方式进行表示、组织和存取,以满足不同人群不同种类信息需求的过程。具体而言,通过对大量分散无序的信息资源进行搜集,在对信息资源特征进行分析的基础上,使用信息检索语言对信息资源进行加工、组织、存储,建立各种各样的检索系统。与此同时,用户借助于检索语言表达自己的信息需求,当用户需求与检索系统内容相匹配时,即完成检索流程。在大数据时代,信息检索是应对信息爆炸的重要手段,它能帮助人们快速、准确地找到所需信息,避免冗余信息和错误信息的干扰,从而制定正确的信息决策。总体而言,信息检索推动了信息共享,促进了知识创新,加速了社会进步和发展。在开展信息检索工作时,需要遵循有效匹配、客观评价、合理合法的原则,保证在信息来源正确、获取手段合规、检索方法得当的前提下,为用户高效准确地提供信息检索成果。

信息检索工作的初始步骤是对检索课题进行分析,以明确检索的目的和策略,随后，用户可根据不同目的选择不同的检索工具。当前常用的检索工具包括搜索引擎、中外文献数据库、书目、索引和词典等。明确检索工具后，用户可选择布尔逻辑检索、字段限制检索、介词检索、模糊匹配、精确匹配、位置检索等不同的检索方法制定检索策略，并在此基础上利用修改检索词、调整检索式的方法来增减检索范围，达到查全率和查准率的平衡。最终，根据自身所需将所得检索结果以不同形式导出。

作为一项核心的信息技术，信息检索在未来的发展中将继续深化其技术精度，拓展其应用场景，朝着更加多模态化、智能化、语义化、社交化的方面发展，为用户提供更加准确、快速、智能化的信息服务。

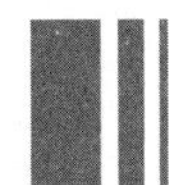

思 考 题

1. 什么是信息检索？
2. 信息检索的一般步骤包括哪些内容？
3. 信息检索的方法有哪些？
4. 信息检索有哪些工具？

第7章

信息传播

◎ 本章导读

信息传播早期隶属于传播学研究范畴，主要是运用社会学、心理学、新闻学等学科的理论观点和研究方法来研究信息的产生与获得、加工与传递及信息与对象的相互作用，研究各种传播媒介的功能与地位、传播制度、结构与社会关系等一系列问题。伴随着互联网技术的迅猛发展与各类在线社交网络的流行，信息传播的含义、方式以及渠道模式都发生了质的变化。这些变化为科学研究提供了更多的机遇和挑战，使信息传播问题不断焕发出新的活力。

◎ 学习要点

- 信息传播的定义与特性
- 信息传播的要素与类型
- 信息传播的全过程
- 信息传播的具体技术
- 信息传播面临的挑战

引导案例

云南省地处中国西南边陲，曾有88个贫困县，其中73个县曾被列为国家重点扶贫县，在“精准扶贫”等重大战略的实施下，云南省脱贫攻坚取得了决定性成就。羊肚菌是世界最著名的四大食用菌之一，在欧美国家备受青睐，属于高档食用菌，在我国还是久负盛名的药材，因其难以得到而又极富营养价值，曾被誉为“山珍”。羊肚菌作为云南高原特色食用菌，其种植技术自2015年大规模引入以来，在保山、怒江、曲靖等地区已形成了独具特色的种植区。

羊肚菌种植高利润的背后也隐藏着高风险，其种植模式虽简单，但管理要求较高，需要农业科技信息的大力支持。羊肚菌种植技术依托科技信息的传播走入了种植区，对当地农民的致富做出了长久、稳定且突出的贡献，是产业扶贫的明星项目。

在羊肚菌农业科技信息的传播中，政府职能部门提供的农业科技服务多为传播相关政策信息、组织相关技术培训以及提供相关种植生产资料。农业科研机构开展“送科技下乡”“博士团下乡”“支农小分队”“农业科技小屋”“农业大讲堂”等活动。农业合作社在技术指导等各个环节中传播着农业科技信息。羊肚菌技术协会兴起，在协会中种植户可以互相交流、彼此学习，共同进步。涉农企业包括羊肚菌菌种、营养袋及从事所需物资生产、经营、销售、服务的企业借助羊肚菌发展的优势时期快速成长，在龙头企业的带领下，生产标准化程度、生产效率、农产品质量等都有了大幅度提升。

在农业科技信息传播过程的信息采集环节，以人为载体的人际传播发挥着关键的作用。农业专家现场指导是非常受欢迎的一种形式。在每一个羊肚菌种植片区，几乎都有负责技术指导的技术带头人，通过他们传播农业科技信息，帮助更多的种植户解决了生产过程中存在的问题。种植大户在自身规模扩大的同时，也带动了许多贫困户及小种植户参与到羊肚菌的种植中，并潜移默化地向其传递着农业科技信息。羊肚菌种植区多处于农村地区，形成了以血缘为纽带的独特人际传播方式，亲戚朋友是大家日常生活中联系最紧密的群体，彼此之间的交流多以面对面的形式进行，当对信息内容有疑问时可以及时地提问，并获得相应的解答。

大众传播是重要的农业科技信息普及渠道。目前，电视和收音机是羊肚菌种植户家中普及程度较高的家用电器，也是获得农业科技信息的重要渠道。在报刊和书籍中，种植户可以获取实用性高且十分可靠的农业科技知识及信息，促进羊肚菌种植产业的高质量发展。此外，种植户可通过微信、QQ中的语音聊天、视频聊天等功能实现实时的线上交流沟通。同时,种植户可以根据自身需求订阅相关微信公众号,促进了农业科技信息的线上传播,使信息传播更加立体丰富。更重要的是,随着我国"新基建"的发展,以5G和AI作为技术双引擎驱动综合产业升级与数字化转型,许多涉农科研部门、涉农企业开通官方网站及信息反馈窗口,如打造羊肚菌种植项目的"高原农业网互联网平台",普及权威农业科技信息,接受种植户农业科技信息建议、意见反馈,弥补了其他传播渠道缺少反馈功能的不足。

在云南,羊肚菌种植面积从2005年的500余亩,慢慢发展到2021年的30000亩左右。在羊肚菌种植,乃至整个云南省食用菌产业培育、高原特色现代农业发展推进、活跃农村经济、促进农村居民创业就业增收、实施乡村振兴战略中,农业科技信息资源的广泛传播功不可没。

7.1 信息传播概述

信息传播现象在生活中随处可见,在人类社交活动中,信息传播是一项重要的内容,是人类复杂活动的一种基本现象,人类的活动与发展离不开信息的传播。在原始社会,人与人之间的联系主要依赖各种交流,这种线性的信息传播模式会受到时间、空间的限制,更容易产生信息错误、信息缺失等现象。目前,随着现代通信技术、互联网技术的飞速发展,电子报纸、智能手机、数字电视、社交媒体等新兴信息传播媒体使得信息传播方式更加多样、传播范围更加广泛,传播效率相比以往大大提高。

7.1.1 信息传播的概念

在《辞海》里,"信息"一词的解释为:"①音讯,消息;②通信系统传输和处理的对象。"在科研领域,各学科、各专业出于专业背景和实际需求的考量,对于"信息"一词的定义和解释也各有侧重。作为一个科学术语,"信息"一词最早是由哈特莱在《信息传输》一文中提出的;20世纪40年代,信息论的奠基人香农将"信息"定义为"用来消除随机不确定性的东西";而控制论创始维纳则认为"信息是人们在适应外部世界,并使这种适应反作用于外部世界的过程中,同外部世界进行互相交换的内容和名称"。"传播"一词译自英文"communication",1945年11月16日,在伦敦发表的联合国教科文组织宪章中被首次使用,宪章中,"传播"被解释为"两个以上行为主体之间进行的,关于知识、判断、感情、意识等精神内容的传递和交流"。

在传播学诞生之后,"信息传播"才正式作为学术名词出现,关于信息传播的定义,目前国内外诸多学者的观点不尽相同。美国学者施拉姆认为,信息传播是人们为了共同适应所处的环境而进行的信息共享;西奥多森等则认为,信息传播是个人或团体之间借助于某种符号传递消息、观念或态度的活动,强调传播即传递信息的过程;美国实验心理学家霍夫兰等将信息传播界定为个体通过传递刺激(常为语言类),对他人造成影响的行为过程;格伯纳认为,信息传播即人们通过信息所进行的社会互动。从以上信息传播已有定义中可以看出:①信息传播是人类的一种社会性行为;②信息传播是传播者、传播渠道、接收者之间的一系列传递关系;③信息传播是一个动态的、结构性的信息交流过程。

综上所述,本文将信息传播定义为在特定的信息环境下,个人或组织借助于某种信息传播媒体,将信息、观点、情感、态度、事实等信息传递给他人,从而实现信息交流与共享的过程。

7.1.2 信息传播的特性

信息传播是个人、组织和团体通过符号和媒体交流信息,向其他个人或团体传递信息、观念、态度或情感,以期发生相应变化的活动,信息传播具有诸多特性。

(1)形态多样性

根据信息传播方式的不同,信息传播可划分为以下多种形态或类型:①口语传播。例如,老师在教室授课,工作会议中同事间的交流,亲友、同学之间的交谈(包括打电话)等,以上通过口头语言进行的传播统称为口语传播。②文字传播。信件、文章、电子邮件等用文字进行的传播,可称为文字传播。③图像传播。绘画、拍照、摄像等用图像语言进行的传播,可称为图像传播。④实物传播。包括个体表情(喜怒哀乐)、动作以及行为,乃至产品、建筑、自然景观等世间万物等,都可称为实物传播。

(2)互动性

互动性是指在共同的语义空间下,传播者和接受者通过双向渠道交换信息资源,根据对方传达的信息作出回应,在共同的控制中完成传播活动的行为。在大部分的信息传播过程中,信息主体之间存在信息传送、信息接收和信息反馈等流通渠道。信息主体通过信息渠道,接收对方传送的信息并采取相应的行动,由此形成了信息在信息主体之间的互动。例如,信息主体A向B发出信息,引起B的相应行动,B在行动中的表现、意见、态度等通过信息渠道传送给信息主体A,信息主体A根据反馈调整传播行为,以调整后的方式继续向信息主体B传播信息,如此循环往复,直到信息传播停止。

(3)实体(行为)伴随性

从符号角度看,人类的衣食住行等行为可称为实物传播,楼台亭阁、日月山川等人工制品或自然造化,与衣食住行一样,也属于实物传播。同时,由于衣食住行总是携带、传播某种信息,可以说衣食住行本身就是信息传播。如以吃饭为例,有人狼吞虎咽，有人慢条斯理，有人津津有味，有人茶饭无心……以上均为信息的表露，即实体(行为)伴随性。

(4)时空遍布性

信息传播是一种无时不有、无处不在的现象。从时间维度看，从古到今，纵贯整个人类历史；从空间维度看，从东到西、从南到北，横跨整个人类社会。新媒体环境下，信息资源载体不再局限于传统的纸质文档记录，电子文档、音频、视频等一系列多媒体资源，微信、微博等软件的应用为信息传递提供平台，使各类型信息资源可以随时随地进行传播，同时，也为用户提供了阅读、交流和反馈的平台，用户可以随时随地地阅读和获取信息，不再受时间和空间的限制。新媒体平台上发布的信息资源大多是可以开放式获取的，信息的传递呈现出“泛在性”，信息一旦发布，个人和组织都可以随时随地通过新媒体平台检索、获取、阅读信息。

(5)竞争性

在当今的社交网络环境中，由于竞争显现的存在，用户同一时间内只能对有限的一部分内容产生兴趣，这将导致不同用户生成内容的流行度分布具有很大无标度性，即仅有少数内容能获得大量的用户关注，而大部分内容只能获得少量的用户关注。另外，现有的主流社交网络信息传播模型大多基于信息传播不受网络外的影响这一假设为前提而建立，这一假设将信息传播限制为仅沿着社交网络中的边在节点之间传播。然而，在微博、论坛中，经常发生同类或不同类消息间因竞争干扰而相互影响，导致信息在竞争环境下与非竞争环境下传播效果差异较大。

(6)富媒体性

富媒体性是指信息传播兼具动画、音频、视频等媒体形式的传播特性。在信息传播中，传播客体的内容展示方式能够影响信息传播的效果，例如，图片和视频等动态画面能有效引起信息接收者的注意，从而促进信息接收者对于信息的接收，进一步使信息接收者形成具有针对性的态度和价值观。信息客体可以灵活地运用多媒体，根据实际内容选择图片、文字、音频或视频等形式，使内容更容易被信息接收者接受，以此增强内容的可读性。

7.1.3 信息传播的组成要素

信息传播是信息传播者在特定的环境下，通过某种传播媒体，将信息传递给接收者，实现共享的过程，因此，信息传播系统的组成要素主要包括信息提供者、传播媒体、信息内容、信息环境和信息接收者。

(1)信息提供者

信息提供者是生产、发送信息的个体或组织，是信息传播的源头。国外学者霍夫兰曾以一篇文章作为实验品，将阅读者分为两组，其中一组被告知文章是由著名专家撰写的，而另一组则被告知文章只是来自一般学者，结果第一组被测试者对文章的信任度是第二组的四倍之多。因此，可以看出信息源的可信度显著影响了人们的接受程度和信息传播的效果。可信度由可靠性与权威性两方面因素构成，可靠性是指传播者所提供信息的真实与准确程度；权威性表现为传播者的社会地位、专业素养以及对受众态度改变的感染能力。

(2)传播媒体

信息传递需要有一定的物质载体，如传统媒体报纸、广播、电视等，以及新兴的网络媒体和数字媒体。传播者可以根据所传递内容的性质、数量以及接收者的要求来选择合适的信息传播媒体。随着信息技术的发展，传播媒体种类越来越多，不同媒体的时效性、持久性、影响力与受众的参与性等因素会造成信息传播效果的差异。在时效性方面，网络媒体能够突破时间和地域的限制，实现实时传播，时效性最强，其次为电视、广播等传统媒体，最后是报纸；在持久性方面，纸质书籍对于信息的保存时间较长，而网络、电视、多媒体中海量的信息短时间内便会被淹没，持久性较短；媒体的影响力与受众的参与程度以及社会文化背景息息相关。

(3)信息内容

信息传播的主要内容是指被传递的对象，它可以是数据、消息、观点、态度等。传播的目的便是将信息扩散至更多的人，实现交流与共享。美国学者斯蒂文曾说，传播是建立在信息之上，以信息为中心的过程。因此，信息内容本身就是信息传播活动的核心要素，信息是否全面、准确、真实、简洁明了，影响接收者的采纳。为了确保信息的有效传播，人们在信息收集阶段须选择可靠的信息来源，保证信息的真实性和准确性；信息组织者要对信息进行筛选，剔除无用信息和虚假消息，减少信息媒体的传播负载。此外，信息内容的表现形式也是影响传播的重要因素，包括文字、图片、音频、视频等，文本形式的信息相对正式，而图片、音视频等类型的信息更加直观、形象生动，传播者须根据受众的需求及现实情况进行选择。

(4)信息环境

信息传播过程中的每个主体都存在于一定的社会群体中，不同的群体相互衔接构成了完整的社会环境。个体对社会环境的适应性与归属感会影响到其对外部信息的认同，从而影响信息的传播活动。社会文化氛围、组织规范、制度、价值体系、普遍的群体行为倾向等因素会在一定程度上促进或抑制信息的传播，社会环境中的人际关系网络同样也会影响信息的传播途径、方式以及传播效果。因此，信息环境因素通过影响传播主体的心理、态度和行为，影响信息传播的整个过程和结果。

(5)信息接收者

信息接收者是信息传播的对象，其既可以是传播主体指定的目标对象，也可以是信息进入传播媒体后，因噪声干扰等因素而获得信息并作出反应的其他人。信息接收者的个性特征，如信息需求、动机、性格、兴趣爱好、个人能力等诸多因素会对信息传播产生或多或少的影响。一般而言，知识结构完备、文化素养较高的受众往往善于发掘新的信息，并能够迅速理解和掌握信息，及时作出反馈，促进信息的流转和传播。相反，智力水平偏低的受众对信息的敏感性较低，理解能力较差，常处于被动接受的状态，信息传播也会因此停滞。此外，信息接收者在价值观方面的差异也会导致对同一信息理解和评价上的区别，进而影响信息资源的二次传播与反馈效果。

7.1.4 信息传播的类型

信息传播类型主要可分为自我传播、人际传播、组织传播和大众传播，其中，自我传播属于非社会传播，人际传播、组织传播和大众传播属于社会传播。

(1)自我传播

自我传播作为规模最小的一种信息传播，传播者和接收者的角色由同一个人扮演，也是一种“传收信息的行为或过程”，但人们往往意识不到这是信息传播，属于非社会传播。

可以认为，我们每个人都是一架集传送、接收、储存、加工等机能于一身的、精巧无比的“信息处理器”。平时，人们常说“头脑里好像有两个小人在打架”，这就是所谓的主我和宾我的对话，包括出声和不出声的全部心理活动。这种以思考为核心的内向型自我传播是构成一切外向型(人际、组织、大众)传播的前提和基础。

(2)人际传播

人际传播即个人与个人之间的传播活动，作为人际关系的基础，“黏合”整个社会的材料就是信息。

人际传播的规模扩大为两人及以上，下限明确，但上限模糊。只要没有明确的群体、正式的组织参与其中，参与者再多也仍然是人际传播。如街上看热闹的人群、体育馆里看球的观众，七嘴八舌，议论纷纷，有时人数成百上千甚至上万。

人际传播存在着多种形态，如两人间传播、小群体传播、公众传播等。

(3)组织传播

所谓“组织”，通常指正式的组织(非正式的组织如俱乐部等，一般习惯称为群体)，即为达成特定目标而建立明确程序、发生协调行动的群体，如政府、政党、军队(政治组织)；工厂、商店、银行(经济组织)；学校、医院、剧团(公益组织)；学会、工会、妇女会(互利组织)等。

任何组织的有效管理在很大程度上取决于信息传播系统的状况，如灵敏度、信息量、公正性、回馈能力以及对内对外沟通能力等。

(4)大众传播

与以上类型相比,大众传播是规模最大的一种。所谓"大众传播",从接收者角度看,包括读报刊、书籍,听广播,看电视、电影,通过电脑、手机上网等,这些是接收者赖以接收信息传播内容的中介,既是信息的物理载体,又是接受行为的消费对象,被统称为大众传播媒体、媒体或传媒,有时还指传播者、传播机构,如报社、期刊社、出版社、广播电台、电视台、电影制片厂、网站、公众号等。

7.2　信息流

信息从信源(发送端)向信宿(接收端)移动形成信息流(information flow)。信息流产生于信息生产者或提供者和用户建立信息联系的过程之中,因此可以说,信息流就是信息的传递输送过程。信息流与信息的生成、收集、组织、研究等过程不同,它不生产、收集和整理信息,而只是转移信息。它与信息的接收和使用过程也有区别,接收,特别是使用,就是消费信息,但信息流只是流通信息。研究信息流能使我们更加了解信息传播的规律,并可以据此合理地选择信息传播的方式、渠道,以取得最佳的传递效果。

任何信息流都是信息的传递输送过程,是指处于流动中的信息集合。信息流包含两个基本因素,即流量和流向。信息流的流量是指单位时间内输入或输出的信息数量,虽然信息数量问题至今还没有解决,但在实际工作中,有时对此可以做一些简化处理,如将信息载体的数量或者描述信息的符号的数量近似地用于量度信息的多少。信息流的流向是指信息传输流动的方向,它决定了信息流的形式。信息流的流向有些是固定的,有些则是不固定的,正是由于这种流向的差异,才形成了多种形式的信息流。根据信息流的流向,可以把信息流划分为多种类型。

(1)单线型信息流

单线型信息流是指信息的发送者具有一个确定的接收者,这是信息流的基本形式。可以说,所有其他形式的信息流,不论多么复杂,都是由它按照不同的方式组合而成的。如图 7-1 所示,在单线型信息流中,如果信息的接收者只有一个,并且只向这一个方向流动,那么形成的信息流就称为单向流。

比如两个人之间的通信,如果只有一个人在讲话,而另外一个人只作为听话者,则他们之间形成的信息流,就属于这种形式。对单向流来说,还可以根据信息流动的具体方向进一步划分为横向流和纵向流。横向流是指信息呈水平方向流动的信息流,如一个同事把自己了解到的信息告诉另一个同事;纵向流则是指信息呈垂直方向流动的信息流,如领导把自己掌握的一些信息传达给自己的一名贴心的下级。

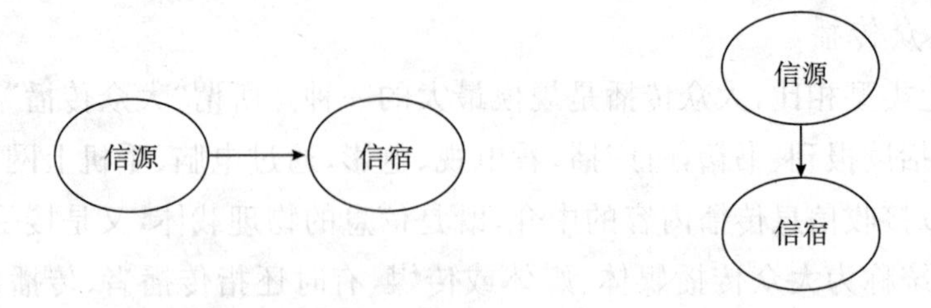

图 7-1　单线型信息流中的横向流与纵向流

(2)链状型信息流与塔状型信息流

对单线型信息流而言，不论它是纵向流还是横向流，如果其中的信息接收者同时又是信息发出者，那么把信息流按照传输的顺序连接起来后，呈横向流形式的单向流就会呈现出链状，称为链状型信息流或链状流，如图 7-2 所示。

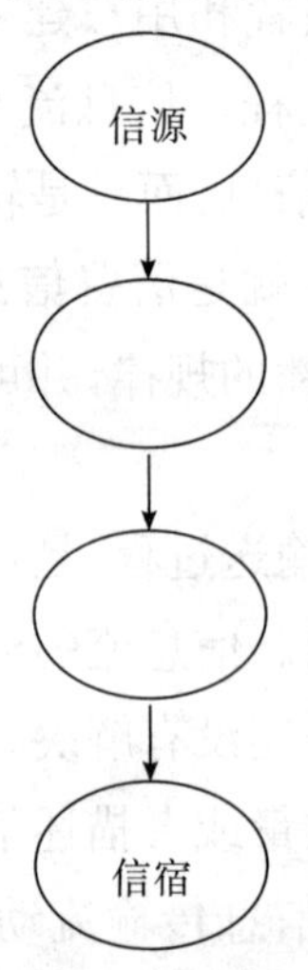

图 7-2　链状型信息流

呈纵向流形式的多向流就会呈现出塔状，称为塔状型信息流或塔状流，如图 7-3 所示。

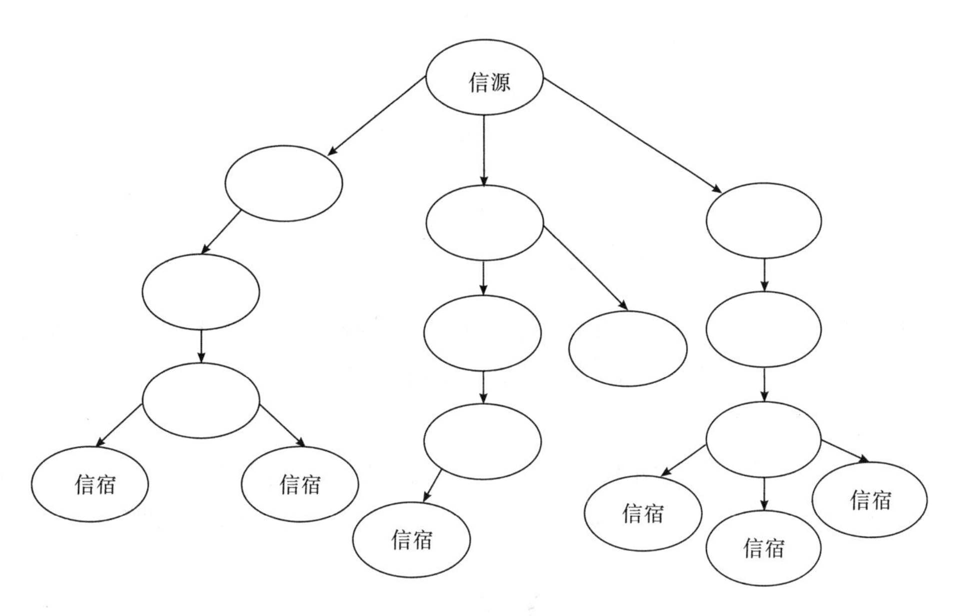

图 7-3　塔状型信息流

(3)多向型信息流

在单线型信息流中,如果信源发出的信息只有有限个固定的接收者,或者信宿接收的信息只有有限个固定的发出者,那么在信源和信宿之间形成的信息流形式就称为多向型信息流或多向流,如图 7-4 所示。例如,在上课时,教师和学生之间形成的信息流就属于这种形式。再如,国家统计局在接收各省、自治区、直辖市统计局上报的信息时,在他们之间所形成的信息流也属于多向流。

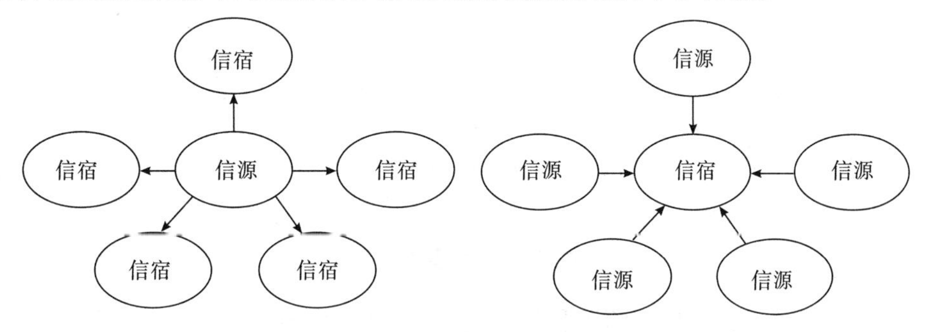

图 7-4　多向型信息流

(4)发散型信息流

在信息源发出的信息指向不固定的情况下,信息流将呈发散型,这种形式的信息流称为发散型信息流,如图 7-5 所示。

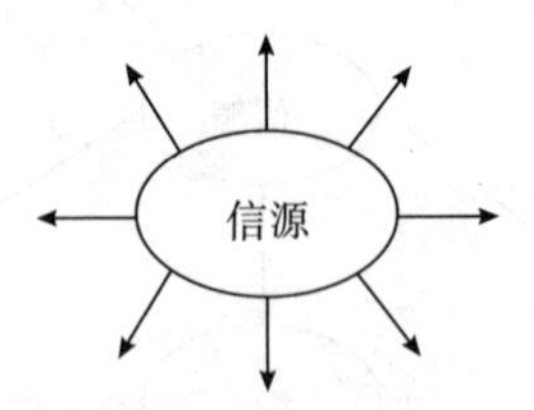

图 7-5 发散型信息流

发散型信息流实际上就是信息的传播扩散过程。广播台、电视台、在露天广场进行的自由演讲等所形成的信息流都属于发散型信息流。

(5)收敛型信息流

在信宿接收的信息指向不固定,即接收的信息是由众多的不固定发送者发出的时,信息流将呈收敛型,这种形式的信息流称为收敛型信息流,如图7-6所示。

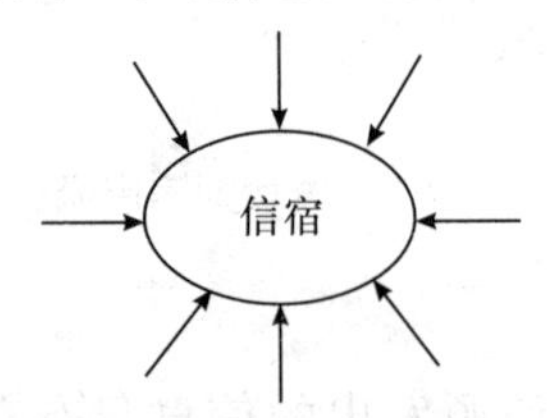

图 7-6 收敛型信息流

例如,舆论调查机构就某一问题对公众开展随机性舆论调查时,从公众流向调查机构的信息流就是收敛型信息流;拨打热线电话时,打电话的人与电话接收台之间形成的信息流也可以看成收敛型信息流。

(6)双轨型信息流

双轨型信息流是指相向传输的信息流形式,如图 7-7 所示。

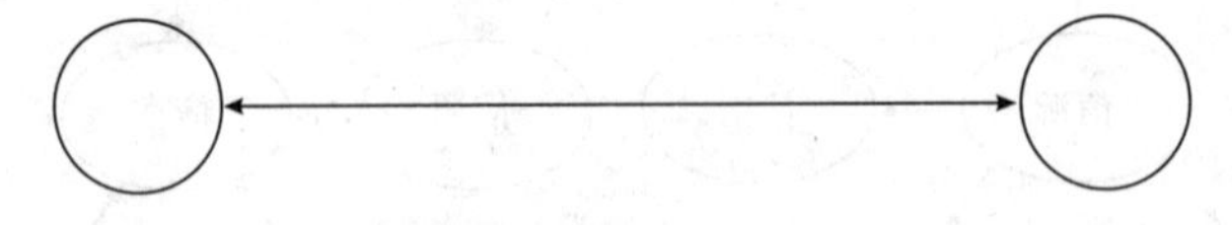

图 7-7 双轨型信息流

在相向流动过程中,其信源和信宿是不固定的,可能在某一时候,某一方是信源,另一方是信宿,而在另一时刻,信宿又变成了信源,而原来的信源则变成了信宿。在这种信息流动过程中,任何一方对另一方来说,都既是信息发出者,又是信息接收者。例如,在两个人之间交谈、讨论时所形成的信息流就属于这种形式。和单向流一样,相向流也有横向流和纵向流的区别。

(7)环状型信息流

环状型信息流是指每一个信息的发出者都只有一个固定的接收者,而且相对于另一个信息发出者来说,该信息的发出者同时也是一个信息的接收者。这种信息流构成一个封闭的环形结构,如图 7-8 所示。

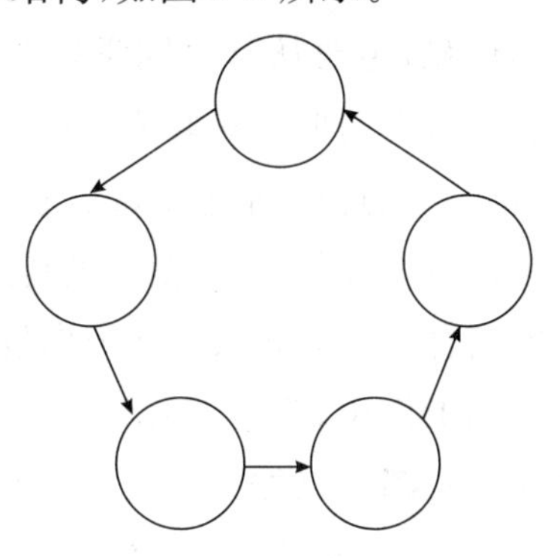

图 7-8　环状型信息流

由于环状结构中没有固定且唯一的信息发出者和接收者,因此,每个人都能够比较平等地获取信息,故其集中化程度较低,其中每个成员的平均满足度和士气都较高。呈单向流形式的环状型信息流流向单一,容易造成信息传递受阻或中断,因而在现实中,这种形式的信息流运用得不多。相反,采用相向流形式的环状型信息流在现实生活中偶有出现。

(8)网络型信息流

网络型信息流是以纵横交错方式传输的信息流形式,它是信息流形式中最为复杂的形式之一,也是最常见的一种信息流形式。网络型信息流的两个节点之间的信息流可以是单向流,也可以是双向流。它反映的是每一个相互交流信息的人或单位与周围人或单位之间的信息联系,从而形成网络状的信息流形式,如图 7-9 所示。每个单位都是该网络中的节点,处于这种信息流中,每一个信息发出者都可以同时或不同时与多个信息接收者发生联系。网络型信息流中的信息扩散快,共享效果好,可以是平面型的,也可以是立体型的。

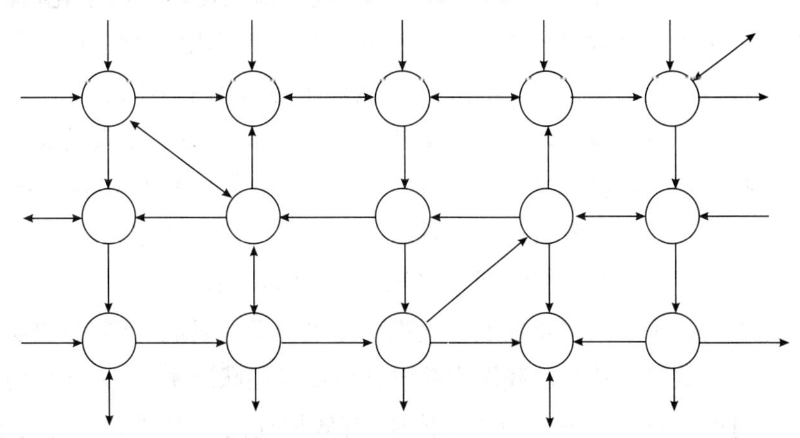

图 7-9　网络型信息流

在现实情况下，我们每个人或单位几乎都置身于这种信息流之中。例如，每个学生都要向其他同学发出信息，也要从其他同学处获取信息，同时他还要向系部、学院和学校等发出信息，并从它们那里获取信息；此外，还有可能通过信函、电子邮件、电话等手段发出信息，并通过广播电视等渠道来获取信息。网络型信息流比较符合人自身信息传递的习惯，因为人对信息的传递和接收都是多维的。现在兴起的电子信息网络上的信息也在向多媒体化方向发展，这正是为了满足人的信息行为需要。在日常生活和工作中，为了避免发生信息传递中断，保证自己能够得到所需的信息，我们每个人都可以按照自己特有的方式建立起自己的关系网，在这种关系网中传递的信息就形成了网络型信息流。

7.3 信息传播技术

信息资源需要通过各种媒体进行传播和共享，而媒体的升级与变化依托的是技术，技术决定着用户使用什么载体、在什么环境中接收信息资源。本节主要介绍与信息传播紧密相关的五种技术，分别为广播电视技术、数字出版技术、网络传播技术、可视化技术以及区块链技术。

7.3.1 广播电视技术

广播电视是信息传播的重要媒体和途径，人们可以通过这一媒体获取很多的信息资源，足不出户就能知道千里之外甚至更远距离的事。电视剧、电影、纪录片以及形式多样的综艺节目可以给人们带来新的知识、文化等信息。广播电视技术对信息传播的影响主要体现在以下几个方面。

①数字技术作为广播电视技术的核心，实现了信息传输的数字化，提高了信息资源在电视上的传播效果与质量。与传统广播电视相比较，数字电视的优势在于其信息内容传输效率高、传播信息量大，能够满足市场中不同层次用户对各种类型电视节目的观看体验需求。广播电视媒体机构的相关工作人员通过合理规范使用数字技术，能够实现对传统文字信息、图像信息等内容的科学分类处理，并将其进行编码，与数字之间进行有效转换，使数据信息处理存储和调取、使用变得更加简单、方便，不再受到传统时间与空间等因素的限制。

②广播电视技术的网络化发展在促进广播电视事业发展的同时，也实现了信息资源的传播与共享。就目前我国广播电视行业发展状况来看，大部分传统媒体行业选择通过网络技术来进行创作及传播，有效地提高了电视节目的质量、传播速率以及清晰度，并且可以利用网络更加有效、有针对性地输出观众所需要、所关注的一些节目。

③广播电视技术与5G技术的融合使信息传播的速率有了质的飞跃，信息传播的即时性、直感性、广泛性都迈上了一个更高的台阶。现如今，更加先进的视频解码技术可以将电视的清晰度提高到一个前所未有的高度。解码器在运行过程中需要比较高的网络速度支持，5G技术将采集到的音频信号以及电信号传递到解码器中，极大地提高解码器转换音视频数据流的速度以及稳定性，使得数据平台的存储数据以及传输数据的能力得到极大的增强。5G技术的应用不仅能够满足用户观看需求，还能有效提升广播电视视频的画面精细程度，保证相关视频信号的高质量传播，提高远程直播效果。

7.3.2 数字出版技术

信息传播往往和出版业紧密地联系在一起。在纸媒时代，图书、报纸、期刊是信息资源最主要的传播载体。而在快速变化和发展的新媒体环境下，人们逐渐习惯于使用手机、平板电脑等电子产品在网络上进行阅读，获取信息资源，传统的信息传播媒体受到前所未有的挑战。随着信息技术的发展，数字出版技术以及电子图书的出现极大地方便人们获取信息资源，也弥补了传统信息传播的不足。

数字化出版技术主要是通过一系列数字化技术将基于图像线条或声音信号等连续变化的输入转换为计算机所识别的语言，实现信息的高效处理，同时还能够对复杂的信息进行精确化的度量。与传统的出版技术相比，数字出版技术具有出版周期短、出版信息量大、传播速度快等特点，其应用能够确保信息传输的稳定性，大大降低出版物的印刷成本，增加信息传播的速度和质量。

随着数字化时代的不断发展，很多出版商使用多元化的方式来发布图书信息。图书网站在搭建支付方式的基础之上，将海量的内容进行有效整合，为用户提供使用上的便利。例如，可以基于中国卫星传播的数字出版物发行平台，将各类图书出版物的产品统一进行数字制作，打包加密后传到相关的平台上，用户只要在终端进行付费就可以点播各类图书、财经资讯等相关的文化产品，既降低了用户的搜寻成本、交易成本，也能够使得读者更容易接触到电子产品，极大地方便读者获取与传播信息资源。

7.3.3 网络传播技术

传播技术的不断进步带动了历史的深刻变革，推动了人类社会的信息交流和读写能力的提升。20世纪末，计算机和互联网介入人们的生活，社会开始进入了网络传播时代。目前，网络传播技术支持下主要使用的技术为自媒体技术。自媒体是一种普通大众通过网络等途径向外发布具有一定公共价值信息的传播载体，随着网络传播技术的不断更新和发展，信息传播的途径和内容会更加先进和丰富。例如，自媒体使得每个人都能成为信息传播的主体，人们也不再受时间和空间上的限制，可以随时随地通过网络获取各式各样的信息。

7.3.4 可视化技术

种类繁多的信息源产生的大量数据，远远超出了人脑分析解释的能力。由于缺乏大量数据的有效分析手段，大约有95%的计算被浪费，这严重阻碍了科学研究的进展。为此，美国计算机成像专业委员会提出了解决方法——可视化。可视化技术作为解释大量数据最有效的手段而率先被科学与工程计算领域采用。在信息传播领域中最常用到的可视化技术主要包括动画技术、三维技术和虚拟现实技术。

动画技术的本质就是在一段时间内，物体某些属性（位置、旋转角度、大小、颜色等）的连续变化。由于我们的主循环本身就是一个递归的时间片段，因此，基础动画是直接在render主循环中加入动画逻辑，如每次渲染的时候修改对象的一些属性，这种方法适合临时性地加入一些简单的动态效果，达到物体位置或者外观动态变化的可视化效果。

三维（three-dimension，3D）技术是指在平面二维系中又加入一个方向向量所构成的空间系。三维即坐标轴的三个轴，即x轴、y轴、z轴，其中x表示左右空间，y表示前后空间，z表示上下空间。在实际应用方面，一般用x轴形容左右运动，y轴用来形容前后运动，而z轴用来形容上下运动，这样就形成了人的视觉立体感。当前，常用三维软件很多，各种三维软件各有所长，可根据需要选择。

虚拟现实（virtual reality，VR）技术是20世纪发展起来的一项全新的实用技术。虚拟现实技术囊括计算机技术、电子信息技术、仿真技术等，其基本实现方式是以计算机技术为主，利用并综合三维图形技术、多媒体技术、仿真技术、显示技术、伺服技术等多种高科技的最新发展成果，借助于计算机等设备产生一个逼真的三维视觉、触觉、嗅觉等多种感官体验的虚拟世界，从而使处于虚拟世界中的人产生一种身临其境的感觉。

7.3.5 区块链技术

区块链，顾名思义是以区块相连接形成的链状数据结构。这些携带数据信息的区块按时间顺序排列，并存入相应的服务器（节点）中，只有当系统内超过半数的节点授予权限后，区块内的信息数据才可以被修改。同时，系统内不设立核心节点，各节点平等地存在于其中，这体现了区块链技术的两大特点：不可篡改性和去中心化。区块链传播技术还具有以下特点：非对称加密、时间戳、共识机制、智能合约和代币激励，可以分别达到实现传播路径中的身份验证与消息加密、快速追踪存储节点内数据内容、去中心化的分布式账簿、触发事件后自动执行合约条款以及连接信息资源消费者与创作者、提供物质刺激的目的。其独有的共识机制、分布式节点验证的方法解决了“双花”问题。同时，区块链利用共识机制和密码学解决了拜占庭将军问题，网络无须信任单个节点便可令所有参与者就某一问题达成一致，构建了一个去中心化的可信任网络。

在信息传播领域，区块链技术已被运用到谣言治理、信息内容生产、数字版权保护等方面。在谣言或虚假信息传播初始阶段，区块链技术可以利用共识机制投票判断其真实性，从源头上降低其出现的可能性；而当虚假信息或谣言传播以后，区块链可迅速追踪到传播者本人，以追究其责任。考虑到智能传播时代信息数据传播效率大大提高，区块链内还可设立相应的代币激励机制，以此来提高内容生产质量，实现信息内容生态环境治理。在数字版权方面，哈希值和时间戳的双重保障解决了原创内容所属权问题，切实杜绝了生态系统内篡改、剽窃等现象。区块链通过建立闭环式信息存储—信息管理—信息维护机制，助力智能传播时代信息传播行业优化发展。

如今，信息传播不仅仅停留在互联网融合的领域内，区块链技术为信息传播模式的优化与革新带来了不可忽视的新力量，对信息传播的发展有着革命性的影响。运用区块链技术的核心特性可以有效地重构信息传播要素，优化信息传播内容，改善舆论舆情环境，保护用户信息，形成一个健康的区块链信息传播生态系统。

7.4　信息传播动力与障碍

7.4.1　信息传播动力

一般来说，信息传播动力的类型可被归纳为内部动力和外部动力，在内部动力和外部动力的共同推动下，信息传播得以在可控范围内不断地健康发展。

1. 内部动力

(1)信息接收者的需求

用户的信息需求是信息传播的根本依据和核心动力源，用户的信息资源需求主要来源于以下两个方面。

①决策信息的需求。情报学家严怡民认为，产生信息需求的原因是决策所需的知识与决策者主观知识之间的差距，这种差距可以促进信息从信源到信息接收者的传递。

②日常生活的需求。马斯洛认为，人有五个层次的需求，从低到高依次为生

理需求、安全需求、社交需求、尊重需求和自我实现需求。当人类的生理需求得到满足,安全得到保证后,会有与他人交往和被尊重及实现自我等方面的需求。当低层次需求已经满足后,对相关信息需求的满足可以帮助信息接收者在交流时更好地融入相关话题,并与他人建立良好关系,满足其社交的需求,甚至从中获取满足感,得到他人的尊重,进而实现自我价值。

(2)信息传播者的需求

一些信息传播者需要通过传播信息资源来满足自己的需求,或达成目的。

①获取反馈。例如,公共服务机构向公众提供有关公共服务的信息,揭示公共服务各项决定背后的理由,收集市民的意见和建议,从而在获得反馈信息的基础上重塑公共服务,鼓励民众参与到当地公共服务的决策中去。

②形成影响力。一些信息传播者如智库等机构要引领思想,发挥其影响社会大众、引领社会思潮、影响社会舆论的功能。这需要它们将其思想和观点大范围传递,让更多的社会大众接触并认同。

2. 外部动力

(1)信息技术的推动

技术上的变革是信息传播的动力之一。其中,信息技术包括硬件技术、软件技术和网络技术等。信息技术的发展使得信息传播的覆盖面更加广泛,也进一步拓展了信息传播的深度和广度。信息技术的推动力主要体现在以下几个方面。首先,信息技术的汇聚为信息主体带来了强大的信息处理能力,由此也加速了信息的传播,信息技术不再是一种或者几种技术,而是通过技术的汇聚变成信息传播的手段,信息通过网络进行传播,实现了信息的交换和融合。其次,随着人工智能和数据挖掘等信息技术的不断发展,用户获取信息的方式也已经从搜索信息变为自动接受软件推送的、符合自身信息需求的信息,用户获取信息的方式相比以往更为多样、便利,从而推动了信息的传播。最后,信息技术的发展加强了人的社会化关系,从而推动了信息资源的传播。从信息传播的途径来看,有助于人和人加强关系的应用方式总是最容易得到推广和普及,信息技术的发展加速了用户个体社会化的过程,而通过强调个体与个体之间的沟通,也加速了信息资源的传播。

(2)信息环境的推动

信息环境是信息传播活动存在的空间,涉及各种与信息传播活动相关的要素,如政治、经济、法律和文化等。信息环境中的各方力量对信息传播的重视以及关注,使得信息传播的速度加快。新媒体环境下,以微信、微博为代表的社交平台具备平等性、互动性、即时性等传播特征,信息传播变得更加方便、快速,在没有相关的法律约束情况下,信息泛滥现象变得越发普遍,对现实社会结构造成了一定程度冲击。为了更好地促进信息资源健康传播,需要法律环境、政治环境为其提供一定约束。同时,文化环境也为信息传播提供了渠道,促进了信息的传播。

7.4.2 信息传播障碍

信息传播的过程较为复杂,信息传播是由人来参与并完成的,具有较强的人为性,加上客观环境对信息传播有着各种干扰,存在着许多不确定的因素,因此,信息传播中存在诸多障碍。

(1)政策立法障碍

所谓"政策",是指政党或国家政权机构为实现一定目标和任务而制定的策略原则和行为准则,政策对社会各项事业的发展起到宏观指导、控制和调节的作用。在制定信息政策时,应当根据各国的国情实事求是,全面考虑经济发展、社会稳定、信息需求量等多种因素。

如果在制定政策的过程中,片面追求不切实际的目标,华而不实,脱离实际,则将会阻碍信息的正常及有效传播。若政策制定者盲目追求引进新的设施,过分强调信息的收集、整理,不注意信息的传递,就会导致信息流通的渠道不畅,造成信息的效用无法发挥。例如,在信息传播过程中,一些国家收紧了对最尖端领域数值情报公布和发表的控制,出现了停止对其他国家单向供给的情况,这些用法律或条例的形式规定、限制信息传播范围的政策和规定,虽然可以保护国家利益免受侵犯,但给信息传播带来的影响却较为消极,因此,在政策立法制定过程中,虽然某些政策立法存在一定必要性,但是不能过度立法,阻碍信息资源的有效传播。

(2)经济、技术障碍

尽管信息传播制定了全面、系统的政策,但若没有一定的经济实力来保障,则容易成为空中楼阁。信息时代,信息产品作为商品进入流通领域已成为一种不可逆转的趋势,信息已不再免费提供。由于受到社会经济发展水平的影响,信息产品的价格呈现出动态性,其价格往往会随时间的推移而不断变化。

当今社会的信息传播主要是依靠技术来实现的。例如,印刷术的发明导致纸张文献的诞生,磁性材料技术的突破加速了声像型文献的面世,而大量广泛使用的机读信息的出现更是计算机技术发展的结果。文献新类型的出现加速了信息传播的现代化,但却给信息受众带来了一定的负担,因为显示这些类型的文献信息需要借助于相应的技术设备,而这些技术设备的耗资也颇高,并且一旦离开了机器设备,就无法进行正常的信息传播。没有印刷设备,就不可能有报纸期刊的出版;没有电视发射台,电视节目就播不出去;没有收音机,就接收不到电台的无线电信息。借助于新技术发展起来的新的信息传播手段都严重受到技术本身的制约,这就是技术障碍。

(3)文化、语言障碍

文化是社会生活中重要的沟通基础,文化的发展具有民族性和历史的连续性,一个国家、一个民族的文化传统是这个国家、这个民族在实践过程中创造的物质财富和精神财富的历史积累。美国人类学家本尼迪克特所著的《菊与刀》一书对日本的社会结构、文化传统等进行了详细分析和研究,该书对美日关系及美国的对日政策产生了巨大的影响。文化传统因素对信息传播的影响不可低估,如果缺乏对文化传统的认识和了解,必然会引起信息传播后不加选择地全盘接受或不分好坏地一概拒绝两种极端现象。因此,读者需要重视信息传播过程中由于文化带来的障碍。

社会信息的传播总是借助于语言来进行的,不论是口头语言,还是书面语言,对于信息的传播都具有不容置疑的重要性。语言具有模糊性、随意性、符号性、逻辑性等基本性质,它既构成了语言的丰富内容,同时又可能给信息的传播造成障碍。一是在信息的口头传播中,由于语言表达方式(语气、语句、语调、语序等)的不同给信息传播造成的障碍,如用词不当则会词不达意;二是在科学研究工作中,由于科学的分化和整体化带来的学科专业语言的障碍;三是在信息的加工、整理、利用过程中产生的检索语言的障碍。全世界的语言系统非常繁杂,其中,使用人数在 100 万人以上的语言就有 650 种左右。语言向来被视为民族特性的至上象征,国家之间、地区之间的经济可以一体化,但各国的语言的纯洁性却丝毫不容侵犯。不仅不同语言会给信息传播造成障碍,甚至使用同一种语言,也可能存在信息传播障碍。

(4)社会心理障碍

某些社会心理因素会对信息传播造成明显影响。首先,在信息的加工、生产阶段,受信息素养、思想观念的影响,信息传播者会按自身的价值标准来对要传播的信息进行有选择的取舍。其次,在信息接受阶段,某些典型的心理活动,如求快心理、求近心理、实用心理、求新心理、崇尚权威心理等,也会影响受众对信息的接受。究其原因,是由于现代社会的信息量多而繁杂,每个人似乎都站在一条以惊人的速度生产着信息的装配线的终端,神经高度紧张,在心理上产生了相当大的压力。社会心理因素的存在必然会影响到传播者和受众在信息传播过程中的某些行为。如受崇尚权威心理影响,人们对名人的文章、著作十分重视,并使之能迅速出版,广为宣传,而无名之作很难有人问津;由于信息辨别真伪的能力有限,一旦上当受骗,就容易产生对信息的不信任感,从而拒绝信息;再如信息工作的不规范、对日新月异的信息传播技术的恐惧和抵触等,都是由心理因素带来的行为上的障碍。这些行为的发生是不以人的意志为转移的,具有不确定性和模糊性,而由于行为上的模糊性可能会造成整个信息传播系统行为的模糊性。

(5)信息内容障碍

信息的一个基本特征是事实性,即信息总是对某种现象、事实的描述和反映,这种描述和反映受到信息传播者的知识水平、价值取向和素质修养等的影响。如果传播者造成信息丧失事实性,则会引起受众对信息真实性的怀疑。社会科学的研究常带有很强的阶级性,要求社会科学工作者在对信息收集、加工、整理的过程中,既要注意学术价值,又要注意其政治观点和阶级立场,因此,会有选择地进行信息处理,如在社会科学研究的信息交流上采取某些限制手段,从而导致传播上的障碍。

任何国家在对牵涉到国家利益、国防秘密等的科技信息的生产、流通过程中都会制定各种保密规定并采取限制措施,在其传播过程中,同样会因其内容不同而造成流通不畅。总之,由于信息本身的内容和观点造成的信息传播障碍是普遍存在的现象,只要有人类存在,世界还未大同,信息的自由流通就会受到种种限制。

本章小结

信息传播是通过各种媒体和渠道向受众传递信息的过程,旨在让信息得到广泛的传播和共享,促进知识的传递和交流以及社会和文化的发展。信息传播可以包括文字、图像、音频、视频等多种形式,涉及各种行业和领域,如新闻媒体、教育、科学研究、商业和政府等。传统的信息传播方式多是以口口相传的方式进行,其受到时间、空间的限制,易导致信息延误和信息丢失。在信息化时代,现代通信技术和互联网技术为信息传播提供了更为便捷的工具和渠道,成为人们获取和共享知识的重要手段,也是推动社会和文化进步的重要因素之一。

信息提供者、传播媒体、信息内容、信息环境和信息接收者构成了信息传播的组成要素,在信息传播的伊始,传播者需要明确信息的编码技术和所使用的媒体。接收者从传输媒体中获取到信息,并根据自身背景知识等对其进行解码和理解,接收者也可以对信息进行反馈,从而促进信息的进一步传播和改进。

未来,信息传播可朝着更加多元化、个性化、安全化的方向进行发展。借助于人工智能技术,信息传播方可根据用户的兴趣和需求,提供更加个性化和定制化的信息传播方案,并在此过程中采取更加严格的安全措施来保护用户的信息安全。用户亦可使用更为多元化、便捷化的设备,对信息进行接收和解读,从而让信息传播的整体流程更为准确且高效。

思考题

1. 信息传播的定义是什么？
2. 信息传播具备哪些要素？
3. 信息传播包含哪些传播类型？
4. 信息传播的具体过程是什么？
5. 广播电视技术如何促进了信息传播？
6. 可用于信息传播的可视化技术有哪些？
7. 促进信息传播的内部动力和外部动力是什么？
8. 信息传播面临着哪些挑战和障碍？

第 8 章

信息资源开发利用

◎ 本章导读

信息资源开发利用已经成为当前国家信息资源建设的重要一环，是国家科技创新体系中的支撑体系，是人们获取有效信息的关键路径。世界各国加大信息资源投资开发与利用力度，启动各种类型的数字图书馆、虚拟数据库和信息系统工程，深入开发大型联机系统和网络信息资源。本章在介绍信息资源开发利用的内涵、目的、原则和类型等的基础上，分别讨论信息资源开发利用的过程、信息资源开发利用的方法和工具，以及信息资源开发利用的相关领域。

◎ 学习要点

· 信息资源开发利用的内涵
· 信息资源开发利用的原则与类型
· 信息资源开发利用的过程
· 系统综述法
· 引文分析法
· 网络流量分析法
· 信息资源开发利用的工具
· 信息资源开发利用的领域

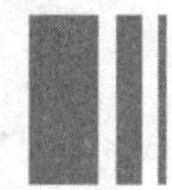

引导案例

广州某客车有限公司通过引进最新款的高档客车和全套生产线、生产工艺，并针对中国客运行业需求进行商品和生产方法改善，建立了以华南、华东沿海为中心，涵盖全国各主要省份的销售和服务网络，形成了销量与产量快速增长的良好态势，受到了社会各界尤其是运输企业的广泛好评。

随着公司业务量的不断提升，该公司从整体架构出发，对管理信息系统进行了规划部署，以期建立供应链管理制度，提高管理效率和水平。基于公司现状，他们选择了最适合公司目前管理模式的企业资源计划（enterprise resource planning，ERP）软件，通过物流信息管理系统、生产制造管理系统、财务管理系统、人力资源管理系统这四大管理系统实现企业资源的合理配置，使企业获得最佳经济效益。

在物流信息管理系统中，公司根据采购、销售、库存等具体流程划分了功能不同的子系统。首先，采购管理子系统帮助公司物资供应部门全流程控制对物料的请购计划、采购下达以及物料检验入库，自动形成相关凭证，监控采购计划实施，使整个物流供应流程更加高效率、低成本。其次，销售管理子系统能够自动管理一系列销售业务，当销售部将销售发票录入系统后，系统能够自动冲减库存系统的货物现存量；而当财务部对销售发票审核过后，库存系统会将当前可用于销售的存货量实时告知销售系统。最后，库存管理子系统主要从资金流的角度出发，通过录入出入库单、登记台账来加强对库存物料的成本管理。

在生产制造管理系统中，公司在物料主文件、生产工艺过程以及产品结构等数据的基础上，对产、供、销等管理资源进行整合优化并生成公司主生产计划以及物料需求计划，以此优化生产流程。此外，企业能够通过生产制造管理系统中所显示的订单量、库存量实时调整整体工作计划，合理安排生产。

在财务管理系统中，内部各子系统可以自动传递数据，并将生成的数据传递给其他相关系统，从而在公司付款等业务比较频繁的时期提高管理效率。其中，预算管理子系统能够将事前预测、事中控制和事后分析进行综合性管理，对公司业务实时监控，使各部门能够对当前业务进展情况做到心中有数从而协同运作。此外，预算管理子系统还能根据企业的利润目标对生产、采购等花费制订合理的预算计划，在实际经营过程中严格按照预算执行，对超出预算的情况进行说明，在年终对实际执行情况进行分析并合理调整，以降低经营时存在的隐患，提高企业竞争能力。

在人力资源管理系统中，主要对公司职工档案、职工结构以及人力资源具体短缺情况进行管理分析，优化企业内部人员配置，从而节省人力成本，提高经济效益。

通过上述内容可以看出，该公司通过引进先进的ERP系统对企业的人、财、物等各项资源进行有效开发利用，使企业内部的各项资源实现了合理配置，财务与业务实现全面集成一体化。由此，该公司在激烈的市场竞争中逐渐占据优势地位，在短短数年内，成为中国高档客车的代表品牌之一。

8.1 信息资源开发利用概述

8.1.1 信息资源开发利用的内涵

信息资源是人类社会信息活动中积累起来的以信息为核心的各类信息活动要素（信息技术、设备、设施、信息生产者等）的集合。学术界从不同角度出发对信息资源开发利用的内涵进行了讨论。乌家培指出，信息资源开发主要表现为两个方面：一是开拓信息渠道，建立信息库存，加速信息流动；二是不断重组和加工信息内容本身。符福峘表示，信息资源开发利用是指将收集到的信息，有目的地实现不同类型、不同方式、不同深度的整序和加工，使其增值后提供给用户。也有学者表示，信息资源开发是信息资源转化，是信息经营活动，也是信息服务的高级形式。其中，“转化”论者将信息资源开发看作是通过一定的技术手段，将信息资源中的信息由不可得状态变为可得状态，由可得状态变为可用状态，由低可用状态变为高可用状态的过程；“经营”论者将信息资源开发看作一种普遍活动，包括信息机构的信息服务和信息经营活动；“服务”论者认为信息资源开发是一种创造和生产新的信息产品的活动，是信息服务的一种高级形式。

上述观点对信息资源开发利用内涵的理解各有侧重。本书认为，信息资源开发利用的内涵可从前期信息资源开发和后期信息资源利用两个阶段进行把握。前期信息资源开发阶段是指对信息进行选择、收集、加工、整理、组织、存储等开发的环节；后期信息资源利用阶段是指对信息资源进行宣传、重组、转化、再生产、再创造等利用活动。综上所述，信息资源开发利用是指为使信息资源增值并得到充分利用，而对信息资源进行的选择、加工、整理、报道、重组、转化、再生产、再创造的能动性活动。

8.1.2 信息资源开发利用的目的

信息资源开发是我国推动信息化和工业化深度融合，推进经济社会各领域信息化的核心内容。信息资源开发是为了更有效地利用信息资源，实现信息资源价值。因此，信息资源开发利用活动对于一个国家而言，具有重要的战略意义、社会价值和经济价值。具体而言，进行信息资源开发利用的目的主要体现在以下几个方面。

(1)提高社会生产效率

信息是维持社会正常运转的战略资源。随着信息时代的到来，信息数量更为庞大，内容更为复杂，有价值的信息混杂于大量无序、无利用价值的信息中，很难对其进行利用。开发有价值的信息资源，并使其在正确的时间被需要的人使用，会大大地提高信息社会的生产效率。例如，企业利用 ERP 系统实现人、财、物的管理，各个部门可及时掌握有关信息，减少部门之间的沟通环节，缩短生产周期，提高企业的工作效率。

(2)增强社会的灵活性和适应性

现代社会处于激烈的市场竞争中，社会需求瞬息万变。企业如何快速感知这种变化是社会内部信息资源开发的重要内容。信息的畅通、及时、准确，决定着一个社会的生存，同时也会给企业发展带来机遇。加强企业对于信息资源的开发利用，使企业所获得的信息资源能够成为真正的战略资源，能够使企业作出更加顺应当前市场需求的决策。例如，2011 年 3 月，日本发生地震，引发海啸和核泄漏事故，对日本农业造成了重创，这既影响了日本农产品的出口，也加剧了日本国内农产品供给短缺的问题。对于中国的农牧食品企业而言，日本核泄漏引发的食品安全需求，带来了两个主要市场：一是日本本身的出口需求市场；二是我国国内进口替代性市场。我国食品、农产品企业面对快速转变的日本出口需求市场，积极调整自身食品、农产品的出口侧重点，从而在那一年获得了巨大的发展机遇，收获颇丰。

(3)提高创新能力

信息资源的开发利用是创造性活动，其形成的信息产品具有同样的创新性。在现代社会发展过程中，信息技术一直扮演着重要角色，其地位也从支持社会经营活动的附属角色向主导业务、创新业务的决策性角色转变。实现社会的管理创新需要知识创新，而信息资源的开发利用是实现这一目标的重要手段。例如，2019 年，中国一重集团有限公司成功自主研发了“重型 H 型钢精轧机组”。这一成功的背后与他们进行市场调研，以面向市场、面向用户需求为导向进行工程技术与相关理论的知识创新密切相关。具体而言，中国一重集团一是通过对国内引进技术生产线进行调研，确定自身技术革新方向；二是与目标用户进行深入交流，保证产品具有市场需求；三是与高校合作，为技术创新提供充分的理论知识储备，由此获得成功。因此，对信息资源进行开发利用，需要了解当前的市场需求，只有了解了市场需求，才能更加有针对性地进行改进，从而提高创新能力与效率。

(4)实现可持续发展

由于我国人口基数大，随着工业不断发展，自然资源消耗十分快速。若以这样的消耗速度持续下去，不仅自然资源会枯竭，更会对生态环境造成不可逆的影响。因此，要转变经济增长方式，加强对信息资源的开发利用，走绿色环保的循环经济之路。此外，信息资源开发利用过程中，不仅要着眼于当下，更要具备长远眼光。通过全面衡量技术发展趋势，来着重开发在未来更有价值的信息资源，减少开发信息资源过程中所造成的人力物力浪费。

8.1.3　信息资源开发利用的原则

信息资源开发利用的原则是对信息资源开发全局或对信息资源开发整个过程起指导作用的准则，主要有以下几点。

(1)针对性原则

一方面，对信息资源进行开发时应充分发挥市场机制和社会需求对信息资源开发的导向和带动作用。从实际情况出发，在开发前应充分做好需求分析工作，按市场需求有针对性地进行开发，使开发出来的信息资源能够实现价值利用的最大化。另一方面，根据现有物资和政策的可能条件，如信息技术人员数量与整体能力、企业生产经营状况、相关技术设备水平、未来国家战略方向等，最大限度地对现有信息资源进行开发，使现有信息资源得到充分利用。在此过程中，应保证开发出来的信息资源是可以被利用的，若受困于现有技术、设备等而使得所开发出的信息资源无法发挥作用，是不可取的。

(2)系统性原则

信息资源的开发应尽可能地做到全面和系统，要及时地更新与整理，以保证所开发信息的新颖性。在此基础上，应优先开发常用信息资源，将用户引导向正常需求行列。还要引入市场竞争机制，适者生存，利用市场的力量实现信息资源的最佳配置。此外，信息资源开发利用过程中所涉及的人力、物力、财力、机构、设施等多个方面是相互关联的，故也要对此进行系统化考量，从而优化信息资源的开发利用过程。同时，要通过政府对信息资源开发进行宏观调控，避免开发过程中的低层次重复和各自为政，造成社会资源的浪费。

(3)效益性原则

信息资源经济效益一方面是指利用信息产品或信息服务后创造的净收益。显然，信息带来的成果越大，经济耗费越小，效益也就越大，反之亦然。因此，在开发的过程中应努力提高信息资源开发后创造的净收益，降低用户利用信息的非物质(如时间)消耗。另一方面，信息资源所产生的社会效益则主要体现在促进社会经济发展和改善人民生活等方面。例如，国家气象部门对天气进行预报可以产生良好的社会效益，方便人们出行，并可通过提前宏观部署、统筹安排将灾害天气可能造成的不良影响降到最低。当然，信息资源只有被用户利用才能产生相应的经济社会价值，推动生产力发展。因此在开发过程中，应注意把握经济效益和社会效益的关系，同时考虑两者的收益水平，尽量让两者都趋于最大化，并使经济效益和社会效益相统一，获得一定范围内的平衡。

(4)特色性原则

特色信息资源由于受空间、地域等条件的限制，往往只能被该地区少数读者独享，异地用户难以享用，这使得特色信息资源利用率较低，容易造成信息资源浪费。在计算机网络环境下，各地区的特色文化资源能够通过网络被各地用户异地访问和使用，使得特色信息资源能摆脱地域、空间的限制，在更广阔、更深层次的范围内满足更多信息用户的需求，提高信息资源的服务质量和效率。开发信息资源是一项复杂的工作，应按需取材，对信息资源的来源、搜集途径等反复筛选，整理后再使用。在此基础上，可优先开发特色信息资源，助力特色信息产业化。

(5)安全性原则

当前，信息化、网络化的迅猛发展已成为时代潮流，并将为世界带来极其深远的影响。然而，信息资源类型复杂多样，并不是所有信息资源都适合广泛传播，尤其是一些涉及国家安全和利益的信息，这类信息的不适当公开常会给国家和社会带来灾难性的后果，如危及国家安全和民族利益、造成社会动乱等。因此，在对信息资源进行开发前，应该首先确定信息资源是否属于安全状态，不能使信息资源载体受到损伤。开发利用信息资源时要合法合理，对于保密的信息应该谨慎行事，在知识产权和相关法律的许可范围内进行开发，在信息资源开发过程中涉及个人私有信息的地方应注意个人许可问题，公布前应征得当事人的同意，避免因泄露私密信息而给他人带来损失。在网络环境中开发利用信息资源时，还应注意保护信息系统的安全，防止系统因人为原因而崩溃。

8.1.4 信息资源开发利用的类型

信息资源开发利用的类型是信息资源开发利用研究的基本问题之一，信息资源开发利用的类型主要包括以下两大类。

1. 面向信息资源本体的开发利用

信息资源的本体开发主要是对信息本身进行的生产、表示、搜集、整理、排序、存储、组织、检索、加工、重组、应用和评论等活动。面向信息资源本体的开发利用主要有以下几种方式。

(1)翻译转化

翻译转化主要是指根据不同用户的个性化需求,将类型、载体、组织形式等不同的信息资源进行形式上的改变。其中,翻译是以符号转换为手段,意义再生为任务的一项跨文化的交际任务。转化则是信息资源在不同类型以及表现形式中的转化。例如,将他国语言书写的书籍翻译为本国文字再通过出版社出版,从而使读者更为方便、快捷地阅读;将纸质文献中的信息资源通过录音、拍摄视频等方式进行信息资源形式上的转化。

(2)整理更新

以往存储的实体文献信息资源在存储方式上受到湿度、光照等外部条件的制约,在利用方式上只能采用到馆查阅等较为烦琐的方式,难以克服时间、空间上的限制。通过把过去以传统方式存储的信息进行资源转换,再次整理后发表出版,使其更加贴合当前时代需要,可更加方便当前读者理解,从而更加符合社会需求。例如,图书馆、档案馆等机构对实体图书、档案进行数字化处理,这样不仅方便用户检索查阅,也能够节省存储空间,提高利用率。

(3)流通转移

不同国家、地区与企业对同一种信息资源的需求程度存在着很大差异。对某一企业至关重要的信息资源,在其他业务不同的企业看来可能无足轻重。因此,只有让信息资源流入最需要它的用户手中才能最大限度地发挥信息资源的价值。在移动互联网时代,信息资源具备很强的流动性,通过在不同的区域、行业、单位间的流通将各类信息资源以不同的目的进行有序移动,使信息资源流入最需要的人手中,能够提高信息资源的利用率,开辟出新的应用领域。

(4)主题集成

主题集成是指根据用户需要,将已经存在的多样、分散的信息资源根据主题重新组合,形成特定的信息系统。主题集成首先需要整合数据库及数据结构,通常包括数据准备、数据挖掘、知识评估及表达。主题集成是将资源信息元数据输入平台数据库,经过合并查重后在同一平台上提供检索服务的过程,它从根本上解决了各类信息资源孤立、异构等问题。主题集成不规定具体范围,可以在单个或多个数据库进行集成,也可以在国家或全球范围内进行集成。其目的是对某一主题的信息资源进行排序归类,从而拓宽这一主题信息的深度与广度。

(5)研究评价

研究评价是指对某一时期、某一学科或某一主题的信息资源进行归纳整理和系统分析,作出综合叙述和评价建议的过程。信息资源建设的质量与水平受多种因素的影响和制约,必须对其作出科学的评价,才能有针对性地根据评价结果及时地对信息资源建设进行优化调整。此外,通过综合叙述和评价得出的现有信息资源的发展规律，能够对未来一段时间内事物的发展方向进行预测，从而更有针对性地进行信息资源开发。

2. 面向信息用户的开发利用

随着信息时代、全媒体时代的到来，大众对信息资源的利用越来越频繁，信息资源价值也引起人们的普遍重视。多数信息资源已经成为人人可查阅和利用的共享资源。公众对信息资源的利用需求也是五花八门，除日常需要外，还包括知识积累、休闲娱乐、公众教育等诸多方面。面向信息用户的开发利用不应一概而论，既要开展面向不同用户的信息资源开发利用工作，又要协助不同的用户对信息资源进行合理利用。面向用户的开发属于信息资源的应用开发，需要通过探讨已知信息应用于社会生产中的可行性，为信息资源应用于社会生产创建理论模型，从而攻克技术问题，制定可行性措施。这种开发活动主要是围绕如何利用信息资源本体进行的，其目的是提高信息资源拥有者的服务水平，更加准确、高效、全面以及更深层次地利用信息资源，面向信息用户的信息资源开发利用主要包括以下几种方式。

(1)搜集信息

搜集信息属于信息资源的开发基础，其目的主要是通过搜集用户的原始数据，为进一步分析提供足够的数据基础。例如，企业为改善产品体验而进行的市场调研；为了验证产品新功能的用户反响而发放的用户满意度调查问卷等。搜集信息活动受到资金、技术、人员等条件的约束，搜集目的不同，对各项条件的需求度也不同。在搜集信息资源的过程中，既要保证搜集的数量足够多，又要系统、全方位地搜集信息，保证信息真实可靠。此外，还要遵守法律法规，在不违反知识产权的范围内搜集信息，避免非法行为的发生。

(2)宣传教导

宣传教导是指信息资源拥有者利用各种形式和途径来吸引用户并向用户传递信息资源或者指导用户如何利用信息资源，属于信息资源的二次开发。例如，高校图书馆利用线上线下相结合的方式，在图书馆网站主页、公众号、实体图书馆内的宣传栏等处，对书库及阅览室布局、具体开放时间、借还制度等基本概况进行宣传，从而帮助学生有效利用图书馆的各类资源。此外，针对不同类型的信息资源，也可以针对性地选择不同类型的宣传方式，如音视频、实体宣传单等，全方面地进行信息资源的宣传与指导活动。

(3)代理服务

代理服务是指为了方便用户利用信息资源，减少用户在利用信息资源过程中的不确定性，提高用户获得信息资源水平而采取的、由更加专业的信息服务人员进行的代理检索、搜集和分析信息系统设计和开发的活动。如图书馆通过代理服务为读者营造一个在线获取收费信息的环境，使读者能真正共享互联网上的信息。代理机制被应用于图书馆文献服务领域，可以让图书馆充当读者和提供直接模式服务的收费网站间的第三方，让图书馆代理付费和提供权限，从而有效地解决读者使用商业网站信息的障碍。

(4)共建共享

信息化时代的来临使得用户需求也随之发生了很大改变，用户对信息资源的需求越来越个性化、多元化，单个信息机构所拥有的信息资源已经很难满足广大用户的需求。通过对信息资源共建共享，能够在一定程度上弥补各信息机构信息资源的建设不足，打破不同地区、行业之间的限制，方便用户集中利用分散的信息资源，缓和用户的资源需求与服务供给之间的矛盾；同时，还能够使信息资源充分发挥作用，减少投入，增大效益，提升资源利用率，使信息资源实现价值最大化。

8.2　信息资源开发利用过程

信息资源开发利用过程包括信息资源的转化与处理、集成与展示、宣传与教育、共建与共享四个环节，其目的是有效地开发和利用信息资源。每个环节都对信息资源进行多层次加工、整理，将其中蕴含的、适应读者需求与社会发展需要的、有价值的信息和知识加工提炼出来，使静态的信息资源变成知识、情报、信息流，为信息社会高质量发展提供信息服务。

8.2.1　转化与处理

在进行传统纸质文献信息资源转化处理时，主要采用文本方式和压缩图像方式。相较于文本方式，压缩图像方式因具有加工速度快，适合大批量、规模化加工，可以有效保留普通纸质文献的原始信息等优点而得到广泛应用。压缩图像方式首先需要把大量现存的、不同形式和载体存储的文献资料，包括文件、图片、声像资料等，通过扫描、照相等转化为数字化信息，再将数字化初始信息进行再加工，生成数字化资料，最后进行压缩与转化，具体转化处理技术有以下几种。

(1)图像扫描处理技术

图像扫描处理技术是指用图像扫描工具，如扫描仪、数字照相机、手机扫描软件等，对图像信息进行处理的技术，主要包括图像数字化、图像增强和复原、图像数据编码、图像分割和图像识别等。通过这些工具对纸质文献进行图像扫描操作过程中需要注意以下问题。

①分辨率。文献信息资源后期的开发利用对图片分辨率的要求较高，因此，在扫描时应尽量提高分辨率。扫描的分辨率越高，从原稿中获得的信息量就越

多，所得图片的细节就越多。

②扫描参数。考虑到部分纸张存在质量较差的情况，其背面印刷的内容在扫描时会产生阴影，因此，在扫描时可适当增大亮度，其余参数保持默认值。

③图片保存。由于图片的分辨率较高，所以图片的体积也较大，故一般采用JPG格式压缩存储。

(2)数字化初始信息再加工技术

数字化初始信息再加工技术主要是对扫描后的图片进行修整处理，这是文献信息资源质量控制中最重要的一个环节。基本操作包括对扫描出的倾斜图片利用图像处理软件进行调整；对于污点很多、很难处理的图片重新扫描为灰度图形，再对其进行二值化处理。

(3)数字化资料生成技术

经过扫描处理的图像根据文献章节给予适当的编号，编号可以用纯阿拉伯数字，也可以英文字母和阿拉伯数字混合。同时，可以用文字处理软件建立一个文档，用手工输入的方法建立文献目录，用超链接的方式把目录中的每条内容(即章节名称)链接到相应的文件夹，也可以利用专业软件将扫描的图像文件制作成PDF文件。专业软件可以把大量的图片封装到一个文件中，并对图片的顺序进行编排，读者查阅时可通过计算机显示屏进行浏览。

(4)数据压缩与云存储技术

文献信息资源的数字化存储经历了磁盘阵列、直接附接存储(direct attached storage，DAS)、网络附接存储(network attached storage，NAS)和存储区域网络(storage area network，SAN)等几个阶段。以光盘、硬盘为代表的存储介质具有存储容量大、方便携带、图文声像并茂、人机界面友好和使用寿命长等特点。云计算发展衍生出的云存储技术为文献信息资源的建设注入了新的活力。云存储是指通过网格技术、集群应用等功能，将网络中不同类型的存储设备通过应用软件集合起来协同工作，共同对外提供数据存储功能。

对于网络文献信息资源的转化与处理，主要在虚拟馆藏空间中实现。在虚拟馆藏的信息资源建设过程中，首先，要明确信息用户与信息需求，按照特定的目标与服务内容从互联网获取不同类型的信息资源；其次，按照一定的方法进行排序、组织，建立专业完善指引库；最后，通过自动跟踪技术对指引库进行及时更新。通过指引库，用户可以检索到有关数据的实际资源，即指引用户到特定的地址获取所需信息，以形成用户可以直接使用的、有价值的信息资源。指引库的建设不仅是网络环境下信息服务模式的尝试，也是突破传统文献信息资源建设的关键。

8.2.2　集成与展示

1. 信息资源集成

信息资源集成是指将一些孤立的、零散的信息资源通过某种方式集中在一起，产生联系，从而构成一个有机整体的过程。长期以来存在的部门化、分散化的信息资源组织模式已不能适应社会信息化对信息服务业的发展需求，从而产生了面向用户的信息资源集成问题。信息资源集成是解决信息化过程中“信息孤岛”和“知识孤岛”的有效手段，有利于消除组织界面的信息和知识冲突，是实现信息资源和知识共享的有效方法。

信息资源集成的核心思想是发挥集成主体的主观能动性和创新思维，倍增整体效应。信息资源集成强调信息资源的优化组合配置，最终目标是实现从信息到知识的飞跃。信息资源集成包括集成需求、集成能力、集成对象和集成环境四个基本维度。集成需求是集成行为的首要前提条件，信息资源集成并不是信息资源和知识的简单聚合，而是一个优化创新的动态过程，这就要求集成主体发挥主观能动性和创造性，具备信息资源集成能力。信息资源集成能力主要指对各种信息资源的有效识别、综合推理分析和利用的能力。信息资源集成对象要考虑信息资源的产权界限、信息资源的质量和价值情况、能否获取和加工情况等因素。信息资源集成环境包括集成的文化环境、标准和法规制度、集成技术及平台的构建等因素。

2. 信息资源展示

信息资源展示是指利用可视化技术，结合信息资源的特点以人们易于理解和接受的图形和图像形式，将资源科学研究、开发、利用和保护等活动展现出来的过程。目前广泛使用的信息资源展示技术有以下几种。

(1)VR 技术

VR 技术是以计算机技术为主，利用并综合三维图形技术、多媒体技术、仿真技术、显示技术、伺服技术等多种高科技的最新发展成果，借助于计算机等设备产生一个逼真的三维视觉、触觉、嗅觉等多种感官体验的虚拟世界，从而使处于该虚拟世界中的人产生一种身临其境的感觉。VR 技术具有沉浸性、交互性、想象性、多感性和自由性等特点。其虚拟空间不受时间和空间的限制，打破了传统意义上的时空局限，使用者可以通过虚拟空间，全方位地感受信息资源的全部信息，亲身学习、了解、体验信息资源产生、发展、传承的整个过程。

(2)AR 技术

增强现实(augment reality，AR)技术首先通过摄像头识别图案，将现实世界的信息与虚拟世界的信息集成，通过 AR 技术模拟仿真后再叠加，将虚拟的信息应用到真实世界,被人类感官所感知。AR 技术打破了传统的、单一的图文展示的局限性,能够根据用户的需求定制,支持视频、三维等多媒体展示方式。在信息资源展示中,AR 技术用于现场互动,通过现场的大屏幕让人们加入 AR 活动中,带给人们乐趣十足又具有刺激感的体验,是一种与众不同的信息资源展示方式。

(3)5G 技术

5G 技术具有超大的网络容量,可以供千亿设备的连接,能满足超高清视频直播要求,5G 技术正在使人类社会加速进入万物互联时代。同时,高速互联技术与区块链技术结合,通过智能化管理,可以实现多元化信息资源保障。因此,在信息资源开发利用过程中,高速互联网络是必不可少的。超高清全景互动信息展示是 5G 技术未来的发展方向之一,在信息资源展示活动中,通过各类摄像头进行多点定位,利用 5G 网络进行全景互动直播,可以让用户通过 VR 装置获得沉浸式观看体验,并参与虚拟互动,解决了场地和人数的限制问题。

8.2.3 宣传与教育

1. 信息资源宣传

对信息资源的宣传,顾名思义,就是以提高资源利用率为目的,通过一定的宣传平台和宣传手段向用户推介纸质图书、期刊、报纸、电子数据库等信息资源,旨在激发用户的阅读兴趣,产生切实的使用需要,实现信息资源开发利用的目的。信息资源宣传主要包含以下几个方面。

(1)制订详细的宣传计划

为切实保证信息资源宣传工作的顺利开展,需要形成一个有效的宣传机制。宣传工作是一项常态性、持续性的工作,而不是突击性、阶段性、应付式的工作,因此,要有一个持续性的工作计划。虽然宣传工作因其内容的多样性,宣传主题较为繁多,但是信息资源开发者应始终遵循用户导向原则,按计划开展宣传工作。在制定宣传计划时需要组织专业的团队,对宣传主题、宣传形式、宣传平台等内容进行讨论和分工,形成逻辑清晰的工作计划,方便团队在后续的宣传教育工作中配合执行。

(2)充分利用多样的宣传平台

随着信息技术的发展,信息资源开发者可采用的宣传渠道越来越多,宣传的手段和方法也与时俱进。每一种宣传的途径及方法都有其局限性,只有综合运用各种宣传途径,才能达到更好的宣传效果。在宣传的具体方式上,可以采用新闻通讯、宣传册、宣传单、宣传影视资料等形式,对不同的宣传内容可采用不同的宣传方式,使宣传广泛铺开,降低宣传成本。同时,还可以利用新媒体的宣传途径,如各大门户网站、微博平台、微信平台等,主动发布信息资源相关工作动态等。

(3)以用户为导向开展宣传工作

以用户为导向进行信息资源宣传是指在明确宣传主题的情况下，考虑用户的专业背景、兴趣爱好、需求等，细化宣传内容，突出宣传亮点。针对不同的主题和主体，在不同的阶段、范围开展不同的内容宣传，明确指向所宣传的信息资源，从而能让用户一目了然，直取所需，使宣传工作效果达到最好。

2. 信息资源教育

信息资源对用户的教育主要体现在专业知识教育和信息素养教育两个方面。信息素养教育有狭义和广义之分。广义的信息素养教育是指与提高信息素养有关的各项教育活动，如讲座、培训、社会实践等。而狭义的信息素养教育是指在信息技术背景下，开展一系列有利于个体信息技术知识、信息基础知识、信息技能知识等丰富发展的课程。如当前有许多高校已经开设了知识产权课、知识管理课、计算机网络基础课以及科技文献检索与利用课等。为了完善信息资源的素质教育功能，需要开发者把握时代特征，根据各主体的信息素养发展需求，充分发挥自身优势，灵活运用融媒体时代下各种信息技术手段，开展各种形式的、面向用户的、面向教学的以及支持科研的信息素养教育。

8.2.4 共建与共享

信息资源作为一种重要的战略资源，受到世界各国的重视，信息资源共建共享的程度现已成为衡量国家竞争力的重要标志之一。信息资源的共建共享可以在一定程度上弥补各机构信息资源建设的不足，缓解用户的资源需求与服务供给之间的矛盾，还可以使各机构的信息资源得到充分利用，提升资源利用率。实现信息资源共建共享需经历以下几个步骤。

(1)树立共建共享理念

为了实现信息资源的共建和共享，首先，公共文化机构需要打破各自为政、条块分割的思想观念，树立开放、合作的新观念，大力宣传信息资源为全社会共同所有的观念；其次，公共文化机构应该淡化信息资源开发利用的实用性原则，遵循完整性原则，一切从共建共享系统出发，提高整个信息资源共建共享系统的信息服务能力，形成完整而不重复的信息资源保障体系；最后，要纠正各机构“轻共建共享”“共享等于免费”的错误认知，坚持权利和义务相统一的原则，引入激励机制，提高机构成员参与的积极性和主动性，在国家经费支持上体现按劳分配的原则，维持共建共享系统的长效运转。

(2)推动共建共享统筹管理

一方面，要完善组织管理体制，信息资源共建共享机制需要一个强有力的管理机构来统一协调各机构人、财、物等资源的投入和相互之间的利益关系，管理机构要负责组织起草有关项目管理办法与验收办法，制定和实施共建共享的技术路线，制定和推广共建共享标准规范，组织和指导全国范围内各层次的资源共建共享工作。另一方面，人力资源的合理配置和优化组合是实现信息资源共建共享的基础，通过实施多样化的人才激励措施，打造一支结构合理、由不同领域专家组成、相对稳定的专业技术人才队伍，为共建共享可持续发展提供充足的人才保障。

(3)建设共建共享平台及数据库

在建设共建共享平台及数据库时，首先，要开发信息资源统一整合服务平台。整合服务平台可包括智能检索及个性化推送模块、用户认证模块、讨论交流模块、系统帮助模块、宣传推广模块、平台维护模块以及实体体验馆模块等内容。开发构建分布式、跨平台、多媒体、多终端的国家智慧公共文化云服务平台，借助于知识地图和人工智能技术，实现一站式智能信息资源深层次、个性化、精准化服务。其次，引入社交媒体工具，满足用户即时交互需要。最后，要建设元数据仓储数据库，元数据是数字资源统一检索、整合、开发和评估等工作的基础，建设元数据仓储数据库或国家级的联合目录数据库能有效避免信息资源重复建设，解决资源分布不平衡问题，实现共建共享。

(4)完善共建共享法规政策

在推动信息资源共建共享工作的过程中，出台有关信息资源共建共享的专门性政策法规十分有必要。依靠政府力量，借鉴国外共建共享的成功经验，总结我国共建共享的经验教训，集业界聪明才智，构建相互联系、彼此协调的信息资源共建共享政策法规体系。除构建数字资源共建共享法规政策体系之外，完善与共建共享有关的其他领域的法律内容也极为重要，包括完善公共文化领域、知识产权领域相关法律内容等。

8.3 信息资源开发利用方法

信息资源开发利用是指根据社会需要，对信息资源进行采集、处理、存储、传播、服务、交换、共享和应用的过程。传统文献信息资源虽然内容丰富，但信息利用率较低。随着互联网的发展，信息的爆炸式增长和低廉的信息获取成本使得用户更倾向于网络文献信息资源。本节将分别阐述常见的文献信息资源开发利用方法和网络信息资源开发利用方法。

8.3.1 文献信息资源开发利用方法

1. 系统综述法

鉴于传统描述性文献综述存在文献选择标准主观随意、选择过程不透明、无法实现定量的综合研究等缺陷，国外研究者在 20 世纪 80 年代中期开始跳出传统描述性文献综述，对现代系统性文献综述方法进行探索。系统性文献综述最早也被称为综合研究，是指采用一套事先确定且透明的文献取舍标准，就某特定研究主题选取大量相关或相近的研究成果，基于一套特定的统计分析技术，从分散的研究成果中总结出该研究主题的主要结论并进行述评的方法。

系统综述法是一种通过清晰可复制的检索技术和检索策略，利用电子数据库对相关文献进行检索、评估，然后根据研究问题或预先制定的标准进行文献筛选与甄别，进而精准掌握该研究主题的研究现状与发展趋势，以解决特定的研究问题的方法。系统综述法的优势在于严谨、透明，它包括清晰的问题研究、全面的检索策略、明确的文献标准、高质量的评估方法、综合的数据分析以及可靠的研究结果，能够有效克服传统研究方法的主观性、偏见性等问题。系统综述法操作步骤如图 8-1 所示。

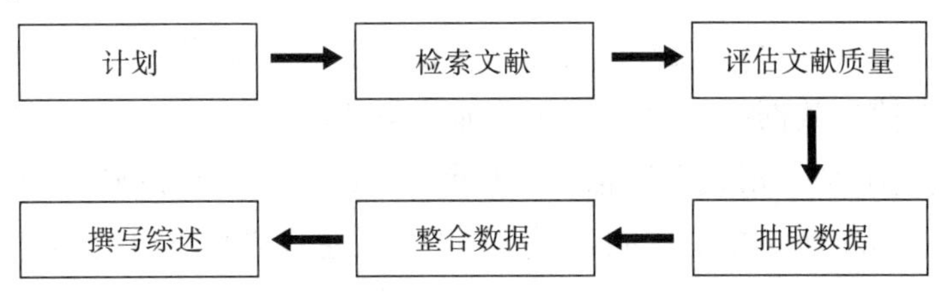

图 8-1　系统综述法操作步骤

(1)计划

系统综述法在计划阶段的任务包括确定综述具体主题；建立综述的理论、经验和概念基础；确定研究目的；陈述研究问题；澄清研究用途；明确地介绍研究步骤。确定研究主题既是开展有效研究的起始环节，又是贯穿研究全过程各个环节的焦点。而研究问题驱动整个研究过程，尤其决定着文献的采纳和排除。研究问题的聚焦包括精准地表述因素、群体、结果和环境四个要素。除精准地表述研究问题以外，完整的系统性文献综述研究计划还需要厘清研究问题已知什么、尚缺什么、执行何种方法和方案，以及如何设计数据资料抽取单等问题。

(2)检索文献

系统综述法的核心是找到对研究问题最有价值的文献，并把检索文献的过程编辑进文件中。检索内容包括所使用数据库的名称(两个或两个以上)、检索日期、文献起止年限、使用的术语或关键词、语种，以及检索到文献的条数。如果检索到的文献太多，可以通过精炼关键词、同义词或相关术语反复检索，逐渐缩小文献检索范围。如果检索到的文献太少，则可以通过拓展关键词、同义语或相关术语，逐渐扩大文献检索范围。同行匿名评审的研究文献是系统性文献综述的最佳资料。

(3)评估文献质量

对检索到的文献进行质量评估，主要是为了准确地纳入或排除文献，确保数据的有效性和可靠性。评估文献质量包括确定纳入/排除的标准和评估文献的研究设计。文献纳入/排除标准的确定包括：①阅读所检索到文献的题目、摘要、引言和结论部分，剔除完全不符合研究问题的文献；②浏览文献全文，抽取文献中满足研究问题的关键信息；③确定纳入与排除的标准；④检查文献中研究设计的研究强度。不同领域的研究文献，其研究方法论的研究强度不同。研究设计的研究强度从弱到强依次排列，构成相对稳定的研究强度等级，其等级可划分为：一级：轶事；二级：专家观点；三级：个案报告；四级：代表性调查；五级：个案控制研究；六级：定群研究；七级：双盲随机控制测试；八级：系统性文献综述及元分析。

(4)抽取数据

从纳入文献中抽取数据，需要在微软的 Excel 等软件上制作各种数据抽取单，以减少人为的错误与偏见，如文献基本信息数据抽取单和文献内涵数据抽取单。文献基本信息数据抽取单要反映的细节包括作者、发表年份、刊物名、数据库名、国家和研究类型等相关有用信息；文献内涵数据抽取单反映了读者在阅读理解文献过程中不断地向文本提问，并从文本中把握其解答所得的信息以挖掘文献深层的意义。

(5)整合数据

整合数据不是对原有研究发现的简单聚合，而是建立不同部分之间的联系，发现新的规则。整合数据包括叙事整合、质性整合和量化整合三种基本方法。叙事整合是对特定时间段特定主题的相关事实进行整合；质性整合是使用人种志和质性的交叉案例分析技术，把所有可得证据转化成质性形式；量化整合是使用量化案例调查或者内容分析技术等方法把所有可得证据转化成量化形式。

(6)撰写综述

利用系统综述法进行文献综述相当于撰写一个实证研究报告，其必须包括引言、研究背景、研究方法论、数据抽取过程、数据整合结果、讨论和结论，且每一个部分都基于研究目的和研究问题展开。此外，综述的结论中还应指出启发与未来需要研究的问题。

总体而言，系统综述法深入文献背后的话语关系，在问题驱动下实现与文本的对话和多重视域融合，利用原文献七零八散的信息来建构新观点，并从现有文献中创生出新理论以解答新问题，使知识的系统循环与更新成为可能。系统综述法不仅能够帮助研究者从理论文本中吸收智慧，而且能够帮助研究者经由文献实现知识创新。因此，系统性文献综述法正在成为各领域研究者在研究方法中的不二选择。

2. 引文分析法

世界上最早关注引文分析、建立引文类检索的是美国学者谢泼德，他于 1873 年创办了《谢泼德引文》(*Shepard's Citation*)，为早期的引文分析做了铺垫。1955 年，美国著名情报学家尤金·加菲尔德提出利用引用文献追踪科学进展的概念，开启了引文分析的大门，至此，引文分析法正式形成。引文分析法是利用数学、统计学的方法以及比较、归纳、抽象、概括等逻辑方法，对文献中大量的引文进行定量分析研究，旨在探讨文献的分布和使用特性，进而揭示其中的数量特征和内在规律的一种文献计量分析方法。引文分析法作为获取文献知识信息源的重要方法之一，反映的是文献之间外在的链接关系。通过引文分析法，可以了解某学科领域的发展现状以及未来发展趋势。目前引文分析法主要应用于以下几个领域。

(1)确定核心期刊和评价人才

引文分析方法是确定核心期刊的常用方法之一，它是从文献被利用的角度来评价和选择期刊的。加菲尔德指出，利用期刊引文的集中性规律可以确定学科的核心期刊。他通过引文分析，研究文献的聚类规律，通过将期刊按照期刊引用率的次序排列，发现每门学科的文献都包含有其他学科的核心文献。在人才评价方面，也常采用引文分析方法。因为某著者的论文被别人引用的程度是衡量该论文学术价值和影响的一种测度，同时，科研成果被利用的程度也反映了该著者在本学科领域内的影响和地位，因此，引文数据为人才评价提供了定量依据。

(2)研究学科结构，揭示学科发展前景

通过引文聚类分析，特别是从引文间的网状关系进行研究，能够探明有关学科之间的亲缘关系和结构，划定某学科的作者集体；分析推测学科间的交叉、渗透和衍生趋势，还能对某一学科的产生背景、发展概貌、突破性成就、与其他学科的相互渗透程度以及今后发展方向进行分析，从而揭示科学的动态结构和某些发展规律。

(3)研究信息用户的需求特点

利用引文分析方法是一种进行信息用户研究的重要途径。根据科学文献的引文可以研究用户的信息需求特点。一般来说，附在论文末尾的被引用文献是用户(作者)所需要和利用的最有代表性的文献。因此，引文的特点可基本反映出用户利用正式渠道获得信息的主要特点，尤其是某信息中心对其服务的用户所发表论文的引文分析，更具有直接的指导意义。通过对同一专业的用户所发表论文的引文统计，可以获得与信息需求有关的许多指标，如引文数量、引文的文献类型、引文的语种分布、引文的时间分布、引文出处等。引文分析法操作步骤如图 8-2 所示。

图 8-2 引文分析法操作步骤

①选取统计对象。根据所需研究的学科或专业的具体情况，选择该学科或专业有代表性的较权威期刊为统计对象，统计时间范围根据具体需要而定，可以是一年、两年、十年甚至是几十年。

②统计引文数据。被引文数据的统计方法有两种：一是在确定时间范围内，对于选定期刊中的论文，逐项统计每篇论文后面的参考文献的数量、年代、语种、类型、论文作者的自引量等。统计项目可根据具体研究目的和要求灵活掌握，自行确定。二是直接从《科学引文索引》《期刊引证报告》等工具书中选取有关的被引文献数据，作为引证分析的基础。

③进行引文分析。在获取的被引文数据基础上，根据研究目的，从被引文的各种指标或其他不同的角度进行分析。如分析研究被引证量的理论分布、被引证量的集中和离散趋势、被引证量随时间的增长规律、被引文的主要指标(包括自引量、被引文语种、文献类型、年代和国别)等。

④得出结论。根据引证数据分析的结果和研究所涉及的具体情况作出预测，从而对研究项目和课题作出相应的结论。

3. 元分析法

元分析(meta analysis)，也称 Meta 分析，由美国教育心理学家格拉斯创立，最早是为了解决心理咨询和心理治疗的有效性而提出的，后来在心理学、医学、管理学、情报学、教育学、经济学、生物学、农学等学科均得到广泛应用。元分析法主要是应用特定的设计和统计学方法，对以往的研究结果进行整体的和系统的定性与定量分析，从而根据获得的统计显著性等来分析两个变量间真实的相关关系。元分析具有回顾性和观察性，是对传统综述的一种改进，是概括以往研究结果的一种方法。元分析法操作步骤如图 8-3 所示。

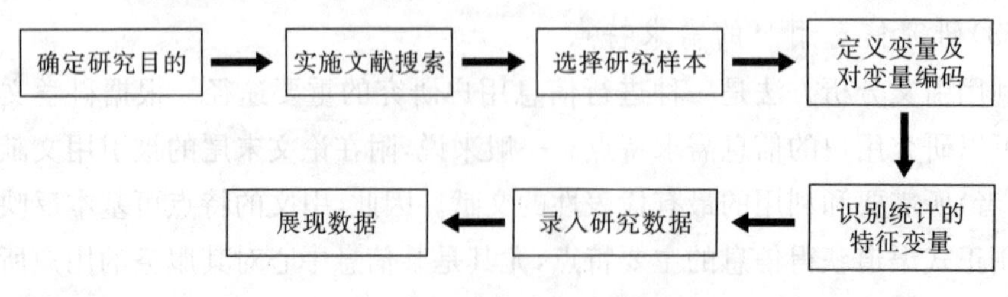

图 8-3 元分析法操作步骤

(1)确定研究目的

确定研究目的即组织研究框架。首先，必须确定研究中想要探索的文献领域及要包括的题目范围，核心必须界定清楚。其次，应该建立一套挑选研究样本的包含与排除标准，这样可以方便合作的研究者在面对同一群文献时能够运用同样的标准去查找或分析研究。最后，在确定研究目的时，还需要充分理解自己所要分析的概念及使用的方法，确定所要研究的效果量及结果。

(2)实施文献搜索

通过包括计算机网络在内的各种手段进行彻底的文献搜索，即进行研究样本的搜索。可根据罗森塔尔提出的分类标准对文献样本进行搜集。①书籍：包括作者的原著、几位作者共同合编的书籍及书籍的某些章节；②期刊：包括专业期刊、已出版发表的时事通讯、杂志及报纸；③论文：包括博士论文、硕士论文及学士论文；④未发表的研究：包括某些技术报告、学术报告、会议论文及将要发表的论文。

(3)选择研究样本

选择符合研究框架的研究样本是元分析的关键。一般应尽可能选择最新的研究，对于未被选中的资料，在分析中也要加以说明。同时，如果在研究中仅选择了以母语或英语表述的文章，要说明理由。另外，如果看到某一类研究在相似的题目上有多重报告，那么应选择其中一个信息较为完整的研究，使同一类型研究中的信息对元分析只贡献一次，同时，要尽量排除小样本的研究。如果选择了纵向跟踪研究，则要尽早决定跟踪研究的时限。

(4)定义变量及对变量编码

在搜集、选择了相关文献后，必须确定在元分析中要检验何种研究特征，这些特征即为元分析的变量，一般有以下三种变量。

①识别背景特征的变量。这类变量包括入选研究样本的数量、研究样本的参考文献、核对研究编码的人数(一般要求两人或两人以上)、研究资料的来源等。

②识别样本特征的变量。这类变量指被试的特征，如性别、年龄、民族、受教育水平、社会经济状况等。

③识别研究特征的变量。这类变量包括研究的理论架构、研究设计、研究采用的工具、研究测量的效应类型以及其他研究特征，可以帮助解释研究方法与结果之间的关系。

(5)识别统计的特征变量

这类变量包括两类统计值：一个是表现平均值差异的效果量 d，这需要关注到每一个研究中的平均数、标准差和样本大小；另一个是表现关系的相关系数 r，这需要关注每一个研究中的相关系数及相关的测量统计值。此外，还需要为每一个变量数据编码，对于每一个元分析而言，都应该有一套界定好的数据编码系统，不同的数字代表每一类变量中不同的水平情况。

(6)录入研究数据

元分析中搜集来的有关各样本研究特征的数据,需要录入一个相关的统计软件中进行分析。元分析统计软件包含许多学者的元分析理论,可以提供多样的程序来帮助完成数据录入、统计分析和图表分析,数据录入的形式既可以依据标准码的形式,也可以依据 SPSS 的固定格式。

(7)展现数据

在进行复杂的元分析之前,应先对一些基础的数据特征进行分析。一般需要计算各研究样本的效果量及总效果量的大小,计算对总效果量估计的置信区间并对各研究样本进行同质性检验。面对不同质的样本要做敏感性分析,即根据研究质量的评定对研究样本分层,可划分为两层或多层,然后对每一层分别进行分析,同时对比其结果。

综上所述,使用元分析法进行信息合并,有助于研究者和实践工作者对文献进行分析与评价,从而在较少的时间、人力和物力投入下获取更多的信息,为研究者提供科学决策。

8.3.2 网络信息资源开发利用方法

1. 网络流量分析法

网络流量分析法主要是指通过对大数据的挖掘与分析指导业务运营。在技术与信息爆炸时代,对于网络中最真实、同步、详尽的网络数据,网络流量分析法总能跟随技术的进步,创造出更多、更新、更有效的价值。

(1)流量采集

使用网络流量分析法进行网络文献信息资源开发利用,往往需要对复杂的网络区域进行全流量捕获,因此,高性能、大容量存储的采集工具是必不可少的。同时,针对全网流量采集需要注意以下两个关键点:①数据越精细越好,尽可能地采集各个节点的网络数据,包括传统环境、云环境、容器环境等,数据越精细,则定位问题越高效;②数据质量越高越好,虽然网络数据实时且安全,但在采集时不可避免地会出现重复和遗漏,为了规避因数据不准而带来的排障干扰,数据的质量应越高越好。

(2)协议解码

由于在网络中收到的数据都是二进制的,人们无法对其进行有效识别,这就需要对网络数据进行解码。我们将解码后的数据按照属性分为连接数据、性能数据和业务数据。对各个字段正确解析、正确关联请求与响应、正确识别异步交易等是解码的关键,也是进行性能管理的必要前提。

(3)关系梳理

若服务数量不多(如在10个以内),则管理服务相对简单。但是一旦拥有成百上千个服务接口,这些服务的访问关系就会变得错综复杂。因此,可以采用更加智能的流量分析技术来辅助进行访问关系梳理,以此保障新上线的系统,也可以对防火墙策略进行验证,去除无效的控制策略。同时,如果能做到全链路的业务关系梳理,则可以帮助我们快速定位故障节点,锁定数据包丢失的位置,节省大量的排障时间。

(4)专线监控

面对越来越多的线上业务、公有云的使用普及等,互联网、专线及分支机构线路的质量成了企业的生命线。通过流量分析,可以从以下几点实现对线路质量的实时监控:①针对带宽的精细化告警,配置各种级别的告警条件来监控带宽使用率,一旦触发告警条件,可以快速分析;②秒级数据展示,一般的监控设备是通过采样实现的,数据要依托于采样的频率,而流量分析可以实时呈现秒级数据,方便查看每一次的线路抖动;③带宽成分快速识别,基于已经定义好的应用,一旦有突发状况,就可以快速判断哪种应用占比较多、是否正常,如是未知的应用,则可以快速查看其对应的IP和端口等信息。

(5)辅助业务运营

网络流量分析技术可以根据监控的链路、设备、应用生成网络运行的基线,定制各种指标类型的报表以供数据分析,并对新业务上线、带宽规划、安全策略等决策提供科学依据。此外,经过处理的高价值的业务数据蕴含丰富的业务信息,可以辅助业务部门运营。将解析出的用户信息、购买偏好、购买金额等实时数据提供给营销分析系统做二次加工,作为理财等的投放依据,使信息能快速到达一线营销和服务人员手中,提升数据服务和应用效率,深化数据驱动的客户画像。

2. 链接分析法

链接分析的思想最早由麦基尔南提出。在阿曼德和英格维森等于1997年、1998年先后提出网络信息计量学、网络影响因子等概念后,链接分析法得到国内外学者的重视,并在很多领域中得到应用。链接分析法是利用网络站点间链接正向肯定关系而对网站自身信息组织和揭示的科学性和合理性以及网站影响力进行间接评价,即网站的外部链接数量越多、网络影响因子越大,该网站的信息越有价值,利用率越高,该网站产生的影响力越大。

网站研究与链接分析法密切相关。网站研究是链接分析法的主要应用领域。网站研究是指对网站形式、内容、效用及其建设与发展等进行分析与评价的研究。网站研究主要可以分为理论研究和实证研究两类。网站实证研究是指对某个或某些具体的网站进行具体分析或评价的研究,是网站研究的重要组成部分。链接分析法是对采集到的指标数据进行统计分析，根据统计结果进一步分析网站影响力，主要应用于网站实证研究中。常用评价指标有以下几种。

①网页总数。网页总数是指一个网站内所含的网页数目，反映了网站规模与信息丰富度，但无法体现信息质量。

②总链接数。总链接数是指搜索引擎所能搜索到的一个网站被链接的网页总数，反映了网站的网络辐射力及利用程度。

③外部链接数。外部链接数是指搜索引擎在一个网站范围外，所能搜索到的与该网站存在链接的网页数，反映了网络的影响力和辐射力。

④内部链接数。内部链接数是指搜索引擎在一个网站范围内，所能搜索到的与该网站存在链接的网页数，反映了网站结构的完备性。

⑤反向链接数。反向链接数是指以一个网页为基准，所有来自其他网页指向自己的链接数，反映了网页的被认可度和影响力。

⑥网络影响因子。网络影响因子为总链接数与网页总数的比值，反映了网站网页被链接的总平均水平。

⑦外部网络影响因子。外部网络影响因子为外部链接数与网页总数的比值，反映了网站网页被外部链接的平均水平。

3. 日志分析法

网络用户检索信息的过程就是在网站页面中跳转活动的过程，每次查询信息时的检索策略，每一次跳转操作都能被完整地记录在系统日志中，通过对日志的分析挖掘，可以找出网络用户的信息查询行为特点。一般来说，日志分析法可从记录的分析中获得检索词、检索表达式、检索的次数、查看页面的数量等信息。许多研究者选择在特定时段和指定测试内容的情况下进行测试，由于日志文件的产生受人为因素影响小，能很容易地捕获和生成所需数据，成本相对较低，没有被试者接受调查时的刻意行为，且样本量大，分布广，结果更直接、客观，具有更高的说服力。日志分析法具有如下优点。

①客观记录交互情况。日志分析法是对日志记录的挖掘和分析，一般不对用户的信息需求和行为方式作任何规定，用户完全根据自己的意愿在自己控制的环境下与系统交互，因此能够客观地反映用户与系统之间的交互情况。

②直观反映存在的问题。日志分析法对网站设计中链接失效、脚本出错等问题是可以非常直观地反映出来的，特别是对孤立页面、最常进入网站页面、最常离开网站页面等的统计更是其他评价方法所难以做到的。

③样本数量大。在可用性评价中最棘手的问题之一是样本数量很难达到要求，因为大多数评价方法都无法进行大规模的用户测试，导致小样本测试的效度一直被人们诟病，而日志分析法在确定样本数量上最具优势，甚至可以做到总体评价。

④高效收集数据。日志分析法所需要的日志数据可以通过服务器、客户端或代理端来获取，数据量大，时间跨度长，还可以自动记录与分析，数据收集快捷方便，人力支出少。

⑤实时评价。日志分析法由于收集数据快捷方便，人力支出少，而且数据挖掘的自动化程度高，所以对运行后的系统可以经常进行评价，及时发现其可用性问题。

当然，日志分析法也具有以下缺点。

①功能局限性。日志的主要功能是记录系统和用户之间的交互活动，目的是优化系统的性能，提高系统的安全性，用于评价系统的可用性是其功能的扩展。由于日志记录的是系统行为而不完全是用户行为，从系统行为推导出用户行为，再用以评价系统可用性会引出诸多问题。

②数据质量不一。数据挖掘是数据驱动，因此，数据的质量显得十分重要，但是日志数据的来源通常会有一定的局限性。一方面，由于用户端缓存、代理服务器和防火墙的存在，服务器日志并不能完整地反映用户与系统之间的交互情况；另一方面，不同日志数据格式不同，语义也不一致，此外，日志中还有大量的冗余、伪装的数据，这也加大了数据挖掘的难度。

③问题发现不够全面。日志分析法只能够发现数字图书馆存在的一部分可用性问题，除此之外，大量影响到有效性、效率和满意度的数据还需要通过其他评价方法来收集。如用户会根据个人偏好、需求内容和环境状况等因素选择交互方式，而通过日志分析法得到的信息显然无法全面了解用户是否实现了自己的信息需求，更难以反映用户对数字图书馆服务的满意度，而满意度是评价系统可用性的一个十分重要的指标。

4. 网站重要性分析法

评价网站重要性的指标包括网站流量和网站权重。通常说的网站流量是指网站的访问量，是用来描述访问一个网站的用户数量以及用户所浏览的网页数量等指标，网站流量包括三个指标。

①整站日均 IP：是指网站平均每天所接收到的访问者的 IP 数量，反映网站的日均使用人数。

②整站日均页面浏览量（page view，PV）：是指网站平均每天被浏览的网页数。

③PV/IP：反映用户浏览网页数量的平均水平，即平均每天每人在某网站浏览 PV/IP 个网页后离开。

网站权重是搜索引擎平台判定网站重要程度的标准，通常以 1～10 为例，等级越高越有权威。搜索引擎会有一套定义权重的算法，通过算法的分析，赋予网站一定的权威值，权威值越高，网站在搜索引擎中的重要性也就越高。

5. 网络档案分析法

网络存档是对具有凭证参考、决策支持、学术研究等多重利用价值的网络资源进行采集、管理与长期保存，确保其在需要时能够以原始的样貌呈现，以满足当代及未来人们访问利用的需求。其中，实现网络存档资源的有效利用、发挥网络档案资源的价值是开展网络信息资源采集与保存实践活动的最终目的。网络档案是以数字信息的形式保存人类社会活动、文化及知识等相关互联网信息资源的。一方面，后代的人们可以获取上一辈或几辈人的生活印记，这为完善国家级文化遗产保护做出贡献；另一方面，存档的网络信息资源也可以被开发利用，从而支持人类学习、科研工作或作出决策等。实际上，互联网保存发展至今，人们对其含义基本达成共识，即网络档案是收集互联网的部分内容，以档案格式保存，并能提供访问和使用的过程。

宏观上的网络资源存档是系统性的、大规模的互联网内容收集与保存工作，用以进行总体性的文化遗产保护，主要由专门机构（如国家图书馆、档案馆等）利用专业技术来实施，并形成相关档案库和数据库；微观层面上，则是指不同的研究者或机构以其具体的研究问题为导向来利用特定的网络资源存档资料，或对于满足条件的、相对而言较小范围的互联网信息进行搜寻和存档，形成研究资料，帮助其达到研究目的。

在使用网络档案分析法获取研究资料时，研究者首先需要根据具体研究的问题建立一系列标准，来确定资料获取的范围，即哪些网站或链接是跟踪挖掘的目标、挖掘的范围（文本、图片、动画等）和深度（网站的层级）、网页资料获取的时间尺度和频率等实际方案，并做好某些数据和资料缺失（如图片损坏、链接失效、文件格式不支持）时的应对方案。在网络档案的分析方面，除传统的定量、定性方法的验证适用之外，研究者们还应对网络存档的研究方法和网页内容的分析框架进行新的探索。

8.4 信息资源开发利用工具

信息资源开发利用工具是指科研工作者根据信息资源开发利用过程中的需要，研发出的有助于信息资源的分析处理的软件。熟练地使用常见的信息资源开发利用工具可以显著提高信息资源梳理的速度和质量。本节将依次从常用软件的简单说明、下载方式和常见的操作流程等方面介绍常见的文献信息资源可视化工具和网络信息资源可视化工具。

8.4.1　文献信息资源可视化工具

1. BibExcel

BibExcel 是由瑞典于默奥大学(Umeå Universitet)的欧莱・皮尔逊教授领导的信息研究小组设计研发的软件。BibExcel 的设计宗旨是辅助用户分析书目数据或格式相近的自然语言文本,最终产生的数据可导出至 Excel 或其他采用"Tab"键隔开数据的程序中。BibExcel 主要用于文献计量分析,并可为 Pajek、NetDraw 软件提供绘图所用数据。BibExcel 使用步骤简单,有文献计量分析、引文分析、共词分析等功能,可以作为图书馆和情报学、医学和生物信息、公共管理等专业领域本科生或研究生的实践软件。

BibExcel 可以在其官网直接下载安装,如图 8-4 所示,其操作页面简洁,功能区域划分简单易懂,如图 8-5 所示。

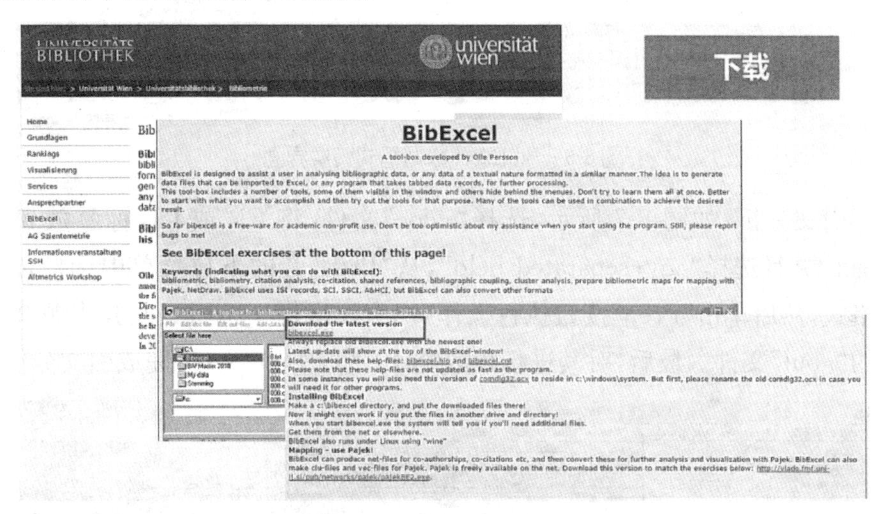

图 8-4　BibExcel 官网下载界面

图 8-5　BibExcel 操作主界面

BibExcel 所有功能中最为出色的是引文分析功能，其操作流程如下。

①下载分析数据：在引文分析中，数据可从科学引文索引、社会科学引文索引中检索获取。

②转换数据为 Dialog 格式：如图 8-6 所示，选择原始数据，输入菜单命令“Misc/Converttodialog/convertfromWebofScience”后，得到“. doc”文件。

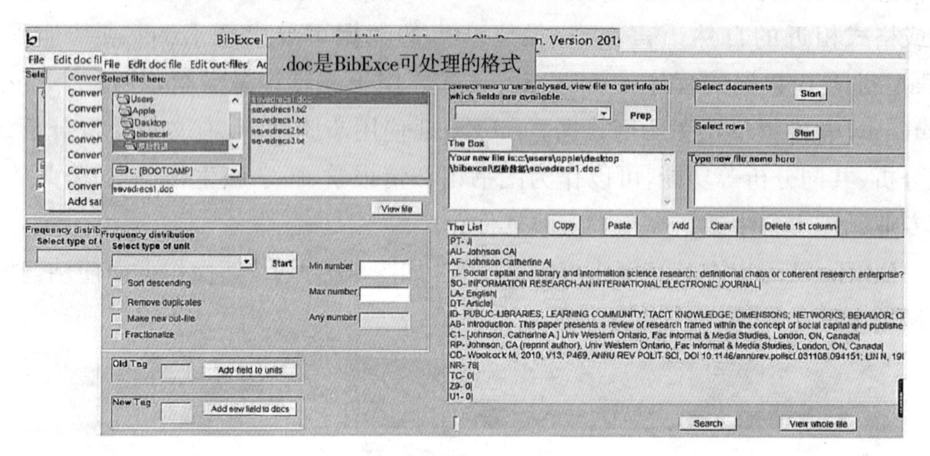

图 8-6 BibExcel 数据格式转换界面

③引文分析：如图 8-7 所示，选择“. doc”文件，将 CR 或 CD 标签放到“Old Tag”框内并且选择“any; separated field”，从“Prep”旁的下拉菜单中选择正确的数据格式，然后单击“Prep”按钮执行操作，产生列出每一条引文及其来源文献号的新的“. out”文件。最后，对其进行频数统计，生成“. cit”文件，完成引文分析。

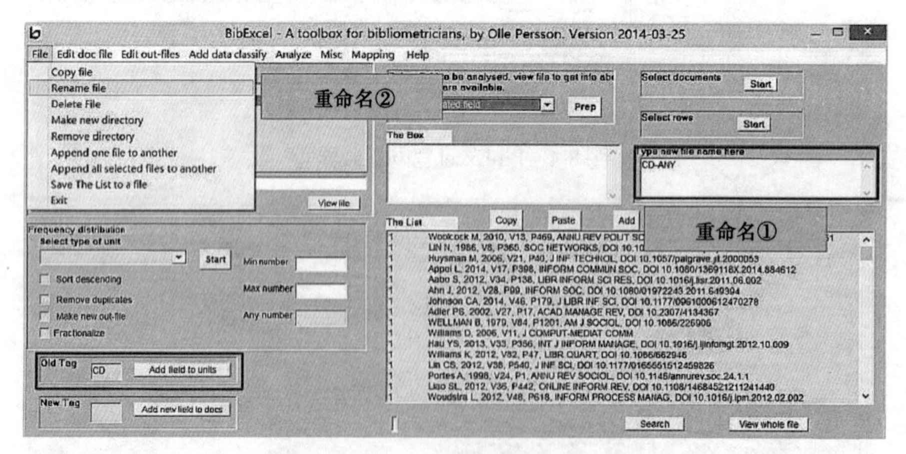

图 8-7 BibExcel 引文分析操作界面

2. CiteSpace

CiteSpace 是美国德雷塞尔大学(Drexel University)信息科学与技术学院一团队研发的一款用于分析和可视共现网络的 Java 应用程序。CiteSpace 以 Web of Science导出的纯文本数据为主要数据源，可通过数据挖掘、信息处理、科学计量和图谱绘制等功能可视化地展示某一学科或研究领域的知识演化路径、学科前沿和研究热点等。该软件通常用于合作关系分析、描述性统计分析等。CiteSpace 在官网即可免费下载,并附有具体使用操作指南。其操作主界面设计简单易懂,新手可操作性强,如图 8-8 所示。

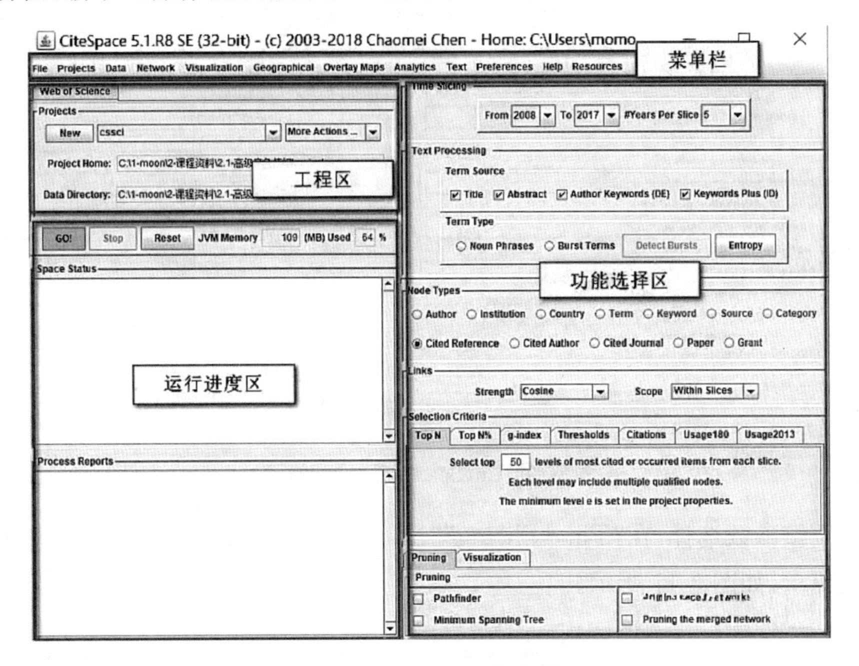

图 8-8 CiteSpace 操作主界面

以分析作者的合作关系为例,CiteSpace 具体操作流程如下。

①数据转换:单击菜单栏“Date”下的“Import/Export”导入数据,然后单击菜单栏中的“CNKI”进行导入数据转换,如图 8-9 所示。

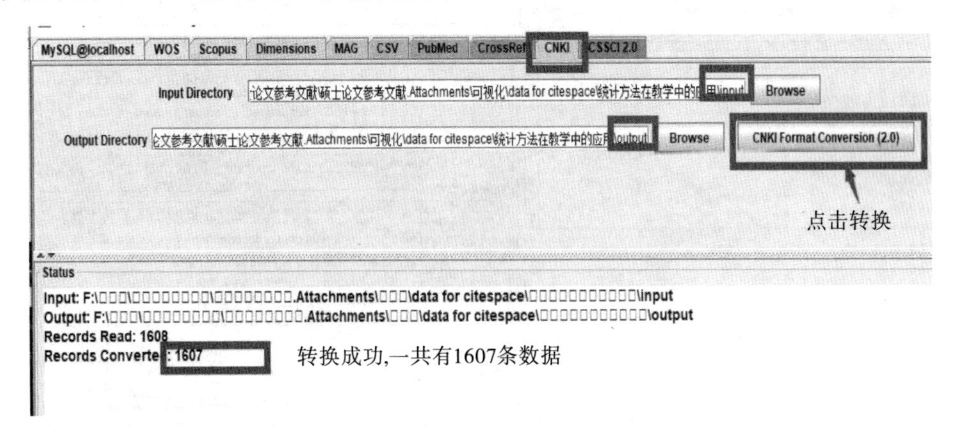

图 8-9 CiteSpace 数据转换界面

②新建项目:点开“Web of Science”菜单目录,单击“New”后弹出“New Project”页面,选择符合需要的按钮后点击“Save”键即可新建成功,如图 8-10

所示。

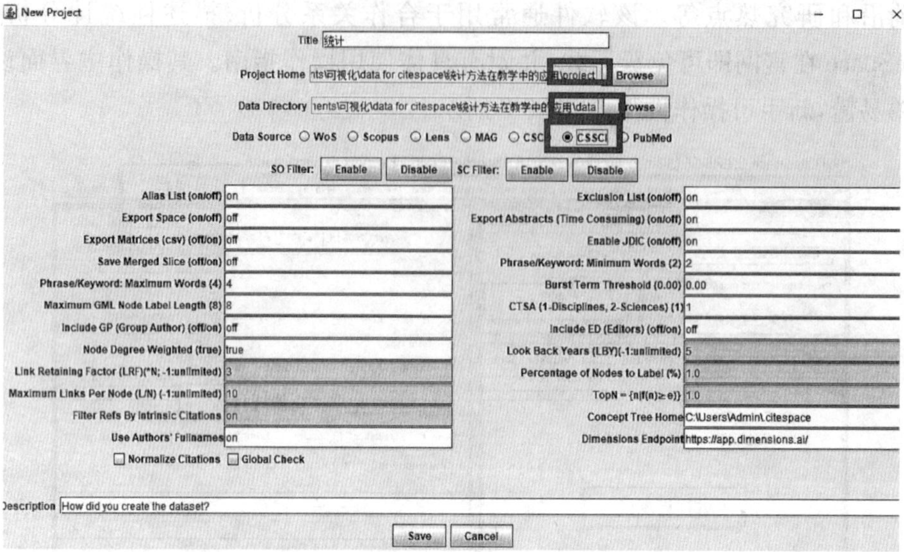

图 8-10　CiteSpace 新建项目界面

③调整参数选择：在“Time Slicing”“Node Types”“Pruning”等板块选择合适的参数要求，如图 8-11 所示。

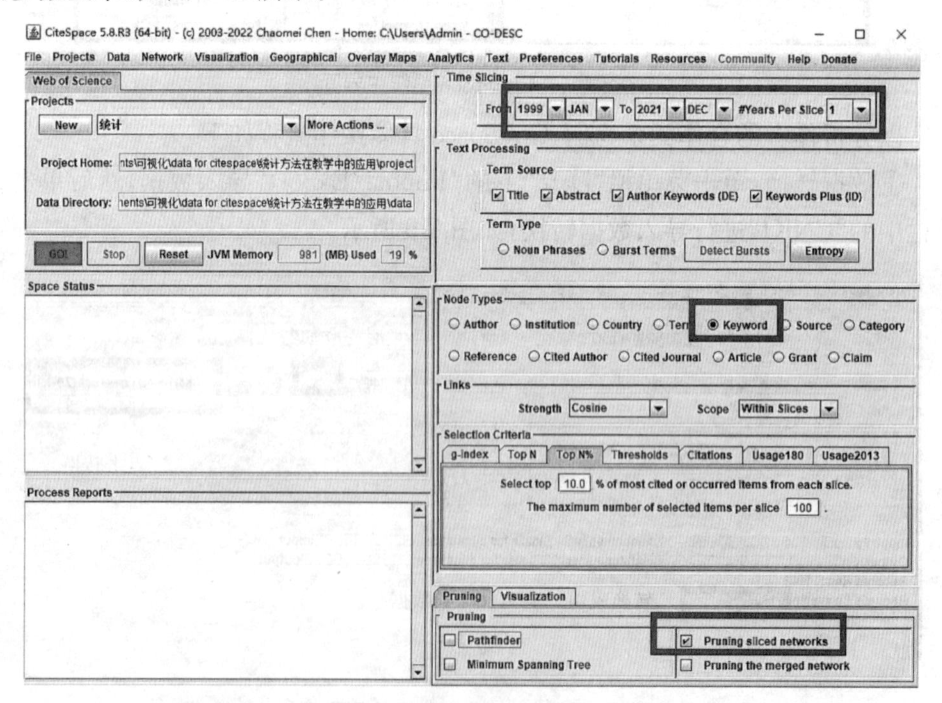

图 8-11　CiteSpace 调整参数选择界面

④运行结果：单击“GO！”键即可得到结果，如图 8-12 所示。

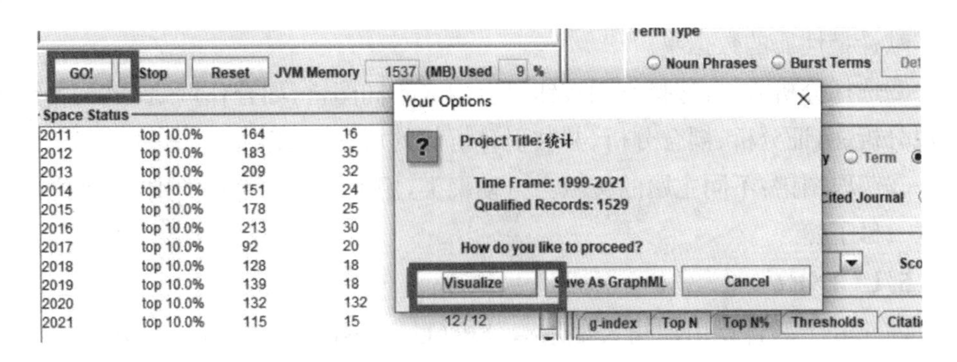

图 8-12 CiteSpace 最终运行结果界面

3. SATI

SATI 是 Statistical Analysis Toolkit for Informetrics 的缩写，是一类文献题录信息统计分析工具。SATI 旨在通过对期刊全文数据库题录信息的处理，利用一般计量分析、共现分析、聚类分析等，挖掘和呈现出可视化数据结果。SATI 软件可导入处理四种格式的文献题录数据，具有题录格式转换、字段信息抽取、词条频次统计和知识矩阵构建等四大功能。SATI 常用于数据整合、关键词分析、NetDraw 关系网络图生成等。SATI 软件可在官网直接下载，也可使用官网提供的网页版进行操作。其操作主界面按钮较少、操作简单。

本节以关键词分析操作为例，其具体的操作步骤如下。

①导入已下载的 txt 文件：选择格式“EndNote”，点击“转换”保存生成的“XML_SATI. xml”文件，单击“Ok，I Know”。

②选择字段“关键词”：点击“字段抽取”“频次统计”，可统计该组文献中的关键词。

③统计词条频次：根据第二步抽取到的字段信息对条目元素的频次进行统计和降序排列，生成相应频次统计文档，保存为 txt 文件。

④构建共现矩阵：点击“矩阵生成”，保存为 Excel 文件，该文件可用于 NetDraw 关系网络图生成。

4. VOSviewer

VOSviewer 是由荷兰鹿特丹伊拉斯姆斯大学（Erasmus University Rotterdam）的凡·埃克和沃尔特曼联合开发的、用于创建基于网络数据图谱的可视化软件工具。该软件能够通过对文献进行计量分析和制作可视化图片来生成多种基于文献计量关系的图谱，如作者或期刊的共引关系图和关键词共现关系图。在 VOSviewer 官网即可下载该软件，其操作主界面简洁清晰。

VOSviewer 快速梳理文献的具体操作流程如下。

①导入数据：打开 VOSviewer 后，单击“Map”菜单栏下的“Create…”按钮，导

入文献计量性质的数据集。

②选择分析方法:选择不同按钮可以生成不同图谱,如合作网络分析、关键词共现分析、引证分析、耦合分析、共被引分析等的可视化图谱。

③获取图谱:不同主题的文献会自动聚类,用不同颜色表示类别,文献之间的关联一目了然。

5. UCINET

UCINET 软件是由加州大学尔湾分校(University of California,Irvine)的一群网络分析者编写的,其涵盖了一些基本的图论概念、位置分析法和多维量表分析法。UCINET 能够处理的原始数据为矩阵格式,提供了大量数据管理和转化工具,可将数据和处理结果输出至 NetDraw、Pajek、Mage 和 KrackPlot 等软件进行作图。UCINET 操作主界面比较简约。

这里以 UCINET 度数中心度分析功能为例,其操作流程如下。

①数据导入:依次选择“数据”“输入”“Excel 矩阵”按钮。

②数据输出:依次选择“数据”“输出”“Excel 矩阵”按钮。

③度数中心度分析:选择“Treat data as symmetric”“Yes”按钮,表示将该矩阵视为对称矩阵,得出的结果是各城市单一的级别。

6. 文献计量在线分析平台

文献计量在线分析平台 Bibliometric 是一款非商业性的、具有知识共享价值的科学文献计量软件,其可以对 Scopus 和 Web of Science 等数据库中导出的文献进行完整的科学计量和可视化分析,包括对文献进行描述性统计分析、合作关系分析、影响力分析、关键词分析、引用关系分析等,其主界面简洁、操作简单。具体操作流程如下。

①导入文件:将下载的 txt 文件上传至该网站。

②开始分析:在网站的左上角选择想要进行的分析。

③获取分析结果:在网站的右侧即可得到结果。

7. NVivo

NVivo 是一款用于质性研究的软件,可以组织和分析无序信息,常用于定性研究。NVivo 它能够处理分析多种不同类型的数据,如文字、图片、录音、录像等资料内容。它可通过快速分析资料中的共性内容,帮助用户分类、整理,使用户能高效地处理资料。NVivo 软件可以在其官网下载。

NVivo 的具体操作流程如下。

①数据导入:单击“导入”,选择“文件”,创建文件夹。

②编码:右击选择“自动编码”,或者双击打开文本,选中编码语句,右击“编码”。

③生成图表:基于做好的编码,点开“探索”选择对应功能生成图表。

8. CMA

CMA(Comprehensive meta Analysis)是一款专门用于元分析的软件,它包括数据输入、数据分析和高分辨率图三个版块,可对多个研究数据进行统计整合并再次分析。如果研究结论保持一致,元分析可验证这些研究的共同效应;如果研究结论有差异,元分析则用于验证产生差异的原因。CMA 软件可以在其官网下载,其操作主页面为表格状,如图 8-13 所示。

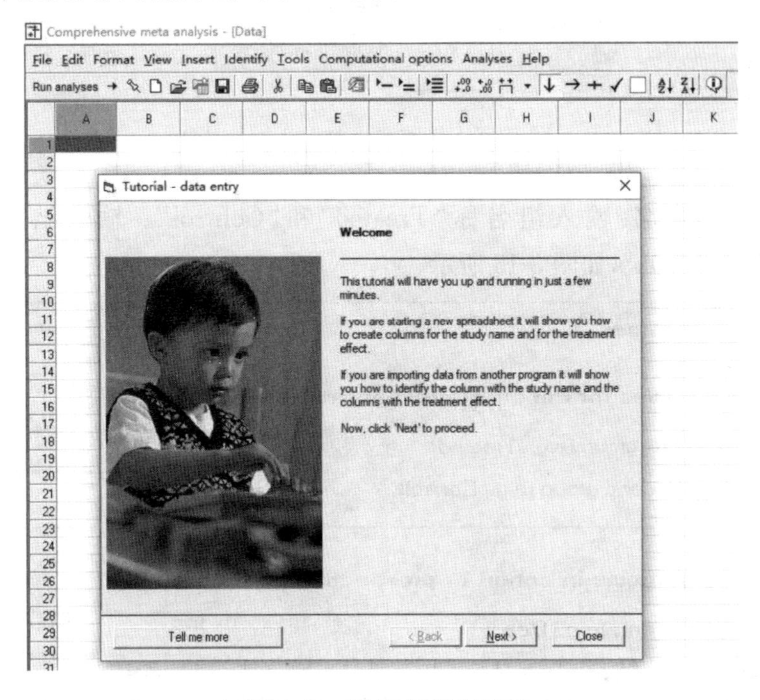

图 8-13　CMA 操作主页面

CMA 的具体操作流程如下。

①命名行列:分别选中行列插入表头,单击“Insert”“Column for...”“Study names”或者“Effect size data”,如图 8-14 所示。

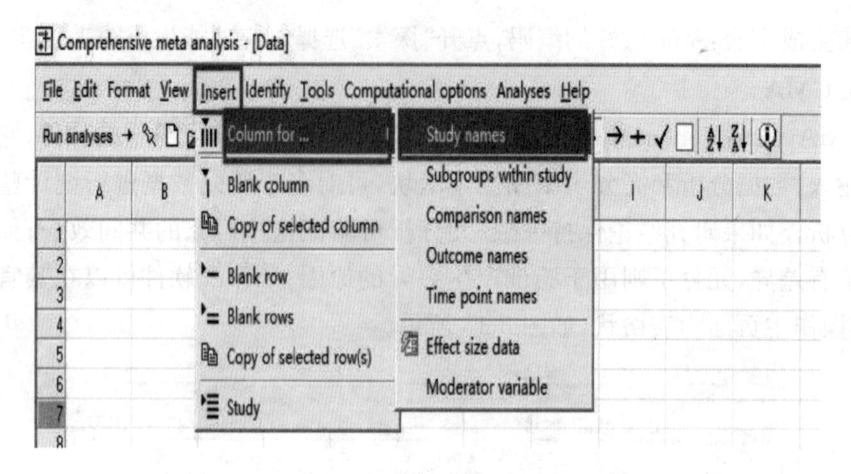

图 8-14 CMA 命名行列界面

②给组别命名：输入组名称“Treated”和“Control”。输入结果“PE”和“Normal”，单击“Ok”，如图 8-15 所示。

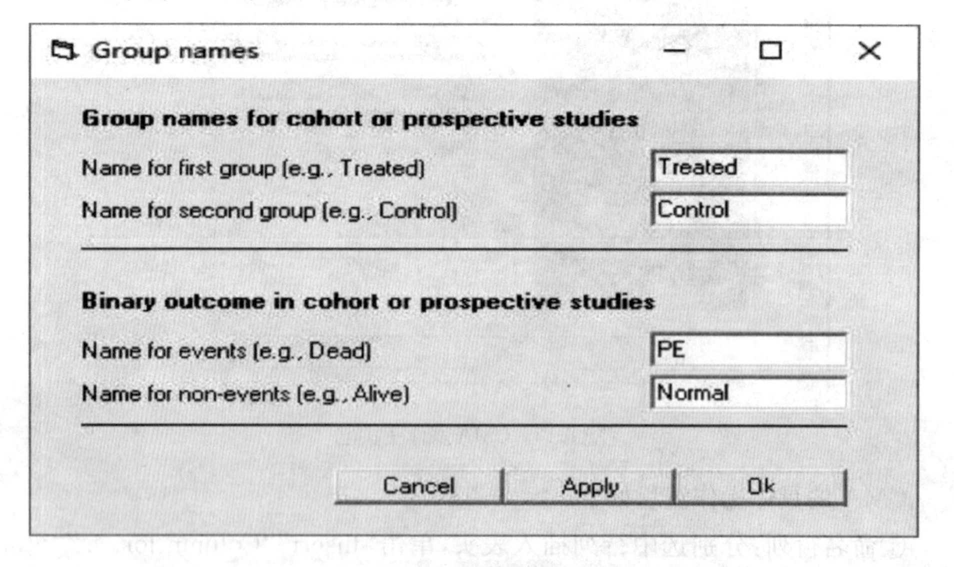

图 8-15 CMA 组别命名界面

③输入数据：将数据转化为. cma 格式，从“Files”菜单栏打开数据。

④运行分析：单击工具栏“Run analyses”运行分析，如图 8-16 所示。

Comprehensive meta analysis - [C:\Users\Zz\Desktop\meta-analysis\Diuretic.cma]

File Edit Format View Insert Identify Tools Computational options Analyses Help

Run analyses

	Study name	Treated PE	Treated Total N	Control PE	Control Total N	Odds ratio	Log odds ratio	Std Err	I	J	K
1	Weseley	14	131	14	136	1.043	0.042	0.400			
2	Flowers	21	385	17	134	0.397	-0.924	0.343			
3	Menzies	14	57	24	48	0.326	-1.122	0.422			
4	Fallis	6	38	18	40	0.229	-1.473	0.547			
5	Cuadros	12	1011	35	760	0.249	-1.391	0.338			
6	Landesman	138	1370	175	1336	0.743	-0.297	0.121			
7	Kraus	15	506	20	524	0.770	-0.262	0.347			
8	Tervila	6	108	2	103	2.971	1.089	0.828			
9	Campbell	65	153	40	102	1.145	0.135	0.261			
10											
11											
12											
13											
14											
15											

点此运行分析

图 8-16　CMA 运行分析界面

⑤生成高分辨率图：单击工具栏“High resolution plot”生成图片，如图 8-17 所示。

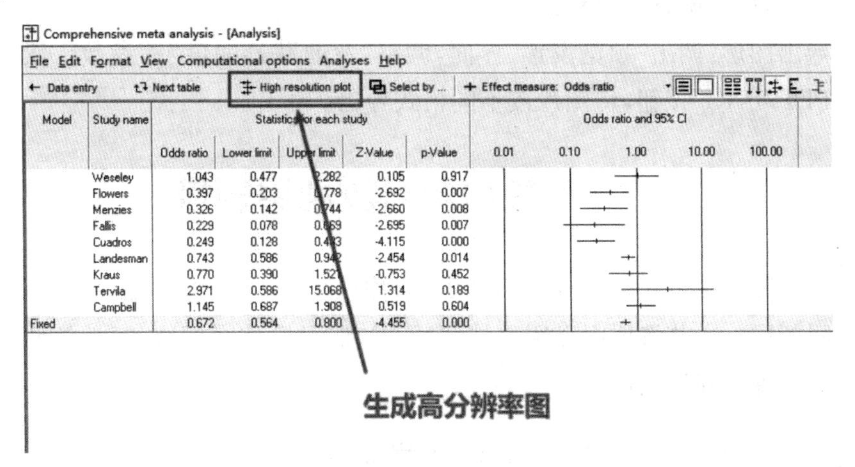

图 8-17　CMA 生成高分辨率图界面

8.4.2　网络信息资源可视化工具

1. FineBI

FineBI 是帆软软件有限公司推出的一款商业智能产品。在应用方面，FineBI 支持丰富的数据源连接，以可视化的形式帮助用户进行多样的数据管理，可极大地提升数据整合的便利性和效率。在数据源方面，FineBI 支持超过 30 种的数据库表和 SQL 数据源，对于常规的文件数据能支持直接进行对接分析。FineBI 官网支持免费下载软件，操作页面清晰明了。

FineBI 使用的具体操作流程如下。

①数据准备:单击“新建数据连接”按钮,选择数据库类型。

②创建组件并分组:单击“创建组件”按钮并进行命名,接着选择“分组表”,把时间拖拽至横轴。

③选择分析格式:选择快速计算格式菜单栏下的选项按钮。

④表格可视化:单击“图形属性”下拉菜单选择所需的形状。

2. Gephi

Gephi 是一款基于 Java 虚拟机的开源复杂网络分析软件,具有 PageRank 计算、调整节点大小、附加标签等功能。Gephi 软件可处理任何能够表示为节点和边的数据,并将数据以图形的形式呈现。Gephi 软件在官网可以免费下载,其操作主界面由三个部分组成。

Gephi 的具体操作流程如下。

①导入数据:单击“文件”菜单栏下的“导入电子表格”。

②调整图形:在布局区选择“布局方法”,然后单击“运行”,待图形相对稳定后单击“停止”,可以调整颜色和大小。

③导出图形:调出“预览设置”界面,调整“弯曲”“透明度”等参数。然后单击“SVG/PDF/PNG”按钮,将图片按不同格式导出。

8.5 信息资源开发利用领域

信息资源可按不同标准分为多种类型,按照不同的分类,信息资源又可以应用于不同领域。本节将依次介绍科技领域、专利领域、档案领域、医学领域和公共领域的信息资源开发利用。

8.5.1 科技信息资源的开发利用

1. 科技信息资源的分类

科技信息资源是记载科学技术活动或科技知识的信息载体,是存储和传播科学信息的重要手段。本小节通过对科技信息资源按照出版形式进行分类,分别介绍科技图书、科技期刊、科技报告、会议文献以及学位论文等科技信息资源。

(1)科技图书

科技图书是对科研成果、生产技术和经验的介绍或总结,或是对某种专门知识的系统论述或概括。其特点是内容成熟,但出版周期较长,传递信息的速度较慢。

(2)科技期刊

科技期刊是一种载有编号或年月顺序号,计划无限期连续出版发行的印刷型或非印刷型的，反映学术成就、技术成果的出版物。它具有出版周期短、内容新颖、出版连续等特点。

(3)科技报告

科技报告是指有关某一科研项目的调查、实验、研究的正式报告或表现其进展情况的文献。科技报告内容专深新颖、论述详尽、数据完整。

(4)会议文献

会议文献是指把在会议上宣读或讨论的论文及其他资料汇编出版发行的文献。它具有传递信息及时、针对性强的特点，其作用在于反映科学技术的最新成果、发展趋势、研究水平与动向。

(5)学位论文

学位论文是高等学校学生为获得某种学位而撰写的科学论文，一般包括学士论文、硕士论文和博士论文。

2. 科技信息资源开发利用具体案例

科技信息资源开发利用主要是指采取一定的方式方法有序地对科技信息资源进行收集、整理、存储和使用。本小节从数字图书馆、参考数据库和电子期刊等方面来具体介绍科技信息资源的开发利用状况。

(1)数字图书馆

数字图书馆是用数字技术处理和存储各种文献的图书馆，可以通过网络为读者提供信息服务。数字图书馆涉及信息资源加工、存储、检索、传输和利用的全过程，具有信息资源数字化、信息存取网络化、信息利用共享化和信息服务增值化的特征。

上海图书馆是中国建设数字化图书馆的先行者，已积累了相当数量的数字化资源，订购了大量的文摘及全文光盘数据库。上海图书馆的数字资源丰富，现代信息技术在数字图书馆中得到了广泛应用，如数据压缩与存储技术、电子标签技术等。此外，为了更好地方便读者的阅读，上海图书馆还应用了移动阅读技术。

(2)参考数据库

参考数据库是为用户提供信息线索的数据库，它可以指引用户获取原始信息。数据库中的记录是通过对数据、信息或知识的再加工和过滤后形成的，如编目、索引、摘要、分类等，这里主要介绍 INSPEC、《化学文摘》、中国期刊全文数据库、科学引文索引、社会科学引文和中文社会科学引文索引。

INSPEC 数据库的全称为 Information Service in Physics, Electro-Technology, Computer and Control，其前身是“科学文摘”(Science Abstract)，始于 1898 年，是理工学科最重要、使用最为频繁的数据库之一，其学科涵盖物理、电气和电子工程、计算机科学、控制技术、通信与信息技术、生产和制造工程等，并且覆盖光学技术、材料科学、海洋学、核能工程、交通运输、地理、生物医学工程、生物物理学和航天航空等领域。截至 2022 年 1 月，INSPEC 数据库中含有超过 2100 万条文献，并以每周近 2 万条的速度更新，每年更新近百万条数据，为物理学家、工程师、信息专家等群体提供了不可或缺的信息服务。

美国《化学文摘》(Chemical Abstracts，CA)创刊于 1907 年，是世界上最大的化学文摘库。其内容几乎涉及化学学科的所有领域，除包括无机化学、有机化学、分析化学、物理化学、高分子化学外，还包括冶金学、地球化学、药物学、毒物学、环境化学、生物学以及物理学等诸多学科领域。CA 收录文献量极大，占全世界化工化学总文献量的 98%，期刊收录多达 9000 余种。CA 有印刷版、缩微版、机读磁带版和光盘版，可供联机检索、光盘检索和互联网检索。

中国期刊全文数据库(China Journal Full-text Database，CJFD)是目前世界上最大的、连续动态更新的中国期刊全文数据库。该数据库收录了国内 8200 多种重要期刊，以学术、技术、政策指导、高等科普及教育类为主，同时还收录了部分基础教育、大众科普、大众文化和文艺作品类刊物，内容覆盖自然科学、工程技术、农业、哲学、医学、人文社会科学等各个领域。CJFD 具有功能强大的网络数据库全文检索系统，其检索方法简单、灵活，即便是不具有专业检索知识的用户也能轻松掌握，又因其具有信息含量大、覆盖范围广、更新迅速及时、检索服务功能齐全等优点，受到学者们的广泛关注，成为检索中文资料必不可少的工具。

科学引文索引(Science Citation Index，SCI)主要收录文献的作者、题目、源期刊、摘要、关键词等，不仅可以从文献引证的角度评估文章的学术价值，还可以迅速、方便地组建研究课题的参考文献网络。SCI 经过多年的发展完善，已从开始时单一的印刷型发展成为功能强大的电子化、集成化、网络化的大型多学科、综合性检索系统。SCI 所收录期刊的内容主要涉及数学、物理、化学、农学、林学、医学、生物学等基础科学研究领域，选用刊物来源于 40 多个国家，包含 50 多种文字。

社会科学引文索引(Social Sciences Citation Index，SSCI)为 SCI 的姊妹篇，亦由美国科学信息研究所创建，是目前世界上少数可以用来对不同国家和地区的社会科学论文的数量进行统计分析的大型检索工具。SSCI 全文收录数千种世界上最重要的社会科学期刊，内容覆盖人类学、法律、经济、历史、地理、心理学等领域，收录文献类型包括研究论文、书评、专题讨论、社论、人物自传和书信等。

中文社会科学引文索引(Chinese Social Sciences Citation Index，CSSCI)常用来检索中文社会科学领域的论文收录和文献被引用情况，是我国人文社会科学评价领域的标志性工程。CSSCI 收录包括法学、管理学、经济学、历史学、政治学等在内的 25 大类的 500 多种学术期刊，来源文献 100 余万篇，引文文献 600 余万篇。对于社会科学研究者，中文社会科学引文索引基于来源文献和被引文献两个方面，可通过不同学科、领域的相关逻辑组配检索，向研究人员提供相关研究领域的前沿信息。

(3)电子期刊

电子期刊是以高新技术，包括光盘、网络通信技术为载体，经过信息技术人员加工处理，运用现代技术检索手段，以满足信息需求的出版物。电子期刊从投稿、编辑出版、发行订购、阅读乃至读者意见反馈的全过程都是在网络环境中进行的，不需要用纸，这是它与传统印刷型期刊的本质区别。这里主要介绍中国人民大学复印报刊资料库和 SpringerLink。

中国人民大学复印报刊资料库简称“人大复印库”，是以中国人民大学书报资料中心的复印报刊资料系列数据库为内容基础，辅以检索功能、期刊、论文推荐而成的人文科学、社会科学资料库。其文献来源于国内公开发行的 4000 多种报刊，是国内最有影响的人文社科专题文献资料库，其收录对象涵盖了 1995 年以来百余种印刷版复印报刊资料专题刊物收载的原文。

施普林格(Springer)有着 180 多年的发展历史，是世界上最大的科技出版社之一。Springer 通过 SpringerLink 系统提供其学术期刊及电子图书的在线服务，根据期刊涉及的学科范围，SpringerLink 将其划分成 12 个学科，分别是：建筑学；设计与艺术；行为科学；生物医学和生命科学；商业和经济；化学和材料科学；计算机科学；地球和环境科学；工程学；人文社科和法律；数学和统计医学；物理和天文学。

8.5.2　专利信息资源的开发利用

1. 专利信息资源的分类

专利信息资源是各个国家或地区依照本国或组织的专利法授予的专利权，仅在该国家或者组织范围内有效，因此，专利信息资源具有区域性特点。本小节主要根据专利资源的来源不同，将专利信息资源分为官方专利信息资源和服务商专利信息资源，并介绍其各自特征。

(1)官方专利信息资源

官方专利信息资源一般提供免费检索服务，及时性、权威性较好，但数据质量不够。常见的官方专利信息资源有国家知识产权局专利检索及分析系统和专利之星检索系统等。

(2)服务商专利信息资源

数据库服务商提供的专利是经过整合后的多国专利数据，可支持跨库检索，但更新周期长。常见的服务商专利信息资源有德温特世界专利索引(Derwent

World Patents Index,DWPI)、欧洲专利图书馆(Patent Library,PatLib)网络和美国专利商标局(United States Patent and Trademark Office,USPTO)的专利申请信息查询系统等。

2. 专利信息资源开发利用具体案例

专利信息资源的开发利用是通过对专利信息资源进行统计、归纳、整理和深度挖掘等,使其使用者能够更加方便快捷地检索和查询专利信息。本小节主要通过专利图书馆和商业电子专利数据库的具体案例来介绍专利信息资源的开发利用。

(1)专利图书馆

专利图书馆是致力于收集、整理、保存专利文献资源,为相关人群提供专利信息服务的图书馆。

美国专利图书馆网络是以美国专利与商标储备图书馆(Patent and Trademark Depository Library,PTDL)项目名义运行的。该项目由美国专利商标局支持运作,每个州至少有一个图书馆,整个项目的图书馆总数超过120个。项目中的全部图书馆都保有至少20年的美国专利核心馆藏,外加上供发明人使用的补充事实表与帮助资料以及美国专利商标局所支持的专利代理人与专利律师目录。专利与商标储备图书馆的访问者可自行检索美国专利商标局自身服务的一系列光盘产品。专利与商标储备图书馆的图书馆员不主动为访问者提供检索,但可以帮助、指导访问者自行检索。

(2)商业电子专利数据库

商业电子专利数据库是以互联网或局域网为平台的大型专利信息服务系统,它基于互联网实现各类专利检索、分析和服务,具备检索分析功能以及检索字段"与"方式。这里主要介绍德温特世界专利索引(DWPI)。

DWPI由英国德温特出版公司于1951年建立,是目前最早的多国电子专利数据库。其中,主要包括化学专利索引(Chemical Patents Index,CPI)、电子专利索引(Electrical Patents Index,EPI)、世界专利索引(World Patents Index,WPI)和世界专利文摘(World Patents Abstracts,WPA)等,1978年开始提供联机检索服务。

8.5.3 档案信息资源的开发利用

1. 档案信息资源的分类

档案信息资源是以档案信息为核心、能够满足利用者需求的、序化组织的档案信息集合。本小节按照档案信息资源的来源将其分为机关档案信息资源、团体档案信息资源和个人档案信息资源。

(1)机关档案信息资源

机关档案信息资源由各机关档案室统一保存和管理,是整个机关信息资源的重要组成部分。

(2)团体档案信息资源

团体档案信息资源是指由不同个体组成的共同团体的发展轨迹的记录信息的集合,具有原始记录的显著特性。

(3)个人档案信息资源

个人档案信息资源是个人活动轨迹的缩写,是用人单位了解个人情况的重要资料,也是个人政治生涯中的重要组成部分。

2. 档案信息资源开发利用具体案例

档案资源开发利用是指文化遗产机构(如图书馆、博物馆、档案馆和高校数字人文中心等)以所拥有的档案资源为基础,以用户群体的内容需求为导向,对档案资源加工处理后实现档案的本体价值和价值增值的服务过程。本小节主要对图书馆的信息资源开发利用进行介绍。

(1)中国记忆项目

中国记忆项目由中国国家图书馆创立,其主要内容为整理中国现当代重大事件、重要人物专题档案,并通过在馆借阅、在线浏览、多媒体展览、专题讲座等形式向公众提供服务。通过对口述档案、影像档案,手稿、信件、照片和实物档案的收集和采集,形成多载体、多种类的专题档案资源集合,包括文字、中国年画、丝绸刺绣、东北抗日联军等专题。此外,中国记忆项目还建设了馆藏甲骨实物与拓片数字化资源库、敦煌遗珍数字化资源库、馆藏年画数字化资源库等多个数字人文资料库。

(2)盛宣怀档案知识库

盛宣怀档案知识库是由上海图书馆开放数据平台创建的,内容包含盛宣怀家族自1850年至1936年间的日记、文稿、信札、电报、账册、电文、合同、章程等17.5万件档案,内容涉及政治、经济、社会、军事、外交、金融、贸易、教育各方面,是研究中国近代史的档案宝库。

8.5.4 医学信息资源的开发利用

1. 医学信息资源的分类

医学信息资源是指经过人们组织、加工,可以存取和能够满足人们需求的各种医学信息的集合。其主要特征是数量增长迅速、类型多、文种复杂、内容较分散、重复率高并具有最短的半衰期。本小节将医学信息资源按其内容进行分类并依次进行介绍。

(1)医学新闻资源

医学新闻资源包括医药卫生行业新闻、临床试验进展、疾病防治新技术和新进展等,可通过搜索引擎、综合网站新闻频道、医学专业网站或者专业新闻刊物查找资料。

(2)医学教育资源

医学教育资源包括医学院校网站中的教育内容,以及分散在各类网站上的医学教育资源,如一些提供医学培训知识的信息服务型网站。

(3)医学市场信息资源

网络医药产品信息、市场信息越来越多,许多网站都建立了医药产品栏目,甚至出现了一些医学市场信息网站,如中国医药信息网。

(4)医学软件资源

医学软件资源指实验数据分析、各种统计、基因同源性比较等公用软件、共享软件和其他相关软件。

(5)虚拟医学图书馆

虚拟医学图书馆是指网络环境下的大规模电子化文献信息系统,可将现实馆藏中的数字化资源与外部虚拟信息资源整合、连接,供用户检索和共享利用。

(6)循证医学资源

循证医学资源分为系统综述和临床实践指南,Cochrane 图书馆是获取循证医学资源的重要数据库。

2. 医学信息资源开发利用具体案例

医学信息资源的开发利用是指通过对医学领域的信息资源进行分类、加工、整理和分析,使其使用者可以更加方便高效地进行医学信息资源的查询和获取。下面将具体介绍医学信息网和医学数据库系统。

(1)医学信息网

医学信息网是提供医疗行业信息化趋势和动态的媒体平台,为医疗行业管理者、医疗行业信息主管、医疗行业网络运维人员等提供丰富的知识与资讯。

(2)医学数据库系统

医学数据库是指医疗机构对各种医疗数据的积累储存系统。医学数据库按文献类型又可以分为文献数据库、事实型数据库和多媒体数据库。本小节主要介绍 MEDLINE 数据库和 PubMed 数据库。

MEDLINE 数据库是美国国家医学图书馆管理的医学文献数据库，是世界上最著名的生物医学数据库之一,也是用户最多、使用频率最高的医学数据库。该数据库收录了自 1966 年以来的 5200 多种期刊,使用 40 多种语言。

PubMed 数据库是由美国国家医学图书馆下属的国家生物技术信息中心开

发的免费医学搜索引擎，主要提供生物医学方面的论文搜寻以及摘要。PubMed 的核心主题是医学，但也包括其他与医学相关的领域，如护理学以及其他健康相关的学科，同时也对于相关生物医学提供资讯上的支援。

8.5.5　公共信息资源的开发利用

1. 公共信息资源的分类

公共信息资源是指社会组织在公共活动中所产生的各种信息资源的集合。其中，政府公务活动所产生的信息构成公共信息资源的主要部分。这里主要按公共信息资源产生的主体进行分类并将依次介绍政府信息资源、第三部门信息资源、企业信息资源和个人信息资源。

(1)政府信息资源

政府信息资源包括产生于政府业务流程中的信息和政府为了业务流程的顺利开展从外部收集的信息。

(2)第三部门信息资源

第三部门是以实现公共利益为目标的非营利性合法组织。第三部门信息资源包括该主体业务流程中产生的信息和为了业务流程的顺利开展从外部收集的信息。

(3)企业信息资源

企业信息资源是企业生产及管理过程中所涉及的一切文件、资料、图表和数据等信息的总称。

(4)个人信息资源

个人信息资源是指单独的社会个体通过智力加工创造并输出的信息。例如，公开的个人信件和公开发布的个人简历等。

2. 公共信息资源开发利用具体案例

公共信息资源开发利用是为了对公共信息资源所具有的价值进行充分的挖掘。下面将通过介绍电子政务和网络募捐来具体介绍公共信息资源的开发利用。

(1)电子政务

电子政务应用现代信息技术将管理和服务通过网络技术进行集成，在计算机网络上实现组织结构和工作流程的优化重组，超越时间和空间以及部门之间的分隔限制，向社会提供优质和全方位的、规范而透明的、符合国际水准的管理和服务。下面主要介绍中国政府电子政务和美国政府电子政务。

中国政府电子政务主要由各地政府分别开展，并推出了各项网上办公惠民服务。浙江、上海、江苏等地区因地制宜，推出特色惠民服务。浙江出台“最多跑一次”政策，大力简化居民的时间成本，得到了社会一致好评；上海当地政府建立了

“一网通办”平台，极大地简化了政府的办公流程，减少了网上统筹的难度；江苏在网上推出“不见面审批”的创新办公理念，这些政策都更好地使居民感受到电子政务办公方式的便利。

美国政府电子政务的实际应用主要体现在以下几点。①政务公开：利用功能强大的政府网站向社会公开大量的政务信息。②网上服务：在政府网站首页设置网上服务栏目，包括查询、申请、缴费、注册、申请许可等服务，将分属政府各部门的业务集中在一起，并与相应的网上支付系统配套使用，实现“一站式”服务。③资源共享：各级政府通过政府网站向公众提供政府所拥有的公用资料库信息资源。④政府内部办公自动化。⑤提供安全保障：政府部门的内部办公一般都建有专门的内网，内网与互联网之间有严密的隔离措施。

(2)网络募捐

网络募捐是指个人、社会组织等主体在面对依靠自身能力无法解决的困难时，在网络募捐信息平台发布求助信息、寻求他人帮助的新型社会募捐形式。网络募捐具有交互性强和传播范围广的特征。

壹基金是于2007年发起成立的公益组织，是国内第一家民间公募基金会。壹基金以“尽我所能，人人公益”为愿景，致力于搭建专业透明的壹基金公益平台，专注于灾害救助、儿童关怀、公益人才培养三大公益领域。

“我想有个家”三区三州孤困儿童救助项目网络募捐计划由中国互联网发展基金会联合中国SOS儿童村协会共同发起。该项目于2019年9月正式启动，针对三区三州等贫困地区的孤儿、类孤儿进行精准帮扶，让失去家庭照顾的儿童得以进入SOS家庭，接受SOS儿童村良好的家庭教育、学校教育和职业技能训练，丰富人生观、价值观和世界观，培育其成长成才，从而在根本上阻断贫困地区儿童隔代贫困问题。

本章小结

信息资源开发利用是指为使信息资源增值并得到充分利用，而对信息资源进行的选择、加工、整理、报道、重组、转化、再生产、再创造的能动性活动。信息资源开发利用主要包括前期信息资源开发和后期信息资源利用两个阶段。前期信息资源开发阶段是指对信息进行选择、收集、加工、整理、组织、存储等开发的环节；后期信息资源利用阶段是指对信息资源进行宣传、重组、转化、再生产、再创造等利用活动。

在信息资源开发利用活动过程中，需遵循针对性、系统性、效益性、特色性和安全性等原则。信息资源开发利用主要包括面向信息资源本体的开发利用和面向用户的开发利用两大类。信息资源开发利用主要经历了转化与处理、集成与展示、宣传与教育、共建与共享等一系列过程。信息资源开发利用的方法主要包括面向文献信息资源开发利用的系统综述法、引文分析法和元分析法等；面向网络信息资源开发利用的网络流量分析法、链接分析法、日志分析法、网站重要性分析法和网络档案分析法等。用于开发利用信息资源的可视化工具主要包括面向文献信息资源的 BibExcel、CiteSpace、SATI、VOSviewer、UCINET、文献计量在线分析平台、NVivo 和 CMA；面向网络信息资源的 FineBI、Gephi 等。信息资源按照不同标准可分为多种类型，按照不同的分类，信息资源开发利用又可以应用于不同领域，例如，科技信息资源的开发利用、专利信息资源的开发利用、档案信息资源的开发利用、医学信息资源的开发利用和公共信息资源的开发利用。

信息资源开发利用已经成为当前国家信息资源建设的重要一环，是国家科技创新体系中的支撑体系，是人们获取有效信息的关键路径。未来的信息资源开发利用将聚焦于多模态信息融合，基于多源异构的信息资源为用户提供更为精准且丰富的信息服务。

思考题

1. 信息资源开发利用的内涵是什么？
2. 信息资源开发利用主要包括哪些过程？
3. 信息资源开发利用的方法有哪些？
4. 什么是系统综述法？系统综述法主要包含哪些步骤？
5. 什么是引文分析法？引文分析法主要应用的领域有哪些？
6. 什么是网络流量分析法？网络流量分析法主要包含哪些步骤？
7. 文献信息资源开发利用的工具有哪些？网络信息资源开发利用的工具有哪些？
8. 什么是 NVivo？NVivo 的主要功能有哪些？
9. 信息资源开发利用的领域有哪些？请选择一个领域进行介绍。

第9章

信息资源质量评估

◎ 本章导读

在信息社会，信息作为一种重要的社会资源、战略资源和生产资源，成为各行各业管理者决策的基石。信息资源质量决定了信息在社会经济活动中的价值。然而，随着劣质信息、虚假信息的日益泛滥，如何识别并获取到高质量的信息资源是当前社会各界都在关注的问题。信息资源质量的科学评估作为解决这一问题的基础和前提，成为大数据时代各国政府和机构的关注与研究重点。本章首先介绍信息资源质量评估的内涵、意义与原则，在此基础上，进一步介绍科学开展信息资源质量评估的过程、常见指标、经典评估模型和方法，以及一些经典方法的应用案例。

◎ 学习要点

- 信息资源质量评估的内涵
- 信息资源质量评估的意义与原则
- 信息资源质量评估的过程
- 信息资源质量评估指标
- 信息资源质量评估方法
- 信息资源质量评估的应用案例

今日头条加码优质、年轻化内容建设 推出“内容品鉴官”计划

2021年12月20日，第七届今日头条年度创作者大会——生机大会以线上直播形式举办。会上，今日头条总裁陈熙提出，“优质”和“年轻化”内容建设将成为平台下一阶段的重点。他表示，今日头条始终致力于让用户看到更大的世界。未来，头条会在两个方向做得更好，第一是与创作者共同创造更多优质的内容；第二是更用心地服务好年轻用户，让头条的内容生态焕发新活力。陈熙表示，为更好地识别优质内容，今日头条将推出“内容品鉴官”计划。具体而言，该计划将邀请100万名头条用户中各领域行家，对头条内容共同进行质量评估。其中，通过内容品鉴官评优的内容将得到平台流量、分成双重激励：总计新增15亿阅读量/天，优质作者总收入最高增长5倍。“我们希望通过该举措，让更多信息表达或审美体验出众的好内容呈现给头条用户。”

此外，今日头条还将增加“年轻化”内容投入。用户调研显示，以微头条为代表的短内容在年轻人消费总时长中的占比显著高于其他年龄段。在陈熙看来，优质的短内容能够简洁、精炼、高效地传递信息。未来一年，今日头条将对科技、游戏、汽车、美食、摄影等品类的优质长、短内容增加30%以上的流量和相应的作者收入。“我们真诚地希望通过未来2～3年的时间，让今日头条的内容生态变得更加优质，气质也更加有朝气，帮用户通过头条看见更大的世界，也为他们传递真知与活力。”

9.1 信息资源质量评估概述

随着互联网大规模的普及和信息技术的飞跃式发展，全球信息化进程不断深入，信息资源成为个人、企业或组织乃至国家重要的无形资产和隐形财富，信息资源在构成世界的三大要素中的地位已排至首位。由于信息资源具有无限性、可再生性等特点，在新的信息源源不断地被生产出来的同时，旧的信息又会被重复利用，不断更新，人类世界中的信息资源数量呈指数级增长。这些海量且无序的信息资源在便利人们生活工作的同时，也会增加人们获取有用信息的困难程度，产生诸如信息过载、信息迷雾、信息污染等问题。

大家在日常生活中是否遇到过一些难以抉择的问题？例如，当你想购买一件商品时,购物渠道提供大量相关的物品,要如何从大量选项中挑出最合适的呢?当你在网络上查询某一疾病时,海量的相关信息扑面而来,怎么判断哪条是可信的呢?这些问题究其根本,是由于信息资源的质量难以控制,缺乏有效的评估。通过对信息资源质量进行科学评估,可以指导人们从海量、无序的信息中判别出高质量的信息资源,从而作出更加合理的决策。

9.1.1 信息资源质量的内涵

由于信息资源的多样性和质量问题的综合性及复杂性,信息资源质量成为一个相对的综合性概念,具有多维度、因需而变的特点。学者们对信息资源质量的认识是一个循序渐进的过程,从一开始的模糊认识到逐步的深入解释。随着信息化程度的加深,人们对于信息资源的认识也在逐步深入,对信息资源质量的概念、内涵与外延存在诸多理解。

①信息资源质量是指信息资源满足个体和社会现实或潜在的信息需求的能力,包括技术质量和功能质量两个方面。技术质量表征用户获得的是什么样的信息资源,可用信息资源的数量、可靠性等指标来测度;功能质量表征用户获取信息资源的过程,可用界面友好度、环境优劣、服务态度等来测度。

②信息资源质量可以从信息属性、信息含量和信息活性三个方面来衡量。信息属性指信息资源的信息性质和特征,信息含量指信息资源的学术水平和知识深浅程度,信息活性则指信息资源的学术水平状态。

③信息资源质量是一个多元的结构,包括信息的内容质量、集合质量、符号质量及效用质量。

④信息资源质量可划分为信息资源的内容质量、表达形式质量、系统质量及效用质量四个方面,具体又涉及信息资源的正确性、准确性、完备性、可用性等指标。

⑤信息资源质量分为信息内容质量和信息效用质量两个维度。信息资源内容质量包括信息的真实性、准确性、及时性和完整性,信息资源效用质量包括信息资源的符合需求和信息资源的适用性。

信息资源的外延十分广泛,信息资源质量的评估会因为行业、用户、领域等不同而呈现出不同的侧重点。但总体来看,信息资源质量反映的是信息资源的价值,是对信息资源的结构、品种、效用等属性在质和量两方面优劣程度之和的评估。与一般的物质资源质量相比,信息资源质量具有一些独特性,主要表现为以下几点。

(1)隐蔽性

通常,信息资源不同于物质资源,具有一定的无形性,必须借助于一定的物质实体才能得以体现。信息资源本身并不能像物质资源那样直接转化为生产力，而是依附于其他的经济活动，其效用的发挥是在人们利用信息资源指导社会生产实践活动中实现的。因此，信息资源的价值不能直接测得，信息资源的质量也具有很大的隐蔽性，评估信息资源质量时不能照搬传统物质资源的质量评估方法。

(2)多维性

信息资源质量的多维性与信息资源价值的多面性相对应。按照信息主体的不同，可以从信息生产者、信息消费者和中介机构来分别定义信息资源质量；按照信息资源体系的组成要素划分，可以从信息、信息技术、信息生产者、信息系统等信息活动要素角度揭示信息资源质量的本质；同时，信息资源质量既可以是主观需求的表述，也可以是客观要求的直接表述。因此，衡量信息资源质量的高低不能只用一个标准，应该从多角度、多层次加以考察。

(3)相对性

首先，信息资源的时效性使得其价值具有很大的变动性；其次，信息资源质量取决于信息资源本身和信息用户两个方面，用户的知识结构、经验、智力、立场及环境、时间等诸多因素影响着信息资源的质量，质量标准也不统一。因此，信息资源质量并不是一个绝对的、在任何评估对象之间都可以横向比较的概念，而是一个相对的概念。

(4)时滞性

信息资源的质量十分依赖于信息用户的战略目标，而信息资源效用的发挥往往需要一定时间，这就导致信息资源的价值实现具有一定的滞后性。因此，信息资源质量的高低只能在用户使用后才能被评估，存在一定的时滞，其滞后期的长短在很大程度上取决于整个信息系统的规模和性能。一般而言，小型信息系统的滞后期较短，大型系统如 ERP 系统的滞后期相对较长。

9.1.2　信息资源质量评估的类型

信息资源质量评估是指针对各类信息资源，如网络信息资源、文献信息资源等的特性，设计科学合理的评估指标，借鉴已有的或创建新的评估方法和模型对信息资源本身及其载体、信息资源创建者等进行定性评估、定量评估或两者结合的评估，评估之后给出评估排名和建议，以供信息资源利用者参考使用。

信息资源质量评估的定义有广义和狭义之分。狭义的定义是指对信息资源本身的评估，而广义的定义不仅指对信息资源本身的评估，也包括对信息资源生产者、载体、设施设备等的评估。在信息资源质量评估的具体实践过程中，评估对象通常为信息资源本身、信息资源载体及信息资源创建者，如对网络信息资源(网站、博客)、文献信息资源(图书、期刊、专利、论文)、网络信息资源作者及编辑者、文献作者等的评估。

1. 从信息资源的载体划分

从信息资源的载体划分，信息资源质量评估可分为文献信息资源质量评估和网络信息资源质量评估两类，不同信息资源的评估指标虽有部分相似之处，但各具特色。

(1)文献信息资源质量评估

文献信息资源质量评估是指高校、图书馆、情报机构、研究机构、评估服务机构、出版机构、非营利组织及个人等针对各类文献信息资源及其载体，如文献载体(图书、期刊等)、文献类型(论文、专利等)、文献创作人员(科研人员、专业技术人员等)、文献创作机构(科研机构、高等院校)等的特性，设计科学合理的评估指标，然后基于各类文献资源数据计算出指标值，借鉴已有的或创建新的评估方法和模型，对文献信息资源本身及其载体、创建者或研发机构等进行定性评估、定量评估或两者结合的综合评估，评选出经典图书和高影响力期刊、高质量论文和专利的过程。阅读时间较少的读者可以据此选择一些优秀图书、期刊、论文和专利阅读，以最少的时间获取最有用的知识。图书、论文和专利文献的评估结果，可以反映出文献作者的创造力、知识水平和学术影响力，不仅对文献作者起到激励作用，促使其创作出更高水平文献，还可为科研资源分配、人才评估和聘用、高校职称评审提供参考。同时，文献载体、文献类型、文献创作人员的评估结果，可以用于衡量文献创作机构的科研水平和综合实力的高低，期刊的评估结果也可为读者投稿提供参考。

(2)网络信息资源质量评估

网络信息资源质量评估是政府、图书馆、商业机构、情报机构、互联网站点及搜索引擎、研究机构、评估服务机构、出版机构、非营利组织及个人等针对各类网络信息资源及其载体，如网站建设者(个人、企业或政府)、网站本身、网站内容(网络商品和网络图书等)、博客、论坛等的特性，设计科学合理的评估指标，基于网络信息资源数据测算出指标值，借鉴已有的或创建新的评估方法和模型，对网络信息资源本身及其载体、信息资源创建者等进行定性评估、定量评估或两者结合的综合评估，评估之后给出评估排名和建议，以供信息资源利用者参考使用的过程。

2. 从信息资源的应用领域划分

从信息资源的应用领域划分，信息资源质量评估可分为政府信息资源质量评估、教育信息资源质量评估、医疗信息资源质量评估、企业信息资源质量评估。

(1)政府信息资源质量评估

政府信息资源是指对政府政务活动产生影响的效用信息的统称，包括政府自身产生的政策法规类文件和政府从外部采集获取、组织整理并可供社会公众使用的各类信息集合。政府信息资源质量评估以政府信息资源为评估对象，以社会公众为评估主体，评估的标准为评价主体根据其信息需求而确定的定性或定量标准，评估的作用在于更好地促进政府信息资源建设、推进电子政务发展，评估的根本目标是使各级政府更好地完成信息化环境下公共信息服务使命。

(2)教育信息资源质量评估

教育信息资源是指与教育有关的、主要用于教师教学和学生自主学习的参考性资料的合集。随着网络的快速发展，教育信息资源呈现出增长迅速、变化繁杂、种类多、来源广、数量大等趋势，这些资源可以通过学生的自主探究学习等各种途径寻找和挖掘到，从而能加速数字化学习型社会的成熟，科学的评价体系是提高教育信息资源质量和服务水平的重要保障。

(3)医疗信息资源质量评估

医疗信息资源是指跟医疗卫生有关的任何形态的信息资源，是反映医疗卫生发展变化情况的各种消息、情报、数据和资料的总称。通过科学的信息资源质量评估体系对医疗信息资源质量进行评估，有助于提高“信息疗法”的临床价值，达到更有效的临床治疗目的，有助于促进健康信息服务，促进医疗卫生信息服务健康的有序发展。目前，综合评估方法已经成为医疗信息资源质量评估的主要发展趋势。以定性评价方法的全面性来弥补定量评价方法的不稳定性；以定量评价方法的客观性来弥补定性评价方法的主观性，两者相辅相成，使医疗信息资源质量评估更为全面、严谨。

(4)企业信息资源质量评估

企业信息资源是企业在信息活动中积累起来的以信息为核心的各类信息活动要素(如信息技术、设备、信息生产者等)的集合。企业信息资源质量评估的任务是有效地评估企业信息资源的质量，最大限度地提高企业信息资源的可用性和价值，发挥信息的社会效益和潜在的增值功能，完成企业的生产、经营、销售工作，提高企业的经济效益。

9.1.3　信息资源质量评估的意义

信息资源质量评估具有重要的理论意义和实践意义。

1. 理论意义

在市场经济条件下，信息资源主要以信息产品和信息服务的形式呈现，它们具有价值和使用价值双重属性。其中，价值表现为价格，使用价值则表现为信息资源的效用。根据信息资源价值论，信息资源的价值具有普遍性，但并不是所有的信息资源对所有人都具有价值，因此，信息资源的价值评估显得十分有必要。然而，价值是一个比质量更抽象、更主观的概念，因此，信息资源的价值评估更加困难，往往会转化为评估质量、性质、功能等相对具体的指标。从这个角度讲，信息资源质量评估为确定信息资源价值提供了一种理论依据。实际上，信息资源质量评估是人们对信息资源使用价值的哲学思辨过程，作为信息资源价值评估的主要手段和表现形式，质量评估能够识别出信息资源对信息用户具有的价值或效用的基本条件，评估出信息技术先进与否及信息服务机构工作效率的高低。通过质量评估，最终能将信息资源的内在价值与外在价值统一衡量，并落实在具体的评估指标中，所得到的评估结果能很好地指导信息资源管理实践。

评估是管理的落脚点，质量评估效果直接决定着质量管理水平，而质量管理又是信息资源管理的基础。从理论上说，信息资源的质量问题贯穿于信息资源管理整个价值链的始终，其各个阶段都需要质量评估，需要对高质量的信息资源提高搜集、整理、组织、共享、利用、反馈等各环节的效率。因此，质量评估是信息资源管理不可或缺的关键环节。信息资源的质量评估可不断完善信息资源，如果不对信息资源的质量进行科学、全面的评估，整个信息资源管理活动就是不完整的。

2. 实践意义

信息资源质量评估不仅具有重要的理论意义，同时也能很好地指导信息资源实践活动。高质量的信息资源能给信息资源管理工作带来很多便利，不仅能够节约成本，还能提高信息资源管理的效率，其实践意义主要表现在以下四个方面。

(1)信息资源质量评估能够提高信息资源的利用率

由于信息资源数量激增，有用信息往往被淹没在信息海洋中，因此，有用信息获取的困难成为人们利用信息资源的主要障碍。而评估最直接的目的就是帮助用户发现并提供高质量的信息源，这不仅有利于改善信息资源质量参差不齐的局面，同时也能减小甚至消除信息污染、信息垃圾带来的不良影响，为用户节约成本。这样一来，信息用户就能在更短的时间里以更少的开销获得更有用的信息，很好地满足用户的信息需求，大大地激发用户利用信息资源的热情，使其积极参与到信息资源管理的实践活动中去。

(2)信息资源质量评估能够提高信息资源管理的效率

通过评估，信息资源的质量得到提高，而高质量的信息资源使得对信息资源组织、规划、协调、配置及控制等各项管理活动变得简单易行，信息资源管理活动能以较小的成本获得较大的收益，大大提高了信息资源管理的效率。

(3)信息资源质量评估有利于提高整个社会的信息福利

对于信息用户，最终衡量信息资源的效用指标是信息福利，信息福利的大小主要取决于所消费的信息产品和信息服务的多少。这其中的隐含条件是所消费的信息产品或信息服务都是对自己有用的，是高质量的，如果抛开这一假设，信息福利就无从谈起。因此，对于同样数量的信息产品或信息服务，高质量的产品或服务带来的信息福利比低质量的要多得多。

(4)信息资源质量评估能够促进整个信息产业的发展

通过评估，可以使信息资源本身潜在的使用价值在一定程度上得到揭示，从而更好地发挥信息资源的经济功能、管理与协调功能及选择与决策功能，这不仅会刺激社会对信息资源的需求，正确引导社会的信息需求和舆论，还能充分肯定信息资源管理机构和信息工作人员的辛勤工作，客观上推动信息机构和信息人员队伍的发展和壮大，最终促进整个信息产业的繁荣。

9.1.4　信息资源质量评估的原则

信息资源质量评估是一项系统工程，需根据不同的评估目的、评估主体和评估对象，设计评估指标、权重和指标体系，同时要选择适当的评估方法和模型，以及确定合适的评估规模和层次。投入不同的评估成本，会有不同的要求。开展信息资源质量评估工作，一般应注意以下原则。

(1)注重分类评估和具体应用领域

随着信息资源的海量增长及信息资源的多样化，统一的信息资源质量评估标准体系显然已经不能适应需求。应确立分类评估的原则，由宏观的、粗放的信息资源质量评估模式转向注重具体领域、不同类型的、更为精细化和具体化的信息资源质量评估模式，深入分析评估对象特征，设计出能精准揭示和体现领域特征、类型特征的信息资源内外部属性及特有属性，应用具有较强指向性、适用性的评估指标体系，实实在在地提高信息资源质量评估工作的实用性和价值效用。

(2)坚持用户导向开展评估工作

为避免“为评估而评估”“脱离实际需要而评估”的误区，应坚持以用户需求为中心，在设计网络信息资源质量评估指标时，充分考量各类用户的差异性信息需求，开展个性化、针对性的网络信息资源质量评估服务。同时，评估工作应以用户满意度为出发点，向面向用户的信息服务质量、服务绩效评估转变。

(3)培育权威评估机构

信息资源质量评估是一项复杂的系统工程，专家学者个人进行的研究往往连续性、系统性不强，难以开展大规模的评估工作，且社会认同度、权威性较低。目前，虽有众多机构参与到评估工作中，但大多缺乏沟通协作，以致评估体例林立。为避免这种各自为战的局面，应本着“多方参与、联合协作”的原则，吸收不同学科背景的人员和机构，组织跨学科、跨领域研究，培育信息资源质量评估的领导机构和权威机构。

9.1.5　信息资源质量评估的过程

信息资源质量评估是一项系统、复杂的工作，为保证评估结果的科学性和合理性，必须遵守科学严谨的评估程序。规范化的评估过程能够在一定程度上减少参与评估的工作人员的主观随意性，进而提升最终结果的科学性、可靠性和合理性。

尽管评估主体、评估对象、评估指标及评估方法等存在多样性，但信息资源质量评估的一般流程是大致相同的，在已有信息资源质量评估流程的基础上，本书提出信息资源质量评估的一般流程，包括明确评估目标、确定评估对象、提出评估方案、选择最佳评估方案、实施评估方案、评估方案再评估、完成评估报告七个步骤，具体如图 9-1 所示。在具体实践中，可在该流程的基础上进行灵活的运用。

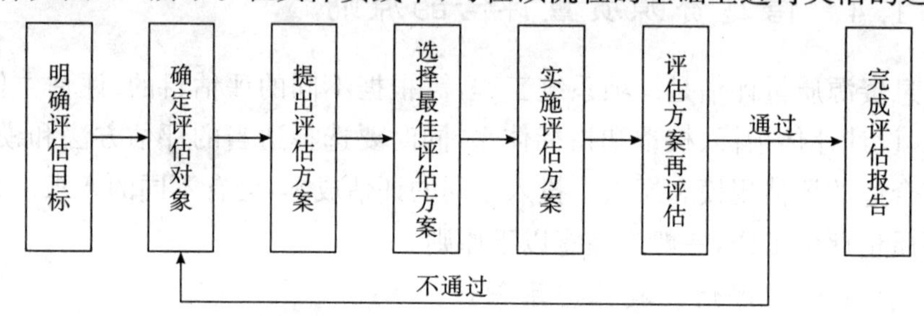

图 9-1 信息资源质量评估一般流程

1. 明确评估目标

信息资源质量是一个多维、复杂的概念，在对信息资源质量进行评估时，需要从多角度来进行衡量。在具体评估时，往往会因评估对象和评估目标不同，评估的侧重点有所差异。评估目标是评估工作的方向指引，也是评估工作的核心，所有的评估工作都围绕评估目标开展。如果没有明确评估目标就开始进行评估，往往会导致评估过程的盲目性和评估结果的无效性。为避免后续评估实践中“摸不着头脑”，保证评估结果尽可能达到要求，在评估开始之前，需要先明确评估目标，在目标的指引下，进一步确定并分析此次评估工作开展的对象。

2. 确定评估对象

根据评估目标明确评估对象，即具体的信息资源，如图书、期刊、论文、专利或网站等。要从多种途径收集有关的数据和资料，对评估对象的各个要素及性能特征进行全面分析，论证评估对象的必要性和可行性。通过分析和论证，筛选出恰当的评估对象。

3. 提出评估方案

为满足将来筛选的需要，一般要列举出若干个待评估的方案。每个待评估的方案都应该有清楚的说明，包括可能的评估要素、评估方法和具体评估实施措施等。

(1)筛选评估指标，建立指标体系

信息资源质量具有多维性，因此，评估信息资源质量必须有一套科学、完整、操作性强的评估指标体系，以统一规范各种评估原则和评估模式，从而便于操作和计量。在综合评估指标体系建立过程中，既要以评估目标为引导，又要围绕评估对象的特征，做好评估指标的筛选工作。评估指标的确立主要依据专业知识，即根据有关的专业理论和实践，分析各评估指标对结果的影响，从而挑选出有一定区别能力又相互独立的指标组成评估指标体系。

(2)选择评估方法

信息资源质量的评估方法十分丰富，选择合适、有效的评估方法能够起到事半功倍的效果。可以根据信息资源的类型和特点、各类指标的特性和评估需求去选择合适的评估方法。目前，尽管以传统逻辑思维方法为主的定性研究仍占据相当地位，但随着网络信息资源的剧增、大数据获取手段的成熟与规范化、定量分析方法的可操作化、信息资源质量评估的定量化，以定量为主、定性与定量相结合的评估方法已日益发展完善，具有广阔的应用前景。

4. 选择最佳评估方案

选择最佳评估方案是指经过综合考量后，从所有备选方案中选择出最适合的评估方案。通常，要根据经济性、快捷性和有效性等原则来选择最佳方案。

5. 实施评估方案

最佳评估方案确定后，应根据评估方案中设计的步骤来开展信息资源质量评估实践工作，该过程的主要内容包括指标数据的采集与整理、评估方法的应用、评估结果的确定等。其中，最核心的工作是指标数据的采集，采集指标数据应遵循如下原则。

①针对性原则。评估指标数据的采集过程，就是一个从大量、分散、无序的数据中采集到最能反映当前指标内涵的数据的过程。因此，在指标数据采集过程中，要极具针对性，尽量避免无关数据的干扰，尽可能做到精准化。

②全面性原则。一方面，数据采集工作需要讲究针对性；另一方面，为了充分保证评估结果的可靠性，还需尽可能使采集到的、作为信息资源评估基础的数据来源较为全面。

③系统性原则。系统性要求所搜集的数据能够全面反映具体领域信息资源的不同特征、指标的发展脉络以及使用状况。连续、系统的数据是大多数评估实践对数据的基本要求，否则，信息资源评估的结果就很难具有可信度和决策意义。

④新颖性原则。信息资源评估的结果通常要为决策服务，要对未来的实践具有指导意义，因此，要特别注意所搜集数据的新颖性，要使所赖以评估的数据资源能够基本代表具体领域信息资源国内外最新的发展和使用状况。

⑤可靠性原则。可靠性要求所搜集的指标数据应该是客观、真实、准确的，因此，一方面要尽量保证数据来源的权威性，另一方面也要保证数据的原始性，不能

夹杂数据搜集人员的主观意志和个人因素。

⑥科学性原则。数据搜集应采用科学的方法进行。无论是文献型数据源，还是非文献型数据源，都要在兼顾成本效益和实际需要的基础上，采用最科学的手段和方法，尽量搜集到能满足针对性、全面性、系统性、新颖性、可靠性等多方面要求的数据。

⑦计划性原则。计划是完成数据搜集工作目标、提高其效率、保证其质量的基础。应对数据搜集的目的、内容、重点、经费预算、搜集方式、搜集对象、搜集步骤、搜集程度、组织分工等进行有效的规划。

6. 评估方案再评估

在初步的评估结果出来后，需要对包括评估结果在内的整个评估过程进行再次评估。一般可以借助于专家咨询、文献调研、对比分析和推理等方法，来检验评估过程和结果是否科学合理，是否能达到评估目标。如果不能通过，就要再次评估，且需要回到评估方案的选择上进行重新审视；如果通过评估，则可以进行下一步的工作。

7. 完成评估报告

完成评估报告是信息资源评估活动的最后一个环节。一份完整的评估报告应包括对整个评估过程的介绍，包括评估目标确立、评估对象选择、评估方案的提出与确定、评估方案的详细实施过程、评估结果分析等环节。撰写时，要运用科学规范的学术语言，注意详略得当，重点突出。

9.2 信息资源质量评估指标

人们对信息资源运用的范围越广泛、理解程度越深入，对信息资源质量评估的要求就越高，要求其有符合自身需求的一套标准。从单独的某个指标去衡量信息资源的质量不合实际，需要结合使用情境，从多个维度进行综合评估。纵观当前的相关研究，可以大致将信息资源质量评估指标归纳为信息资源内容质量评估指标、信息资源表达质量评估指标、信息资源系统质量评估指标和信息资源效用质量评估指标四个方面。

9.2.1 信息资源内容质量评估指标

信息资源内容质量是信息资源本身的内在质量，反映的是信息内容与客观实际相一致的程度。一般而言，信息资源内容质量可以通过信息资源的客观性、完整性、相关性、及时性、权威性等指标来进行衡量。

(1)客观性

客观性是指按事物本来面目去考察，与一切个人感情或意见无关。信息反映的事实总是某个客观事物(或系统)的某一方面的属性,其本身具有客观性。如果反映得不真实,那么,依据其所作出的决策、控制方法和管理措施就不能达到预期的目的。因此,客观性成为评估信息资源内容质量的首要指标。

信息资源内容的客观性要求信息资源内容不含个人的主观偏见,要求信息资源内容遵守专业规定、行业标准,符合伦理道德,还要求信息资源的整个加工链条包括信息提供者、信息传递者及采集者在加工信息时都不能带有个人偏好。但在很多情况下,信息加工者总是带有个人主观偏好或为了自身利益加工信息,在采集和提供信息时往往会从自己的偏好和利益出发,从而导致信息的不客观。

(2)完整性

完整的信息应包括所有重要事实,完整性是指信息资源能够完整地表达一个主题观点的特性。只有完整的信息资源才能够正确地表达一种思想或描述一个事物,不完整的信息资源会造成信息资源的贬值。信息资源内容的完整性涉及多个方面,主要包括信息资源收录范围是否涵盖整个网络信息资源的相关思想和事实;信息资源是否只有本国语言;信息资源是否能概括所有的网络信息资源;如果是学术信息资源,是否给出引用文献来源等。有时,也可以用信息资源内容的深度和广度来衡量信息资源内容的完整性。

(3)相关性

相关性强调信息资源与用户需求间的匹配程度。强相关性意味着人们在需要时能够及时获得信息资源,而且它们与用户当前的工作任务或决策需求紧密相关。相关性要求信息资源不仅要在形式上,而且要在内容上与信息用户当前的工作任务或决策需求相关,要能够实现信息资源的预测价值和反馈价值。

(4)及时性

及时性是指在人们需要时就可拥有信息。及时获得信息对于人们的正确决策有着非常重要的作用。信息资源都具有一定的时效性,过了时效的信息就不再具有价值或者价值会大幅度下降。

(5)权威性

信息的权威性是指信息是否具有令人信服的力量和威望。信息提供者在提供信息的同时会运用自己的知识、经验等对信息进行判断和选择。因此,人们常常将信息提供者的专业背景、资质、工作经验等作为衡量信息权威性的参考指标,如信息资源是否为有声望的机构或专家制作或拥有、作者是否为该领域的专家等。

9.2.2　信息资源表达质量评估指标

信息的呈现是需要通过媒体来实现的,信息媒体的形式可以是文字、声音、图片、视频等。用户需要借助这些信息媒体来理解和利用信息。因此,信息资源表达质量会影响到信息资源的质量。信息资源表达质量主要通过可理解性、明确性、准确性、一致性、简洁性等来衡量。

(1)可理解性

信息是通过信息符号来表达的,信息用户通过信息符号来理解和使用信息。因此,信息符号必须能够被理解且易于被理解。如果用户看不懂信息符号,那么信息资源的用途就会丧失。可理解性首先要看信息本身的表达方法;其次,对于不同的用户群,其理解力和知识基础不同,用户对同样信息的理解程度也不同。因此,在对信息进行表达时,对用户群进行分析是非常必要的。在考虑到信息用户的理解力因素之后,可理解性要求表达信息符号的编码格式、简写形式等要有明确的解释,以便于用户理解。

(2)明确性

明确性是指信息概念的表达要清楚明了。信息符号的明确性要求信息符号对信息的表达必须界定清晰、无二义性。信息符号对信息表达的模糊性、二义性会使不同用户对同一信息有不同的理解,甚至无法理解。

(3)准确性

准确性包含两层含义:一是信息符号所表达的信息是准确的;二是信息符号对信息的表达是准确的。第二层含义涉及信息符号的表达能力问题。由于信息的准确性是通过信息符号的准确性来体现的,因此,这两层含义都可归于信息符号的准确性问题。信息符号的准确性可以通过信息符号值与真实信息值相一致或相接近的程度来度量。若信息符号值与真实信息值相同或误差在要求的范围内,则可以认为该信息符号符合准确性要求。

(4)一致性

一致性是指在一个信息集合中,各信息元素的表达符号须一致,包括表达符号格式的一致性和表达符号意义的一致性。这就要求表达信息时要选用一套规范、完整、具有较强表达能力的符号体系。在一个信息系统中,使用多套不同的符号体系将使得用户无法理解所得信息。

(5)简洁性

简洁性要求信息的表达符号应尽可能简单明了,这一质量指标较为直观。很明显,过于复杂的表达符号不仅占用信息系统资源,还会增加信息符号的理解难度,可能会导致信息的弃用。

9.2.3 信息资源系统质量评估指标

信息资源的各种活动要素组成了一个复杂的信息资源系统,信息资源系统的性能是衡量信息资源质量高低的重要标准。一般衡量信息资源系统质量的指标包括可获取性、可交互性、可靠性和易用性等。

(1)可获取性

可获取性包括易得性和易操作性。易得性是指信息用户能够简单、快捷地检索并迅速获得所需信息,这要求信息系统在设计上要以用户为中心,界面友好,交互性强,能最大限度地满足用户的要求;易操作性是指从检索信息、传递信息到利用信息各环节的操作简单,不需要烦琐而复杂的操作步骤。

(2)可交互性

信息系统活动的一个非常重要的特性就是用户和信息系统之间的互动关系,信息系统活动正是在这种双向互动中完成的。

(3)可靠性

可靠性反映的是整个信息资源系统的稳定性和安全性。稳定性是系统效能的一个重要因素,指信息资源系统在用户要求的时间内处于有效状态;安全性指的是信息资源系统防御风险的能力,能够自动防止系统被中断、截获、篡改和伪造等。

(4)易用性

易用性是指信息资源应易于用户的使用,在信息系统的设计上则要求为用户提供强大而方便的信息查询手段。但就信息本身来说,信息应该是表达清晰、简洁明了、易于理解的。

9.2.4 信息资源效用质量评估指标

信息资源效用质量与主体的自身任务相关,反映了信息资源能够帮助主体完成当前任务的程度。可以通过有效性、适量性、合法性等来衡量信息资源效用质量。

(1)有效性

有效性指标的概念很直观,即只有用户认为有用的信息才是好的信息。信息的有效性体现了设计的信息内容与用户期望的信息内容之间的差距。为了确保信息的有效性,必须在信息设计阶段就与用户保持紧密联系,清楚地定义目标服务对象的信息需求,尽量使信息内容最大限度地满足用户需求。

(2)适量性

适量性是指信息资源的数量应该尽可能适当。信息资源数量不足,会使用户得不到所需要的详细信息;而信息资源过量,一方面会产生大量的信息冗余,浪费信息系统的处理资源,另一方面会迫使用户在大量信息资源中花时间寻找对自己有用的部分,造成用户在信息获取上的困难。

(3)合法性

合法性是指信息用户应合乎伦理和法律地使用所需信息资源,不能侵犯知识产权或现行法律及规章制度。

9.3 信息资源质量评估方法

9.3.1 熵值法

熵值法是指用来判断某个指标的离散程度的数学方法,在信息论中,熵是对不确定性的一种度量。信息量越大,不确定性就越小,熵也就越小;而信息量越小,不确定性就越大,熵也就越大。基于熵值的特征,可利用计算熵值来确定某个事件的随机性和无序程度,也可利用熵值特征来确定一个指数的离散程度,当指数的离散程度越大时,该指数对综合评估结果的影响就越大。因此,可以通过每个指数的变异程度,以及使用信息熵这个工具,测算出不同指数的权重,为更多指数综合评估结果提供基础。熵值法的计算步骤如下。

首先,根据熵值法原理,建立指标体系数学模型

$$A=\begin{bmatrix} X_{11} & \cdots & X_{1m} \\ \cdots & \cdots & \cdots \\ X_{n1} & \cdots & X_{nm} \end{bmatrix}_{n*m}$$

式中,$X_{ij}(1\leqslant i\leqslant n,1\leqslant j\leqslant m)$ 表示具体数值。

根据指标选取的正、负向进行数据的无量纲化处理。其中,正向指标

$$Y_{ij}=\frac{X_{ij}-\min(X_{1j}\cdot X_{2j}\cdot\cdots\cdot X_{nj})}{\max(X_{1j}\cdot X_{2j}\cdot\cdots\cdot X_{nj})-\min(X_{1j}\cdot X_{2j}\cdot\cdots\cdot X_{nj})}+1$$

负向指标

$$Y_{ij}=\frac{\max(X_{1j}\cdot X_{2j}\cdot\cdots\cdot X_{nj})-X_{ij}}{\max(X_{1j}\cdot X_{2j}\cdot\cdots\cdot X_{nj})-\min(X_{1j}\cdot X_{2j}\cdot\cdots\cdot X_{nj})}+1$$

式中,正负指标的 $i=1,2,\cdots,n;j=1,2,\cdots,m$。

其次,计算指标下某一方案占该指标的权重

$$P_{ij}=\frac{Y_{ij}}{\sum_{i=1}^{n}Y_{ij}}$$

计算指标信息熵值和冗余度,第 j 个指标的信息熵

$$e_j=-k\sum_{j=1}^{n}P_{ij}\log(P_{ij})$$

式中,k 为定值,$k=\frac{1}{\ln n}$。

第 j 个指标的冗余度

$$g_j = 1 - e_j, j = 1, 2, \cdots, m$$

计算指标权重

$$w_j = \frac{g_j}{\sum_{j=1}^{m} g_j}, j = 1, 2, \cdots, m$$

最后，熵值法从消除不确定性的角度来表达和描述信息资源的质量，客观地测度了信息量。熵值法的优点在于其评估过程及结果不受主体的影响，具有很强的客观性；缺点是熵值法只关注信息量，仅从语法层次上对信息进行测度。

9.3.2　数据包络分析法

数据包络分析(data envelopment analysis，DEA)是 1978 年由查恩斯、库柏和罗兹等人提出的一种新的系统分析方法，是以相对效率概念为基础发展起来的一种新的效率评估方法，主要用于评估同类型单位之间的相对有效性。经过各领域学者的完善，DEA 被广泛应用于管理学、经济学、军事学等诸多领域，现已成为运筹学一个新的分支，是效率评估中常用的一种评估模型。它通过对生产决策单元的输入数据(投入)与输出数据(产出)的研究，从相对有效性的角度出发来评估具有相同类型的多投入、多产出决策单元的技术与规模有效性。

DEA 将一项活动或一个动态系统看作该活动或系统在一定范围内通过一定数量的生产要素获得一定数量的产出的过程。为使该项活动或动态系统取得最大的效益，这一过程须经过一系列的决策，即产出决策的结果，这样的系统就是决策单元(decision making unit，DMU)。每一个 DMU 都具有一定的输入与输出，并在输入转化为输出的过程中努力实现自身的决策目标。

DEA 是研究具有相同类型的 DMU 的相对有效性的重要工具，可计算比较 DMU 之间的相对效率，适用于多输出-多输入分析，并能够找出最优的投入-产出方案。DEA 只研究输入输出数据，不对数据进行其他处理，研究结果较为客观，且选取的指标体系不需要无量纲化处理，具有操作性强的优势。

同类型的 DMU 是指具有相同的目标和任务、外部环境、输入和输出指标的 DMU 的集合。例如，根据这些标准，某地区电子制造企业网站可以看作多个同类型的 DMU，因此，理论上可以采用这种方法。对于某个选定的决策单元 DMU_0(为方便起见，用下标 0 代替 j_0)，判断其有效性的 C2R 模型的对偶规划(D)如下

$$
(\mathrm{D}) = \begin{cases} \min\theta = V_{\mathrm{D}} \\ \text{s. t. } \sum_{j=1}^{n} \lambda_j x_j + s^- = \theta_{x_0} \\ \sum_{j=1}^{n} \lambda_j y_j - s^+ = y_0 \\ \lambda_j \geqslant 0, j = 1, \cdots, n \\ s^+ \geqslant 0, s^- \geqslant 0 \end{cases}
$$

式中，θ 表示第 j_0 个决策单元 DMU_0 的有效值（表征投入相对于产出的有效利用程度）；n 表示决策单元数量；j 表示输入和输出的个数；x_0 和 y_0 分别表示第 j_0 个 DMU 的输入和输出；s^+ 和 s^- 为松弛变量，分别代表投入的超量和产出的亏量。如果设 θ_0，s^{+0} 和 s^{-0} 为该模型的最优解，则有 $\theta_0=1$，且 $s^{+0}=s^{-0}=0$ 时，称决策单元 j_0 为 DEA 有效；$\theta_0<1$，或 $s^{+0}\neq 0$ 或 $s^{-0}\neq 0$ 时，称决策单元 j_0 为非 DEA 有效。

DEA 分析所测值分布在 0～1，当结果为 1 时，DEA 有效，表示投入与产出比达到最优；当结果小于 1 时，非 DEA 有效。DEA 分析法包括 BCC（Banker-Charnes-Cooper）模型和 CCR（Charnes-Cooper-Rhodes）模型，BCC 模型假设 DMU 处于变动规模报酬情形下，计算资源配置的理想值，并能将综合效率分解为纯技术效率和规模效率，以投入为导向来衡量纯技术和规模效率；而 CCR 模型不能分解效率，多用来衡量总效率。

9.3.3 灰色关联分析法

灰色关联分析法是一种多因素统计分析方法，其主要思想是根据离散数据之间的相似程度来判断两组数据之间关联性的大小。灰色关联分析法以样本数据或评估标准为基础，确定比较序列，计算各参考序列与比较序列之间的灰色关联度，并用灰色关联度来描述因素之间关系的强弱、大小和次序。灰色关联度越大，说明参考序列与比较序列的相关性越大，从而可确定参考序列隶属程度最高的等级。与传统多因素分析法相比，灰色关联分析法对数据要求较低，且计算量小。

灰色关联分析法使用关联度来评估对象与标准对象的接近程度，关联分析则是通过计算比较序列与参考序列的关联度来定量分析二者间的接近程度。灰色关联分析法的基本步骤如下。

①确定参考序列和比较序列。通常将分级标准作为比较序列，设分级标准共有 n 级，包含 k 个评估指标，则第 i 级的比较序列为

$$V_i=\{v_i(1),v_i(2),\cdots,v_i(k)\},i=1,2,\cdots,m$$

设评估指标共有 i 个序列，每个评估指标序列构成一个参考序列，则第 j 个参考序列为

$$X_j=\{x_j(1),x_j(2),\cdots,x_j(k)\}\ ,j=1,2,\cdots,n$$

②对评估指标的实测值进行无量纲化。由于不同评估指标间存在量纲的差异，在进行灰色关联分析时，需对评估指标进行标准化处理，将其转化为无量纲的量。常用的无量纲化方法包括均值化、初值化和归一化等方法，每种方法各有其优缺点，不同无量纲化方法的选择也会对灰色关联分析的结果起到影响作用，因此，应根据实际情况选择合适的无量纲化方法。

③计算关联系数和关联度。关联系数的计算公式为

$$\zeta_i(k)=\frac{\min\limits_i\min\limits_j|v_i(k)-x_j(k)|+\rho\max\limits_i\max\limits_j|v_i(k)-x_j(k)|}{|v_i(k)-x_j(k)|+\rho\max\limits_i\max\limits_j|v_i(k)-x_j(k)|}$$

式中，ρ 为分辨系数，在 0～1 之间取值，通常取 0.5。

由于关联系数较多，信息分散，不便于比较，通常利用求平均值或加权平均值的方法对关联系数进行处理，得到关联度，关联度的计算公式为

$$r_{ij}=\sum_{k=1}^{n}\omega(k)\zeta_i(k)$$

式中，$w(k)$为第 k 个指标的权重，可由熵权法、层次分析法等方法得出。

通过比较各个参考序列关联度，每组序列最大的 r_{ij} 所对应的评估标准等级即为该序列评估样本所属的等级。

9.3.4　同行评议法

从广义上说，同行评议法是指某一或若干领域的一些专家共同对涉及某领域的一项知识产品进行评估的活动。所谓“知识产品”，是指人们在进行知识活动中所获得的精神产品（如论文、论著、新工艺）和物质产品（如新产品、新材料）。同行评议是最重要的科研评价方式之一，一方面，有效的同行评议是科技管理、科技资源配置、科技奖励与科技成果评判的重要保障；另一方面，同行评议也是执行不同规模、不同尺度和不同目标的各类型科技评价活动的重要手段。

同行评议活动主要包括被评议对象、评议专家和评议标准三个要素。其中，同行评议专家的选择至关重要。在选取同行评议专家时，应遵循以下原则。

①同行性原则。一般的同行评议应该尽量请“小同行”。如果被评议对象涉及多学科知识，真正对其有较深了解和研究的专家又很少，则在评议小组中应该将各个学科的专家都尽量包括进来。

②代表性原则。专家的选择应该注意代表性，不同区域、不同机构、不同的学术观点应该兼顾。对于涉及产业化和研究预算的评估，还应该请经济专家、财务专家以及管理人员等参与。

③回避性原则。与被评议对象有利益关系的专家应该回避，这是保证同行评

议公正性的基础。

④效用性原则。根据评价的实际需要确定同行评议专家的数量,一般不少于5人,且应该为奇数,以便形成结论。同行专家也不应过多,否则会增加评价成本,降低效率。

⑤轮换原则。同行评议专家应该定期轮换,这对于保证评议结果的多样性有着重要意义,也有利于评议过程的保密。

同行评议作为一种定性评估方法,带有鲜明的主观色彩。因此,在同行评议开展时,要进行一定的监督和约束,包括对同行评议过程中的组织者和管理人员、专家以及最终结论进行监督和约束。

网络技术的快速普及,为同行评议的开展提供了新的技术手段。利用网络进行同行评议已经成为一种选择,网络同行评议的实施可以通过电子邮件、在线同行评议系统或网络视频会议等形式进行。

9.3.5 德尔菲法

德尔菲法又称专家调查法,是指通过向专家小组成员征询意见,将意见集中整理归纳后匿名反馈给专家,再经过几轮征询,使专家小组的意见趋于集中,最后对专家意见进行汇总分析的一种科学研究方法。

德尔菲法是一种多轮专家咨询法,是在专家个人判断法和专家会议法的基础上发展起来的。它按规定程序向专家进行调查,能够比较精确地反映出专家的主观判断能力。具体来说,就是由调查组织者拟定调查表,按照规定程序,通过函件分别向专家们征询调查,专家之间通过组织者的反馈材料匿名地交流意见,经过几轮征询和反馈,使专家们的意见逐渐集中,最后获得有统计意义的调查结论,从而能够比较精确地反映出专家的主观判断能力。德尔菲法具有匿名性、反馈性、统计性等特点。

(1)匿名性

为了消除专家会议调查法中专家易受权威、会议气氛和潮流等因素影响的缺陷,德尔菲法采用匿名征询的方式征求专家意见。受邀参加评估的专家之间互不联系,可以不受任何干扰、独立地对调查表所提问题发表自己的意见,或者参考前轮的评估结果修改自己的意见。由于采取匿名的方式,专家们不会担心有损于自己的威望。

(2)反馈性

由于采用匿名的方式,受邀专家之间互不联系,因此,仅靠一轮调查,专家意见往往比较分散,且不能相互启发,共同提高。为了克服这一缺陷,德尔菲法要进行四轮的专家意见征询,组织者对每一轮的专家意见(包括有关专家提供的论证依据和资料)进行汇总整理和统计分析,并在下一轮征询中将这些材料匿名反馈给每位受邀专家,以便专家们在评估时参考。由于除第一轮征询外,专家们能在每一轮预测过程中了解到上一轮征询的汇总情况以及其他专家的意见,因此可进行比较分析,相互启迪,使评估结果的准确度大大提高。

(3)统计性

为了科学地综合专家们的评估意见和定量地表示评估的结果,德尔菲法采用统计方法对专家意见进行处理,其结果往往以概率的形式出现。这些结果既可反映专家意见的集中程度,又可反映专家意见的离散程度。为了便于对专家意见进行统计处理,在调查表设计时一般采用表格化、符号化、数字化的设计方法。

一般情况下,经典的德尔菲法包含四轮调查,在调查过程中还包含轮间反馈。

①第一轮调查。发给专家的调查表不带任何选项,只提出要评估的问题。专家可以各种形式回答有关提问或提出的事件。组织者要对回收的调查表进行汇总整理,归并相同的事件,剔除次要的、分散的事件,并用准确的术语制定出事件一览表,作为调查表反馈给专家。

②第二轮调查。请专家对第一轮提出的各种事件进行评估,并说明理由。组织者对这一轮回收的调查表进行汇总整理,统计出专家总体意见的概率分布。

③第三轮调查。将第二轮的统计结果连同据此修订的调查表发给专家,请专家再次评估并充分陈述理由。组织者同样要对这一轮回收的调查表进行汇总整理、统计分析,以备作第四轮的反馈材料。

④第四轮调查。将第三轮的统计结果连同据此修订的调查表再发给专家,请专家再次评估,并在必要时作出详细、充分的论证。在第四轮调查结束后,组织者依然要将回收的调查表进行汇总整理、统计分析,并找出收敛程度较高的专家意见。

上述四轮调查不是简单的重复,而是一种螺旋上升的过程。每循环和反馈一次,专家都吸收了新的信息,并对评估对象有了更深刻、更全面的认识,评估结果的精确性也逐轮提高。

9.3.6 层次分析法

层次分析法(analytic hierarchy process,AHP)是美国运筹学家萨蒂在 20 世纪 70 年代提出的一种定性与定量相结合的决策分析方法,是一种层次权重决策分析方法。AHP 能够将复杂的系统分解,把多目标、多准则而又难以量化处理的决策问题转化为多层次单目标问题,适用于多层次、多目标规划决策问题的研究。

层次分析法将人的主观判断用数量的形式表达出来,其核心思想是:对问题进行定性—将定性问题定量化—进行相对重要性排序。从本质上讲,它是一种思维方式,它通过把复杂的问题分解为各个组成因素,又将这些因素的支配关系分组,形成递阶层次结构,通过两两比较的方式确定同一层次中各因素的相对重要性,然后综合决策判断,确定各因素相对重要性的总顺序。通俗地讲,层次分析法的基本原理就是把所要研究的复杂问题看作一个大系统,通过对系统的多个因素的分析,划分出各因素间相互联系的有序层次;再请专家对每一层次的各因素进行客观判断后,给出相对重要性的定量表示;进而建立数学模型,计算出每一层次全部因素的相对重要性的权重排序;最后根据排序结果规划决策和选择解决问题的措施。整个过程体现了人类决策与判断的基本特征。

利用层次分析法进行评估时,一般步骤为建立层次结构分析模型、构造判断矩阵、层次单排序及其一致性检验、层次总排序和层次总排序的一致性检验,如图 9-2所示。

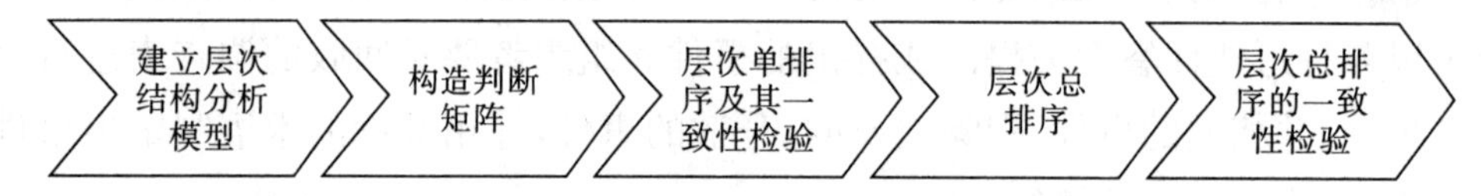

图 9-2　层次分析法一般评估流程

①建立层次结构分析模型。将所包含的因素分组,每一组作为一个层次,按照最高层、若干有关的中间层和最低层的形式排列起来。例如,对于决策问题,通常可以将其划分为如图 9-3 所示的层次结构模型。

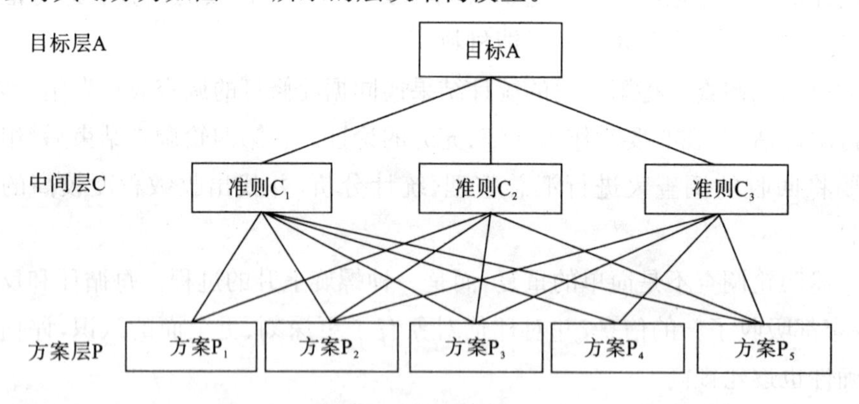

图 9-3　层次结构模型

从图 9-3 中可以看出,最高层即目标层,表示解决问题的目标,即应用层次分析法所要达到的目标;中间层表示采用某种措施和政策来实现预定目标所涉及的中间环节,一般又分为策略层、约束层、准则层等;最低层即方案层,表示解决问题的措施或政策(即方案)。

然后,用连线标明上一层因素与下一层因素之间的联系。如果某个因素与下一层次所有因素均有联系,那么称这个因素与下一层次存在完全层次关系。有时也存在不完全层次关系,即某个因素只与下一层次的部分因素有联系。层次之间可以建立子层次，子层次从属于主层次的某个因素，它的因素与下一层次的因素有联系，但不形成独立层次，层次结构模型常用结构模型图表示。

②构造判断矩阵。层次分析法的信息基础主要是人们对每一层次各因素的相对重要性给出的判断，这些判断用数值表示出来，写成矩阵形式即为判断矩阵。判断矩阵是层次分析法工作的出发点，构造判断矩阵是层次分析法的关键一步。判断矩阵表示针对上一层次某因素而言，本层次与之有关的各因素之间的相对重要性。假定 A 层中因素 A_k 与下一层次中因素 $B_1, B_2, \cdots, B_n$ 有联系，则构造的判断矩阵如表 9-1 所示。

表 9-1　判断矩阵

A_k	B_1	B_2	$\cdots$	B_n
B_1	b_{11}	b_{12}	$\cdots$	b_{1n}
B_2	b_{21}	b_{22}	$\cdots$	b_{2n}
$\vdots$	$\vdots$	$\vdots$	$\vdots$	$\vdots$
B_n	b_{n1}	b_{n2}	$\cdots$	b_{nn}

表 9-1 中，b_{ij} 是对于 A_k 而言、B_i 对 B_j 的相对重要性的数值表示，通常 b_{ij} 的取值为 1～9 及它们的倒数，$b_{ij}=1$，表示 B_i 与 B_j 一样重要；$b_{ij}=3$，表示 B_i 比 B_j 重要一点（稍微重要）；$b_{ij}=5$，表示 B_i 比 B_j 重要（明显重要）；$b_{ij}=7$，表示 B_i 比 B_j 重要得多（强烈重要）；$b_{ij}=9$，表示 B_i 比 B_j 极端重要（绝对重要）。它们之间的数 2，4，6，8 及各数的倒数具有相应的类似意义。

$$b_{ii}=1, b_{ij}=\frac{1}{b_{ji}}, i, j=1,2,\cdots,n$$

因此，对于 n 阶判断矩阵，我们仅需对 $\frac{n(n-1)}{2}$ 个矩阵元素给出数值。

采用 1～9 的比例标度的依据：首先，心理学的实验表明，大多数人对不同事物在相同属性上差别的分辨能力在 5～9 级之间，采用 1～9 级的标度反映了大多数人的判断能力；其次，大量的社会调查表明，1～9 的比例标度早已为人们所熟悉和采用；最后，科学考察和实践表明，1～9 的比例标度已完全能区分引起人们感觉差别的事物的各种属性。

③层次单排序及其一次性检验。层次单排序是指根据判断矩阵计算对于上一层某因素而言，本层次与之相关联因素的重要性次序的权重。它是本层次所有因素相对上一层次而言的重要性进行排序的基础。

层次单排序可以归结为计算判断矩阵的特征根和特征向量问题，即对判断矩阵 B，计算满足 $BW=\lambda_{\max}W$ 的特征根与特征向量，$\lambda_{\max}$ 为 B 的最大特征根；W 为对应于 $\lambda_{\max}$ 的正规化特征向量；W 的分量 W_i 即对应因素单排序的权值。

为了检验矩阵的一致性，需要计算它的一致性指标 CI，定义 $CI=\frac{\lambda_{\max}-n}{n-1}$。显然，当判断矩阵具有完全一致性时，$CI=0$。$\lambda_{\max}-n$ 越大，CI 越大，矩阵的一致性越差。为了检验判断矩阵是否具有满意的一致性，需要将 CI 与平均随机一致性指标 RI 进行比较。对于 1～9 阶矩阵，RI 分别如表 9-2 所示。

表 9-2　1～9 阶矩阵的平均随机一致性指标

阶数	1	2	3	4	5	6	7	8	9
RI	0.00	0.00	0.58	0.90	1.12	1.24	1.32	1.41	1.45

对于 1 阶、2 阶判断矩阵，RI 只是形式上的，按照判断矩阵的定义，1 阶、2 阶判断矩阵总是完全一致的。当阶数大于 2 时，判断矩阵的一致性指标 CI，与同阶平均随机一致性指标 RI 之比称为判断矩阵的随机一致性比例，记为 CR。当 $CR=CI/RI<0.10$ 时，判断矩阵具有满意的一致性，否则就需对判断矩阵进行调整。

④层次总排序。利用同一层次中所有层次单排序的结果，就可以计算针对上一层次而言本层次所有因素重要性的权值，这就是层次总排序。层次总排序需要从上到下逐层顺序进行，对于最高层下面的第二层，其层次单排序即为总排序。假定上一层次所有因素 $A_1,A_2,\cdots,A_m$ 的总排序已完成，得到的权值分别为 a_1，$a_2,\cdots,a_m$，与 a_i 对应的本层次因素 $B_1,B_2,\cdots,B_n$ 单排序的结果为 $b_1^i,b_2^i,\cdots,b_n^i$。这里，若 B_j 与 A_i 无关，则 $b_j^i=0$。层次总排序如表 9-3 所示。显然，$\sum_{j=1}^{n}\sum_{i=1}^{m}a_ib_j^i=1$，即层次总排序仍然是归一化正规向量。

表 9-3　层次总排序

层次	A_1	A_2	…	A_m	B 层次的总排序
	a_1	a_2	…	a_m	
B_1	b_1^1	b_1^2	…	b_1^m	$\sum_{i=1}^{m}a_ib_1^i$
B_2	b_2^1	b_2^2	…	b_2^m	$\sum_{i=1}^{m}a_ib_2^i$
⋮	⋮	⋮	⋮	⋮	⋮
B_n	b_n^1	b_n^2	…	b_n^m	$\sum_{i=1}^{m}a_ib_n^i$

⑤层次总排序的一致性检验。为评估层次总排序的计算结果的一致性，此处需要计算与单排序类似的检验量。CI 为层次总排序一致性指标；RI 为层次总排序平均随机一致性指标；CR 为层次总排序随机一致性比例，它们的表达式为

$$CI=\sum_{i=1}^{m}a_iCI_i$$

式中，CI_i 为与 a_i 对应的 B 层次中判断矩阵的一致性指标。

$$RI = \sum_{i=1}^{m} a_i RI_i$$

式中，RI_i 为与 a_i 对应的 B 层次中判断矩阵的平均随机一致性指标。

同样，当 $CR<0.10$ 时，我们认为层次总排序的计算结果具有满意的一致性。

9.3.7　模糊综合评估法

模糊综合评估法是以模糊数学为基础，应用模糊关系合成的原理，通过构造等级模糊子集，量化评估对象的模糊指标，将一些边界不清、不易定量的因素定量化进行综合评估的一种模糊数学方法。该方法突破了精确数学的逻辑和语言，强调影响事物因素的模糊性，能深刻地刻画事物的客观属性，实质是对给定对象综合考虑多种模糊因素进行评估。该方法涉及因素(指标)集、评语集、单因素评估三个要素，它在单因素评估的基础上，再进行多因素的模糊综合评估。

模糊综合评估法能将定性指标与定量指标集成处理，从而对具有模糊性的多个因素或分级作出综合评估，模型简单，计算简洁，对于包含多层次、多因素的复杂问题具有较好的适用性。

模糊综合评估法的一般步骤包括：①模糊综合评估指标的构建：模糊综合评估指标体系是进行综合评估的基础，评估指标的选取是否适宜，将直接影响综合评估的准确性，评估指标应包括与该评估指标系统行业资料或者相关的法律法规。②采用构建好的权重向量：通过专家经验法或者层次分析法构建好权重向量。③构建隶属矩阵：选择合适的隶属函数，从而构建隶属矩阵。④隶属矩阵和权重的合成：采用合适的合成因子对其进行合成，并对结果向量进行解释。

9.4　信息资源质量评估案例

9.4.1　灰色关联分析应用案例

本案例以科技网站信息质量为评估对象，以用户满意为主导，评估指标的选择来自专业网站资深用户。

1. 选择评估指标

评估指标包括主题相关性、网站权威性、网站准确性、信息时效性和科技前沿性。主题相关性即网站的主题覆盖度，用于表示网站涉及主题的深度和广度，用主题特征度来衡量；网站权威性代表信息的可靠性和可信性，用权威度来衡量；网站准确性表示网站信息可靠和没有错误的程度，用准确度来衡量；信息时效性是指网站信息发布时间与事件发生时间的时间差，用新颖度来衡量；科技前沿性指网站反映科技前沿信息的程度，即网站包含科技前沿信息的数量，用热度来衡量。

2. 确定指标权重

运用层次分析法确定科技网站信息质量形式评估指标权重。基本思路如下：①采用美国运筹学家萨蒂提出的 1～9 标度法对不同评估指标进行两两比较，构造判断矩阵。利用专家打分的方法对各判断矩阵中的指标进行两两比较。②求解判断矩阵 A 的特征根，找出最大特征根 λ_{max} 及其对应特征向量 W，即得到同一层各指标相对于上一层指标的相对重要性的权重排序。③用萨蒂的平均随机一致性指标对判断矩阵进行一致性检验。根据各个平均随机一致性指标，求出判断矩阵的一致性指数 $CI=(\lambda_{max}-n)/(n-1)$、随机一致性比例 $CR=CI/RI$，若 $CR<0.10$，则认为矩阵具有满意的一致性，否则必须重新调整矩阵，直至矩阵具有满意的一致性。

具体操作方法：从“科技网站信息质量及其用户满意度影响因素调查问卷”的被访对象中选择 10 位专家(10 位专家所属专业为药学、医学或生命科学，占总人数的一半，职业身份主要为实验室课题组组长和博士后)填写“科技网站信息质量形式评估指标权重与评估方法权重测度调查表”，请专家采用 1～9 标度法对同级指标进行两两比较。利用软件辅助计算，10 位专家打分结果均值即为指标权重。将专家打分的判断矩阵输入 Expert Choice 11.5 软件进行辅助计算。对各项指标进行一致性校验，各指标不一致性比例小于 0.1，则表明通过一致性检验。科技网站信息质量形式评估指标权重如表 9-4 所示。

表 9-4　科技网站信息质量形式评估指标权重

评价指标	1	2	3	4	5	6	7	8	9	10	权重
主题特征度	0.250	0.167	0.250	0.250	0.250	0.286	0.200	0.077	0.056	0.067	0.185
权威度	0.125	0.333	0.125	0.125	0.250	0.286	0.200	0.154	0.373	0.041	0.201
新颖度	0.250	0.167	0.250	0.250	0.125	0.143	0.200	0.308	0.373	0.417	0.248
准确度	0.250	0.167	0.125	0.125	0.250	0.143	0.200	0.308	0.099	0.238	0.191
热度	0.125	0.167	0.250	0.250	0.125	0.143	0.200	0.154	0.099	0.238	0.175

3. 构建科技网站信息质量形式评估模型

利用灰色关联度法构建科技网站信息质量形式评估模型，主要包括目标层、判断准则层和方案层等三层。目标层为“科技网站信息质量形式评估”，用字母 A 代表；5 个判断准则层指标用 B 表示；5 个方案层指标即评估指标，用 C 表示，如表 9-5 所示。

表 9-5　科技网站信息质量形式评估模型

目标层	判断准则层	方案层	权重
科技网站信息质量形式评估 A	主题相关性 B_1	主题特征度 C_1	0.185
	权威性 B_2	权威度 C_2	0.201
	时效性 B_3	新颖度 C_3	0.248
	准确性 B_4	准确度 C_4	0.191
	科技前沿性 B_5	热度 C_5	0.175

4. 获取指标原始数据

将获取到的 8 家评估对象 $V_1 \sim V_8$ 的指标原始数据进行整理，并对数据进行归一化，然后利用公式 $\Delta_{ik} = |X_{0k} - X_{ik}|$ 计算出 Δ_{ik}，再利用公式 $\varepsilon_{ik} = (\Delta_{\min} + \rho\Delta_{\max})/(\Delta_{ik} + \rho\Delta_{\max})$ 求关联系数，得出的关联系数如表 9-6 所示。

表 9-6　关联系数表

方案层指标	V_1	V_2	V_3	V_4	V_5	V_6	V_7	V_8
ε_{i1}	0.417	0.430	0.451	0.619	0.509	0.431	0.417	0.500
ε_{i2}	0.657	0.820	0.463	0.981	0.762	0.694	0.417	0.505
ε_{i3}	0.421	0.419	0.485	0.445	0.420	0.512	0.446	0.417
ε_{i4}	0.632	0.812	0.464	1	0.791	0.722	0.417	0.526
ε_{i5}	0.420	0.428	0.449	0.605	0.482	0.430	0.417	0.497

5. 计算关联度

根据公式进行计算，此部分可以运用灰色关联分析软件 GM 进行计算，获得关联度计算结果。

$$R = WE^{\mathrm{T}}, E(\varepsilon_k)_m \times n = \begin{bmatrix} \varepsilon_{11} & \varepsilon_{12} & \cdots & \varepsilon_{1n} \\ \varepsilon_{21} & \varepsilon_{22} & \cdots & \varepsilon_{2n} \\ \vdots & \vdots & & \vdots \\ \varepsilon_{m1} & \varepsilon_{m2} & \cdots & \varepsilon_{mn} \end{bmatrix}$$

式中，$R = [r_1, r_2, r_3, \cdots, r_m]$，表示关联度向量；$W = [w_1, w_2, w_3, \cdots, w_n]$，表示 n 个评估指标的权重分配向量，其中，$\sum_{k=1}^{n} W_k = 1$；E 表示关联系数矩阵；关联度结果 R=(0.508,0.578,0.464,0.719,0.587,0.559,0.424,0.485)。

6. 得到最终评估结果

8 家科技网站信息质量形式评估结果及排序如表 9-7 所示。

表 9-7 8 家科技网站信息质量形式评估结果及排序

排名	评估结果	网站名
1	0.719	V_4
2	0.587	V_5
3	0.578	V_2
4	0.559	V_6
5	0.508	V_1
6	0.485	V_8
7	0.464	V_3
8	0.424	V_7

9.4.2 模糊综合评估和粗糙集应用案例

本案例利用模糊综合评估和粗糙集相结合的方式对数据库信息资源质量进行评估，具体的评估过程如下。

1. 确定决策属性层次

通过对 11 名具有副教授以上职称的老师进行问卷调研，以了解其对数据库信息资源质量的评价，其中，C_1 为数据库信息资源完整性质量，C_2 为数据库信息资源权威性质量，C_3 为数据库信息资源及时性质量。并对当前数据库的总体质量进行等级划分，即决策属性层次(1 为等级最低，3 为等级最高)，见表 9-8。

表 9-8 数据库信息资源内容质量专家评估决策表

专家评分	条件属性集 C									决策属性
	C_1				C_2			C_3		
	C_{11}	C_{12}	C_{13}	C_{14}	C_{21}	C_{22}	C_{23}	C_{31}	C_{32}	
U_1	4	4	4	4	4	3	4	4	4	3
U_2	3	3	4	4	4	3	4	4	4	2
U_3	4	4	3	4	5	4	4	4	3	3
U_4	4	4	5	4	4	2	3	3	4	3
U_5	4	4	4	4	4	4	4	3	3	3
U_6	4	4	3	3	4	3	4	2	2	1
U_7	4	5	4	5	5	3	4	4	4	2
U_8	4	4	4	4	4	4	5	3	2	3
U_9	4	3	4	4	4	4	4	3	2	3
U_{10}	4	4	4	4	4	4	4	3	2	1
U_{11}	4	3	4	4	2	3	3	3	2	1

截取“完整性质量”一级指标 C_1 下的各二级指标局部分块决策表，见表 9-9。

表 9-9　“完整性质量”一级指标下的局部分块决策表

专家评分	条件属性集 C_1				决策属性 D
	C_{11}	C_{12}	C_{13}	C_{14}	
U_1	4	4	4	4	3
U_2	3	3	4	4	2
U_3	4	4	3	4	3
U_4	4	4	5	4	3
U_5	4	4	4	4	3
U_6	4	4	3	3	1
U_7	4	5	4	5	2
U_8	4	4	4	4	3
U_9	4	3	4	4	3
U_{10}	4	4	4	4	1
U_{11}	4	3	4	4	1

2. 计算二级指标相对权重

运用层次分析法，在得到一致性判断矩阵后，对表 9-9 中所得数据采用行和归一法计算指标初始权重向量，即对一致性判断矩阵计算行和并进行归一化处理，可得“完整性质量”一级指标下的各个二级指标的相对权重值，即

$$w(C_{11})=0.485, w(C_{12})=0.047,$$
$$w(C_{13})=0.116, w(C_{14})=0.352$$

分别以“权威性质量”和“及时性质量”的一级指标将决策表进行分块，各局部分块的二级指标相对权重分别为

$$w(C_{21})=0.317, w(C_{22})-0.594, w(C_{23})-0.089,$$
$$w(C_{31})=0.433, w(C_{32})=0.567$$

3. 计算一级指标相对权重

在这个决策表中分别剔除一级指标“完整性质量”“权威性质量”“及时性质量”下的所有二级指标，运用粗糙集的相关理论计算各一级指标的相对权重，得

$$w(C_1)=0.4, w(C_2)=0.4, w(C_3)=0.2$$

4. 构建模糊综合评估矩阵

通过问卷的形式对数据库信息资源质量的三个维度，即“完整性质量”“及时性质量”“权威性质量”进行用户调研。对三个维度下的二级指标要素分别分为五个层次并进行评判。以 CNKI 数据库内容完整性质量为例，在 362 份调查中，2%的用户

认为数据库提供的文献资源数量严重不足，不能满足用户的信息需求，7%的用户认为资源较少，18%的用户认为资源数量一般，而认为文献资源比较丰富的用户占到62.1%，10.9%的用户认为其资源十分丰富。其隶属度分别为 0.02，0.07，0.18，0.621，0.109。由此可得"完整性质量"四个元素的隶属度分别为

$$R_{C_1}=\begin{bmatrix}0.02 & 0.07 & 0.18 & 0.621 & 0.109\\0.012 & 0.109 & 0.277 & 0.512 & 0.09\\0.008 & 0.121 & 0.195 & 0.563 & 0.113\\0.004 & 0.043 & 0.227 & 0.543 & 0.185\end{bmatrix}$$

根据模糊变换 $B=W\times R$，对 B_{C_1} 做综合评判，可得

$$B_{C_1}=W_{C_1}\times R_{C_1}$$

$$=(0.485,0.047,0.116,0.352)\times\begin{bmatrix}0.02 & 0.07 & 0.18 & 0.621 & 0.109\\0.012 & 0.109 & 0.277 & 0.512 & 0.09\\0.008 & 0.121 & 0.195 & 0.563 & 0.113\\0.004 & 0.043 & 0.227 & 0.543 & 0.185\end{bmatrix}$$

$$=(0.0126,0.0682,0.2028,0.5817,0.1353)$$

同理可得 B_{C_2}，B_{C_3}。

由上述所得的 B_{C_1}，B_{C_2}，B_{C_3} 可得一级模糊评估矩阵 R。

$$R=\begin{bmatrix}0.0126 & 0.0682 & 0.2028 & 0.5817 & 0.1353\\0.0208 & 0.1372 & 0.3684 & 0.3936 & 0.08\\0.0103 & 0.1762 & 0.433 & 0.3477 & 0.0334\end{bmatrix}$$

由对应的一级指标权重 $W=(0.4,0.4,0.2)$，可得模糊综合评估矩阵 B。

$$B=W\times R=(0.4,0.4,0.2)\times\begin{bmatrix}0.0126 & 0.0682 & 0.2028 & 0.5817 & 0.1353\\0.0208 & 0.1372 & 0.3684 & 0.3936 & 0.08\\0.0103 & 0.1762 & 0.433 & 0.3477 & 0.0334\end{bmatrix}$$

$$=(0.0154,0.1174,0.3151,0.4597,0.0928)$$

由模糊综合评估矩阵 B 可知：有 1.5%的用户认为数据库信息资源质量差，11.7%的用户认为较差，31.5%的用户认为一般，近 46%的用户认为良好，仅有9.28%的用户认为质量优秀。按照最大隶属度的原则来看，用户对数据库信息资源质量的评估是"良"这一等级。如果对评估结果进行定量表示，将评价等级 $V=$(差，较差，中，良，优)，用 $V'=(55,65,75,85,95)$来表示，则

$$B\times V'=(0.0154,0.1174,0.3151,0.4597,0.0928)\times(55,65,75,85,95)=80$$

5. 得到评估结果

运用粗糙集理论构建数据库信息资源内容质量评估标准，并基于用户内容感知，运用模糊综合评估法对 CNKI 数据库信息资源质量进行评估，可以得出结论。

数据库信息资源质量评估模型见图 9-4，其一级指标“完整性质量”与“权威性质量”所占的权重比“及时性质量”的权重高，说明学者对数据库信息资源质量的评估更倾向于完整性和权威性的相关指标。由于学术数据库信息资源，特别是本文研究对象 CNKI 数据库的信息来源大多是由传统的纸质文献信息转换为数据库信息资源的，信息资源的及时性特征并不能得到很好的满足，因此，用户对于数据库信息资源的“及时性质量”要求相对较低。

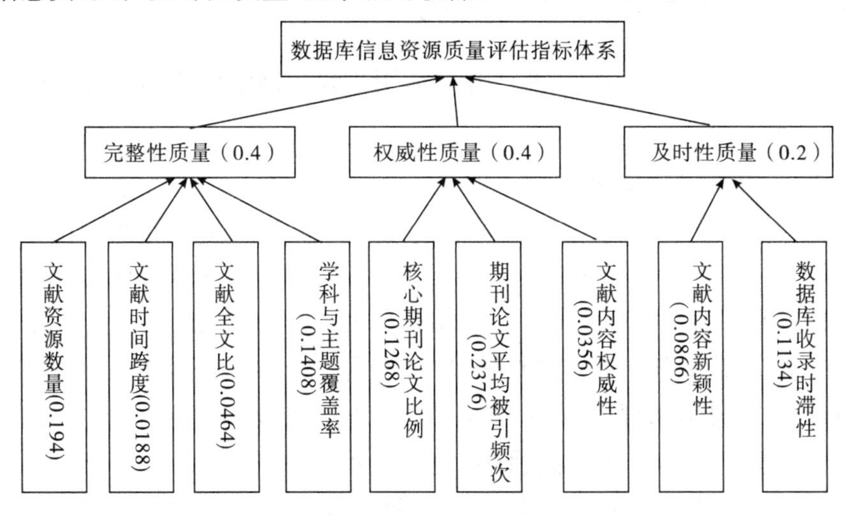

图 9-4　数据库信息资源质量评估模型

在“完整性质量”的二级维度中，“文献资源数量”和“学科与主题覆盖率”是影响“完整性质量”维度的两个最重要因素，且这两项二级评估指标倾向于从数量的角度来考察信息资源完整性。而“文献时间跨度”维度对数据库信息资源“完整性质量”维度影响最小，文献老化的重要表现是信息资源价值随着时间的推移而不断地降低，新的信息资源不断地代替和升华原有的信息资源，因此，大多数用户更加倾向于使用最新的信息资源，而对于间隔时间较长的信息资源，其需求并不显著。

在“权威性质量”的二级维度中，“期刊论文平均被引频次”和“核心期刊论文比例”是影响数据库信息资源权威性质量的重要因素。其中，“期刊论文平均被引频次”的比重最大，被引频次反映期刊文章被利用的情况，被引频次越高，表明期刊文章的被利用率越高，同时它反映了科技期刊所载论文的学术价值、资料价值和适用价值，因此，期刊论文的被引频次一直被用于评判期刊或者文章质量的高低。“核心期刊论文比例”是衡量整个数据库信息资源质量的重要标准，其比例的高低在很大程度上影响着数据库信息资源整体的权威性，同时也影响着数据库中期刊论文的被引频次。而“文献内容权威性”指标所占比重则相对较低，这与主观的质量认知有所偏差，出现这种情况的原因可能是文献内容的权威性本身难以界定，需要依靠被引频次、是否发表在核心刊物以及是否满足用户信息需求度这个非直接的特征来衡量，因此，其本身对内容质量的影响较小。

在“及时性质量”的二级维度中，“文献内容新颖性”与“数据库收录时滞性”对数据库内容质量的评估权重相当，说明两者在评估数据库信息资源质量的重要程度相似。

9.4.3 德尔菲法应用案例

本案例的目标是应用德尔菲法建立适用于我国网络健康信息评估的指标体系，具体步骤如下。

1. 确定指标及筛选标准

通过文献回顾和小组讨论，初步拟定信息特性、媒体特性和发布特性 3 个一级指标和 16 个二级指标。将指标重要性程度分为 6 个等级，信息的重要性和可操作性依据利克特量表赋值。重要性分为很重要(5 分)、重要(4 分)、比较重要(3 分)、一般重要(2 分)、不太重要(1 分)和不重要(0 分)；可操作性也按同样的方法进行评分；信息熟悉程度分为很熟悉(0.9 分)、熟悉(0.7 分)、比较熟悉(0.5 分)、一般熟悉(0.3 分)、不太熟悉(0.1 分)和不熟悉(0 分)。判断依据按常规分为理论分析、实践经验和同行了解，专家依据自身情况进行评分。同时，要确定指标筛选标准，指标筛选以同时满足重要性得分大于 3.5 分和变异系数小于 0.25 为标准，并结合专家意见进行指标筛选。

2. 选择专家

选择相关领域专家 12 人，选取对象为北京市和浙江省高等院校的公共卫生学院教授，以及中国疾病预防控制中心和浙江省疾病预防控制中心从事新闻传播、健康教育、社会医学和公共卫生等相关领域专家。

3. 专家咨询

进行 2 轮专家咨询，第 1 轮专家咨询问卷包括：①问卷填写说明及要求；②专家基本情况；③专家对各级指标的重要性和可操作性评分；④专家对备选指标的熟悉程度和判断依据评分。此外，问卷还设计了开放性问题，以便专家对备选指标提出意见和建议。

第 1 轮咨询专家 12 人，回收有效问卷 11 份，回收率为 91.67%。其中，11 名应答专家中最小 39 岁，最大 64 岁，平均 48.55±6.79 岁；工作年限最短 10 年，最长 46 年，平均 23.64±10.10 年；具有高级职称专家占 90.91%；硕士及以上学位占 81.82%，见表 9-10。

表 9-10 11 名应答专家基本情况

项目	选项	人数	构成比(%)
职称	高级	10	90.91
	副高级	1	9.09
年龄(岁)	30～	1	9.09
	40～	7	63.64
	50～	2	18.18
	60～64	1	9.09
文化程度	本科	2	18.18
	硕士研究生	5	45.46
	博士研究生	4	36.36

项目	选项	人数	构成比(%)
工作年限(年)	10～	4	36.36
	20～	5	45.46
	30～46	2	18.18
擅长领域	健康教育	4	36.37
	健康传播	2	18.18
	公共卫生	2	18.18
	社会医学	3	27.27

第 2 轮专家咨询将咨询表发放给上轮应答的专家，共回收有效问卷 11 份，回收率为100.00%。其中，9 名专家对指标的设计、内涵提出了相关意见或建议，平均权威系数为 0.75，认为专家的权威程度较好，见表 9-11。

表 9-11 评估指标权威系数

指标类别	熟悉程度(C_s)	判断依据(C_a)	权威程度(C_r)
媒体特性	0.66	0.82	0.74
发布特性	0.60	0.73	0.67
信息特性	0.78	0.90	0.84
均数	0.68	0.82	0.75

根据第 1 轮函询结果及统计数据形成第 2 轮调查问卷，内容包括：①对第 1 轮专家意见的反馈；②问卷填写说明及要求；③专家对各级指标的评估问卷，并附上第 1 轮的统计结果，由专家参考第 1 轮的结果反馈再次判断，并进一步提出修改意见。

第 2 轮专家咨询的协调系数 $W=0.51$，具有统计学意义($P<0.01$)，认为专家评估意见协调性好，见表 9-12。

表 9-12 专家意见协调系数表

咨询轮次	W	自由度	χ^2	P
第 1 轮	0.39	15	69.26	<0.01
第 2 轮	0.51	14	91.91	<0.01

4. 统计分析

采用 SPSS 软件进行统计分析，专家积极系数用问卷的有效回收率表示，其大小表示专家对本次研究的关心程度。

专家的权威程度用专家权威系数(C_r)表示,专家权威系数一般由专家对问题作出判断的依据(C_a)和专家对指标的熟悉程度(C_s)两个因素决定,$C_r=(C_a+C_s)/2$。

对信息的重要性、可操作性的意见集中程度,用信息重要程度和可操作性的均数($\bar{x}\pm s$)及变异系数(CV)表示。专家意见的协调程度用协调系数(W)表示,W介于0~1之间,越接近1表明专家对指标的认同程度越一致,指标的协调程度越好,结果越可靠。第一轮专家咨询结果见表9-13。

表9-13 第1轮专家咨询结果

一级指标	二级指标	重要性		可操作性	
		$\bar{x}\pm s$	CV	$\bar{x}\pm s$	CV
信息特性	信息可理解性	4.73±0.28	0.06	4.64±0.41	0.09
	信息准确性	4.91±0.18	0.04	4.64±0.41	0.09
	信息全面性	3.64±0.73	0.20	4.55±0.41	0.10
	信息时效性	4.28±0.55	0.13	4.55±0.41	0.09
	信息新颖性	4.09±0.50	0.12	4.46±0.41	0.09
	信息实用性	4.91±0.18	0.04	4.55±0.41	0.09
	信息的交互性	4.50±1.26	0.12	4.37±1.01	0.23
	信息的个性化推送	4.18±0.67	0.16	4.23±1.21	0.29
媒体特性	检索	4.18±0.65	0.16	4.18±0.53	0.13
	导航	3.82±0.59	0.15	3.64±0.62	0.17
	页面设计	4.18±0.45	0.11	4.00±0.47	0.12
	广告和赞助信息	3.46±0.88	0.25	3.28±0.77	0.24
	3个月日平均阅读量	3.09±0.93	0.30	3.09±0.74	0.24
	3个月日平均转发量	3.18±0.91	0.29	3.18±0.70	0.22
发布特性	编辑的权威性	3.64±0.86	0.24	4.00±0.54	0.14
	作者的权威性	4.55±0.31	0.07	4.37±0.41	0.09

按照第1轮咨询结果整理出第2轮咨询问卷并开展专家咨询。根据专家意见,为了使指标体系的层次结构更加合理,将一级指标进行顺序调整,依次为信息特性、媒体特性及发布特性。二级指标中"信息全面性"改为"信息可参考性","信息实用性"改为"信息可转发性","信息的交互性"改为"信息传播的交互性",在发布特性指标下增加一个二级指标"媒体的权威性"。按照指标筛选标准,从各个二级指标的重要性、可操作性的平均分及变异系数来看,"广告和赞助信息""3个月日平均阅读量"及"3个月日平均转发量"的重要性平均分小于3.5分,予以删除。

同时，将“3 个月日平均阅读量”和“3 个月日平均转发量”合并为“用户使用量”。分析结果显示：所有二级指标的重要性得分均大于 3.5 分，变异系数均小于或等于 0.25。最终形成的网络健康信息评估指标体系包含信息特性、媒体特性和发布特性 3 个一级指标及 15 个二级指标，见表 9-14。

表 9-14　第 2 轮专家咨询结果

一级指标	二级指标	重要性		可操作性	
		$\bar{x}\pm s$	CV	$\bar{x}\pm s$	CV
信息特性	信息可理解性	4.82±0.50	0.10	4.37±0.79	0.18
	信息准确性	5.00±0.00	<0.01	4.41±0.98	0.22
	信息可参考性	3.91±1.47	0.12	3.78±1.29	0.13
	信息时效性	4.14±1.27	0.07	4.23±0.93	0.22
	信息新颖性	3.91±1.33	0.08	4.09±0.87	0.21
	信息传播的交互性	4.50±1.26	0.06	4.37±1.01	0.07
	信息可转发性	4.28±0.82	0.19	4.55±0.54	0.12
	信息个性化推送	4.18±0.67	0.16	4.23±1.21	0.10
媒体特性	检索	4.46±0.94	0.21	4.46±0.83	0.19
	导航	3.68±0.92	0.25	4.32±1.21	0.07
	页面设计	4.32±0.81	0.19	4.32±1.12	0.07
	用户使用量	3.50±0.89	0.19	3.73±1.69	0.19
发布特性	媒体的权威性	3.73±1.51	0.14	3.91±1.66	0.17
	编辑的权威性	3.78±1.18	0.13	3.78±1.51	0.14
	作者的权威性	4.18±0.81	0.19	3.96±1.04	0.14

5. 结果说明

最终确定的网络健康信息指标体系共包括 3 个一级指标和 15 个二级指标。重要性评分均值在 3.5～5.0 分之间，说明这些指标均非常重要或重要。第 2 轮咨询的专家积极性系数均高于 90%，积极性系数高于 70%即为好。本研究专家权威系数平均为 0.75，一般认为权威程度大于或等于 0.70 即可接受。第 2 轮德尔菲法专家意见协调系数为 0.51，明显高于第 1 轮。

相关研究表明，经过 2～3 轮咨询之后，协调系数一般在 0.5 左右波动，本研究接近 0.5，说明专家意见协调性较好。指标重要性、可操作性的变异系数分别在 0.01～0.25、0.07～0.22 之间，说明专家对指标的意见比较集中，对信息的重要性、可操作性均比较认可。

参与本次研究的专家中有 81.82%在健康教育、公共卫生及社会医学专业领域具有正高级职称，平均专业工作年限近 24 年，具有扎实的理论基础和丰富的工作经验。本次研究专家平均权威系数为 0.75，表明专家对指标体系的判断建立在丰富的实践经验和理论基础上，结果具有较高的可信性。

9.4.4 数据包络分析应用案例

1. 确定评估指标

学者选择某地区电子制造类企业网站作为研究对象，找出影响该类企业网站信息有效性的基本因素，从而建立相应的评估指标体系，选择模型进行评估分析，为改善此类网站信息有效性提供指导。

综合考虑此类企业网站发布信息的目的、企业网站具备的基本功能、具体信息的各项投入以及网站反馈信息等方面因素，评估体系主要从信息平台投入力度、网站信息投入力度和网站信息反馈效果三方面建立，如表 9-15 所示。

表 9-15 企业网站信息有效性评估指标体系

指标维度	指标名称
信息平台投入力度	网站易用程度
	网站互动渠道数
网站信息投入力度	信息全面性
	信息多样性
	信息更新周期
	信息反馈周期
	信息可信度
网站信息反馈效果	网站月访问量
	在线咨询范围
	网上销售比例

2. 调整指标体系

在已经建立的该地区电子制造企业网站信息有效性指标体系中，信息平台投入力度和网站信息投入力度属于输入指标，网站信息反馈效果属于输出指标。在具体运用 DEA 模型时，必须对指标体系作出调整，一般情况下，输入指标值越小，输出指标值越大，DMU 的相对效率就越高。然而，在评估网站信息有效性时，由于企业网站的投入及产出呈正向变化，即只有保证网站的各项配套设施完善、信息的各种投入加大，才有可能得到较大的收益。因此，无论是输入指标还是输出指标，都是越大越好，所以，在数据的处理时，要综合考虑指标体系的含义和模型的意义。对所有的输入指标中的极大型指标值取倒数 ($1/x_{ij}$)，极小型指标值保持不变，所有输出指标值取原值(y_{rj})。

3. 计算决策单元

调查高新区 32 家电子制造企业网站信息有效性数据，按上述方法处理完成后，根据公式，针对决策单元 DMU_1 建立如下方程组

$$
\begin{cases}
s.t.\ 0.5\lambda_1+0.5\lambda_2+0.5\lambda_3+0.5\lambda_4+0.5\lambda_5+\lambda_6+0.25\lambda_7+0.5\lambda_8+ \\
0.5\lambda_9+0.5\lambda_{10}+0.5\lambda_{11}+0.5\lambda_{12}+\lambda_{13}+0.5\lambda_{14}+\lambda_{15}+0.33\lambda_{16}+\lambda_{17}+ \\
\lambda_{18}+0.5\lambda_{19}+\lambda_{20}+\lambda_{21}+\lambda_{22}+\lambda_{23}+\lambda_{24}+\lambda_{25}+0.5\lambda_{26}+0.5\lambda_{27}+\lambda_{28} \\
+0.5\lambda_{29}+0.5\lambda_{30}+0.33\lambda_{31}+0.33\lambda_{32}+s_1^-=0.5\theta \\
\cdots\cdots \\
5\lambda_2+25\lambda_3+10\lambda_4+20\lambda_5+20\lambda_7+30\lambda_8+10\lambda_9+15\lambda_{10}+25\lambda_{11}+40\lambda_{12} \\
+35\lambda_{14}+46\lambda_{16}+35\lambda_{19}+5\lambda_{20}+3\lambda_{21}+3\lambda_{23}+32\lambda_{24}+17\lambda_{25}+62\lambda_{26}+ \\
32\lambda_{27}+15\lambda_{29}+7\lambda_{30}+40\lambda_{31}+20\lambda_{32}-s_3^+=0 \\
\lambda_i\geqslant 0, s_k^-\geqslant 0, s_l^+\geqslant 0 \\
i=1,2,\cdots,32 \\
k=1,2,\cdots,7 \\
l=1,2,3
\end{cases}
$$

采用 LINGO 9.0 进行运算，解得最优解为 $\theta=0.75<1$，故 DMU_1 为非 DEA 有效。

$$s_1^{-*}=(0,0.005,0,0.074,0,2.62,0.49)^{\mathrm{T}},\ s_2^{+*}=(58.371,0,18.612)^{\mathrm{T}}$$

同理，得到部门 DMU_j ($j=2,3,\cdots,32$)的最优解，通过上述计算发现：决策单元 DMU_3、DMU_4、DMU_7、DMU_8、DMU_{12}、DMU_{14}、DMU_{16}、DMU_{24}、DMU_{26}、DMU_{31}、DMU_{32} 为 DEA 有效，其余的决策单元 DMU_j 为非 DEA 有效。如果决策单元 DMU_j 是非 DEA 有效的，那么考虑相应的 DEA 有效的差距，运用决策单元在 DEA 相对有效面上的投影，可以解决上述问题。

设 DMU_{j0} 相应于(x_0, y_0)，对应的最优解为 $\lambda^*, s^{+*}, s^{-*}, \theta^*$。构造如下变换：

$$
\begin{cases}
x_0{}'=\theta_{x0}^*-s^{-*} \\
y_0{}'=y_0+s^{+*}
\end{cases}
$$

则($x_0{}', y_0{}'$)为(x_0, y_0)在 DEA 相对有效面上的投影，它相对于原来的决策单元 DMU_j 来说为 DEA 有效。据此，上述的 21 个非 DEA 有效的决策单元的投入产出可以采取一定的措施，使其朝着相对有效面上的投影靠拢，从而达到 DEA 有效。

4. 结论分析

采取数据包络分析方法进行分析，结果表明，高新区电子制造企业网站信息

有效性总体情况不容乐观，调查的 32 家企业中仅 11 家企业网站信息是有效的，占调查企业总数的 34.38%。其余 21 家企业网站信息无效的原因主要是信息投入力度不够，另外，网站访问量和网上销售比例低也是影响网站信息有效的主要因素。

本章小结

信息资源质量评估是针对网络信息资源、文献等各类信息资源的特性，设计科学合理的评估指标，采用或创新评估方法和模型，对信息资源本身、信息资源的载体以及创建者进行定性、定量或两者结合的评估。评估完成后，提供排名和建议，供信息资源利用者参考。随着移动网络基础设施的完善和信息技术的革新，信息资源总量急剧增长，但同时也出现了信息污染、失真和混淆等问题。因此，科学开展信息资源质量评估在信息资源管理领域显得尤为重要。

本章深入探讨了信息资源质量评估的内涵、类型、意义和原则，并详细阐述了信息资源质量评估的一般过程，包括明确评估目标、确定评估对象、提出评估方案、选择最佳评估方案、实施评估方案、评估方案再评估以及完成评估报告等步骤。在实践信息资源质量评估时，本章重点介绍了常用的评估指标和方法，并通过案例展示了这些方法的应用，如灰色关联分析、模糊综合评估等。

信息资源的快速增长与信息价值的稀缺性之间的矛盾是知识经济时代面临的一大挑战，而科学的信息资源质量评估对于缓解这一矛盾至关重要。信息资源质量评估是一项系统工程，需要遵循规范化的评估程序，综合运用科学化的评估方法，并选择适当的评估指标。随着科技的发展和时代的进步，信息资源质量评估的具体实践将不断更新和完善，并提升各环节的技术水平，以获得更高质量的信息资源。

思考题

1. 信息资源质量评估的意义与原则是什么？

2. 简述信息资源质量评估的过程。

3. 请运用层次分析方法对学校图书馆的信息资源进行质量评估。

第 10 章

信息资源安全管理

◎ 本章导读

在我们身处的信息化时代，海量的信息持续不断地生成和传播，信息的价值日益凸显，信息的安全问题也日益突出，因此，需要采取针对性措施来保护信息资源的安全。信息资源安全管理是信息安全领域的一个关键领域，旨在通过采取一系列的技术和管理手段，保障信息资源的保密性、完整性、可用性和可信度。在信息化发展的趋势下，信息资源安全管理不仅是一项简单的技术问题，更是一个全面的、系统的管理问题，需要涉及技术、管理、法律等多个方面，需要不断适应不断变化的信息安全风险。因此，信息资源安全管理是实现现代社会信息安全的重要保障，具有极其重要的意义和价值。

◎ 学习要点

- 信息资源安全管理的内涵
- 信息资源安全管理的内容
- 信息资源安全管理的原则
- 信息资源安全管理框架的构成
- 信息资源安全管理的标准体系

电子邮件安全保护

电子邮件是人们日常工作和生活中广泛使用的工具,因其具有传递信息快捷、成本低廉等特点,已经成为各行各业中不可或缺的沟通工具。然而,与此同时,电子邮件的安全保护问题也日益引起人们的重视,在电子邮件的传递和储存过程中极易遭受黑客攻击、病毒感染和信息泄露等威胁,给工作和生活带来极大的危害。

某企业使用电子邮件作为员工之间的常用沟通工具,并且频繁用于收发重要商业机密信息。为了保护邮件的安全,企业采取了以下措施。

①限制外部邮件。企业设置了邮件服务器的安全策略,禁止员工在企业网络之内使用外部邮件,以避免外部邮件攻击和邮件泄露的可能。

②密码策略。企业要求员工设置强密码并定期修改,避免密码被破解。

③邮件扫描与过滤。企业采用邮件过滤和检测软件,及时发现并拦截电子邮件中的垃圾邮件、病毒、恶意软件等,对接收到的附件会进行安全性检测,并加强对外部邮件的过滤防护。

④加密技术。对于包含商业机密等重要信息的电子邮件,企业采用加密技术,保护邮件的机密性。

⑤内部教育与培训。企业通过定期开展电子邮件安全教育和培训,不断提高员工的安全意识和信息素养,加强员工的安全管理能力,从源头上防止电子邮件安全问题的发生。

通过落实以上措施,该企业有效保护了电子邮件的安全,并最大限度保障了企业的商业机密。

10.1 信息资源安全管理概述

10.1.1 信息资源安全管理的历史沿革

1. 信息资源安全管理的源起

随着人类文明的发展与进步,信息资源管理涉及的方法、技术与工具也在不断演进。从原始语言到古文字,再到纸张、现代通信工具、网络技术等的普遍应用,信息资源的获取、存储、加工与利用成本越来越低,效率越来越高。伴随着信息总量和传播量的激增，信息的传播速度也在不断加快，信息资产所面临的安全威胁也在不断增加，这些变化对信息资源的安全管理提出了更高要求。

在不同的发展时期，信息资源安全管理的侧重点及技术手段也存在差异。从产生到现在，信息资源安全管理的发展经历了以下四个主要阶段。

①通信保密技术研发阶段：20 世纪 60 年代以前，主要是在通信的收发双方加入加密环节。

②计算机安全技术研发阶段：20 世纪 70 年代至 20 世纪 80 年代，主要研究信息的机密性、完整性、可用性及安全操作系统技术。

③网络信息安全研发阶段：20 世纪 90 年代后，主要研究网络上的信息、信息对抗、虚拟专用网络（VPN）、公钥基础设施（public key infrastructure，PKI）和风险评估等。

④信息安全基础设施等保障体系建设阶段：21 世纪，主要关注数据备份与灾难恢复技术、国际联动的安全应急响应等。

信息资源安全管理由社会信息化和信息安全威胁共同驱动。随着信息技术的不断发展，各行各业中涉及的信息资源日益庞大，管理变得更加困难。同时，各种信息资源安全威胁如网络攻击、数据泄露、恶意软件等不断涌现并持续升级，对信息资源的安全保障提出了更高的要求。在这样的背景下，信息资源安全管理作为一种组织管理和技术手段相结合的方法，旨在为企业和组织提供一套全面、可行的信息安全管理体系，以保护信息资产的完整性、可用性和保密性。信息资源安全管理涵盖信息技术、组织管理、法律法规等多个领域，要求企业和组织对安全管理的规划、组织、监督、执行和评估等方面全面考虑，以实现信息安全的全面保障。

可见，信息资源安全管理的产生是信息化和信息安全威胁推动下的必然结果，为企业和组织提供了一套系统化、科学化的信息安全管理方法，也有利于保障国家、社会和个人的信息安全。

2. 信息资源安全管理的现状

信息资源安全管理已经成为企业和组织必须面对和处理的重要问题之一，其现状主要表现为以下几个方面。

(1)安全管理意识的提高

随着信息技术和网络的普及，越来越多的机构和个人意识到信息安全的重要性，开始加强安全意识和知识培训，从而形成了更好的信息安全管理氛围。

(2)安全管理体系的完善

各行业和组织纷纷建立了完备的信息安全管理体系，包括安全策略、安全事故应急预案、物理安全措施、安全审计等，不断提高保障信息资源安全的能力。

(3)安全技术的更新

随着信息安全威胁日益增加,各种安全技术不断出现和升级,如网络隔离技术、加密技术、数据备份技术等,为信息安全提供了更多保障。

(4)安全风险的共性化和个性化

随着信息安全威胁的不断演变和升级,安全风险既具有共性,又具有个性,需要根据不同的行业和组织特点,制定相应的安全管理措施和管理方案。

(5)国家和地方相关法律法规的出台和完善

国家和地方纷纷出台有关信息安全的法律法规,如《中华人民共和国网络安全法》《中华人民共和国保守国家秘密法》《中华人民共和国电信条例》《中华人民共和国计算机信息系统安全保护条例》《中华人民共和国网络安全法实施条例》《中华人民共和国个人信息保护法》《网络产品安全审查规定》等,这些法律法规的出台和完善,对于保障信息资源安全和规范信息安全的行为和管理,都起到重要作用。

综合来看,信息资源安全管理朝着更加完备、全面、科学的方向发展,但仍然需要各行各业持续努力、大力推进。

3. 信息资源安全管理的发展趋势

随着信息技术的不断发展以及信息产业的快速发展,信息资源安全管理面临着前所未有的新形势和新挑战。未来的信息资源安全管理呈现出以下发展趋势。

(1)智能化

随着人工智能、区块链、大数据等技术的快速发展,未来信息资源安全管理将向智能化、自动化的方向发展。智能化技术将更加全面、高效,使企业和机构能够更好地识别和应对信息风险。例如,采用区块链技术来改善数据的安全性和稳定性,利用人工智能算法来协助智能安全决策等。

(2)网络化

信息资源安全管理的基本模式从“线下”向“线上”转变,未来会更多地采取云计算、物联网等网络化技术,更好地管理和保障信息资源。

(3)综合化

未来信息资源安全管理将越来越综合化,从单一维度的防护转向全方位、多层面的防护,常规信息安全、物理安全、人员安全以及供应链安全等各个方面都将受到重视。因此,未来的趋势将是采用多个有机结合的安全措施来解决各方面的安全问题。

(4)全球化

随着全球化程度不断加强,信息资源安全管理趋于全球化,国家之间的协作将更加重要,国际标准和规则也将扮演更为重要的角色。

(5)法治化

相关国家和地区将更为严格地推行个人信息保护和其他信息安全法规,加强立法和执法的力度,建立健全监管体系,提高信息资源安全保护意识和信息危机应对能力。

总之,信息技术的飞速发展将继续促进信息资源安全管理领域的创新和发展,越来越多的机构和企业将加强信息资源安全管理,不断优化和提升信息资源安全的保障能力。信息资源安全管理必将从传统的技术防范为主转向全方位、全流程、多防护的安全管理模式,同时,也需要注重科技创新、创新思维和人才培养。

10.1.2　信息资源安全管理的内涵

1. 信息资源安全管理的相关概念

(1)信息资源

信息资源是指组织或个人所拥有和管理的、用于信息传递和共享的各类信息元素的总和。通俗来说,就是信息的集合体,包括电子文档、数据库、邮件、媒体文件,以及更加广泛的知识产权、商业机密和个人隐私等。

信息资源是当今企业和组织必不可少的资产之一,保护信息资源的安全,并对其进行科学有效的管理是信息资源安全管理的基础之一。

(2)信息资源安全

信息资源安全是指在数字环境中,保护信息资源的机密性、完整性、可用性和可控性的技术、管理方式和政策措施。

①机密性。信息资源所涉及的内容往往具有不可曝光性,而信息泄露则常常会引起严重的经济损失、社会纷争或使国家利益受到损害。因此,防止未经授权的人获取到信息资源,确保信息资源的机密性非常重要。保障信息资源机密性的措施,主要包括与用户密切相关的安全认证机制、不断完善的上下文访问控制技术以及单一标识认证技术等。

②完整性。信息资源的完整性是指信息内容在传输、处理、储存、显示等过程中不被篡改、损毁或污染。信息资源的完整性是信息保密和可靠使用的基础,若信息资源的完整性遭到破坏,各种信息应用系统会受到不同程度的影响,从而导致严重的财产和声誉损失。因此,需要确保信息资源在传输和使用过程中没有被篡改、破坏或损坏,保证信息资源的完整性。

③可用性。信息资源的可用性确保信息资源能够在需要时被正确使用。信息资源在使用过程中,不应受到任何形式的拦截、阻挠和妨碍,必须能够顺利访问和使用。同时,为保护非授权用户不对这些信息资源进行非法操作,需要加强对信息资源的审查和控制,确保信息资源能够在被需要时得到及时、正常的访问和

使用，保证信息资源的可用性。

④可控性。信息资源的可控性确保信息资源的使用、变更和访问都处于可控范围之内，以保证信息资源的使用符合法律法规以及相关政策的规定。

在信息技术日益深入人心的今天，信息资源安全是与信息资源共存共生的，是保持个人、组织或国家安全的重要保障之一，而随着互联网的不断扩张，人们的信息资源每时每刻都面临着各种各样的安全威胁和挑战。因此，信息资源安全还需要不断完善相关技术和管理手段，以应对日益复杂和多样化的安全问题。

(3)信息资源安全管理

信息资源安全管理是指通过各种组织管理和技术手段，综合管理和保护组织或个人所拥有和管理的信息资源，以保障信息资源的机密性、完整性和可用性，进而保障企业和组织的稳定和可持续发展。简单来说，信息资源安全管理是指通过安全策略制定、安全技术手段、组织管理和法律法规等手段，保护信息资源的安全性、完整性和可用性，以实现信息资源的有效管理和运用，从而支持组织或个人的各项活动。例如，企业在面对信息安全管理时，需要建立一整套针对信息资源安全的管理体系，包括安全规划、制度建设、风险评估、安全技术、安全事件处置等，通过科学、系统的管理方式，增强企业信息资源的安全性、可控性和应变能力。信息资源安全管理的最终目的是实现保护信息系统、信息资产和用户信息。

2. 信息资源安全管理的任务

信息资源安全管理涉及多个领域，需要多方面共同协作，建立健全管理体系和安全体系是保障信息资源安全、维护国家安全和社会稳定的基础。信息资源安全管理的基本任务有以下四点。

(1)防止信息资源泄露

保障信息资源安全是信息系统安全的基本目标，需要制定和实施一系列安全措施，包括安全策略、安全标准、安全技术措施、密钥管理等。同时，要建立信息安全管理体系，确保在数据有效性、完整性、可靠性、保密性等方面的全面安全保障，防止外部攻击和内部泄密。

(2)维护信息资源的完整性和可用性

维护信息资源的完整性包括信息资源的数据不被篡改、数据不被非法访问、数据保持不变、数据可被认证等。维护信息资源的可用性就是使用户可以在任何时间使用相应的信息资源，为重要领域的业务运转和各行各业的服务提供支持。

(3)加强对信息资源的监控

通过对信息资源的监控，可以实现对异常事件的快速警示和处理，提高信息资源的安全性和稳定性。监控对象包括网络、系统和数据存储设备，以备能够及时发现并阻止诸如黑客攻击、病毒攻击、恶意程序等网络安全威胁。

(4)制定应急预案并安排演练

制定信息资源安全应急预案并安排系列演练,切实加强信息资源的安全文化建设,向用户灌输安全意识和规范,可有效防范信息资源安全领域内的风险,提高信息风险管控的能力和水平,提高安全事件应对能力,保障信息资源的安全。

3. 信息资源安全管理的特征

信息资源安全管理具有综合性、持续性、个性化、法治化、风险性和协同性等特征。

(1)综合性

信息资源安全管理是综合性、多领域的工作,需要协调各种资源,包括技术手段、组织架构、人员素质、信息规章制度等,以对信息资源进行全面、综合的保护和管理。

(2)持续性

信息资源安全管理是一个持续性的过程,需要不断地完善和更新管理措施,适应不断变化的安全威胁和新的安全挑战,从而保持信息资源的长期安全和可靠。

(3)个性化

信息资源安全管理需要根据各个企业或组织的实际情况进行个性化的管理和保护,根据企业或组织的特点和需要,因地制宜地建立和完善信息资源安全管理系统。

(4)法治化

信息资源安全管理需要遵循相关的法律法规和政策规定,确保信息资源的存储、传输和使用等行为符合法律规定,同时保障公民的信息隐私和权益。

(5)风险性

信息资源安全管理是风险导向的工作,需要通过风险评估和风险管理等手段,识别并量化潜在的信息安全风险因素,制定相应的安全管理措施和应对方案。

(6)协同性

信息资源安全管理需要各职能部门通力合作,各方协同配合,以实现信息资源安全管理中的各项任务和目标。同时,也需要与相关企业、组织和政府机构密切配合,建立良好的合作关系,形成信息资源安全管理的良性循环。

4. 信息资源安全管理的内容

信息资源安全管理主要包括以下几点内容。

(1)风险管理

对信息资源进行全面、系统的风险评估,根据评估结果制定相应的风险管理策略和措施,以预防和控制安全风险的发生。

(2)安全技术和控制措施

采用各种安全技术和控制措施,包括数据加密、网络防火墙、访问控制、身份认证、安全审计、漏洞扫描等,保证信息资源在存储、传输和使用等环节上的安全和可靠。

(3)安全管理制度和流程

建立和完善信息资源安全管理制度和流程,规范信息资源安全管理的各项流程和标准,包括信息分类、备份恢复、安全审计等,确保安全管理制度的贯彻执行。

(4)安全文化建设和人员培训

组织安全文化建设和人员培训,提高员工的安全意识和技能,推广信息安全理念和基础知识,促进企业或组织内部整体信息安全素质水平的提升。

(5)安全事件处置和应急响应

建立和完善安全事件处置和应急响应机制,开展安全事件演练和培训,减轻安全事件对信息资源造成的损失,保障信息资源的安全和可用。

(6)合规性管理

建立和完善信息资源的合规性管理制度,包括法律法规、安全审核标准、安全测评方法等,确保信息资源的存储、传输和使用等行为符合法律规定,保障公民的信息隐私和权益。

(7)安全检查和运行监测

定期进行安全检查和运行监测,发现和识别安全漏洞和风险,及时制定相应的安全管理措施和应对方案。

综上所述,信息资源安全管理的内容涵盖多个方面,需要综合运用各种安全技术和管理措施,不断完善和提高信息资源安全管理的水平和能力。

10.1.3 信息资源安全管理的目的

信息资源安全管理的主要目的是确保信息资源的机密性、完整性和可用性,保护信息资源不被非法入侵、泄露、篡改、破坏或者滥用,在确保组织信息资产正常可用状态的前提下,为组织长期发展提供保障。具体来说,信息资源安全管理的目的包括以下几点。

①保障信息资源的机密性。采取适当的技术和控制措施,保护信息资源免遭未经授权的访问和泄露,保障信息资源的机密性。

②保障信息资源的完整性。确保信息资源不被篡改,保证信息资源的完整性和可信度。

③保障信息资源的可用性。确保信息资源在存储、传输和使用等各个环节上正常运行,保障信息资源的可用性。

④提高组织抵御安全威胁能力。通过实施信息资源安全管理措施和建立应急响应机制,加强组织的安全防范能力和抵御安全威胁的能力。

⑤减少安全事件的损失。通过建立安全事件应急响应机制和规划应急处理流程,快速采取适当的应对措施,减轻安全事件对信息资源和组织造成的损失和风险。

⑥提升组织的信誉度和声誉。通过严格的信息资源安全管理体系、制度和控制措施,提升组织的信誉度和声誉,增强客户和合作伙伴的信任和支持。

⑦遵循相关法律法规。确保信息资源的管理和使用符合相关法律法规和政策规定,维护公民的信息隐私和权益。

总之,信息资源安全管理的目的是保障信息资源和组织的安全和稳定,减少安全风险和事件对组织的损失,提升组织的安全防范能力和应对能力,为组织的长期发展提供保障。

10.1.4 信息资源安全管理的原则

信息资源安全管理的原则是指在信息资源安全管理过程中应该遵循的基本准则和操作规范。信息资源安全管理的五项基本原则及其对应的具体策略和措施如下。

1. 完整性原则

信息资源安全管理的完整性原则是指要保证信息资源不被非法篡改、损坏、丢失,使得信息资源的内容、结构、格式和功能等方面保持完整、可靠、准确和一致。实现信息资源完整性一般需要采取以下安全管理策略和措施。

①完整性检查。通过对信息资源进行完整性检查,及时发现和预防信息资源完整性被损坏和篡改,确保信息资源的完整性。

②合规性管理。建立和完善信息资源合规性管理制度和流程,确保信息资源存储、传输和使用等行为符合相关法律法规和政策规定,遵循各种标准和规范,维护信息资源的完整性和可靠性。

③数据备份。建立定期的数据备份机制,在数据丢失或者被篡改时,可恢复受损或者丢失的信息资源或数据,从而保障信息资源的完整性。

④建立安全管理制度和流程。建立和完善信息资源安全管理制度和流程,规范信息资源的管理和维护,确保信息资源在管理和维护过程中不被篡改和破坏,保证信息资源的完整性。

2. 保密性原则

信息资源安全管理的保密性原则是指要保证信息资源不被非法获取、泄露和篡改,确保信息资源的保密性。实现信息资源保密性一般需要采取以下安全管理策略和措施。

①数据加密。采用数据加密技术，对重要的信息资源进行加密，防止信息资源在传输和存储过程中被非法获取和扫描。

②访问控制。通过访问控制技术和措施，限制非授权的人员和设备的访问权限，确保信息资源不被非法获取和利用。

③身份认证。采用身份认证技术和控制措施，确保信息资源访问者身份的真实性和合法性，以避免信息资源被非法获取和利用。

④物理保护。采取物理保护措施，如门禁系统、防火设施、安全柜等，对信息资源的存储和传输进行物理保护，避免信息资源的泄露和损失。

⑤保密管理制度和流程。确立保密管理制度和流程，制定保密规定、保密措施和保密制度，加强信息资源安全管理的监督，从源头上保护信息资源的安全性。

3. 可用性原则

信息资源安全管理的可用性原则是指要保证信息资源在存储、传输和使用等各个环节上正常运行，确保信息资源的可用性，以满足组织成员和客户的信息资源需求。实现信息资源可用性一般需要采取以下安全管理策略和措施。

①平衡安全性和便捷性。在信息资源安全管理过程中，要充分考虑安全性和便捷性之间的平衡，不仅需要保护信息资源的安全性，还需要提高其便捷性，以使组织成员和客户能够方便地使用信息资源。

②系统可用性保障。加强系统可靠性和稳定性管理，确保信息资源系统高效、稳定运行，提高信息系统的可用性和可靠性。

③应急响应和灾难恢复。建立应急响应机制和灾难恢复预案，对可能导致信息资源不可用的自然灾害、人为失误和安全攻击等情况进行预防和应对，保障信息资源的可用性。

④服务质量管理。建立信息资源服务质量管理体系，加强对信息资源服务的跟踪和监督，提高信息资源服务的质量和效率，满足组织成员和客户的需求。

4. 不可否认性原则

信息资源安全管理的不可否认性原则是指要确保信息资源操作活动和交易过程的真实性和可信性，确保操作活动和交易记录不被篡改、抹去或否认，信息资源的使用和修改都要可以被追踪和记录。实现信息资源不可否认性一般需要采取以下安全管理策略和措施。

①身份验证。确保信息资源的使用者身份可信且真实，采用身份验证技术和措施，限制非授权人员的访问，保证操作活动的保密性。

②审计跟踪。采用审计跟踪技术，记录所有访问、修改和使用信息资源的操作行为，确保操作的可信性和可追溯性。

③时间戳。采用时间戳技术，对信息资源的每次访问和修改进行记录和时间戳标记，以保证操作活动的可信性和可追溯性。

④合规性保证。涉及信息资源的操作活动和交易过程应遵守相关法律法规、政策规定和组织的制度和规范，以确保操作活动和交易过程的真实性和可信性。

⑤电子签名。采用电子签名技术，对所有涉及操作活动和交易过程的文件或信息用签名的方式进行验证，确保操作活动和交易过程的真实性和可信性。

5. 可控性原则

信息资源安全管理的可控性原则是指要通过合理的信息资源安全管理措施和方法，实现对信息资源存储、传输和使用等方面的控制和管理，确保信息资源的安全和可靠。实现信息资源可控性一般需要采取以下安全管理策略和措施。

①访问控制。通过访问控制技术和措施，控制信息资源的访问权限和范围，限制非授权人员的访问，保证信息资源的安全和可靠。

②安全策略制定。建立和完善信息资源安全策略，根据不同的信息资源级别和风险等级，制定相应的安全措施和管理策略，确保对信息资源的管理和控制。

③反病毒保护。建立防病毒和反病毒的措施和管理机制，安装有效的反病毒软件和系统，及时进行定期扫描和更新，确保信息资源不受病毒和恶意软件的攻击和威胁。

④数据分类管理。根据信息资源的类型、重要程度和安全需求，合理分类存储、传输和使用，采取不同的控制措施和管理策略，保证信息资源的安全性和可控性。

⑤安全准则和流程。建立具有标准化和规范化的信息资源安全准则和流程，进行全面的安全管理和监测，确保信息资源的可靠和管理的有效。

10.2　信息资源安全管理框架

当前，信息资源在数字化的信息环境中不断增长和快速发展，其安全问题也日益复杂，有必要建立一个全面而有效的管理框架对其进行安全管理。建立信息资源安全管理框架的具体意义体现在如下几个方面。

(1)有助于提高组织的信息资源安全保障能力

通过建立信息资源安全管理框架，可以深入分析与评估安全风险和威胁，并采取相应的防御措施来保障信息资源的安全，从而在实践中提高信息资源安全保障能力和水平，为各类信息系统的正常运行提供重要保障。

(2)有助于降低管理成本和风险

建立信息资源安全管理框架可以更加有效地协调和统一信息资源安全管理，

降低安全管理成本和风险。一方面,将各安全管理措施标准化、规范化可以降低安全防范成本;另一方面,建立安全风险评估、漏洞管理、安全事件响应等系列流程,能及时、有效地解决信息资源安全风险问题。

(3)有助于完善信息资源安全管理制度

建立一套合理的信息资源安全管理框架,可以完善信息资源安全管理制度和规章制度,使各个环节的安全管理有机衔接,同步协同运行,实现信息资源安全的全面保障。

(4)有助于保障国家安全和社会稳定

信息资源安全管理框架的建立,可以保障国家安全和社会稳定。随着现代信息化技术的不断发展和广泛应用,信息资源泄密、窃取甚至造假的风险与威胁不断增长。因此,安全问题不容忽视,建立信息资源安全管理框架对保障国家安全和社会稳定具有极其重要的意义。

综上所述,建立信息资源安全管理框架意义重大,对信息资源安全管理提出更高的要求,能够更好地实现信息资源的全面保障,提高信息资源的完整性、保密性和可用性,最终保障国家安全和社会稳定。同时,建立信息资源安全管理框架也是信息化建设的必然要求。信息资源安全管理框架的建立对提高信息化管理水平、推进信息化落地应用,以及构建和谐信息化环境具有至关重要的意义。

信息资源安全管理框架建立在信息资源安全的基础上,其构成包括安全策略、安全组织、安全技术与安全管理四个方面。这些方面相互联系、相互支撑,共同组成了现代信息资源安全管理框架的核心要素。

10.2.1 安全策略

安全策略是信息资源安全管理框架中最重要的组成部分,涉及组织的信息资源安全战略、信息安全政策及管理程序的制定与落实,主要包括信息安全目标、安全风险评估等。在制定信息安全策略时,需要综合考虑企业的业务发展、信息资源特点和实际风险,以及突发事件的应急预案和风险管理措施等,以确保信息安全和系统稳定可靠。

1.信息安全目标

组织安全策略中的信息安全目标是确保信息资源的保密性、完整性和可用性,对组织信息资源进行安全防范和保护。当组织制定信息安全目标时,需要综合考虑以下方面。

(1)信息资源安全特点

首先需要考虑的是信息资源安全的特点,确保相应的安全目标和防御措施可以适应信息资源的特殊性和复杂性,以充分利用企业现有的信息资源。

(2)信息资源风险评估

企业需要对现有信息资产进行风险评估,评估中发现的问题应该在信息安全目标制定过程中解决,以实现保密性、完整性和可用性的统一。

(3)法律、法规和标准

企业在制定信息安全目标时需要遵守所在行业的法律和法规,同时参考行业标准和最佳实践建议,以整合相应的信息安全目标和措施。

(4)信息资源使用需求

企业需要考虑的因素之一是要以信息资源的具体使用需求为核心,以满足员工、客户和供应商之间的通信和信息传递需求,确保系统运行和业务流程的连续性和可靠性。

总之,企业需在综合考虑信息资源特点、风险评估、法律法规及标准、使用需求的基础上,制定信息安全目标,明确保密性、完整性和可用性的要求,最终达到保障企业信息资源安全的目标。同时,为了保障信息安全,企业应该将信息安全目标逐步提高以适应未来不断变化的威胁和挑战。

2. 安全风险评估

组织安全策略中的安全风险评估是指通过特定系统和方法,对组织信息系统和业务活动中可能面临的潜在威胁和危险进行评估,在全面了解威胁、安全漏洞的基础上,确定安全措施的有效性和适宜性,全面规划并逐步实现组织信息安全的管理和保护。安全风险评估是制定组织安全策略的重要环节,通常包括以下五个环节。

①收集资料。收集组织信息资源的相关数据,对恶意攻击、数据泄露、物理灾害、人为疏忽、供应商和第三方风险、IT 设备和软件缺陷等可能给组织带来的影响进行抽样和调查。

②识别风险。对组织内部和外部的安全风险进行确定和评估,如是否存在信息泄露、网络攻击和设备故障等,以及可能导致重大威胁的非技术因素。

③评估风险。在识别安全风险的基础上,对风险进行整合和评估,评估安全风险的程度以及发生风险的可能性,并评估各种安全防范措施的成本效益比。

④制定安全策略。根据评估结果,针对具体安全风险的存在,制定相应的安全策略,按照风险评估中的优先级,先规划应对最严重风险的防护措施,然后再规划已知风险和未知风险的防范方法。

⑤定期回顾和更新。对组织安全风险评估工作进行定期回顾和更新,以适应不断变化的安全威胁和风险,避免风险评估结果与实际情况脱节。

10.2.2　安全组织

安全组织是构成信息资源安全管理框架的另一个核心要素,其作用是通过建立合理有效的安全组织架构，为信息资源安全提供保障。安全组织需要建立一套完善的安全管理政策及有关规章制度，包括机构设置、部门职责、岗位职责等。此外，还需要建立完善的安全培训和教育体系，保障员工全面掌握安全知识并提高员工的安全意识。建立信息资源安全组织的一般步骤如下。

1. 建立安全管理政策、规章制度

明确安全管理的方针、目标和原则，确保安全管理政策和规定的可行性和可操作性。制定安全管理规章制度，明确各级行为规范和责任，降低安全管理者和终端用户的安全风险。

2. 设立安全组织机构

设立安全组织机构包括成立安全小组和设置安全管理岗位，指明安全部门所负责的职能和对安全行为的监督和管理责任。在人力资源管理中，应列出安全管理岗位具体的职责要求，确保员工具备必要的安全知识和安全技能。常见的信息资源安全组织人员及其职责如下。

①安全负责人。组织成立安全小组后要确定信息资源安全的负责人，负责制定信息资源安全策略，监督信息资源安全运作，对信息资源安全管理进行全面的统筹和指导。

②安全保密员。指定安全保密员，负责信息资源存储、传输、处理和使用过程的安全保密工作，制定安全准则和流程，对信息资源的安全性进行全面管理。

③安全管理员。指定安全管理员，负责各种信息技术设备以及系统维护和管理，确保信息资源的安全和可靠性。

④培训教育师。指定培训教育师，定期进行信息安全培训和教育，由培训教育师负责提高组织成员的安全意识和能力，使成员具备预防信息安全风险和意识形态攻击的能力。

⑤入职离职管理员。建立信息资源安全管理的人力资源管理制度，指定入职离职管理员，负责包括入职前、在职时和离职后的安全管理注意事项和流程，确保信息资源安全不受人为因素影响。

⑥安全检查员和审计员。指定安全检查员和审计员，负责定期进行信息资源安全检查和审计，发现问题并督促及时整改，确保信息资源安全管理的可持续性和有效性。

综合来看，信息资源安全的组织及人员管理是保障信息资源安全性和可靠性的重要手段之一，通过配备专职人员，建立专业的信息资源安全管理团队，制定相应的安全准则和流程，加强人员培训和教育，管理信息资源的安全性。信息资源管理者需要灵活运用各种措施，建立健全人员管理制度，加强对人员的行为管理，全面提高信息资源安全管理的水平和能力。

3. 建立信息安全体系

建立信息安全体系，包括信息安全计划、安全消息总线、安全认证体系、安全威胁管理体系和安全追踪报告，从而准确并及时地了解安全情况，确保安全防范和处理措施的时效性和针对性。

4. 开展安全培训教育

开展安全培训和教育，提高员工的安全意识和防范意识，培养和鼓励员工自觉遵守安全规定，促进组织安全文化建设，保障组织安全。

总之，建立一套安全管理制度及有关规章是组织安全工作的基础，不仅可以帮助组织预防各种安全威胁，还可以保障组织信息资源的安全性、完整性和可用性。组织应该了解相关规定和实践案例，制定合适的安全管理制度，促进企业安全发展。同时，组织还应当定期对安全管理制度和规章制度进行评估和优化，保持安全管理制度的适应性和可靠性，以便组织内部可以适应不断变化的安全威胁和外部环境。

10.2.3 安全技术

安全技术是信息资源安全管理框架的第三个方面，它包括物理安全设施、网络安全设施和安全监测设施等技术手段。其中，物理安全设施主要包括门禁系统、视频监控系统和声光警报等；网络安全设施包括防病毒系统、防火墙、入侵检测与防御系统等；安全监测设施则是进行安全监测和风险评估的手段，通过日志分析、审计、事件管理等能够及时发现异常安全事件，及时防止信息资源的泄漏和损害。

1. 物理安全设施

在信息资源安全管理中，物理安全设施是指与物理环境有关的技术措施，包括采取措施限制物理访问、视频监控、门禁系统、机房保护设施等。物理安全设施是保护企业或组织的硬件和软件、关键设施、贵重物品等资产免受物理攻击的重要防护措施。

(1)门禁系统

门禁系统包括门禁卡、指纹识别、人脸识别等，主要作用是对设施或者场所中的无关人员进行控制，限制无关人员的进入。电子门禁控制系统是各种门禁方法中最常见的一种，出现错误次数最少，开门速度较快，可以通过刷卡、密码、指纹识别等方法限制人员出入，同时，也能记录人员出入时间，便于访问控制的管理。

(2)保险柜

保险柜是一种可阻挡直接物理攻击、防范抢劫、保护关键资产的设施。保险柜需要通过专业设计和生产使其具备防火、防爆等功能，以保证资产安全性。

(3)视频监控系统

视频监控系统可用于监控门禁口、机房等重要的场所,以便在发生安全问题时及时处理。视频监控不仅可以防止非法闯入、破坏,也可以保护贵重物品和资产不受损失。

(4)声光警报

声光警报是指通过强制执行自动报警和手动报警,保证在出现安全问题时及时报警,以及时减少损失并惩罚犯罪活动的装置。

物理安全设施是信息安全中不可或缺的一部分。通过采取多种不同的物理安全设施,企业和组织可以保护资产的安全和稳定性。企业和组织需要针对自身实际情况,对物理安全设施进行维护和持续升级。

2. 网络安全设施

随着网络技术的快速发展,网络安全已成为研究的热点。网络安全设施是网络安全防御中的重要组成部分,主要是通过建立安全防御体系遏制黑客攻击、人为破坏以及病毒入侵等威胁,以保护互联网和组织信息资源的安全。下面是网络安全设施的一些关键技术。

(1)防病毒系统

防病毒系统是一种用于保护计算机及网络系统免受病毒、恶意代码和其他威胁攻击的技术系统。其基本原理是在网络资源和终端设备上运行特殊的病毒检测程序,不断地扫描和监视计算机的系统文件、进程、网络连接和传输带宽,发现潜在的病毒和恶意代码后立刻进行隔离或删除处理,以保持网络资源和计算机设备的安全和稳定,防病毒系统具有以下主要功能。

①病毒库更新。防病毒系统通常包括一个实时更新的病毒库,通过收集和分析最新病毒的样本和数据,确保病毒和其他威胁可以被及时检测、隔离和清除。

②主动防御。除了常规防御机制,防病毒系统还可以采用主动防御技术,如通过沙盒技术、行为监控、用户访问控制等措施来有效防止未知病毒和恶意代码的侵袭。

③网络安全防护。防病毒系统也可以提供网络安全防护,如协议过滤、IP 地址过滤、流量控制等,以防止网络中的病毒和恶意代码的传播,提高网络的安全性和稳定性。

④节点安全防护。防病毒系统还可以提供终端节点的安全防护,如威胁防御、身份认证、访问控制等技术,以保护终端设备免遭病毒和恶意代码攻击,降低安全风险。

(2)防火墙

防火墙是一种网络安全技术,主要是对网络流量进行过滤和管理,保护计算机及网络资源免受黑客攻击、病毒或网络攻击等不良威胁。其工作原理和主要功能如下。

①筛选数据包。防火墙在网络传输层对进出系统的 IP 数据包进行筛选,并根据预先设定的规则和策略,识别请求和响应的流量,阻止来源不明、非法和不必要的数据传输,以保护网络和计算机系统的安全。

②拦截威胁。防火墙可主动识别异常的传输流量,比如常见的分布式拒绝服务(distributed denial of service,DDoS)攻击等,以防止攻击碎片进入内部网络,并防止向外发送敏感信息。同时,防火墙也可以阻止恶意代码和间谍软件通过网络传输入侵到计算机系统中。

③访问控制。通过进行安全访问控制,防火墙可以针对网络层面的安全问题,对不必要的网络服务和通信端口进行封锁和限制。其中,还可以通过 VPN 隧道访问安全性更高的网络通信,加强数据流动的安全性。

(3)入侵检测与防御系统

入侵检测与防御系统是基于特定的算法和规则,用于监控计算机系统和网络环境,发现和响应针对系统和网络的入侵、攻击和滥用等威胁的安全工具。它可以实现主机和网络流量的实时监控和管理,即时检测和识别出潜在的安全隐患,提供安全性策略和规则,以帮助抵御未知威胁和恶意软件程序的攻击。可靠的入侵检测与防御系统应具备实时监控、精细控制和智能协作的功能特点。入侵检测与防御系统主要通过以下两种方式进行防范。

①入侵检测系统。入侵检测系统(intrusion detection system,IDS)是一种通过网络流量、系统活动、日志记录等检测有无恶意威胁、攻击和其他有害活动进入网络或系统的技术。IDS 分为基于网络的 IDS 和基于主机的 IDS 两种技术,其作用是及时发现和报告网络和系统中的潜在威胁,以便及时修复漏洞,提高安全性。

②入侵防御系统。入侵防御系统(intrusion prevention system,IPS)在入侵检测的基础上,对于网络流量进行双向拦截和控制,从而及时阻止潜在的威胁和攻击。它可以集中实现如访问控制、网络防火墙、VPN 支持、病毒隔离、蜜罐等功能,共同协调应对威胁,弥补漏洞从而减少损失。

总体来说,网络安全设施是组织保护计算机和网络系统免受威胁和攻击的重要手段。企业和组织应该根据实际需求和网络威胁情况,合理应用这些技术和设备,建立稳健的防御体系,协同实现安全保护目的。企业和组织还应定期进行更新和维护,并切实加强员工的安全技术培训工作,最大限度地保障网络安全的稳健性。

3. 安全监测设施

安全监测设施是一种专用于保障企业或组织网络安全的系统设施,主要功能是通过信息安全事件的收集、记录、分析和准确报告,对内部系统信息资产的安全运转进行监视和检测，发现系统中的安全漏洞、异常事项和风险事件，以便及时采取相应行动予以防范。安全监测设施主要包括以下几个部分。

(1)安全事件信息收集和记录系统

该系统主要以日志、访问报表、网络报文等为信息源，收集安全事件、攻击行为等信息和数据，这些信息能够有效帮助企业或组织开展日常风险管理和计算机威胁预警工作。

(2)安全审计系统

该系统的主要功能与安全事件信息收集和记录系统类似，但是更多地应用于保险企业或组织的IT资产安全，监测重要的系统与网络设备日志，对各种安全事件进行审计和分析，追踪安全事件、行为，及时发现并排除疑义点。

(3)安全事件处理和管理系统

安全事件处理和管理系统类似于安全信息与事件管理(security information and event management，SIEM)系统，包括事件信息分析、事件处理流程指引、即时计算机系统安全分析预警、集中收集分析安全态势、溯源技术等，以帮助追踪可能发生的安全事件和漏洞，并高效搜集、分析信息和数据，以便及时采取相应的行动。

综上所述，安全监测设施是综合安全保障系统中非常重要的组成部分，它可以通过实时收集、分析并处理数据，识别潜在的网络安全威胁、攻击行为、威胁情报等，发现网络攻击、残留漏洞以及其他安全隐患。同时，该设施还可以借助于大数据技术、人工智能等手段，最大限度地发现并减少安全风险，提高网络的安全性和稳健性，保护企业或组织的IT架构的安全和稳定。

10.2.4 安全管理

安全管理包括安全管理流程、安全检查和监察等，其作用是通过建立完整的安全管理体系，保障信息系统的安全及可靠性。安全管理流程包括安全防范、安全咨询、安全评估、安全审计等多方面，可以有效地预防和控制安全风险。安全检查和监察则是在安全运营和维护过程中通过引入安全意识教育等措施，防止误操作、故意破坏和其他安全威胁，保障信息系统的日常稳定运行。

1. 安全管理流程

安全管理流程是指企业或组织对其信息安全体系进行规范化安排，包括确定安全目标、评估安全风险、采取预防措施、开展安全咨询等多个方面的措施，以防范和控制安全风险，安全管理一般流程如下。

(1)确定安全目标

企业或组织应制定安全管理计划以及安全目标，如制定安全政策、制定安全运作程序、规划安全周期等，明确工作职责，明确安全工作的目标和范围。

(2)评估安全风险

根据企业或组织的信息系统，对所有可能产生安全威胁的环节进行评估和分析，对风险进行分类和分级，确定相关风险的实际危害程度以及可能产生的损失，并针对性地采取各种信息安全技术措施，开展维护和防控工作。

(3)采取预防措施

在安全风险评估的基础上，分析所采用的信息系统架构，并制定相应的防范措施、技术和手段，如建立防御体系、提高风险防控能力等。

(4)开展安全咨询

通过安全咨询，对整个安全管理流程进行指导、咨询和支持，帮助企业或组织制订、实施和完善其信息安全计划和措施。同时，在安全防御方面，提供相关的支持和咨询服务。

综上所述，安全管理流程是企业或组织应采取的一系列安全措施，它牵涉到所有信息技术活动以及安全管理策略的制定和实现。安全管理流程是建立在业务和安全需求之上的工作流程，可以保障组织或企业的信息安全，并有效地评估、监测并防控安全风险。组织或企业还应定期进行安全培训，加强员工的安全意识和技术知识，为企业或组织的信息安全提供更好的保障。

2. 安全检查和监察

安全检查和监察是指通过引入检查、评估、监控等手段，定期审查、评估、监视企业或组织的安全政策、安全水平，帮助企业和组织保障其信息系统的正常稳定运行，并提高其安全性。安全检查和监察的一些具体方式如下。

(1)安全演练与训练

企业或组织应定期进行安全演练、模拟演练，提高员工的信息安全技能。演练是指在控制的环境中模拟安全事件，以评估应对能力，发现漏洞并对计划进行改进；训练则是指对员工进行教育，提高安全意识和技能的培训。

(2)安全策略及标准化制定

企业或组织应制定信息安全策略、标准化管理措施和实施方案，并严格制定安全控制要求，实施合理的信息安全规定，使企业或组织各方面均能进行合理且有效的安全管理。

(3)安全监控体系建设

企业或组织应搭建监控体系，完成重要性服务的安全风险评估及监控。此外，企业或组织还应建立安全事件通报机制，及时发现并报告异常事件。

(4)合规性审计与管理

企业或组织应坚持遵守合规性规定、政策和标准框架，确保其业务符合安全及隐私要求，同时，审计则可帮助识别合规问题，并及时纠正相关事项。

综上所述，安全检查和监察是非常重要的安全管理手段。企业或组织应引入多方面的措施来保障其信息系统的日常稳定运行，保证其安全性。除具体手段外，企业或组织还应加强员工的安全技能培训，提高组织全员的安全风险意识。

信息资源安全管理框架是一个由安全策略、安全组织、安全技术和安全管理等构成的完整体系，通过对各个方面的整合和统一，实现信息资源的全面保障，保证其完整性、保密性、可用性等。需要注意，在实际操作中，信息资源管理者需要根据组织实际情况，建立并调整相应的信息资源安全管理框架，采用科学的方法和有效的技术手段，全面保障信息资源的安全性和可控性。

10.3 信息资源安全管理标准

信息资源安全管理标准是指用来规范和指导信息资源安全管理工作的标准体系。这些标准确立了企业或组织开展信息资源安全管理的要求，可用以规范信息资源安全管理实践，以确保信息资源的保密性、完整性和可用性。在信息化和数字化时代，信息资源安全早已成为一个重要的问题，因此，各种安全管理标准应运而生，它们都提供了具体的技术要求、安全措施和管理机制。本节将着重介绍信息资源安全管理标准的分类。

10.3.1 国际标准

国际标准是指在全球范围内广泛使用的标准，在信息资源安全管理领域也有此类标准。如ISO/IEC 27001标准、OCTAVE标准、NIST的CSF标准、PCI-DSS标准、COBIT标准、ITIL标准等。本小节选择其中影响力较大的ISO/IEC 27001标准和OCTAVE标准进行介绍。

1. ISO/IEC 27001标准

信息资源安全管理的国际标准有多个，其中最具权威性和普及性的是ISO/IEC 27001标准，该标准规范了信息安全管理体系的建设、实施、操作、监视、维护和改进的全过程，是当今国际上最具认可性和应用性的信息安全管理标准。

ISO/IEC 27001标准由国际标准化组织（International Standards Organization，ISO）和国际电工委员会（International Electortechnical Commission，IEC）联合制定，是集全球智慧、涵盖多技术元素的复合标准，旨在为企业或组织提供一套系统化、一致性的信息安全管理框架。该标准具有以下七个主体结构。

①范围：规定标准文件的适用范围、定义和缩略语、准确和明确的安全目标以

及实施管理要求。

②规范性参考文件：规定标准使用的其他相关标准文件和制定标准出台时的参考条款和内容。

③术语和定义：规定标准中所涉及定义的名称和词汇。

④信息安全管理体系：规定建立、实施、管理、监督、审核和持续改进基于风险评估构建的全面信息安全管理系统。

⑤管理责任：规定管理层的责任和义务，以确保信息安全管理系统实施、维护和不断改进的有效性。

⑥资源管理：规定资源管理的要求和方法，以确保有效的信息安全管理。

⑦风险评估：规定风险管理的要求和方法，以确保及时分析、评估、处理风险并采取有效措施来管控风险。

为了确保企业或组织的信息资源安全，ISO/IEC 27001 标准还强调风险评估导向的安全管理思想，包括评估风险、识别并评估相关威胁、采取恰当的安全控制措施、监测和审计等各种安全控制的实施情况以及持续改进方案等多个环节。实践证明，ISO/IEC 27001 标准能够帮助企业或组织制定更好的信息安全策略，提高信息安全的保障能力，加强企业或组织的整体安全水平，从而有力地促进企业或组织的可持续发展和信息化进程。

此外，ISO/IEC 27001 标准还要求企业或组织定期进行安全审核和内部审核，以确保信息安全管理的有效性、适用性和持续改进性。

值得注意的是，ISO/IEC 27001 标准不仅可为企业或组织提供商业保护和信息保密性保障，还能够让企业或组织的用户和其他利益相关者更加信任企业或组织所提供的所有信息服务。因此，无论是对于企业还是组织，在信息资源安全管理的过程中，ISO/IEC 27001 标准都是必不可少的一项重要工具，并且将会在未来得到更广泛的应用和发展。ISO/IEC 27001 标准的实施一般参照以下流程。

(1)认识和准备

在认识 ISO/IEC 27001 标准的基础上，企业或组织首先需要建立一个内部的项目小组，由高层主管和其他相关人员组成。项目小组需要协调各部门以及外部的专业机构进行实施、审核和评估。此外，在准备阶段还需要充分了解和掌握公司的文化、制度、业务流程和业务特性，以便更好地实施和推进 ISO/IEC 27001 标准。

(2)风险评估和管理

企业或组织需要根据 ISO/IEC 27001 标准的规定，对其业务流程、信息资产、安全威胁及其他相关业务进行全面的风险评估和管理。风险评估包括确定关键信息、评估信息安全风险、确定关键安全控制措施以及执行风险管理计划等。

(3)制定信息安全管理体系

企业或组织需要制定一系列信息安全管理文件,如信息安全方针、信息安全管理手册、风险评估和处理文件等;还需要制定适当的安全控制措施和政策以保护和监控其关键信息系统。

(4)实施和运行

企业或组织开始执行其安全管理体系,包括实施和监督 ISO/IEC 27001 标准中规定的各项风险控制措施以及相关的技术和管理方案,同时还要持续监控和改进其安全管理体系。

(5)内部审核

企业或组织需要开展内部审核计划,以验证其安全管理体系是否达到 ISO/IEC 27001 标准的要求,指出潜在的问题并提供报告。

(6)管理评审

对于 ISO/IEC 27001 标准的实施,企业或组织需要拥有管理评审流程和方案,并以此来持续改进其安全管理体系和相关的控制措施。

(7)进行认证评估

企业或组织需要聘请独立认证机构进行认证评估,以确定其信息安全管理体系是否符合 ISO/IEC 27001 标准的要求,并进行认证。认证评估通常由国际机构来实施。

ISO/IEC 27001 标准的实施是一项复杂的任务,需要企业或组织建立一个成熟的安全管理体系,辅以具体的政策和流程来支持其安全管理实施,并在此基础上进行不断改进和优化。

2. OCTAVE 标准

OCTAVE(operationally critical threat, asset, and vulnerability evaluation)是一种针对信息系统的风险评估方法和框架,它由美国卡内基梅隆大学的研究人员开发,在信息资源安全管理领域应用广泛。OCTAVE 标准主要侧重于安全风险的识别和管理,能够帮助企业或组织提高对于风险的感知,发掘潜在的安全威胁,并采取有效控制措施加以防范,从而保障信息系统的安全性和稳定运行。OCTAVE 标准由三个不同级别的表单形式构成,覆盖整个风险评估流程,具体如下。

(1)OCTAVE Allegro

OCTAVE Allegro 是一种基于调查的风险评估方法,主要用于小型企业或组织。它强调明确安全保障目标及其定位,同时要确定风险因素和风险评估的流程。评估的结果可以根据实际情况确定风险等级和应对措施,并采取有效的保护措施。

(2)OCTAVE Lite

OCTAVE Lite 是一种基于文档的风险评估方法,主要适用于中型企业或组织。它侧重于实现风险识别,主要通过调查、简单的人员访谈和可用文档的分析来实现风险评估。

(3)OCTAVE

OCTAVE 是一种进阶的风险评估方法,适用于大型企业或组织,是更深入、更复杂的风险评估。OCTAVE 更加注重分类和评估安全属性、资源配置的合理性和合规性等方面的要素,扩大了评估视角,提高了整体安全性。

以上三种方法包括的工具和技术可以相互补充,以确保更完备、更全面地进行风险评估。通常情况下,企业或组织可以根据自身实际情况选择一种或多种方法,以便进行全面的风险评估和管理。

OCTAVE 标准的实施流程在总体上侧重于风险识别和处理,力求保护企业或组织的信息系统,增强其安全性和可靠性,使其能够应对潜在的安全威胁并对其作出及时的应对,其一般实施流程如下。

①确定评估目标。在实施 OCTAVE 标准之前,企业或组织需要明确评估目标,确定需要评估的业务流程、信息系统、数据信息和资产等,以及其他相关的评估目的和要求,如确保遵守法律法规的要求。

②收集和分析信息。企业或组织需要收集和分析关于所评估系统的信息,以了解其特定的业务流程和信息系统构成,识别潜在的威胁和漏洞,分析其关键资产和保护需求。

③识别威胁和漏洞。基于收集和分析的信息,企业或组织需要识别和分析潜在的威胁和漏洞,以识别系统中的风险。

④评估风险。企业或组织需要对其所识别的风险进行定量或定性评估,并考虑风险的严重性和概率,以确定系统以及相关决策是否需要外部控制和/或修复方案。

⑤制订风险处理计划。企业或组织需要制订风险处理计划,包括识别风险的控制措施、预防措施、检测措施、应对措施和恢复措施,以减少风险发生的概率并使其影响最小化。

⑥实施处理计划。企业或组织需要执行风险处理计划,并确保其可行和有效,同时监控执行过程和效果,并及时调整和更新处理计划。

⑦监控和审计。企业或组织需要设置监控和审计机制,以检测风险发生的情况,并对其管理措施进行定期审计和评估,以确保它们符合要求并为其指明方向。

OCTAVE 标准是一个非常重要的信息安全评估框架,它不仅具有很好的灵活性和实用性,而且可以帮助企业或组织识别和管理各种安全威胁,确保其信息系统的安全性和可靠性，进一步保证企业或组织信息资源的安全性和可用性。

10.3.2 国家标准

我国的信息资源安全管理国家标准是由国家标准化管理委员会制定的，主要针对信息资源安全管理领域，可以帮助企业或组织规范和提升其信息资产和信息安全管理水平，从而保障信息系统的安全和完整性。

目前，国家标准化管理委员会发布了一系列与信息资源安全管理相关的国家标准，主要有以下几种：①GB/T 35273—2020《信息安全技术 个人信息安全规范》；②GB/T 22080—2016《信息技术 安全技术 信息安全管理体系 要求》；③GB/Z 28828—2012《信息安全技术 公共及商用服务信息系统个人信息保护指南》。

10.3.3 行业标准

信息资源安全管理是一个广泛的领域，针对不同的行业和业务类型，可能存在不同的信息资源安全管理标准，如金融行业相关标准、医疗行业相关标准、能源行业相关标准、互联网行业相关标准以及电信行业相关标准等。

各行业在信息资源安全管理方面都有自己的行业规范或指导文件，这些规范或文件为企业或组织的规范化经营提供了依据，提出了要求，并起到信息资源安全保障和保护作用。企业或组织可以根据自身的行业类型，选择适合自身需求的标准指南，以确保其信息资源处于一个安全、可靠的状态。

综上所述，信息资源安全管理标准的分类是多层次、多领域的，可适应不同的安全需求和应用范围，可分为国际标准、国家标准、行业标准等。不同的标准规定了具体的安全要求、管理机制和实施流程，为企业或组织的信息安全管理提供了操作依据，可以帮助企业或组织建立健全信息安全体系，保障企业或组织的信息资产安全。

10.4 常见信息资源安全管理技术

信息资源安全管理技术不仅是实现信息资源安全管理的基础，同时也是组织信息化建设的重要组成部分，其意义在于可以帮助组织建立一个完善的信息安全保护体系，有效保障组织信息资源的安全性和完整性，避免非法窃取、篡改、破坏和泄露等信息安全问题。只有采用切实可行、完善有效的信息安全技术措施，才能更好地保障组织的信息资源安全，提高组织的业务运作效率，降低组织安全风险，助力组织保持竞争优势。信息资源安全管理技术主要包括信息加密与隐藏、数字签名与验证、虚拟专用网络等。

10.4.1　信息加密与隐藏

1. 信息加密

信息加密是信息安全管理中常用的技术手段，其通过将信息和数据转化为一种难以被非法获取、窃听、篡改或者破坏的状态，以实现保护敏感信息（如企业客户账户、交易记录、财务数据等）、防范黑客攻击、保护隐私（如个人身份、姓名、手机号码、地址、电子邮件地址等信息）、遵守法规要求（如《中华人民共和国网络安全法》要求企业或组织对敏感数据或个人信息进行加密保护）等目的。信息加密的基本原理是利用特定的算法对信息进行变换和打乱，从而使得未经授权的用户无法读取和理解这些信息，以达到保护信息安全和隐私的目的。

（1）密码的分类

按密码的应用技术或历史发展阶段划分，密码可分为手工密码、机械密码、电子机内乱密码和计算机密码。

①手工密码。以手工方式完成加密作业，或者以简单器具辅助操作的密码，称为手工密码。第一次世界大战前，手工密码普遍应用。

②机械密码。以机械密码机或电动密码机来完成加解密作业的密码，称为机械密码。这种密码在第一次世界大战中首次出现，在第二次世界大战中得到普遍应用。

③电子机内乱密码。通过电子电路以严格的程序进行逻辑运算，以少量制乱元素生产大量的加密乱数，又因其制乱是在加解密过程中完成的，不需预先制作，所以被称为电子机内乱密码，这种密码在 20 世纪 50 年代末期到 20 世纪 70 年代广泛使用。

④计算机密码。计算机密码的加密算法主要由计算机软件完成，是目前使用最广泛的加密方式。

按密码的保密程度划分，密码可分为理论上保密的密码、实际上保密的密码和不保密的密码。

①理论上保密的密码。不管获取多少密文和拥有多大的计算能力，对明文始终不能得到唯一解的密码，称为理论上保密的密码，也叫作理论不可破的密码，客观随机一次一密的密码就属于这种。

②实际上保密的密码。在理论上可破，但在现有客观条件下，无法通过计算来确定唯一解的密码，称为实际上保密的密码。

③不保密的密码。在获取一定数量的密文后可以得到唯一解的密码称为不保密的密码。如早期的单表代替密码，后来的多表代替密码，以及明文加少量密钥等密码，现在都被称为不保密的密码。

按密码的密钥方式划分,密码可分为对称式密码和非对称式密码。

①对称式密码。收发双方使用相同密钥的密码称为对称式密码,传统的密码均属此类。

②非对称式密码。收发双方使用不同密钥的密码称为非对称式密码,现代密码中的公共密钥密码就属此类。

按密码的明文形态划分,密码可分为模拟型密码和数字型密码。

①模拟型密码。对动态范围之内连续变化的语音信号加密的密码称为模拟型密码,这种密码多用于加密模拟信息。

②数字型密码。对两个离散电平构成 0、1 二进制关系的电报信息加密的密码称为数字型密码,这种密码多用于加密数字信息。

此外,按密码的编制原理划分,密码还可分为移位密码、代替密码和置换密码及其组合形式的密码。古今中外的密码,不论其形态多么繁杂,变化多么巧妙,都是按照这三种基本原理编制出来的。

(2)信息加密过程

信息加密过程是通过加密系统将明文信息(原始信息)转换为内容无法被未授权的人或计算机系统读取或识别的密文(加密后的信息),同时保证密文在传送或存储过程中不被篡改和破译的过程。信息加密过程如图 10-1 所示。

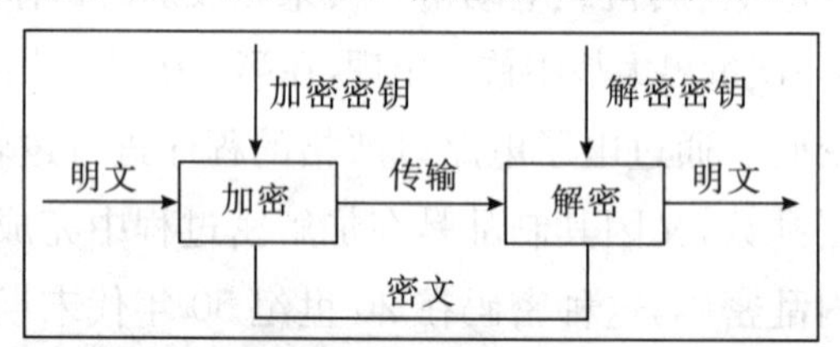

图 10-1 信息加密过程

①选择加密算法和密钥。选择一种合适的加密算法和对应的密钥,密钥可以是对称密钥或非对称密钥。

②加密。首先将明文信息按照特定方式进行转换(如将明文信息进行分组处理,每组处理长度不同),然后应用加密算法和密钥进行加密操作,产生密文信息。

③密文传输或保存。将加密后的密文信息传输或保存在相应的设备或媒体中。

④解密。利用相应的解密算法和密钥对密文信息进行解密操作,还原得到原始明文信息。

需要注意,在信息加密过程中,保证密钥的安全性是非常重要的,只有授权人或者计算机系统才能得到对应的密钥,进行信息的解密操作。同时,需要在信息传输或存储过程中加上安全控制措施,比如访问控制、完整性校验等,以提高加密数据的安全性和可靠性。

(3)常见加密技术

①对称加密技术。对称加密技术是指发送方和接收方使用相同的密钥进行加密和解密的技术，也称为共享密钥加密技术。对称加密技术的优点是加解密速度快，加密算法简单，但是密钥管理和分配比较困难，有安全风险。常见的对称加密算法有数据加密标准(data encryption standard，DES)、高级加密标准(advanced encryption standard，AES)和RC4(Rivest Cipher 4)等。

②非对称加密技术。非对称加密技术是指发送方和接收方使用不同的密钥进行加密和解密的技术，也称为公钥加密技术。用公钥(public key)加密的密文，只能用对应的私钥(private key)才能解密为明文，用私钥加密的密文也只能用对应的公钥才能解密为明文。非对称加密技术的优点是密钥管理和分配相对容易，安全性较高，但是加解密速度比较慢。常见的非对称加密算法有RSA算法①、数字签名算法(digital signature algorithm，DSA)、椭圆曲线密码体制(elliptic curve cryptosystem，ECC)等。

③哈希加密技术。哈希加密技术是指将任意长度的数据通过哈希算法变换成固定长度的摘要信息的技术。哈希加密技术不需要密钥，只需要一组公开的哈希算法和摘要信息，且算法执行速度快。但是哈希算法不可逆，不能通过哈希值推出原始数据，所以哈希加密技术主要用于数据完整性校验和数字签名等应用。常见的哈希算法有安全散列算法1(secure hash algorithm 1，SHA-1)、信息摘要算法(message-digest algorithm 5，MD5)、安全散列算法256(secure hash algorithm 256，SHA-256)等。

除上述常见加密技术外，在实践中还会使用混合加密技术，即将对称加密技术和非对称加密技术结合起来使用，从而克服各自的缺点。混合加密技术通常使用对称加密技术保护数据的机密性，同时使用非对称加密技术保护密钥的安全性。

(4)信息加密操作实例

实例一：采用非对称加密技术加密SSL/TLS协议中的HTTPS协议。

安全套接层协议(secure sockets layer，SSL)和传输层安全协议(transport layer security，TLS)都是用于保障互联网安全的通信协议，SSL/TLS协议不仅可以保护网站和Web应用程序的传输，还可以保护包括电子邮件、FTP和其他客户端/服务端应用程序在内的多种应用程序的通信。超文本传输安全协议

---

①　RSA为三位提出者罗纳德·李维斯特(Ronald Rivest)、阿迪·萨莫尔(Adi Shamir)和伦纳德·阿德曼(Leonard Adleman)的姓名首字母组合。

(hypertext transfer protocol secure，HTTPS)使用 SSL/TLS 协议对其传输的数据进行加密处理，以保证网络通信过程中传输的数据不被窃听和篡改。当客户端访问一个采用 HTTPS 协议的站点，要求建立加密连接时，通常会执行以下步骤。

①客户端向服务器的 443 端口发送请求，要求建立 SSL/TLS 加密连接。

②服务器返回一个数字证书，该证书中包含服务器的公钥和一些相关信息。数字证书是由证书代理机构(certificate agency，CA)发布的、用于证明服务器身份的数字凭证。

③客户端使用本地存储的 CA 证书验证服务器提供的数字证书是否有效、可信，如果无效，则中止连接。

④如果客户端确认服务器数字证书的有效性，客户端会生成一个随机的对称密钥，并使用服务器的公钥对其加密，并将加密后的对称密钥发送给服务器。

⑤服务器使用自己的私钥进行解密，得到客户端的对称密钥。

⑥在上述建立的加密连接中，服务器和客户端将使用该对称密钥进行加密和解密，以保证数据传输的隐私性和安全性。在整个过程中，非对称加密仅用来进行密钥协商，提供一个安全的会话通道。需要注意，尽管非对称加密算法的安全性较高，但在加密和解密数据时速度较慢，因此，在实际的应用中需要根据具体的场景来选择合适的加密算法和密钥长度，以在安全性和性能之间作出合适的平衡。

实例二：压缩文件的加密与解密。

对文件进行压缩可以节省存储空间、提高文件传输速度、打包多个文件，以及加密数据。7-Zip 是基于 GNU 次要公共许可协议(lesser general public license LGPL)发布的一款免费、开源的压缩解压软件。它不仅支持各种压缩格式，也内置了强大的信息加密功能。下面对 Windows 操作系统中利用 7-Zip 对文件进行加密与解密的过程进行介绍。

①右键单击待加密的文件或文件夹，选择 7-Zip 菜单中的“添加到压缩包”以启动新窗口。

②如图 10-2 所示，在新窗口右侧的“加密”部分，输入两遍密码(必须使用一个容易记住且别人难以猜到的密码)。

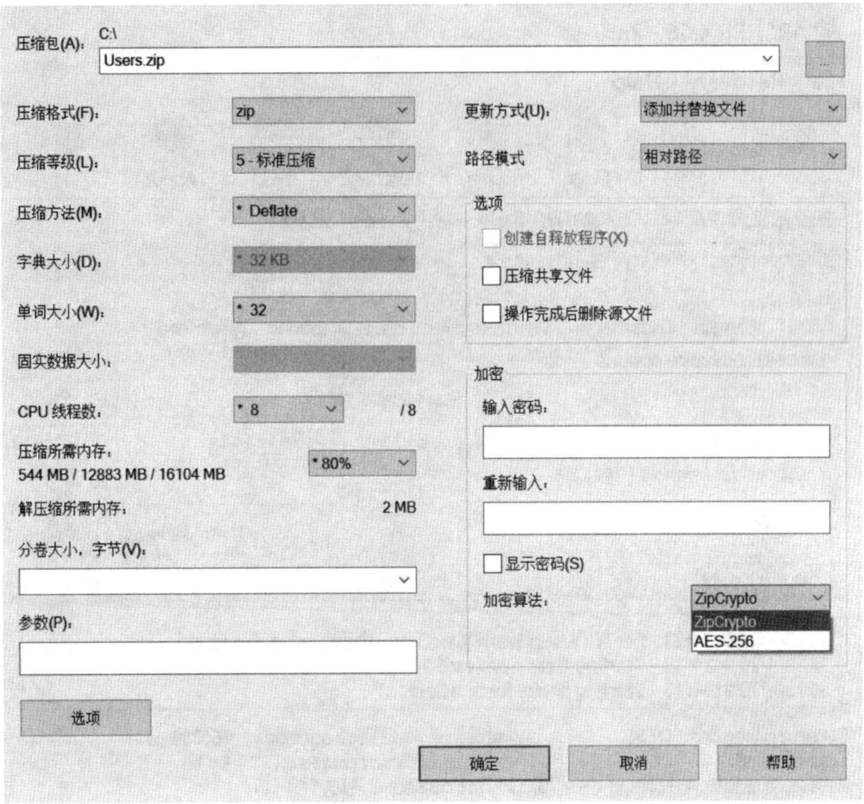

压缩包(A): C:\
Users.zip
压缩格式(F): zip
压缩等级(L): 5-标准压缩
压缩方法(M): * Deflate
字典大小(D): * 32 KB
单词大小(W): * 32
固实数据大小:
CPU 线程数: * 8 /8
压缩所需内存:
544 MB / 12883 MB / 16104 MB * 80%
解压缩所需内存: 2 MB
分卷大小,字节(V):
参数(P):
选项
更新方式(U): 添加并替换文件
路径模式 相对路径
选项
创建自释放程序(X)
压缩共享文件
操作完成后删除源文件
加密
输入密码:
重新输入:
显示密码(S)
加密算法: ZipCrypto
ZipCrypto
AES-256
确定 取消 帮助

图 10-2 7-Zip 加密界面

③在加密算法中可以选择 ZipCrypto 或 AES-256。

④确认无误后单击“确定”按钮,随后启动压缩过程,并随之启用密码保护功能。

7-Zip 上的密码保护功能使用简单,操作便捷,尤其是在公共计算机上共享和传递文件时,可以增加受密码保护文件的安全性。

实例三:已加密压缩文件的解密。

已加密的压缩文件(如. zip、. rar、. war、. 7z 等格式的文件)均无法直接获取或清除其密码。蛮力攻击(brute-force attack)是目前可以用于破解加密压缩文件的攻击方式,这是一种通过尝试所有可能的密码组合来破解密码的攻击方式。攻击者使用蛮力攻击时,会使用计算机程序自动化地将所有的数字、大小写字母、标点符号都进行排列组合,逐个尝试以确定密码。使用 ARCHPR 软件蛮力攻击加密压缩文件的过程如图 10-3 和图 10-4 所示。

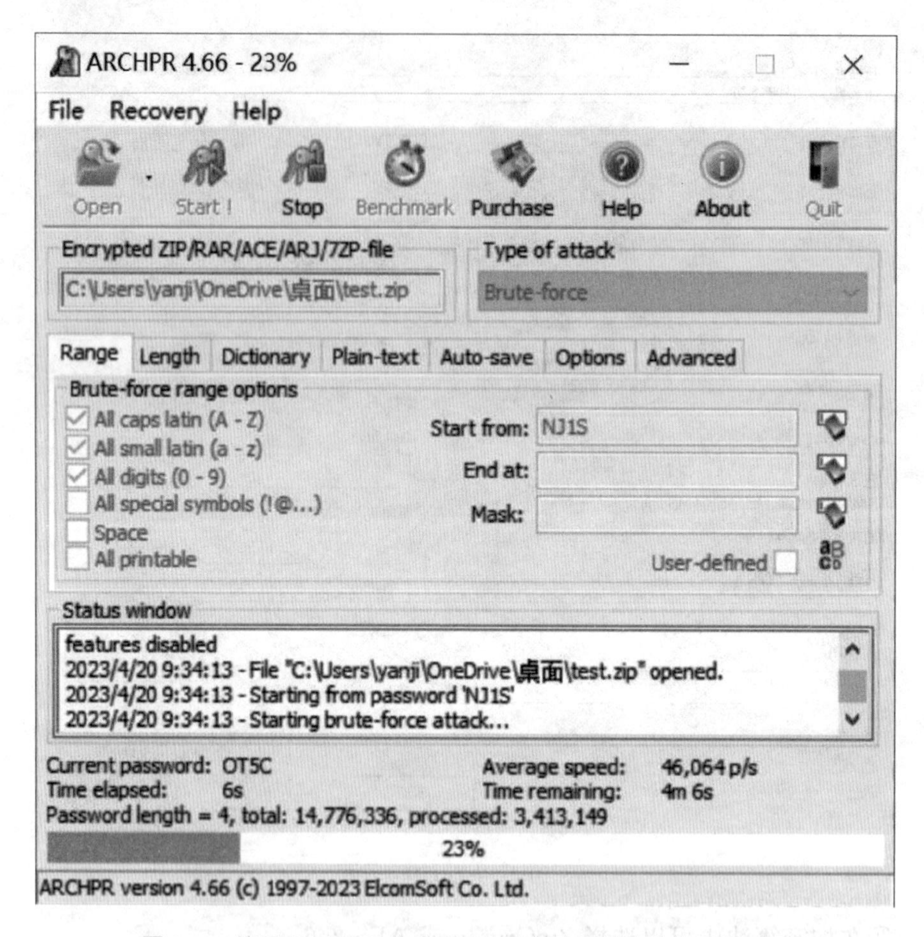

图 10-3 使用 ARCHPR 软件蛮力攻击加密压缩文件的设置界面

Password successfully recovered !

Advanced Archive Password Recovery statistics:

Total passwords	1,599,357
Total time	37s 246ms
Average speed (passwords per second)	42,940
Password for this file	T123
Password in HEX	54 31 32 33

Save... OK

图 10-4 使用 ARCHPR 软件破解加密压缩文件密码的结果

蛮力攻击的安全风险不仅存在于本地加密文件，也存在于网络通信过程中。防范蛮力攻击，可以综合运用以下措施。

①使用强密码。使用强密码(密码由 12 个及以上字符构成)并定期更改密码

是防范蛮力攻击的有效方法。建议使用 Bitwarden 等开源、跨平台密码管理软件来辅助管理密码。

②启用多因素身份验证。多因素身份验证需要使用两个或两个以上身份验证因素来验证身份(比如使用短信验证码、Authenticator 等两步验证程序,又如使用指纹识别、声纹识别、人脸识别等验证方式),使攻击者无法通过简单的密码登录。

③实施访问限制措施。可以将访问限制措施(如限制登录尝试数量和时间)设置为一定限制内无法重复登录或登录失败次数达到一定次数后封锁 IP 等。

④使用加密技术和安全协议:使用加密技术和类似 SSL/TSL 的安全协议,这些协议可对网络通信数据进行保护,通过支持加密算法和足够长的密钥长度,使得软件蛮力攻击破解加密数据变得不可行。

2. 信息隐藏

信息隐藏(information hiding)的思想起源于隐写技术(steganography),这是一种将秘密信息隐藏在某些宿主对象中,使信息在传输或存储过程中不被发现或不引起注意,接收者获得隐藏对象后按照约定规则可读取秘密信息的技术。信息隐藏的主要目的是保护敏感数据的机密性,确保数据不被非法访问或泄露,可以极大地增强信息的安全性和保密性。

人类对信息隐藏技术的应用可以追溯到几千年前的远古时代,后来人们把信息隐藏技术归纳为技术隐写技术和语义隐写技术,但隐藏的具体方法不尽相同。而现代信息隐藏技术是指在数字媒体(如图像、音频和视频等)中嵌入不可见的秘密信息,而不严重修改原始数据的技术。信息隐藏技术的主要应用场景为隐秘通信和数字水印,前者应用于隐匿通信信道,而后者用于数字作品的版权保护。

(1)隐秘通信

隐秘通信是指利用信息隐藏技术进行秘密通信的一种方法。它允许发送方和接收方之间通过从媒体中隐藏秘密信息来传递信息,而不会被未授权的用户察觉到。这种通信适用于需要保密的信息,如在军事、政府或商业领域中进行秘密交流的信息。隐秘通信通常依靠载体文件来隐藏秘密信息。载体文件可以是各种数字媒体,如图像、音频和视频等,可以使用各种隐藏技术将秘密信息嵌入载体文件中。载体文件看起来与普通的图像、音频和视频相同,但实际上它包含额外的信息,只能由知道密钥的接收方获得。

使用隐秘通信时,发送方和接收方需要事先协商好嵌入算法、密钥、嵌入位置等参数,以确保信息的安全。隐秘通信仅限于双方之间的通信,因此可以更有效地保护其安全性,同时,隐秘通信还可以随时随地进行通信而不需要交换任何物理设备。

尽管隐秘通信在保护秘密信息方面具有很好的效果，但它也有一些缺点。如果密钥被泄露或者使用不当，就会使秘密信息不再安全。使用隐秘通信进行通信还可能需要消耗更多的时间和精力，因为它需要进行秘密协商、使用隐藏技术。此外，使用隐秘通信进行通信需要在某些地区或组织中获得政府批准或许可。

目前，大多数隐秘通信技术的应用都可以归纳为图 10-5 所示的一般模型。其中，原始数据是指没有嵌入秘密信息的数据，是秘密信息的载体数据，也称掩饰(cover)数据；秘密信息是指准备嵌入原始数据中隐秘传输的信息；嵌入密钥是把秘密信息嵌入原始数据的运算中所使用的密钥；嵌入过程是把秘密信息在嵌入密钥的作用下嵌入原始数据中的过程；携密数据是指在原始数据中嵌入了秘密信息之后被实际传输的数据，也叫隐匿数据；提取密钥是把秘密信息从携密数据中提取出来的过程中所使用的密钥；提取过程是把接收到的数据在提取密钥的作用下析出秘密信息的过程；隐匿攻击是指试图发现秘密信息进而对其破译的操作或运算。

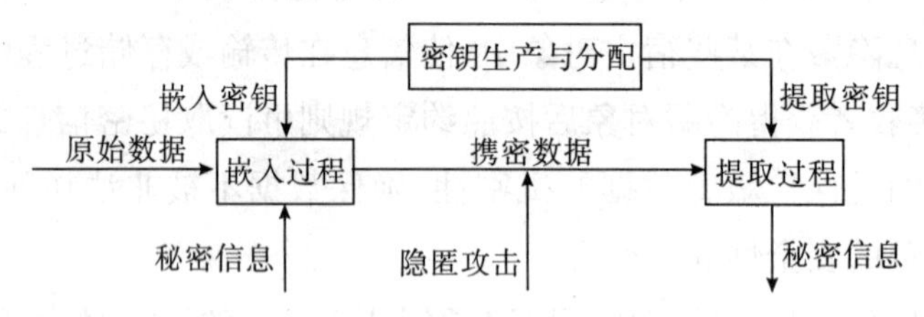

图 10-5 隐秘通信系统的一般模型

(2)数字水印

数字水印(digital watermarking)是一种在数字作品中嵌入的、不影响媒体质量的不可见信息，可用于验证数字作品的真实性、完整性、所有权和来源等，是一种数字版权保护技术，其作用具体如下。

①唯一性标识。数字水印可以为数字作品分配唯一的标识信息，从而在不同的设备、平台和应用程序中跟踪和识别数字作品的使用情况，帮助作品内容的发行方了解内容的使用情况，为商业决策提供依据。

②版权保护。数字水印可用于证明数字作品内容的所有权，防止未授权的复制和使用，保护原创作者的版权。

③信息隐藏。数字水印可以在不影响原始媒体信息的情况下嵌入任意信息，如文字、数字、图像等，隐藏在数字作品中传播，提高信息传递效率。

④数字取证。数字水印可以在数字作品中嵌入可追踪的标识信息，生成数字证据，用于追踪、定位和追诉侵权行为和犯罪行为，为司法调查提供有效的证据。

可见，数字水印可以为数字媒体提供多重保护，并增强数字版权保护、信息隐藏、数字取证和内容管理的能力。

总之，从具体实现方法上，信息隐藏通常是通过修改目标数据的一些无关维度，嵌入秘密信息，而不会对数据的可视外观产生明显影响。例如，可以改变图像中像素的颜色、亮度来嵌入秘密信息，而对人眼来说，图像看起来没有变化，但可以通过特定的工具来提取嵌入的信息。需要注意，信息隐藏技术可能被应用于非法或者破坏性目的，因此，使用这种技术时应格外谨慎并遵守相关法律规定。

(3)信息隐藏应用软件

支持信息隐藏的应用软件非常多，如 OpenStego、Steghide、Outguess、F5 Steganography、OpenPuff 等。在选择信息隐藏软件时，应根据项目要求选择适合的工具与算法。

①OpenStego。OpenStego 是一款自由软件，可以将机密信息隐藏在任何媒体类型中，如图像文件或音频文件，而无须选择语言或文件格式。OpenStego 可在多个系统上使用，如 Windows、macOS 和 Linux 等。

②Steghide。Steghide 是一个简单的编码/解码工具，用于在视觉、音频和数字实体中隐藏信息。该软件可在 Linux、Windows 和 macOS 等多个系统上使用。它易于使用，被广泛应用于信息隐藏。

③Outguess。Outguess 是相对较老的软件，最初发布于 2002 年，但如今仍然使用广泛。Outguess 是一款免费软件，可在多个系统上运行，如 Linux 和 Windows，它可将数据隐藏在 JFIF 或 JPEG 图像中。

④F5 Steganography。F5 Steganography 是一款运行在 Windows 系统上的免费软件，它可以在多种文件类型中隐藏数据，如音频文件、图像文件和字体文件等，对于图像文件，还可以将其转换为不同的格式。

⑤OpenPuff。OpenPuff 是一款自由软件，适用于多个系统，如 Windows、Linux 和 macOS。OpenPuff 可以将秘密信息隐藏在不同类型的媒体中，如图像文件、视频文件和音频文件等。

(4)信息隐藏操作实例：使用 OpenStego 进行信息隐藏

OpenStego 有数据隐藏和数字水印两种操作模式。在数据隐藏模式下，该软件支持将数据(文件)隐藏在图像中或从图像中提取数据，图 10-6 和图 10-7 展示了如何执行此类操作。

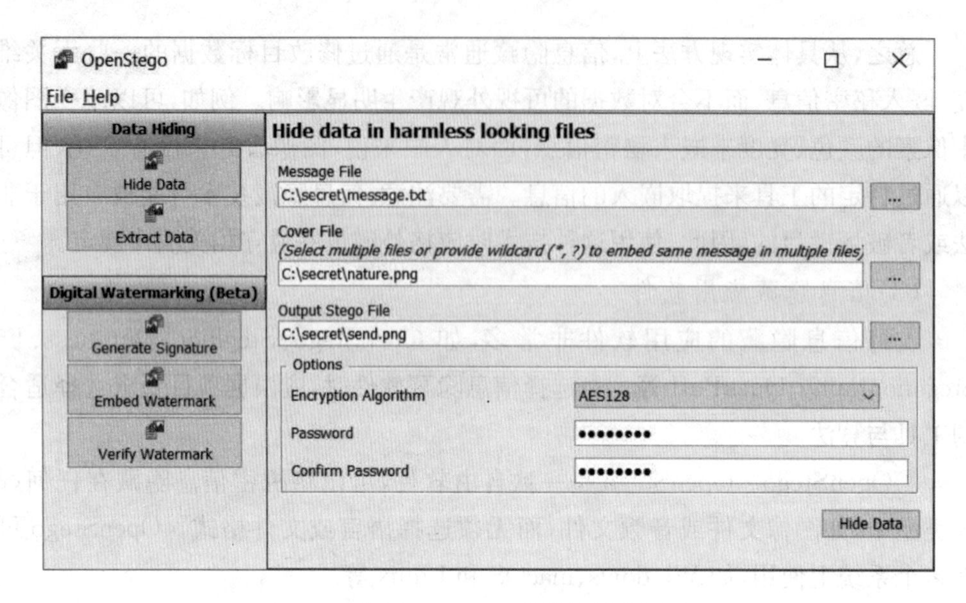

图 10-6　使用 OpenStego 将数据隐藏于图片

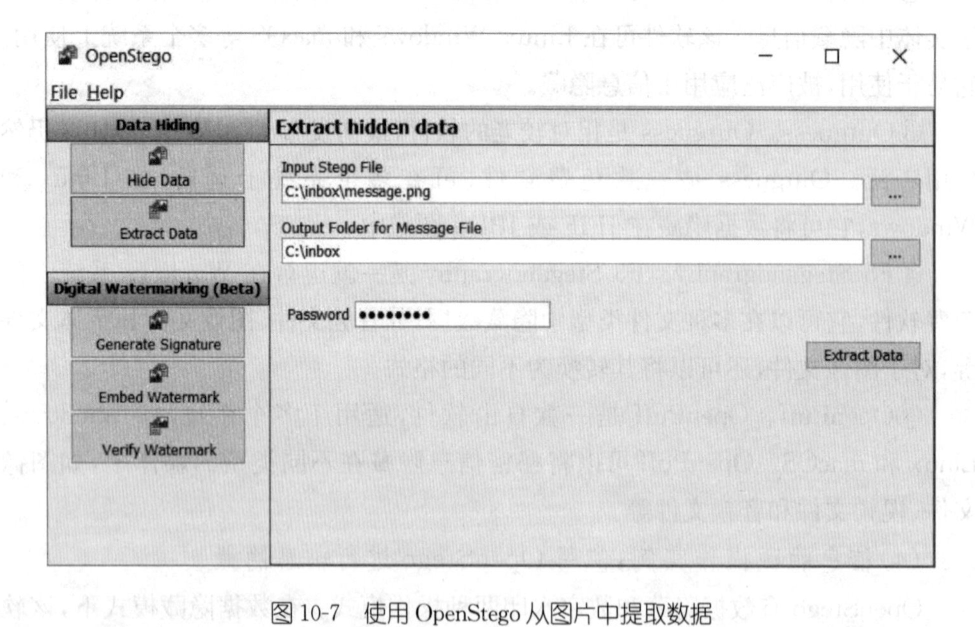

图 10-7　使用 OpenStego 从图片中提取数据

在数字水印模式下，该软件支持使用签名文件对图像进行添加水印或验证水印操作。首先，需要生成签名文件，然后，将其对图像进行添加水印或验证水印操作。图 10-8、图 10-9 和图 10-10 展示了如何执行此类操作。

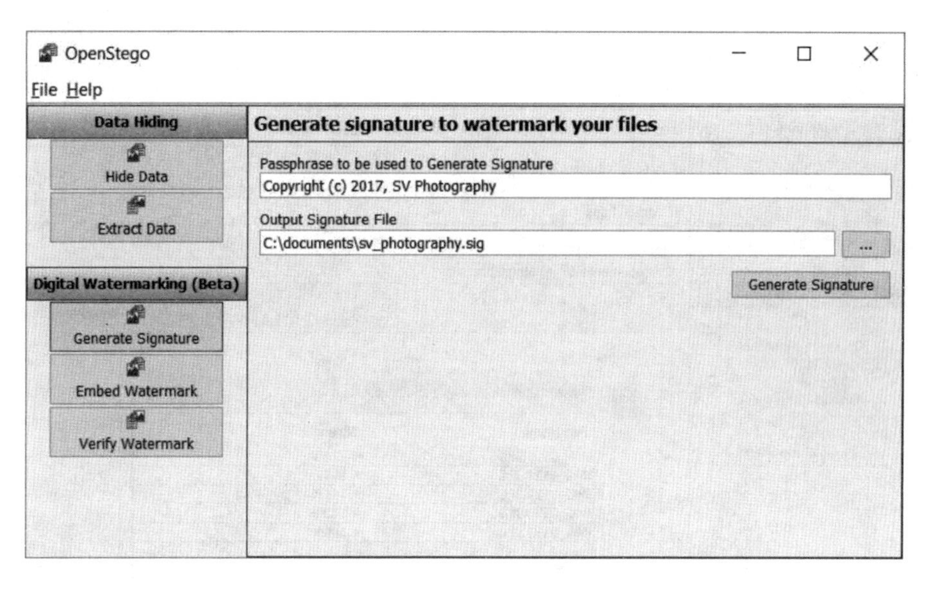

图 10-8　使用 OpenStego 生成签名

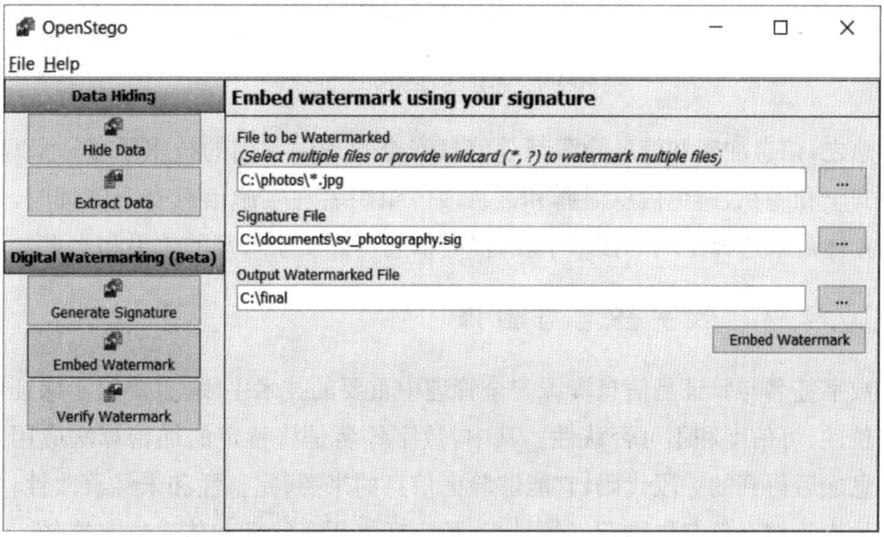

OpenStego
File Help
Data Hiding
Hide Data
Extract Data
Digital Watermarking (Beta)
Generate Signature
Embed Watermark
Verify Watermark
Embed watermark using your signature
File to be Watermarked
(Select multiple files or provide wildcard (*, ?) to watermark multiple files)
C:\photos*.jpg
Signature File
C:\documents\sv_photography.sig
Output Watermarked File
C:\final
Embed Watermark

图 10-9　使用 OpenStego 对文件添加水印

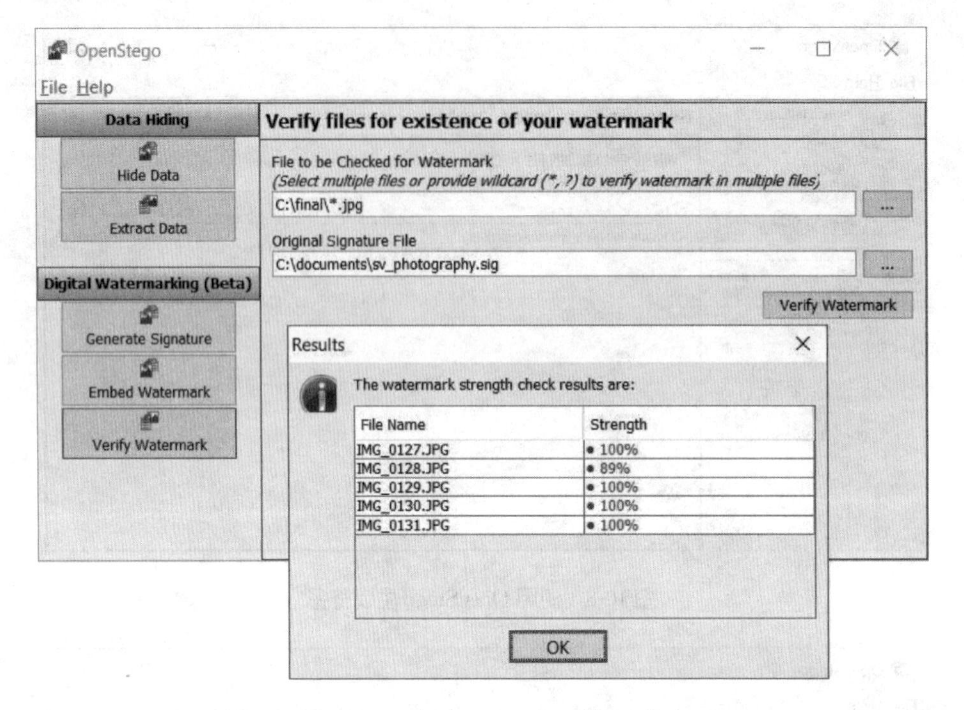

图 10-10 使用 OpenStego 验证水印

总之，信息加密和信息隐藏都是信息安全管理中常用的技术手段，可以保护信息安全和隐私，避免信息泄露和被篡改。组织者在实施信息安全管理时，可以根据具体需求选择不同的技术手段，提高信息资源安全管理的效果和水平。

10.4.2 数字签名与验证

数字签名与验证是信息资源安全管理中重要的技术手段，主要用于保证信息的完整性、可信度和不可否认性。其中，数字签名是将特定的加密算法应用于原始信息之后得到的一段代码，它能够验证信息的来源、完整性和未经篡改性；数字验证是指为数字签名提供背书的过程，数字证书用于管理和传递数字签名。

1. 数字签名

(1)数字签名的概念

数字签名(digital signature)是应用密码学技术对电子信息进行签名加密，防止信息在传输过程中被篡改的技术。数字签名需要使用私钥对信息进行签名加密，接收方使用公钥对签名进行验证解密，从而证明信息的完整性和真实性。

(2)数字签名与签名验证的原理

图 10-11 是描述数字签名的生成和使用过程的通用模型。假设 Bob 想要向 Alice 发送一条消息，虽然保持消息保密并不重要，但他希望 Alice 确信该消息确实是由他发送的。为此，Bob 使用了一个安全的哈希函数来为消息生成一个哈希

值，该哈希值连同Bob的私钥作为输入传递给数字签名生成算法，并由该算法生成数字签名。Bob将带有数字签名的消息发送出去，当Alice接收到带有数字签名的消息时，她首先计算消息的哈希值，然后将此哈希值和Bob的公钥作为输入提供给数字签名验证算法。如果该算法返回的结果是签名有效，则Alice可以确信该消息是由Bob签名的。由于无人拥有Bob的私钥，所以无人可以使用Bob的公钥为此消息创建可以被验证的签名。不使用Bob的私钥就更改消息是不可能做到的，因此，该消息在来源和数据完整性方面都得到了保障。

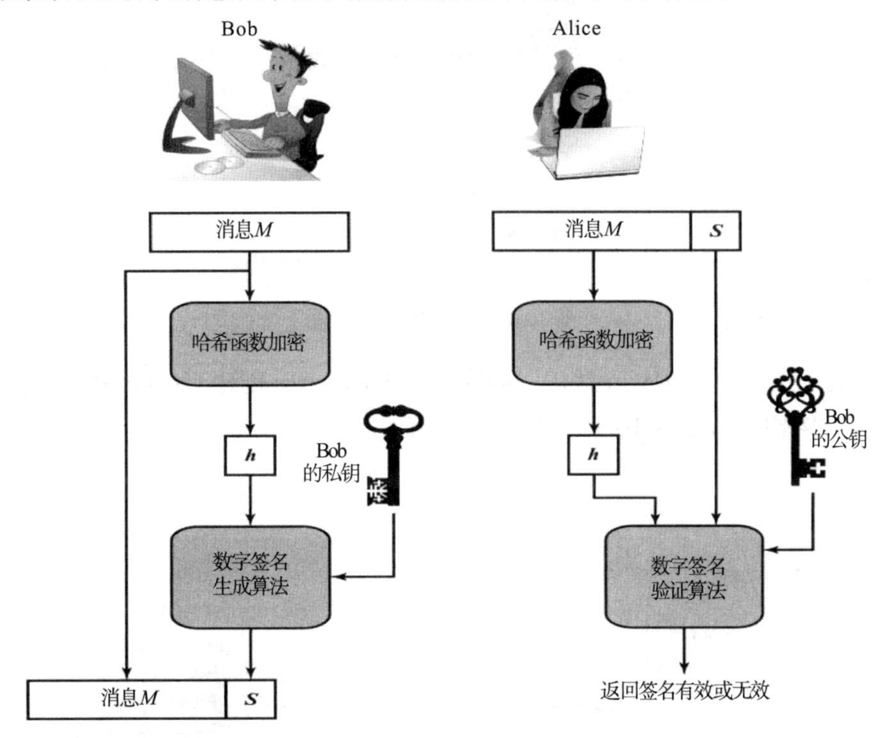

图10-11 数字签名的生成和使用过程简图

需要强调，以上描述的数字签名与验证过程并不能确保被传输数据的机密性。也就是说，被发送的消息可免于篡改，但并不能免于被窃听。究其原因，是因为数字签名是基于消息的一部分生成的，而消息的其余部分是明文传输的。其实，即便消息的任何部分都是加密的，也没有保密性可言，因为任何观察者都可以得到发送者的公钥并用它对消息进行解密。

（3）数字签名与验证操作实例：使用Gpg4win进行数字签名与验证

Gpg4win是GnuPG（一款遵循GNU通用公共许可证的开源加密软件）官方Windows发行版，支持OpenPGP和S/MIME（X. 509）两种加密标准，并由GnuPG的开发人员维护。Gpg4win可以帮助用户通过加密和数字签名来安全地传输电子邮件和文件。加密可以保护内容免受未经授权的读取，数字签名可确保内容未被修改并且来自特定的发件人。其主界面如图 10-12 所示。

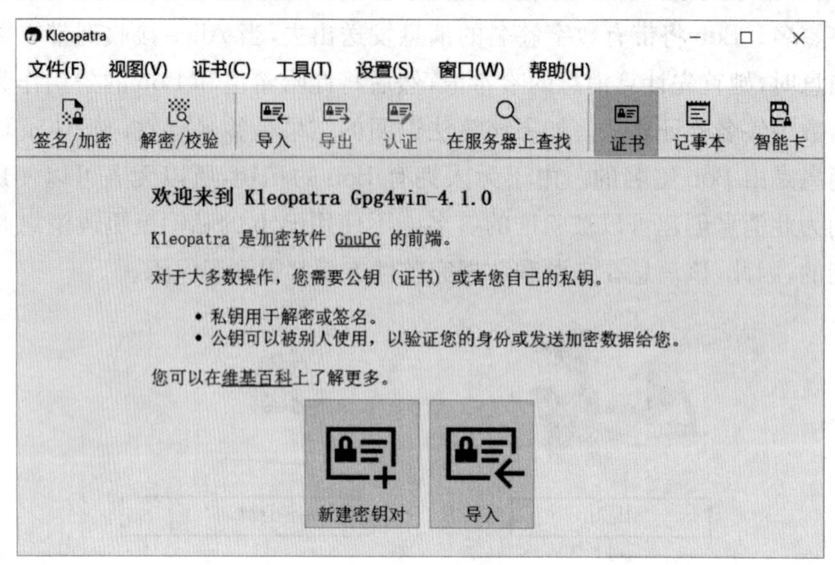

图 10-12 Gpg4win 主界面

首先，使用与 Gpg4win 默认一同安装的 Kleopatra 创建 OpenPGP 密钥对（或导入现有密钥对），如图 10-13、图 10-14 所示。

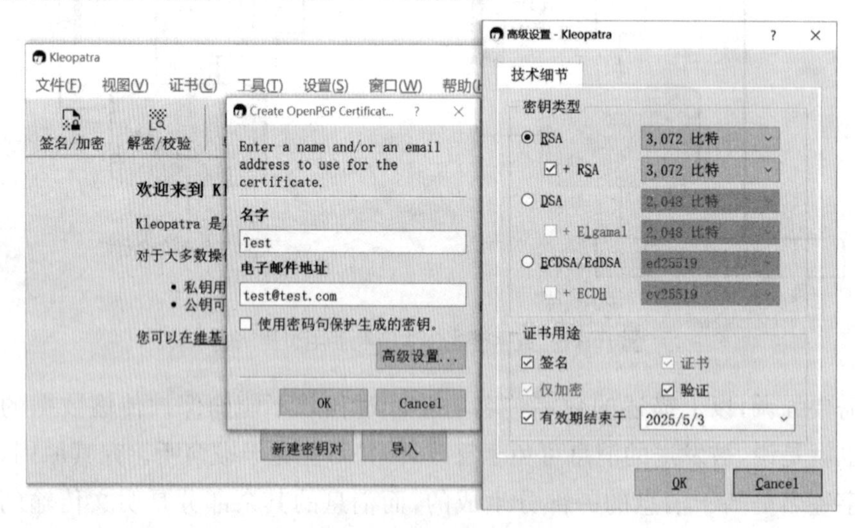

图 10-13 创建密钥对

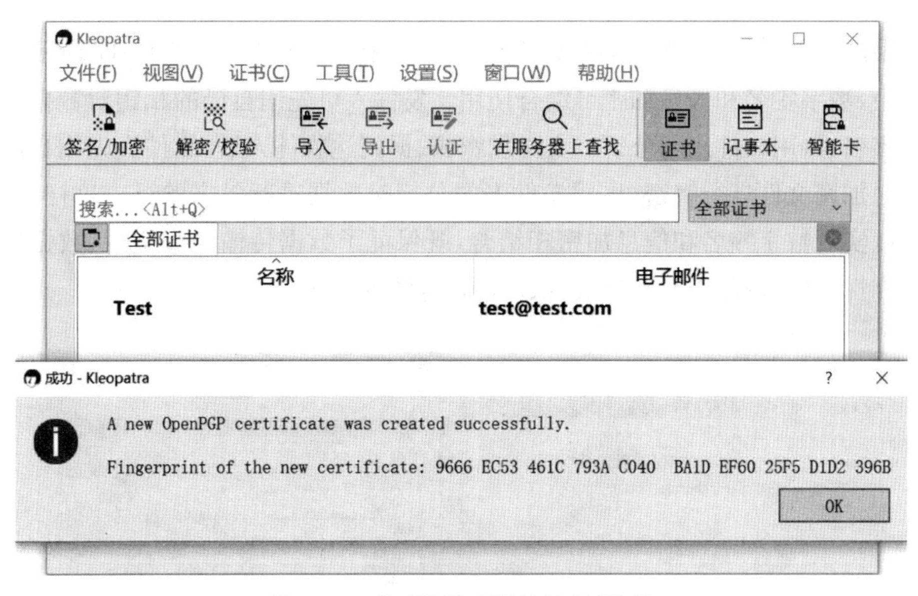

图 10-14　生成的数字证书及公钥指纹

然后，导出密钥对，如图 10-15 所示。其中，公钥可以发送给任何人并“面对面”告之“公钥指纹”(用以确认公钥真实性)，或者直接将公钥发布到服务器中。对方在发送私密数据时，应使用公钥加密。私钥仅自己使用(为加强安全性，可单独为私钥设置密码)，确保不泄露。当收到别人发来的加密文件时，可使用私钥解密。总之，对发件方而言，对数据进行数字签名应使用发件方私钥，而对数据进行加密应使用收件方公钥；对收件方而言，对数据进行数字签名验证应使用发件方公钥，而对数据进行解密应使用收件方私钥。

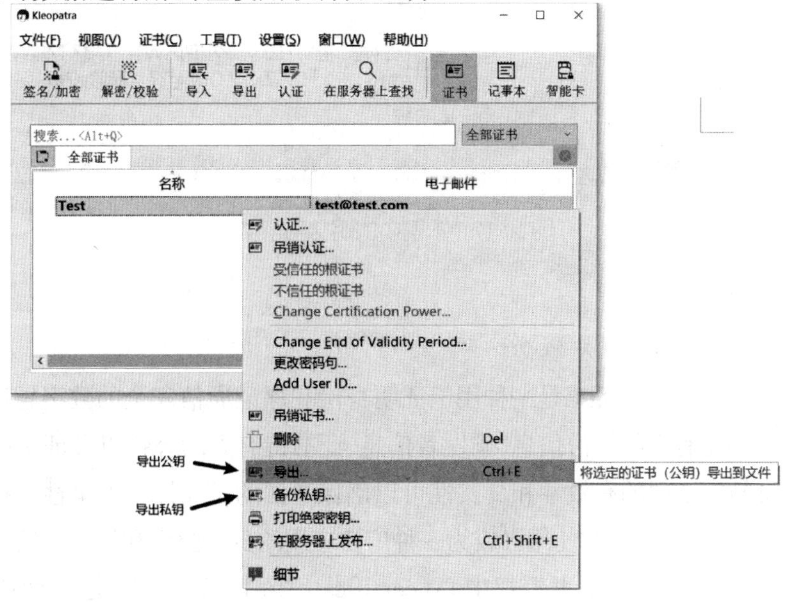

图 10-15　导出密钥对

最后，进行数字签名/加密或签名验证/解密，如图 10-16、图 10-17 所示。在实践中，数字签名和信息加密可结合使用。发件人可先用自己的私钥对数据进行数字签名，再用收件人的公钥对文件加密，数据到达收件人后，收件人先用自己的私钥对加密文件进行解密，再用发件人的公钥对数据进行签名验证。这样一来，就可以实现数字签名和信息加密相结合，既保证了数据传输的安全性、数据来源的可靠性，又可以防止恶意篡改、欺诈钓鱼等情况。

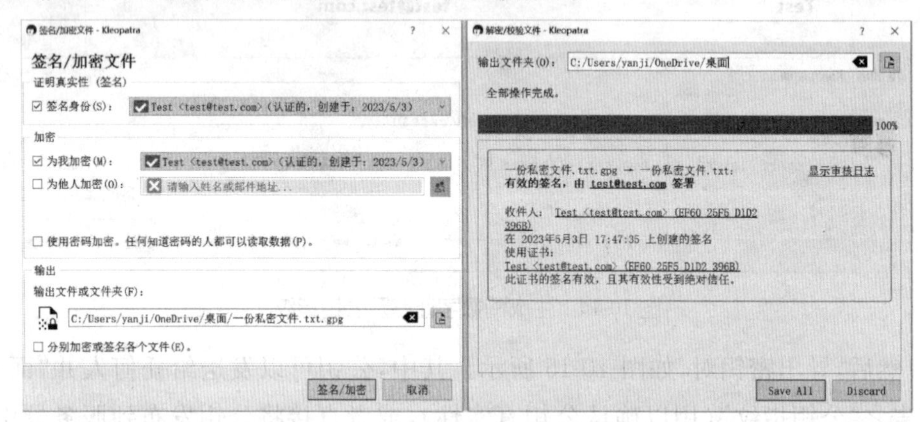

图 10-16　签名/加密文件与解密/校验文件

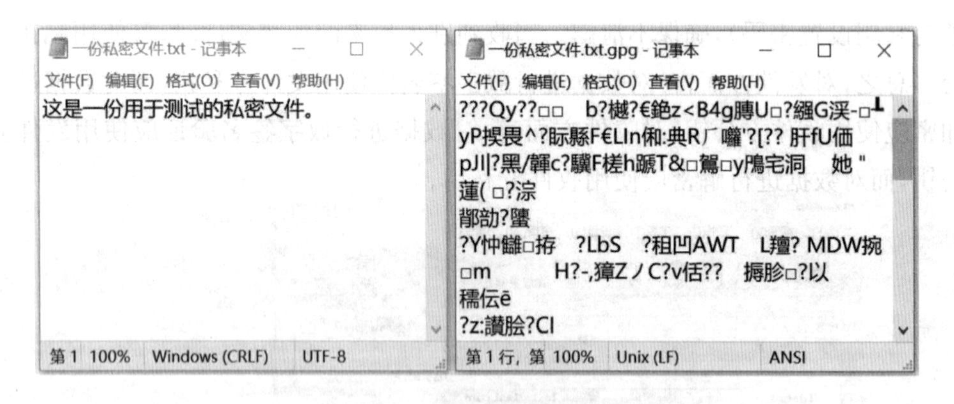

图 10-17　本例中的明文与密文

2. 数字证书

(1)数字证书的相关概念

①数字证书。数字证书是一种用于证明身份和保证通信安全的数字凭证。证书信息包括证书持有人的身份信息、颁发者信息、证书持有人的公钥以及证书的有效期限等。验证数字证书的有效性和真实性可以确保通信的可靠性和安全性。在互联网和电子商务中，数字证书的使用已成为一种广泛应用的身份验证和加密通信方式。

②证书授权中心。证书授权中心(certificate authority，CA)是一种负责颁发数字证书和管理公钥的机构，其主要负责对证书申请人进行身份认证、审核证书

申请信息、颁发数字证书、注销过期或失效证书等，并且以数字证书的形式将证书持有人的公钥传输给其他用户，便于实现安全的通信。CA 的权威性和可信度非常重要，在颁发数字证书时需要严格遵守相关国家和行业标准，并且采取安全的技术手段来保证证书的真实性和安全性。另外，CA 还需要确保其自身的安全性，以免其私钥被泄露或恶意攻击，导致数字证书的安全性受到威胁。

③密钥。密钥(key)是一段数据，通过一定的算法运算后可以使加密信息变得不可读，同时也可以通过正确的解密密钥来还原原始信息，通常用于加密、解密和验证数字签名等操作。

④公钥、私钥。公钥(public key)和私钥(private key)是通过特定算法得到的密钥对。公钥是非对称加密算法中密钥对的公开部分，而私钥则是密钥对中由密钥持有者持有和使用、不对外公开的部分。非对称加密算法正是通过公钥和私钥之间的唯一数学关系构建的。公钥和私钥之间可以互相解密，即用公钥加密的数据只能用相应的私钥解密，而用私钥制作的数字签名只能用相应的公钥才能验证。可见，私钥在加密和签名过程中是核心的保密元素，因此需要确保私钥的安全性，以防止私钥泄漏、丢失或被盗用，从而避免敏感数据的泄露和损失。

(2)数字证书的特点

①安全性。数字证书通过公钥加密技术，提供了身份验证和加密通信，大大提高了数据传输的安全性，避免了数据在传输过程中被窃取或篡改。

②不可否认。数字证书是由数字证书机构颁发的，可以证实证书持有者的身份，确保通信双方的身份。

③防篡改。数字证书中包含数字签名，用于验证数字证书的完整性和正确性，只要数字签名未被篡改，数字证书信息就是正确的。

④方便快捷。数字证书可以方便地在网络环境中使用和交换，大大提高了通信和交易的效率和便利性。

⑤成本低廉。传统证书需要印刷、重复复制等，成本较高，而数字证书只需要验证机构证书数字签名后，即可在网络上进行传输，成本更低。

⑥国际认可。数字证书在全球范围内得到了广泛的认可和应用，有助于促进国际贸易和数字化发展。

综上所述，数字证书为信息安全提供了全面的保障，是网络安全和电子商务等领域必不可少的技术手段之一。

总之，通过数字签名与签名验证，信息管理者可以保证信息不被篡改、信息的来源得到验证，提高了信息资源安全的可信程度和保密性。

10.4.3　虚拟专用网络

虚拟专用网络(virtual private network，VPN)是一种安全的网络连接方式，它建立在公共网络之上，通过虚拟隧道将数据传输加密，保护用户的隐私和数据安全。VPN 使得用户可以在公共网络上使用私人网络，因为它可以在互联网上建立一个专用的通道，以保护用户与网络之间的通信不被第三方监视或窃取。

1. VPN 技术简介

(1)VPN 的定义

VPN 技术可以理解为虚拟出来的内部专线。它可以通过特殊的加密通信协议在位于互联网不同位置的两个或多个企业内联网络之间建立专有的通信线路，就好像架设了一条专线一样，但是它并不需要真正地去铺设光缆之类的物理线路。简单来说，VPN 是指通过公用网络(通常是互联网)建立一个临时的、安全的链接，是一条穿过混乱的公用网络的安全、稳定的隧道。总之，VPN 可以构建在两个端系统之间、两个组织机构之间、一个组织机构内部的多个端系统之间、跨越全球性互联网的多个组织之间及单个或组合的应用之间，为企业之间的通信构建一个相对安全的数据通道。

(2)VPN 的历史和发展

VPN 的历史可以追溯到 20 世纪 60 年代。由于当时互联网的安全防范还未能得到足够的关注，随着互联网的发展，出现了网络数据泄漏、信任问题等安全问题，在这种背景下，VPN 开始出现，并逐渐被应用于企业、政府机构等组织中，帮助确保内部通信的安全性。

20 世纪 90 年代中期，微软公司推出了一个基于点到点隧道协议(point-to-point tunneling protocol，PPTP)的 VPN，这是第一个商业化的 VPN，随后成为 VPN 的主流技术之一。20 世纪 90 年代后期，互联网络层安全协议(internet protocol security，IPsec)技术被提出，这是一种基于密钥的安全协议，能够对数据进行加密，并且提供了 VPN 连接的检测和完整性测量。

随着互联网的普及，VPN 技术也不断发展，出现了新的 VPN 技术和方案，VPN 的应用场景也不断扩展，不仅仅用于企业、政府机构等，也开始广泛应用于个人用户的日常网络环境中，比如远程办公、网络隐私保护等。

随着云技术的发展，VPN 的发展也进入了一个新的时代，在云时代，VPN 作为一种重要的网络安全连接方式，能够帮助企业和政府机构实现更加安全、稳定的远程工作。VPN 的渐进式发展，深化了人们对网络安全领域的认知，促进了技术的进步，也让越来越多的人意识到网络安全的重要性。

(3)VPN 的应用场景

①远程访问工作。VPN 可以让远程办公的员工通过加密通道远程连接到公司或组织的内部网络，从而访问内部的文件、应用程序和其他资源。

②资源共享。VPN 可以使不同地理位置的团队以安全的方式共享文件、数

据库和其他资源。

③数据加密。VPN 使用加密技术保护数据传输，避免数据被黑客、恶意软件或其他第三方窃取和篡改，保护用户的隐私和信息安全。

④网络安全。VPN 可以隐藏用户的真实 IP 地址和位置信息，保护用户的上网隐私。此外，VPN 可以更好地保护敏感信息，如保护企业机密和个人身份信息不受不法分子的攻击，还可以用于维护虚拟机器、连接多个网络、通过信任的网络保持更安全的连接等。

总之，VPN 技术在安全、隐私保护、异地访问、资源共享等方面具有广泛的应用价值。

2. VPN 的工作原理

通常情况下，两台连接到互联网上并具有独立 IP 地址的计算机可以直接通信，只要知道对方的 IP 地址即可，但是，无法直接互联位于这两台计算机下面的网络，这是因为私有网络和公共网络使用不同的地址空间或协议，私有网络和公共网络之间不兼容。VPN 就是在这两个直接连接到公共网络的计算机之间建立一条专用通道，私有网络之间的通信内容被打包并通过公用网络的专用通道传输，到达接收端后解包，并被还原成私有网络的通信内容，并转发至私有网络中，这样，通过 VPN 连接，私有网络之间的通信内容就像普通的通信电缆，而连接到公用网络上的两个私有网络则类似于两个特殊的节点。

由于 VPN 连接的特性，私有网络的通信内容将通过公共网络进行传输，为了保证安全性和效率，通常需要对通信内容进行加密或压缩处理。通信过程中的打包和解包等工作，需通过一套双方协商好的协议来进行，因此，建立私有网络之间的 VPN 通道需要依赖于一系列不同的协议和设备，VPN 系统就是由这些设备及其相关的协议组成的。

3. VPN 的类型

VPN 一般可以分为两种类型，即远程访问 VPN 和站点对站点 VPN。远程访问 VPN 是指用户可以通过互联网在任何地方远程访问网络资源；站点对站点 VPN 是指通过两个或多个网络之间的加密隧道连接，使站点 A 和站点 B 之间的数据传输可在网络上加密，从而保证传输过程的安全。

(1)远程访问 VPN

远程访问 VPN 是 VPN 技术最常见的应用之一，旨在帮助远程用户安全、可靠地访问公司或组织的内部网络和资源。远程访问 VPN 使得远程用户能够通过互联网等公共网络，使用加密的 VPN 通道安全地将数据传输到公司或组织的内部网络。它提供了像在公司内部使用网络一样的访问能力，包括访问内部应用程序、文件共享和打印机等。远程访问 VPN 还具有灵活性和可扩展性，因为它支持多种设备，包括桌面电脑、笔记本电脑、智能手机、平板电脑和其他移动设备。

在远程访问 VPN 中，用户通常需要下载并安装 VPN 客户端软件或应用程序，并使用用户名和密码等登录凭据来建立与 VPN 服务器的安全连接。VPN 客户端和服务器之间的连接是加密的，并且可以通过隧道技术来确保数据和用户身份的安全和隐秘。由于远程访问 VPN 可以通过公共网络提供可靠的安全连接，因此它成为许多企业和组织实现远程办公和远程访问的首选方式。

(2)站点对站点 VPN

站点对站点 VPN 是一个可以安全连接两个位于不同物理位置网络的解决方案。与远程访问 VPN 不同，站点对站点 VPN 使用点对点的连接方式，可以连接两个位于远程位置的整个网络，而不是单个用户。通过一个加密的网络管道，站点对站点 VPN 可以使得两个本地网络之间的通信变得更加安全、私密和可靠。

站点对站点 VPN 的解决方案具有加密性和安全性，它通过在两个连通网络之间创建一个加密的通道来实现，这条通道被称为 VPN 隧道。站点对站点 VPN 使用 IPsec 等协议来建立安全的通信渠道，它可以使用不同的传输媒体如互联网、专用网络或其他长途电信设施来实现跨越物理空间的连接。此外，站点对站点 VPN 还可以提供自动重连、质量控制和路由协议等功能。

站点对站点 VPN 通常被用于企业、政府机构和跨国组织之间建立安全的网络连接，以实现多个分布在不同地理位置的网络之间的数据传输和资源共享。通过站点对站点 VPN，企业可以安全而可靠地连接不同的分支机构和办公室，以便实现信息共享和集中控制，从而提高生产效率和业务灵活性。同时，站点对站点 VPN 也可以用于跨国企业之间的数据传输和通信，避免在公共互联网进行敏感信息的传输，提高信息的安全性和保密性。

4. VPN 技术的优点和局限性

(1)VPN 技术的优点

①安全性。VPN 连接使用加密技术，可以防止第三方恶意攻击，保护数据的安全性。

②隐私保护。VPN 连接能够隐藏用户的真实 IP 地址和位置信息，在网络上保护个人用户的隐私。

③经济性。通过 VPN 连接，企业可以减少维护大量专有网络的成本，同时减少了硬件和软件的开销。

④可扩展性。VPN 连接能够快速地扩展至任何规模，便于企业的无缝升级和扩展。

(2)VPN技术的局限性

①速度受限。由于数据加密和解密的过程需要消耗时间和资源,VPN连接的速度通常会慢于普通互联网连接。

②稳定性不足。由于VPN连接依赖于网络,因此,在网络不稳定或者存在其他连接问题时,连接的质量和稳定性都会受到影响。

③可靠性不足。VPN连接需要可靠的网络建立连接,并且依赖于服务器和网络的可靠性,如果出现服务器故障或者网络中断等问题,可能会导致服务中断。

④存在一定的安全风险。VPN连接需要充分地保护用户的密码和数据,否则存在被黑客攻击或数据泄漏等安全风险。

本章小结

信息资源安全管理是指通过各种组织管理和技术手段,综合管理和保护组织或个人所拥有和管理的信息资源,以保障信息资源的机密性、完整性和可用性,进而保障企业和组织的稳定和可持续发展。对信息资源进行安全管理,可确保信息资源的机密性、完整性和可用性,保护信息资源不被非法入侵、泄露、篡改、破坏或者滥用,在确保组织信息资产正常可用状态的前提下,为组织长期发展提供保障。

信息资源安全管理需在保障信息资源的机密性、完整性、可用性的前提下,提高组织防御能力、减少安全损失,并在管理过程中遵守相关法律。在明确信息资源安全管理的目标后,企业或组织可依照国际标准、国家标准、行业标准等,在不同层级信息资源安全管理标准的指导下,依照具体要求和指南,开展信息资源安全管理实践。目前,常见的信息资源安全管理手段包括物理安全设施、网络安全设施和安全监测设施等,在此基础上,信息资源安全管理技术可进一步发展为信息加密与隐藏、数字签名与验证、虚拟专用网络等。

信息资源安全管理是信息化时代的重要议题,它可保障信息资源的机密性、维护信息资源的完整性、确保信息的可用性。在信息化发展的趋势下,信息资源安全管理不再是一项简单的技术问题,个人和组织需要综合学习技术、管理、法律等多方面知识,提出更为合理且安全的管理方案,以适应不断变化的信息安全风险。

思考题

1.信息资源安全管理的内涵是什么?

2. 信息资源安全管理的四维框架由哪些维度构成？该框架存在的意义是什么？

3. 信息资源安全管理标准由哪些层次构成？这些标准存在的意义是什么？

4. 简述本章介绍的各类信息资源管理技术的基本原理。

参考文献

[1]马费成,赖茂生.信息资源管理[M].3 版.北京:高等教育出版社,2018.

[2]谢阳群,汪传雷,许皓,等.微观信息管理[M].合肥:安徽大学出版社,2004.

[3]赖茂生.信息资源管理教程[M].3 版.北京:清华大学出版社,2018.

[4]孟广均.信息资源管理导论[M].3 版.北京:科学出版社,2008.

[5]马费成,查先进.网络信息资源管理[M].太原:山西经济出版社,2002.

[6]张凯.信息资源管理[M].4 版.北京:清华大学出版社,2020.

[7]汤大权.信息资源管理技术概论[M].长沙:国防科技大学出版社,2009.

[8]邬焜,王健,邬天启.信息哲学概论[M].西安:西安交通大学出版社,2019.

[9]曹杰,李琼.信息资源管理[M].北京:科学出版社,2022.

[10]张广钦.信息管理教程[M].北京:北京大学出版社,2005.

[11]马费成,宋恩梅,赵一鸣.信息管理学基础[M].3 版.武汉:武汉大学出版社,2018.

[12]郭庆光.传播学教程[M].2 版.北京:中国人民大学出版社,2011.

[13]傅祖芸.信息论:基础理论与应用[M].5 版.北京:电子工业出版社,2022.

[14]周三多,陈传明,刘子馨,等.管理学:原理与方法[M].7 版.上海:复旦大学出版社,2018.

[15]汪应洛.系统工程[M].5 版.北京:机械工业出版社,2019.

[16]约翰·斯科特.社会网络分析法[M].刘军译,3 版.重庆:重庆大学出版社,2017.

[17]张卫东,黄新平.面向 Web Archive 的社交媒体信息采集:基于 ARCOMEM 项目的案例分析[J].情报资料工作,2017,214(1):94-99.

[18]侯延香,王霞.信息采集[M].北京:知识产权出版社,2012.

[19]夏南强.信息采集学[M].北京:清华大学出版社,2012.

[20]马费成.信息资源开发与管理[M].2 版.北京:电子工业出版社,2014.

[21]司莉.信息组织原理与方法[M].2 版.武汉:武汉大学出版社,2020.

[22]储节旺，郭春侠，吴昌合. 信息组织学[M]. 北京：北京交通大学出版社，2007.

[23]周晓英. 信息组织与信息构建[M]. 北京：中国人民大学出版社，2011.

[24]周宁. 信息组织学教程[M]. 北京：科学出版社，2007.

[25]戴维民. 信息组织[M]. 3 版. 北京：高等教育出版社，2014.

[26]曾伟忠. 信息组织[M]. 北京：人民邮电出版社，2013.

[27]阚华，高路克，周红雁. 信息组织[M]. 合肥：安徽科学技术出版社，2007.

[28]国家图书馆《中国图书馆分类法》编辑委员会.《中国图书馆分类法》第五版使用手册[M]. 北京：国家图书馆出版社，2012.

[29]国家图书馆《中国图书馆分类法》编辑委员会.《中国分类主题词表》(第二版)及其电子版手册[M]. 北京：北京图书馆出版社，2006.

[30]张帆. 信息存储与检索[M]. 2 版. 北京：高等教育出版社，2007.

[31]吴晨涛. 信息存储与 IT 管理[M]. 北京：人民邮电出版社，2015.

[32]陈次白. 信息存储与检索技术[M]. 北京：国防工业出版社，2006.

[33]萨曼达，希瓦央塔瓦. 信息存储与管理：数字信息的存储、管理和保护[M]. 马衡，赵早译，北京：人民邮电出版社，2010.

[34]傅颖勋，罗圣美，舒继武. 安全云存储系统与关键技术综述[J]. 计算机研究与发展，2013，50(1)：136－145.

[35]何荣，姚毅滨. 磁盘存储的 DAS 和 FAS 模式[J]. 信息化建设，2013(6)：52－53.

[36]苏文静，胡巧，赵苗，等. 光存储技术发展现状及展望[J]. 光电工程，2019，46(3)：4－10.

[37]谭小地. 大数据时代的光存储技术[J]. 红外与激光工程，2016，45(9)：26－27.

[38]吴晨雪，胡巧，赵苗，等. 磁光电混合存储技术研究综述[J]. 激光与光电子学进展，2019，56(7)：39－52.

[39]张静，王梦瑶，单嵩岩，等. 磁光电混合存储在数字档案资源长期保存中的应用研究[J]. 图书情报工作，2020，64(20)：89－95.

[40]杨婧婷. 开源情报：商业与国家竞争的新时代利器[J]. 竞争情报，2022，18(6)：2－13.

[41]黄如花. 信息检索[M]. 武汉：武汉大学出版社，2018.

[42]周建芳. 信息素养与信息检索[M]. 3 版. 北京：科学出版社，2021.

[43]潘燕桃，肖鹏. 信息素养通识教程[M]. 北京：高等教育出版社，2019.

[44]明均仁. 信息检索[M]. 武汉：华中科技大学出版社，2021.

[45]钟云萍.信息检索与利用[M].北京:北京理工大学出版社,2019.

[46]朱旭振,于秀丽.信息传播基础与实战[M].北京:北京邮电大学出版社,2021.

[47]倪波.信息传播原理[M].北京:书目文献出版社,1996.

[48]上海社会科学院信息研究所.信息理论与信息传播研究:上海社会科学院信息研究所论文精选[M].上海:上海社会科学院出版社,2008.

[49]闫奕文.政务微信信息传播机理及效果评价研究[D].吉林大学,2017.

[50]毕强.数字信息资源开发与利用[M].2版.北京:科学出版社,2009.

[51]毕强,杨文祥.网络信息资源开发与利用[M].北京:科学出版社,2002.

[52]陈为,沈则潜,陶煜波.数据可视化[M].2版.北京:电子工业出版社,2019.

[53]叶继元.论我国图书馆事业发展的八大问题[J].中国图书馆学报,2018,44(5):20—33.

[54]刘启元,叶鹰.文献题录信息挖掘技术方法及其软件SATI的实现:以中外图书情报学为例[J].信息资源管理学报,2012,2(1):50—58.

[55]查先进,陈明红.信息资源质量评估研究[J].中国图书馆学报,2010,36(2):46—55.

[56]李晶,漆贤军,陈明红.信息质量感知对信息获取与信息采纳的影响研究[J].情报科学,2015,33(3):123—129.

[57]胡泽文.信息资源评估理论与实践[M].北京:科学出版社,2018.

[58]朱庆华.网络信息资源评价指标体系的建立和测定[M].北京:商务印书馆,2012.

[59]陈玥希,蔡建峰.基于数据包络分析的企业网站信息有效性分析[J].情报杂志,2005(10):9—11.

[60]赵玉遂,许燕,吴青青,等.应用德尔菲法构建网络健康信息质量评价指标体系[J].预防医学,2018,30(2):121—124.

[61]罗毅.基于粗糙集与模糊综合评价的数据库信息资源质量评价研究[J].情报科学,2015,33(8):120—124.

[62]范佳佳,叶继元.基于结构方程的科技网站信息质量评价模型构建及应用[J].图书馆杂志,2016,35(9):66—75.

[63]王颖,蔡毅.网络与信息安全基础[M].2版.北京:电子工业出版社,2019.

[64]STALLINGS W. Network security essentials: applications and standards[M]. New Jersey: Upper Saddle River.

[65]马春光,郭方方. 防火墙、入侵检测与 VPN[M]. 北京:北京邮电大学出版社,2008.

[66]薛丽敏、韩松、林晨希,等. 信息安全管理[M]. 北京:国防工业出版社,2019.